译“不可译”之天书

《尤利西斯》的翻译

刘象愚 著

上海译文出版社

图书在版编目(CIP)数据

译"不可译"之天书:《尤利西斯》的翻译/刘象愚著.—上海:上海译文出版社,2020.12
ISBN 978-7-5327-8559-9

Ⅰ.①译… Ⅱ.①刘… Ⅲ.①英语—文学翻译—研究
Ⅳ.①H315.9②I046

中国版本图书馆 CIP 数据核字(2020)第 249059 号

译"不可译"之天书:《尤利西斯》的翻译

刘象愚 著
责任编辑/冯 涛 装帧设计/张志全工作室

上海译文出版社有限公司出版、发行
网址:www.yiwen.com.cn
200001 上海福建中路 193 号
上海雅昌艺术印刷有限公司印刷

开本 890×1240 1/32 印张 17.75 插页 6 字数 400,000
2021 年 6 月第 1 版 2021 年 6 月第 1 次印刷
印数:0,001—2,000 册

ISBN 978-7-5327-8559-9/I·5274
定价:89.00 元

序 言

翻译是不同民族语言文化交通中必不可少的津梁。有史以来，它作为一种文化实践始终没有停止过。它存在于人类生活、生产活动的一切层面，包括了口头和书面，也即人们一般所说的口译与笔译两部分，它覆盖了自然、人文、社会科学的所有分支。

人们在数千年来的翻译实践中总结提炼出大量的翻译理论，而翻译理论又反过来指导了人们不断拓展深入的翻译实践活动。

众所周知，翻译理论中存在着纷繁复杂的流派和观点，譬如从语言和文化视角的不同产生的语言学派或文化学派；从译出端（“源语言”）和译入端（“目标语”）的不同产生的“异化说”或“归化说”；从翻译的自由与灵活度差异产生的直译（硬译、死译）派或意译派；从审美程度不同产生的“翻译是艺术说”“神似说”或“形似说”；从语言符号层面产生的“等值说”，诸如此类，不一而足。然而，在我看来，如此众多的流派和观点，当以我国学者严复提出的“信达雅”三原则为最有概括性和代表性。

在“信达雅”三原则中，“信”无疑是最高原则。“达”与“雅”应服从于“信”。换言之，译者只能在“信”的前提下追求“达”和“雅”。“信”是必须的、第一位的，“达雅”则是可选的、第二位的。要不要“达雅”，当视原文的情形而定，正如朱光潜、赵元任、卞之琳等前辈学者表达过的类似意思那样：原文达而雅，译文不达不雅，那是不信；反过来，原文不达不雅，译文达而雅，同样是不信。

“信”，指译文对原文的忠实。这种忠实应当具有三个方面的维度：一是其必须是全面的，即必须包括从原作内容到形式的各个层面；二是其要有尽可能的充分性，由于不同语言存在的差异，使得翻译无法做到绝对彻底的忠实，因此它只能是尽可能充分的；三是其必须是本质上的，原作的独特性或多样性在某些情况下使其不能总是拘泥于语言符号层面，而必须有所弃取，有所调整，从而获得一种本质上的忠实。这三个维度的忠实十分典型地体现在文学翻译中。

文学翻译是最复杂的翻译活动。这种复杂性表现在两个方面，一方面，由于文学创作的背景、内容、体裁、形式、语言、风格等因作者和时代不同而表现出差异性和多样性，文学翻译也会相应地表现出差异性和多样性；而另一方面，文学翻译既以文学作品为对象，就势必要受原作的制约，不能像原创那般无拘无束，那般自由自在，而必须将自己限制在对原作尽可能忠实的紧紧追随中。而可以对这种追随活动产生指导作用的理论无疑仍是“信达雅”三原则，像在其他领域的翻译一样，文学翻译也要以“信”为最高准则。

《尤利西斯》是一本内容与形式上都十分奇特、十分复杂的文学作品，这是学界的共识。在我看来，其形式的独特性和复杂性大大超越了其内容的独特性与复杂性。这种独特性与复杂性体现在它无与伦比的创造性上。1921 年，乔伊斯在巴黎曾对《尤利西斯》最后一章的年轻法译者伯努瓦-梅肯（Benoist-Méchin）说：“我在作品中设置了大量的谜团和迷魂阵，其数量之巨，要弄清我的真意足够教授们用数百年去争论的，这是保证作家不朽的唯一途径。”（I have put in so many enigmas and puzzles that will keep the professors busy for centuries arguing over what I meant, and that’s the only way of insuring one’s immortality.）（Ellmann, 1983：521）事实上，乔伊斯也正是这么做的，他在这部作品中处心积虑，不遗余力地加以创新。他的创新宏观地看有：与荷马史诗《奥德赛》大致平行的象征结构；意识流技巧与传统叙事复杂纠缠的全新表述方式；大量的征引和用典；电影、音乐等种种艺术手段的借用；新闻、哲学、历史、宗教等种种文类与各种文学类型的复杂交织；随处可见的修辞格与语言文字游戏，等等。微观地说，这些创新在全书 18 章的每一章都呈现出不同的程度与风貌。譬如，第 18 章自始至终是莫莉的意识流，包含不同意识层面从清晰到朦胧的内心独白、自由联想、转移、跳跃和散射等，通篇只有最终的一个句号，所谓的 8 个长句其实并没有句号，只是分行的隔断而已。第 17 章通篇采用宗教中教义问答的表述模式，将文学与哲学、宗教、历史、自然科学的话语杂糅地呈现出来。第 15 章采用戏剧的框架，将正剧、悲剧、喜剧、梦幻剧等不同的戏剧因素混杂，在现实与超现实交错的或清晰或魔幻的语境与氛围中呈现出不同人物的外貌与内心状态。第 14 章是一部英语文体发展演变史，不同历史阶段的文体依次显现，总体上形成从古代到当代，从典雅、冷僻到俚俗、直白的基本线索，同时，语言文体史又与胎儿孕育分娩的过程平行对照，通过人自身繁衍与语言文化产生发展的历史线索，展示了人类文明中肉体与精神演化的大致过程。第 11 章通篇模拟赋格的音乐结构，开始的序曲以 60 多个不完全短句的形式模拟各种音型，然后在随后的呈示部以变奏、重复、对比、反衬等种种手段发展变化，如果阅读，则可以听到极强的音乐性。第 10 章通篇采用电影蒙太奇的手法，分置 19 个场景，将过去、当下、未来等时空及其中的人物及其言行用各种不同的电影镜头，以穿插、闪回、特写、预示等手段有机地组织在一起，让读者看到一幅幅都柏林生活的浓缩画面。第 7 章通篇采用新闻文体，用报章小标题标示 63 个小段，大量采用古代修辞学家提出的各种辞格。第 3 章基本上是斯蒂芬的内心独白，在人物不尽相同的意识流形态中穿插着传统叙事的客观视角，在高雅、深奥的思绪中夹杂着平庸、低俗的意识。总之，这部作品充斥着种种象征、隐喻、反讽、戏仿、典故、征引、文字游戏，其形式创造的诸多因素在荷马、莎士比亚、弥尔顿、但丁、拉伯雷、斯威夫特以及《圣经》等前辈大师的作品中都可以觅得踪影；在杜雅尔丹、普鲁斯特、庞德、艾略特、伍尔夫等同代作家的作品中可以发现相互关联；在后来的大批作家诸如贝克特、迪兰 · 托马斯、拜阿特、拉什迪、博尔赫斯、卡尔维诺、马尔克斯、埃科等人的作品中可以看到它们的影响；在广告、影视、流行音乐、通俗文化的所有领域中感受到它们的渗透。就形式创新的奇特、庞杂与包罗万象而言，《尤利西斯》可谓前无古人后启来者的集大成者，也许正是在这一意义上，许多批评家与乔学家认为，它终结了从古典主义、浪漫主义到现实主义的一切传统的小说，开启了从现代主义到后现代主义的新小说，并且当仁不让地站到了20世纪英美乃至西方文化的顶端。

对于这样一部具有巨大形式意义的作品，我们有什么理由不去做形式上的尽力追随呢？ 在我看来，只有在翻译中尽可能地追随其形式，对其尽力模拟，做到形式上的“信”，才有可能对包括内容在内的整体做到“信”，这也是我在翻译此作时的基本信念和最高准则。

在二十余年来的断续翻译和不断修订中，我做了不少笔记。这些笔记最初的形态是混杂的，包括翻译中有关语言点的思考以及一些文献的摘抄，后来经过整理，将有关翻译的条目分章列出，并将现有两个译本中的一些可讨论的问题纳入。数年前，其中的第5、6两章和第14章曾整理成文，在《东方翻译》和作为一部专著中的一章刊出。

目下，这个译本已经进入编辑程序，我把其中的300余条笔记按章编订成书，将之命名为《译“不可译”之天书——〈尤利西斯〉的翻译》，与拙译本一起推出。该书每章按可讨论的点逐条排列，每条下先列出原文，其次列出萧乾、文洁若的和金隄的两种译文，再次列出讨论的文字，最后列出拙译文。我之所以以这种对照的方式编排，意在通过对照分析，讨论此书翻译中的得失以及如何译才能更好之类的问题。讨论只针对问题，行文采用商榷的方式，力求客观、公允，绝不言过其实，更不采用那种盛气凌人、无端攻击性的口吻。

书中每条的原文出自《尤利西斯》的两个重要版本：条目斜杠前面的页码出自1993年牛津大学版（即1922年巴黎初版）：*Ulysses*，the 1922 text，Oxford World’s Classics，Oxford University Press，1993，1998，2008；斜杠后面的页码出自1986年兰登书屋版（即1984年盖勒勒等编校的加兰版）：*Ulysses*，the 1984 corrected text，the First Vintage Books，Random House Edition，1986。萧乾、文洁若的译本出自其上下两卷本的“最新修订版”（《尤利西斯》，北京文化艺术出版社，2002），金隄的译本出自其2005年的新版（《尤利西斯》，北京人民文学出版社，1997/2005）。

我真诚地希望此书能对读者读解这本号称“天书”的独特文本提供某些帮助，同时也能成为翻译批评（translation criticism）的一个案例，为从语言到文化等不同层面的译论（translation theory）研究提供某些可资利用的资料，是为序。

刘象愚

丁酉仲冬于涿州一得斋

第一章

《尤利西斯》全书可分作三部分。第一部分的三章大致对应《奥德赛》的前四章。《奥德赛》的前四章主要线索是奥德修斯（即尤利西斯）的儿子忒勒马科斯外出寻父。《尤利西斯》的第一到第三章则以"父子"关系为主线，展开斯蒂芬 1904 年 6 月 16 日从早上 8 点至大约 11 点的活动和精神历程，与之对应。

此章本书的第二主角斯蒂芬出场。此外还有医科学生莫里根和他的朋友海因斯。时间是 1904 年 6 月 16 日星期四早上 8 点。地点是斯蒂芬在都柏林湾海滩上租住的一处名为"马泰娄"的废弃炮楼，位于市中心东南 7 英里一处名叫"沙山"的海边。其主要内容是斯蒂芬与莫里根以及海因斯三人清晨生活的景象。斯蒂芬是乔伊斯此前所写的《青年艺术家画像》的主人公，他受过良好的教育，有很高的艺术家的禀赋，向往独立自由、奔放不羁的精神生活，曾离开爱尔兰到欧洲大陆游学，现因母亲病故，从巴黎归来奔丧。丧事之后，租住马泰娄塔楼中，靠教书维持生计。莫里根是医科学生，也爱好文艺，曾与他有过较多的交往，这时正与他同住，同时还带来了他的英国朋友海因斯。他们一方面赞赏斯蒂芬的智慧与才能，另一方面又鄙夷他的稚嫩与真诚，不仅在马泰娄塔楼中蹭住蹭吃，而且反客为主，颐指气使，指手画脚。正像《奥德赛》中那群在伊塔刻王宫中向奥德修斯的妻子珀涅罗珀求婚者的首领安提努斯和欧鲁马科斯一样蛮横霸道，纠缠不休。故斯蒂芬将他们称作"窃夺者"。

此章以莫里根的言行为主，斯蒂芬主要是不多的内心独白，斯蒂芬仍是中心人物。乔伊斯往往用莫里根来反衬斯蒂芬，有点类似中国古典小说中的烘云托月法。

本章基本上由叙述者的声音(narrator's voice)、几个人物的对话、斯蒂芬的内心独白构成。翻译时当加以区分。就文体而言，莫里根的言语比斯蒂芬的要粗俗、淫邪，谐谑一些。现就有关细节做如下讨论：

1. Buck Mulligan（p3/3）

萧译：
勃克 · 穆利根（p39）

金译：
壮鹿马利根（p3）

案：翻译外国人名、地名等专名，一般做法是音译，但在乔伊斯的创作中则需要加以辨析，并根据具体情况做出变通。本章出现的第一个人物 Buck Mulligan，Mulligan 主要是一个姓氏，作为普通字，指“小炖品”和高尔夫球的“让一杆”，意思不大；而作为名字的 buck 却是一个多义词，本义指鹿、羊、鼠、兔等雄性动物；引申则成为黑人、印第安人以及澳洲土著男性的贬称，还可以指纨绔子弟、花花公子等。Buck Mulligan 与本书的主要人物 Stephen Dedalus 同住在后者租来的马泰娄塔楼中。他不付租金，完全是蹭住，但却颇欲掌控钥匙，且常常挖苦、讥讽 Stephen。就性格而言，他属于那种恃强好胜，进攻性很强的人。乔伊斯用 Buck 作他的名字，显然有暗指其性格强悍之意。因此，音译其姓，意译其名，以诨名的形式出之(金译)是可取的。当然，姓与名全都音译(萧译)的做法也无可厚非。至于 Stephen Dedalus 这一名字则以全部音译为好。Stephen 是基督教的一个殉教者，也是许多圣哲之名；Dedalus 是希腊神话中的建筑师、雕刻家、发明家。这些都是人所共知的。乔伊斯用这一姓名来命名本书的一个主要人物，其意不言而喻。萧金两本都采取了音译。

拙译：
雄鹿莫里根。（p3）

2. Come up，Kinch！Come up，you fearful Jesuit！（p3/3）

萧译：
上来，金赤！上来，你这敬畏天主的耶稣会士！（p39）

金译：
上来，啃奇！上来，你这个怕人的耶稣会修士！（p3）

案：此句有两点可讨论：一是莫里根给斯蒂芬起的诨名 Kinch；一是 fearful 一词。Kinch 这个字的形与音都与意为“小孩儿”的 kinchin 近似；同时又与意为“处私刑”的 lynch 叶韵，还有一层，此字本身的发音无疑可使人联想到刀子切割物体产生的声音。莫里根把斯蒂芬叫做 Kinch 固然是在开玩笑，但轻蔑与嘲弄的意味是相当强烈的。萧金两译都采用了音译，但对其意蕴似乎却考虑较少。拙译“金切”则在音译的基础上，联系了“刀子切割”与“处私刑”两个意义因素。You fearful Jesuit 中的 fearful 是一个多义词，既有自己“感到恐惧”（frightened）、“胆怯”（timid）的一面，又有“令人恐惧”（causing fear or terror）、“引人尊敬”（inspiring reverence），甚至“烦人”、“恼人”（boring，annoying）的一面，从词义本身来说，译作“你这个怕人的耶稣会修士”（金译）和“你这敬畏天主的耶稣会士”都传达了此字某一面的含义。但从实际情况看，两译似乎都有欠全面。作为智商较高的年轻知识分子，斯蒂芬与莫里根对宗教无疑都抱持怀疑、嘲讽的立场，本章伊始莫里根对天主教神父做弥撒的戏仿言行充斥着滑稽唐突的反讽意味；斯蒂芬拒绝耶稣会学校期望他从事圣职的规劝、拒绝母亲弥留之际要他为自己做安魂弥撒的恳求，在相对意义上对宗教的拒斥似乎更强烈，而莫里根的态度则要温和得多，这从下文他谴责斯蒂芬拒绝母亲临终请求的细节可以明显见出，还有一层，此时两人关系已经变坏，相互的猜忌与讥讽越来越多，在这种情况下，他对斯蒂芬用 fearful 一词称呼则有了双关的意味，就不仅包含一面之义，他说斯蒂芬“害怕天主”是反讽，是正话反说；说他“吓人”“恼人”乃是正面谴责。准此，

拙译：
上来，金切！上来，你这个害怕天主的、吓人的耶稣会修士！（p3）

3. 莫里根提议去趟雅典，有一句：
Will he come? The jejune Jesuit!（p4/4）

萧译：
他去吗？那位枯燥乏味的耶稣会士！（p41）

金译：
去不去呀？这个半生不熟的耶稣会修士！（p5）

案：这里的 jejune 一字源自拉丁语的 jejunus，有 fasting，barren，unproductive，meager 等义。到 17 世纪引申出 intellectually unsatisfying，shallow，simplistic；dull，dry，insipid；not nourishing or substantial；scanty，meager 等义；19 世纪后期引申出 puerile，childish，naïve 等义。两译均在这些义项范围内。不过这里 jejune Jesuit 的头韵却未能兼顾，拙译用“羽毛未丰”译 jejune，“羽”与“耶”形成头韵：

拙译：

他肯去吗？这羽毛未丰的耶稣会小修士！（p6）

4. 莫里根说有人说斯蒂芬精神不正常，有几句话：

That fellow I was with in the Ship last night, said Buck Mulligan, says you have g. p. i. He's up in Dottyville with Connolly Norman. General Paralysis of the insane. (p6/6)

萧译：

“昨儿晚上跟我一道在‘船记’的那个人，”勃克·穆利根说，“说是你患了痴麻症。他是康诺利·诺曼的同事，在痴呆镇工作。痴呆性全身麻痹症。”（p44）

金译：

昨天晚上和我一起在船舰酒店的那位老兄，壮鹿马利根说，他说你有神麻症，他在癫狂园，和康诺利·诺曼一起。神经失常麻痹症！（p8）

案：这里的 g. p. i. 是 General Paralysis of the insane 的缩写。General Paralysis of the insane 中的 the insane 指精神失常的人；Paralysis 是瘫痪，因此这里病症名当译作“疯癫性瘫痪症”，疯癫是因，瘫痪是果，其缩写可译作“疯瘫症”，这样在声音上也可相互协调。萧金两译 Paralysis 为“麻痹”未尝不可，但似乎译作“瘫痪”更合适些。

拙译：

昨晚和我一起在船屋的那个伙计，雄鹿莫里根说，说你得了疯瘫症。他在疯瘫园工作，和康诺利·诺曼同事。疯癫性瘫痪症！（p9）

5. 斯蒂芬痛苦地回忆起母亲弥留时的情景，想到自己未能满足母亲的请求，拒绝下跪为她祈祷，有一句话：

No，mother！Let me be and let me live.（p10/9）

萧译：

不，妈妈！由着我，让我活下去吧。（p51）

金译：

不，母亲！放了我，让我生活吧。（p15）

案：let me live 译作“让我生活”一点儿错都没有，两译均如此。拙译前几稿也如此，但仔细琢磨，总觉得这样译意思还不够，好像母亲的临终请求会让他放弃生活似的。其实，这里的 live 并非一般意义上的“生活”。作为一个青年艺术家，斯蒂芬追求独立自由的精神生活，不赞成宗教对人们的精神束缚。他拒绝按照天主教礼仪为母亲做临终祈祷，正是这种追求的具体表现。在这层意义上，他与哈姆雷特以及忒勒马科斯是心心相印的。这句话实际要表达的意思是：No，mother， forgive me for being unable to obey you. Let me have my own life (and do what I think right to)。 故

拙译：

不，母亲！放了我，就由我自个儿吧。（p17）

6. 莫里根叫斯蒂芬下来吃早饭：

Dedalus，come down，like a good mosey.（p10/9）

萧译：

迪达勒斯，下来吧，乖乖地慢慢地挪窝吧。（p51）

金译：
代达勒斯，下来吧，挪挪步子吧。（p15）

案：Mosey 本义是：go away quickly or promptly；make haste，但现在却做 walk in a leisurely or aimless manner；wonder 解（见 *SOED*，p1837）。有乔学家将其与 Moses（摩西）联系起来；Don Gifford 等解作：someone who strolls slowly or shuffles（p19，步履迟缓的人）；Weldon Thornton 依据 Wright's *English Dialect Dictionary* 解作：idiot，fool or person of soft intellect（p18，傻瓜、白痴、心智软弱的人），现两译均译作“挪步”、“挪窝”之类，好像不够意思。此字这里显然是作名词，且与 good 连用，似宜译作“人”而非动作，参酌诸家解释，

拙译：
德达路斯，下来吧，好心人儿，快点儿。（p17）

7. 莫里根听说斯蒂芬今天领钱，以为他会领到 4 镑。有几句话：
Four shining sovereigns，Buck Mulligan cried with delight. We'll have a glorious drunk to astonish the druidy druids. Four omnipotent sovereigns.（p11/9）

萧译：
“四枚闪闪发光的金镑，”勃克 · 穆利根兴高采烈地嚷道。“咱们要豪饮一通，把那些正宗的德鲁伊特人吓一跳。四枚万能的金镑。”（p52）

金译：
四个金光闪闪的元首，壮鹿马利根兴高采烈地叫起来。咱们可以来它一顿足以吓坏德望最高的德鲁伊德们的痛饮了。四个全能的元

首。（p15）

案：这里有两点可讨论，一是 sovereign，二是 druidy druids。前者指一种铸有英王坐像的 1 英镑金币，俗称 sovereign，译作“金镑”（萧本）固无不可，但不妨径译作“君王”，犹如国人呼民国时银元为“袁大头”然。后者所谓“德鲁伊特”（druid）指古代爱尔兰凯尔特人中那些担任祭司、教师、法官、巫师、占卜者等职业的知识阶层。这一点必须通过注释向读者说明，问题是前面的形容词 druidy，译作“正宗的”（萧本），或“德望最高的”（金本）等，当然可以，但是否可仿“最德国的德国人”之类译作“最德鲁伊特的德鲁伊特们”，以便产生老乔希望追求的那种声音效果？

拙译：

四个闪闪发光的君王，雄鹿莫里根兴高采烈地喊叫。咱们可以痛饮一场，吓吓那些最德鲁伊特的德鲁伊特们。四个万能的君王。（p18）

8. 斯蒂芬以不屑的神情听着莫里根和海因斯二人对送牛奶的老太太指手画脚、颐指气使地说话，老太太对他们俯首帖耳，对他自己却毫不在意。这里斯蒂芬的内心独白是：

Stephen listened in scornful silence. She bows her old head to a voice that speaks to her loudly, her bonesetter, her medicineman: me she slights. To the voice that will shrive and oil for the grave all there if of her but her woman's unclean loins, of man's flesh made not in God's likeness, the serpent's prey. And to the loud voice that now bids her be silent with wondering unsteady eyes. (p14/12)

萧译：

斯蒂芬一声不吭地听着，满心的鄙夷。她朝那个对她大声说话的嗓门低下老迈的头，他是她的接骨师和药师，她却不曾把我看在眼里。也朝那个听她忏悔，赦免她的罪愆，并且除了妇女不洁净的腰部外，为她浑身涂油以便送她进坟墓的嗓门低头，而妇女是从男人的身上取出来的，却不是照神的形象造的，她成了蛇的牺牲品。她还朝那个现在使她眼中露着惊奇、茫然神色保持缄默的大嗓门低头。（p57）

金译：

斯蒂汾以轻蔑的心情，默默地听着。老太婆俯首敬重的是大声对她说话的人，给她正骨的人，给她医药的人，对我是看不上眼的。她也敬重将来听她忏悔、给她涂油准备入土的人，涂全身而不涂妇女下身不洁净部位，用男人身上的肉而不按天主形象制成的，蛇的引诱对象。她也俯首听着现在对她大声说话的人，那说话声使她闭上了嘴，睁着迷惑不解的眼睛。（p21）

案：这段话第一句是叙述者的声音。下面三句是斯蒂芬的内心独白。其中既有对莫里根的描述（bonesetter，medicineman，［the priest］who will shrive ...），又有对老太太的描述（made of man's flesh but not in God's likeness，serpent's prey），但重点却要突出老太太对他们“点头哈腰”，从而反衬对自己的“轻视”。在形式上采用了“排比”（To the voice ...）的紧凑句式，强化了突出的意味。问题是第二个排比句太长，一般以拆分作短句为好，现两译以及我自己原来都是这样处理的。但转思这样处理就使原本紧凑的结构变得松散，淡化了斯蒂芬要强调的意思。故似可不避欧化句式之嫌。

拙译：

斯蒂芬在鄙夷的静默中听着。她对那个对她大声吆喝的声音、她的正骨者、她的医生点头哈腰；可对我，她瞧不起。对那个将要为她这个用男人的肉而不是按上帝的形象造出来的蛇的猎物做临终忏悔、给她全身除女人不洁部位涂油、送她入土的声音点头哈腰。还

向那个此刻大声喧嚷让她张不开嘴、眼中露出惊疑神色的声音点头哈腰。（p24）

9. 莫里根说斯蒂芬一月只洗一次澡；海因斯说要搜集斯蒂芬的言论。斯蒂芬心想：

Speaking to me. They wash and tub and scrub. Agenbite of inwit. Conscience. Yet here's a spot.（p16/14）

萧译：

他在说我哪。他们泡在澡缸里又洗又擦。内心的苛责。良心。可是这儿还有一点儿污迹。（p60）

金译：

对我说话呢。他们洗了又洗，擦了又擦。良心的谴责。内疚。可是这儿还有一点血迹。（p24）

案：这里的五个句子中有三点值得关注：They wash and tub and scrub 连用三个动词来写那些爱洗澡的人反复洗、泡、擦的情形，连词 and 的重复以及 tub 与 scrub 的叶韵都增强了修辞效果。两译通过“又”的复用给与了呼应。Agenbite of inwit 是中古英语，现代英语已不用，犹言 remorse of conscience（良心的懊悔）。翻译当尽量采用中古或古代汉语。古汉语中有“心疚”一语，在意义上庶几接近，且从古代一直沿用到魏晋之后，现代已不多用。最后一句引自《麦克白》中的台词，极具抨击力。意思是：你们再洗也洗不掉内心的愧疚，有如麦克白夫人那样，怎么擦也擦不掉杀人后留在手上的血迹。

拙译：

跟我说呢。他们倒是洗呀泡呀刷呀的。心疚。良心。可这儿还有一点血迹。（p27）

10. 莫里根冲下游泳池之前，大声吟唱了一首诗歌：

I'm the queerest young fellow that ever you heard.
My mother's a jew，my father's a bird.
With Joseph the joiner I cannot agree.
So here's to disciples and Calvary.
If anyone thinks that I amn't divine
He'll get no free drinks when I'm making the wine
But have to drink water and wish it were plain
That I make when the wine becomes water again.

Goodbye，now goodbye. Write down all I said
And tell Tom，Dick and Harry I rose from the dead.
What's bred in the bone cannot fail me to fly
And Olivet's breezy — Goodbye，now goodbye！（pp18－9/16）

萧译：

我这小伙子，无比的古怪，
妈是犹太人，爹是只鸟儿。
和木匠约瑟，我可合不来，
为门徒和各各他干一杯。

倘有人认为，我不是神明，
我造出的酒，他休想白饮。
只好去喝水，但愿是淡的，
可别等那酒重新变成水。

再会吧，再会，写下我说的一切，
告诉托姆、狄克和哈利，我已从死里复活。
与生俱来的本事，准能使我腾飞，

橄榄山和风吹——再会吧，再会！（p65）

金译：
我这个小伙子最蹊跷，
我妈是犹太人，我爸是只鸟。
我和那老木匠不是一路，
所以到髑髅岗传我的门徒。

谁要是认为我不是真神，
我变的葡萄酒就没有他的份。
只有等那酒再次变成水，
还得要小心它没有变小水。

再见吧，再见，你们要记确凿，
让人人都知道我死而又复活。
我天生有能耐——自然能飞天，
橄榄山上风正美——再见吧，再见！（pp28－9）

案：这里的三节诗歌来自莫里根的原型戈加蒂写的一首题为《欢乐的耶稣之歌》（“The Song of Cheerful [but slightly sarcastic] Jesus”）的诗。这首诗一共9节，正如诗题所示，诗人要写出一个欢乐但略带挖苦意味的耶稣，目的是亵渎圣三位一体即圣父、圣子、圣灵一体（consubstaniality）的观念。这个主旋律从文本的字里行间不难看出。乔伊斯这里采用了这首诗的第1—2节和最后一节，而且多少有些改动，如第1节第1句中 that ever was heard 改作 that ever you heard；第4句中的“Here's to disciples and Calvary”去掉了引号；最后一节第一、二句 Goodbye，now goodbye，you are sure to be fed / You will come on My Grave when I rise from the dead. 改作 Goodbye，now goodbye. Write down all I said / And tell

Tom，Dick and Harry I rose from the dead.虽然有这些改动，但总的调子并没有变。翻译在形式上要尽量贴近英雄双韵体的格律（双韵、五音步、抑扬格），在词语上则要保持一种略带谑谐和亵渎的声口。两译对韵律与文体都给与了不同程度的关注，细心的读者自可分辨，毋庸赘述。有两个具体地方可提出讨论：一是戈加蒂原诗中将 here's to disciples and Calvary 放在引号中，显然戏仿耶稣的祝酒辞，尽管乔伊斯将原作中的引号略掉了，但祝酒的主要意义并不因此发生变化，译作“所以到髑髅岗传我的门徒”（金本）似乎离得远了点，译作“为门徒和各各他干一杯”（萧本）显然更恰当些。再者，爱尔兰人爱饮，在他们的心目中，耶稣也应是酒徒。这里的轻讽之意不言自明。即便乔伊斯去掉了引号，适度拓展了耶稣传教授徒的事，但将这个暗含的意思译成主要意思也好像不妥，且“髑髅岗”是耶稣蒙难之地，其传教乃是从加利利等地开始的。原句通过 and 将两个名词 disciples 和 Calvary 并列，暗指传教与被钉上十字架两件事，译作“到髑髅岗传我的门徒”显然与人所尽知的耶稣事迹不符，再说“髑髅岗”虽然是 Golgotha 这个来自希腊词源的地名的本意，但这三个字显得过于恐怖，且与全诗略带欢乐与诙谐的情调不协调，反不如音译为“各各他”（萧本）好。更值得指出的是，乔伊斯这里并没有使用一般《圣经》中出现的 Golgotha 这个地名，而是用了国王钦定本中英译的具有拉丁词源的 Calvary 一名。当然这里有脚韵的需要，但他要回避 Golgotha 包含的“the palce of skull”的意思也应该是清楚的。二是 make water 虽然有“撒尿”的意思，暗含了酒变回水时有成为“尿”的可能。但将其明确译出（金本：“小水”）似乎也显得过了些，因为诗中的挖苦意味只是“轻微的”（slightly）。只要暗示出来就可以了。

拙译：

我是你见过的最怪的小伙儿，
我妈是犹太人，我爹是只鸟儿。

和木匠约瑟我走不到一块儿呀，
那就为徒儿们和各各他干杯吧。

谁要是以为我不是神圣，
我变了美酒他就别来白蹭。
只能喝白水还得但愿水清，
以免酒变回水不干净。

再会吧，再会，把我说的一切写明，
告诉每个人我已经死而复生。
我的本性一定能使我腾飞，
橄榄山的微风——再会吧，再会！（pp32－3）

11. 斯蒂芬对海因斯说自己是“两个主人的仆人”：
I am a servant of two masters, Stephen said, an English and an Italian.（p20/17）

萧译：
“我是两个主人的奴仆，”斯蒂芬说，“一个英国人，一个意大利人。”（p67）

金译：
我是一仆二主，斯蒂汾说。一个英国的，一个意大利的。（p31）

案：斯蒂芬这里说的“两个主人”指的是大英帝国和罗马天主教会，同时暗指正在他自己租的房子里对他颐指气使的莫里根和海因斯（英国人）。这里他显然想到了意大利剧作家哥尔多尼的喜剧《一仆二主》。这个戏上世纪50年代中期国内就搬演过。当时和后来演出一直采用“一仆二主”的译名，因此许多读者对这个戏是不陌生的。这样，将 a servant of two masters 译作“一仆二主”（金本）就可以引发中国读者对此剧的联想，但这里有一个很重要的问题是，将其置于“我是一仆二主”的句子中则难免语意含混，从而使斯蒂芬对自己“仆人”地位的极端强调难以表现出来。当然从语境上判断，读者当不致误解斯蒂芬的意思，不过考虑到主客颠倒乃是这章在主题上与《奥德赛》关联的要害之处以及斯蒂芬对这一点的强调，似仍以明明白白地译作“我是两个主人的奴仆”（若萧本）为好。

拙译：

我是两个主人的仆人，斯蒂芬说，一个英国人，一个意大利人。（p35）

12. 在斯蒂芬关于“仆人”的议论之后，海因斯随即站在爱尔兰人的立场上对斯蒂芬这样的想法表示了同情的理解。这时有一段叙述者的声音讲述斯蒂芬脑海中的意象和想法中有半句是：

... the slow growth and change of rite and dogma like his own rare thoughts, a chemistry of stars. (p20/17)

萧译：

……礼拜仪式与教义像他本人那稀有的思想一般缓慢地发展并起着变化，命星的神秘变化。（p68）

金译：

……仪式和教义都缓缓地发展变化，正如他自己那半生不熟的思想，一种星辰演变过程。（p31）

案：句中的 rare 是一个多义词，可解作“稀薄的”、“稀疏的”、“罕有的”、“珍贵的”、“杰出的”等；也可解作“煮得嫩的”、“半熟的”。前者的词源可从晚期中古英语追溯到拉丁语中 rarus，原意指“空气稀薄，密度低，因而散布在广阔的空间”；后者则从 17 世纪中期之后才在英语中普遍使用起来的，是形容词 rear 的一种形式，其词源已不可考。这里乔伊斯的使用显然兼及了上述两义，意思是说那些纷纭的仪式和教义正如星球的形成，是一个缓慢的化学过程，犹如斯蒂芬自己的那些散漫的（widely spaced）、尚未成熟（slightly done）而正在逐渐成熟的思想。译作“半生不熟的”（金本），似乎仅取了其中一义，更需要指出的是，国人说“半生不熟的”显然是用作贬义，而西人吃“煮或烤得嫩的或者半熟的”肉却是一种美好的选择。如果说，在莫里根的眼里，斯蒂芬是“半生不熟”的话（金本在前文即用“半生不熟”译过 jejune 一词，见前文第 3 条的讨论），客观叙述者的声音则不可能含有这样的贬义，何况这里的客观叙述讲的是斯蒂芬的思想，其中一些句子不可避免地暗含着斯蒂芬主观的角度。

拙译：

……仪式和教义的缓慢成长和变化正像他自己散漫而尚未完全成熟的思想，星球的化学过程。（p36）

13. 莫里根与游泳的青年人谈论西摩和他的女友一段充满了淫邪的俚俗语：

— Spooning with him last night on the pier. The father is rotton with money.

— Is she up the pole?

— Better ask Seymour that.（p22/18）

萧译：

——昨天晚上跟他在码头上调情来着。她爸爸阔得流油。

——她够劲儿吗？

——这，你最好去问西摩。（p70）

金译：

——昨天晚上和他在栈桥上难舍难分的。她老爹钱多得发臭。

——她有事儿了吗?

——那最好问西摩。（p34）

案：这里的 spoon，up the pole 都有强烈的性挑逗意味，spoon 意为 cuddle，fondle 之类；up the pole 意为 crazy，pregnant but unmarried，etc. 且都是俚语，因此，既要译出淫荡之意，又须尽量用俚俗语，如译 spoon 为“调情”（萧本）或“难舍难分”（金本）则显得文了点。

拙译：

——昨儿在码头上和他滚缠了一夜。她老爹钱多得都烂透了。

——她浪上了吧?

——那你得问西摩。（p39）

第二章

本章的主要人物仍是斯蒂芬。时间是当天上午 10 时，地点是斯蒂芬租住的塔楼附近一所私立学校。次要人物有学校校长迪西先生和学生萨金特。斯蒂芬在上历史课。内容是古罗马历史：公元前三世纪希腊北部伊庇鲁斯国王皮洛士在塔兰特姆与罗马人进行的一场大战。这场大战虽然取得了胜利，但希腊人却付出了惨重的代价，造成了塔兰特姆的彻底毁灭，从此皮洛士一蹶不振，最终导致了他自己的失败和死亡。此外，斯蒂芬还让学生背诵了弥尔顿的诗歌、给学生出了谜语。课后迪西给斯蒂芬发了工资，托他带信给报纸。信的内容是有关当时在都柏林牲畜市场流传的口蹄疫。迪西与斯蒂芬还谈论了历史、政治、金钱等话题。就文体而言，除叙述者的声音外，主要是斯蒂芬的内心独白、与迪西的对话。

1. 斯蒂芬提问一个名叫阿姆斯特朗的学生：
What was the end of Pyrrhus?（p24/20）

萧译：
皮勒斯的结尾怎么样?（p75）

金译：
皮洛士到头来怎么样?（p38）

案：句中的 end 是多义词，既可以作“结局”、“结果”解，也可以作“顶端”、“尽头”解，显然，斯蒂芬这里用其“结局”义，而阿姆斯特朗的回答却是：皮洛士是栈桥。这个荒唐的回答立即引发了满堂哄笑。阿姆斯特朗是富家子弟，脑子未必好，上课还不认真听课，老师在讲什么他基本上没弄清，当然也不知道 Pyrrhus 究竟是什么，所以闹出了这个大笑话。但造成这里的答非所问，语言上的多义和发音接近却是直接原因。阿姆斯特朗首先将这里的 end 误解为“尽头”，然后又将 Pyrrhus（皮洛士）和 Pier（栈桥）这两个发音近似的字混为一谈，于是就产生了这类稀里糊涂的回答。由此可见，end 一词这里的双关义是翻译时不应忽视的。将这个问题译作“皮勒斯的结尾怎么样？”（萧本）固然不错，但却未能关照阿姆斯特朗回答时对这个词的误解；而将其译作“皮洛士到头来怎么样？”（金本）就顾及了 end 的双关义。另外，Pyrrhus 这个历史人物，汉译一般作“皮洛士”，似仍以沿用为好。

拙译：

“皮洛士到底怎么样呢？”（p42）

2. 斯蒂芬提问阿姆斯特朗时想到了这些阔少年的家庭背景，其中提到他家住在

Vico road, Dalkey.（p24/20）

萧译：

多基的韦克街。（p76）

金译：

道儿盖的维柯路。（p38）

案：都柏林的这条路是否以意大利著名哲学家维柯命名，不确，然二者同名却是确定的。维柯以其“历史循环论”闻名遐迩，乔伊斯

熟悉维柯的理论，在《尤利西斯》《芬尼根守灵夜》等作品中多次涉及了他。此章讲的又主要是历史，其间的关联是显而易见的。虽然有少数乔学家对此表示怀疑，但多数乔学家都肯定了这里的关联，因此，这个路名似仍以译作“维柯路”为好。

拙译：
达尔基的维柯路。（p43）

3. 学生要求讲故事、猜谜语，斯蒂芬头脑中形成的第一个谜语是：
Riddle me，riddle me，randy ro.
My father gave me seeds to sow.（p26/22）

萧译：
让我猜，让我猜，嗨哟嗬。
我爸爸给种籽叫我播。（p79）

金译：
猜一猜，猜一猜，朗的罗，
我爸爸给我种子让我播。（p42）

案：这个谜语后面还有两句：The seed was black and the ground was white，/Riddle me that and I'll give you a pipe(or pint). 谜底是：写信。但因为一学生仍在背诵弥尔顿的诗句，故后面的这两句没有继续。两译都注意到了谜语这种谣曲性的声韵效果，但倘能更进一步关注首句中 riddle，randy，ro 三字的头韵效果就更好了。

拙译：
猜谜啰，猜谜啰，猜来啰，
我老爸给我种子让我播。（p47）

4. 斯蒂芬从迪西那儿领了工资，想到自己已经在这儿领了三次工资了，这时他的内心独白：
The same room and hour, the same wisdom: and I the same. Three times now. Three nooses round me here. Well? I can break them in this instant if I will. (p30/25)

萧译：
同一间房，同一时刻，同样的才智：我也是同一个我。这是第三次了。我的脖子上套着三道绞索。唔，只要我愿意，马上就能把它们挣断。(p85)

金译：
同一间房间，同一个时辰，同样的智慧：我也还是我。已经三次了。我身上已经在这里套上了三道箍。怎么样？我可以立刻把它们挣断，如果我愿意的话。(p48－9)

案：这里的句子十分简明，same，three 等字的重复，增强了句子的音韵美。译文似应尽量贴近原文的形式，以传达其结构与音韵上的特点。两译均注意到了这些特点，但似可再简洁些，再者，金译的“套上了三道箍”似太口语化了。

拙译：
同一间屋，同一时刻，同样的智慧：同一个我。已经三次了。套上了三道绞索。不过，如果我愿意，立刻就能把它们挣断。(p54)

5. 迪西劝斯蒂芬看到金钱的重要性，及早攒钱防老，他随口引了一句英谚，并引莎士比亚来加强说服力。这里的原文是：
If youth but knew. But what does Shakespeare say? *Put but money in thy purse*. (p30/25)

萧译：

倘若年轻人有经验……然而莎士比亚是怎么说来着？只要把银钱放在你的钱袋里。（p86）

金译：

少壮不晓事嘛。但是，莎士比亚是怎么说的来着？只消荷包里放着钱。（p49）

案：这句英谚完整的句子是：*If youth but knew what age would crave*, *it would at once both get and save.* 意思是说，倘若年轻时不知道积攒，到老年就只有巴望的份了，所以要早攒钱。汉语似可译作：少壮不攒钱，老来万事难。从这句谚语全句的意思看，译作“倘若年轻人有经验”（萧本）或“少壮不晓事嘛”（金本）似乎都不够贴切，因为它们都与攒钱并没有紧密的关联，也不太像一个谚语的部分。倘若译作“少壮不攒钱”，就更贴近原意，且可与迪西开始说的“那是因为你不攒钱”（Because you don't save）形成呼应。

拙译：

少壮不攒钱。可莎士比亚是怎么说来着？只消把钱放进你的钱袋里。（pp54－5）

6. 迪西说到约翰·布莱克伍德爵士骑马去都柏林投票时，斯蒂芬想到一首民谣中的歌词：

Lal the ral the ra

The rocky road to Dublin.（p31/26）

萧译：

吁——萧萧，吁——得得，

一路坎坷，赴都柏林。（p88）

金译：

啦尔—德—啦尔—德—啦

崎岖的道路通向都柏林哪。（p52）

案：这里的 Lal the ral the ra 是吆喝牲口的象声词。两译都模拟车夫吆喝牲口的声口，金译尽量贴近原文的声音，而萧译则离开原音，贴近汉语中的象声词，但却略嫌文了点儿。

拙译：

嘚儿——驾，嘚儿——驾，驾，

路难行呀去都柏林呀。（p58）

7. 斯蒂芬坐在英王爱德华七世（执政前的威尔士亲王）的肖像前等迪西打信。看着这位亲王的肖像和满墙挂着的名马像，他想象这位对赛马和赌博极为迷恋的亲王的行为，这里有一句话是：

He saw their speeds, backing king's colours, and shouted with the shouts of vanished crowds.（p32/27）

萧译：

他看到了这些佩戴着英王徽记的马的速度，并随着早已消逝了的观众的欢呼而欢呼。（p89）

金译：

他看到了它们为国王的旗号赛跑的速度，随着不复存在的观众的欢呼声而欢呼。（p53）

案：句中的 back 是一个多义词，作为动词既有 provide a back, cover the back, support 的本义，也有 bet on the success of a horse in a race 等诸多引申义（见 *SOED*, p167）。斯蒂芬这里显然兼用此两

义。现有两译似乎没有注意到 backing 这里的引申义。King's colours 是英国国旗正式采用之前的王旗，因此这里 backing king's colours 应该是赌那些披王旗的贵族的马必胜的意思。拙译试图兼顾这里的双关意：

拙译：
他看到了它们的速度，赌那些披王旗的马胜，随着那些早已消失的观众的欢呼而欢呼。（p59）

8. 迪西信中有这么一句：
In every sense of the word take the bull by the horns.（p33/27）

萧译：
名副其实地敢抓公牛角。（p90）

金译：
确系抓住要害。（p55）

案：此句中的 take the bull by the horns 是一句英谚，从“抓牛角”的字面意思引申出“直面困难，而非逃避困难”：to meet a difficulty boldly（*SOED*，p304），to meet a difficulty rather than to evade it（Thornton 引 *ODEP* 条）之意。迪西希望报纸能刊登他这封信，借这句英谚既催促当局直面困难，接纳他的建议，解决时下牲畜中流传的口蹄疫疾病，又对自己这一明知艰难的行为加以自励。那么这句怎么译？我以为可有五种考虑。第一种是只考虑字面意思，如译作“抓公牛角”（萧本），这种译法抓住了原有的形象，但却无法完全传达其本意，不得不通过注释补充说明，就结构而言，也不像谚语。第二种是完全脱离字面意思，只考虑其本意，如译作“面对困难”之类，这种译法的好处是忠实，但不足是丢失了原有的形象和生动性，同时也缺乏谚语本身结构上的简明和易于记诵的特点。第三种是在文字上加以琢磨，既要忠实于原意，又要适当考虑其生动性，如译作“迎难而上”、“不避艰险”之类。这种译法意思基本忠实，也暗含了一定的形象性，文字也相对简洁，但在形象的生动以及谚语的容易记诵诸方面都嫌不足。第四种是兼顾意义与形象两方面的忠实，同时琢磨某种能够朗朗上口的谚语体，如译作“逮牛不畏难，偏抓牛角尖”之类。第五种是在汉语中找到相应的现成谚语，如译作“明知山有虎，偏向虎山行”之类。窃以为，第四、五两种都是较好的选择。这两种译法除了意义与形象两方面的考虑外，还包含了较多的文化内涵。第四种让人们想到古代西方勇士和现代斗牛表演中为制伏公牛，迎着公牛角的挑战，不畏艰险，奋勇而上，紧抓牛角，与之搏斗的情景。第五种让人们想到中国古代如武松打虎之类的故事，其实二者要表彰的都是那种敢于直面艰难险阻的大无畏精神。不同的是，第四种是一种“异化”的翻译；而第五种则是一种“归化”的翻译，分别显出两种文化的差异。拙译取第四种，以为在出现较多现代医学名词的这段文字中采用“异化”的译法似乎更协调些。至于金译“抓住要害”的译文既离开了字面义，又离开了本意，原本是不足为训的。

拙译：

从任何意义上说，都要逮牛不畏难，偏抓牛角尖。（p62）

第三章

本章主要人物仍是斯蒂芬。时间是当天上午 11 时。地点是其租房所在的海滩。内容完全是他在海滩漫步时的内心独白。斯蒂芬的沉思关乎存在、人生的种种方面及世间的种种变化。具有明显的哲学意味和思辨色彩，其文体高雅、深奥，不过也时有俚俗的诙谑之语。但就总体而言，与第一章莫里根的腔调形成了对照。

斯蒂芬的沉思是从海滩上的“可见事物”（海鱼卵和海藻，渐渐袭来的海潮，那只长了锈的靴子，鼻涕似的脓绿色，蓝银色，锈色）引发的。他在思考事物的存在形态及各种感官（视觉、听觉）感知事物的方式，他想到了希腊哲人亚里士多德、德国神秘主义者雅可布 · 伯麦、爱尔兰哲学家乔治 · 伯克利主教、英国文人约翰逊博士、莎士比亚、德国批评家莱辛、希腊哲人柏拉图、英国诗人布莱克等人的相关论述或言行。他的沉思随着他一路所见（譬如他经过到他舅妈家的路口、看到海滩上狗的尸体、碰见两个捡乌蛤的吉卜赛人等等），触发联想，然后散漫地延伸。他的内心独白有引述，也有自己的阐释，在深奥的术语中夹杂着俚俗的调侃（如戏拟约翰逊博士以在石头上跺脚的方式驳斥伯克利主教认为事物不存在的唯心观，以中世纪关于亚里士多德“秃顶”的传闻，称亚里士多德乃是用“撞脑壳儿”［knocking his sconce against］的方式意识到事物首先是形体，然后才是具有颜色的形体的。这里斯蒂芬没有用 head［头/脑袋］这一常用字，而是用了 sconce［脑壳儿/秃瓢儿］这样一个调侃意味很浓的字），但就总体而言，哲理思辨意味还是相当强的。

1. 斯蒂芬思考人感知现象世界的方式，他的思考从视觉转向听觉，这时有几句：

A very short space of time through very short time of space. Five, six: the *Nacheinander*. Exactly: and that is the ineluctable modality of the audible. Open your eyes. No. Jesus! If I fell over a cliff that beetles o'er his base, fell through the *Nebeneinander* ineluctably! (p37/31)

萧译：

在极短的时间内穿过一段极小的空间。五、六：持续地。正是这样。这就是可听事物无可避免的形态。睁开你的眼睛。别，唉！倘若我从濒临大海那峻峭的悬崖之巅栽下去，就会无可避免地在空间并列着往下栽。（p99）

金译：

用短促的时间，跨越短小的空间，一段又一段。五、六：这就是Nacheinander，一点也不错，一点也不错，这也就是有声现象的无可避免的形态。睁开眼吧。不，耶稣！如果我从一个临空探出的山崖上摔下去，那就是无可避免地摔过 Nebeneinander 去了。（pp61－2）

案：这里的几句表达的是斯蒂芬闭上眼睛后，聆听自己的靴子踩过和手杖敲击过海藻和蚌壳的声音时产生的想法。这些句子都十分短小紧凑，极富思辨意味，非常凝练地表达了时间与空间的相互关系。萧金两译传达的意义没有问题，但在形式上却可以做些讨论：首先，space of time 和 time of space 作“时间的空间”和“空间的时间”乃是哲学上通常的译法，但两译却做了通俗化的解释，大大弱化了思辨的意味；其次，斯蒂芬从莱辛论述诗与画本质区别的《拉奥孔》引出了两个德文字，从哲学的高度辨析时间与空间的关系。Nacheinander(nach+ein+ander)强调的是时间的先后(nach)；Nebeneinander(neben+ein+ander)强调的是空间的并列(neben)，虽然二者侧重不同，但却相互包容，换言之，nach 中有 neben；neben

中有 nach。萧译前者为“持续地”、后者为“并列着”无疑淡化了二者间的辩证关系；金译采用保留德文的做法本身就使得译文句子支离破碎，其注释前者为“先后关系”、后者为“相邻关系”无法传达原文的思辨色彩(一个非常短的时间的空间通过一个非常短的空间的时间)。倘若译前者为“一个接一个”、后者为“一个挨一个”，是否可在一定程度上体现二者间相互区别又相互包容的关系呢？汉语中的“接”正如英语的 *after*，强调的尽管是时间的接续，也暗含着空间的挪移；而“挨”正如英语的 *next*，强调的虽然是空间的并置，同样暗含着时间的移动。

拙译：

一个非常短的时间的空间通过一个非常短的空间的时间。五，六：**一个接一个**。一点不错：这正是可听事物不可避免的形态。睁开眼睛吧。不。天哪！万一我从那凌空探出俯瞰大海的悬崖上掉下去，那就不可避免地是穿过**一个挨一个**了。(p69)

2. 斯蒂芬闭上眼，通过听觉感知世界，然后睁开眼，通过视觉感知世界。这时他的内心独白是：
See now. There all the time without you：and ever shall be，world without end. (p38/31)

萧译：

瞧吧，没有你，也照样一直存在着，以迨永远，及世之世。(p100)

金译：

看见了，没有你，始终照样存在：永将如此，无穷无尽。(p62)

案：这里的 See now 译作“瞧吧”(萧本)显然不如“看见了”(金本)更恰当，因为前文有 Open your eyes now，I will see if I can see

之类的话，这里显然强调的是看的结果。下面 all the time 固然可以译作“一直”（萧本）“始终”（金本）之类，但斯蒂芬这里集中思考的时空问题就不明显了，故仍以译作“全部时间”为好。

拙译：

看见了。没有你的全部时间都在那儿：永将如此，无尽无穷。（p71）

3. 斯蒂芬从助产士的接生想到人类神秘的原始及其一代又一代的关联，于是有向伊甸园打电话的调侃之语：

The cords of all link back，strandentwining cable of all flesh. That is why mystic monks. Will you be as gods？ Gaze in your omphalos. Hello！ Kinch here. Put me on to Edenville. Aleph，alpha：nought，nought，one.（p38/32）

萧译：

所有脐带都是祖祖辈辈相连接的，芸芸众生拧成一股肉缆，所以才有那些秘教僧侣们。你们想变得像神明那样吗？那就仔细看自己的肚脐吧。喂，喂。我是金赤。请接伊甸城。阿列夫，阿尔法，零，零，一。（p100）

金译：

人的脐带全都是连着上代的，天下众生一条肉缆。正是因此，才有一些神秘教派的僧侣。你愿学神仙吗？那就凝视自己的昂发楼斯吧。喂！我是啃奇。请接伊甸园，甲子零零一号。（p63）

案：这里 cords 指脐带；all flesh 指整个人类（Samuel Butler 曾写过 *The Way of All Flesh* 的自传，旧译采用佛家的说法译作“众生之路”）；That is why mystic monks 可能含有修士长腰带与脐带的联想，暗指修士之间神秘的关联；Will you be as gods？指《创世记》

中撒旦引诱夏娃吃禁果时对她说的话；omphalos 是希腊文的“肚脐”；Edenville 显然来自 The Garden of Eden；Aleph 是希伯来语的第一个字母；alpha 是希腊语的第一个字母；nought, nought, one 暗含了从无到有的创世。这里的典故虽然大多来自西方，来自基督教，但也有一些是来自东方，来自道教或佛教的，如关于肚脐与众生关联，凝想和冥思集中在肚脐之类的观念都与东方(印度、中国)及其佛教、道教的观念有关。①因此，斯蒂芬的思考是就人类总体而言的，他未必信西方宗教，对东方宗教的了解也有限，但他的思考却涵盖了希伯来、希腊和东方文明。如此看来，Edenville 未必一定译“伊甸园”或“伊甸城”之类；monks 也不必一定译“修士”或“和尚”；gods 不必一定译“神”或“上帝”；Aleph，alpha 当然也不见得非得译“阿莱夫”和“阿尔法”，如译作“甲子零零一号”(金本)自无不可。基于上述考虑，

拙译：

这些连接以往一代又一代的带子，由众生拧成的一条肉缆。神秘的信士教徒就是这么着来的吧。你想成神仙吗？那就凝视你的肚脐吧。喂，我是金切，请接天堂。阿莱夫、阿尔法、〇、〇、一。(p72)

这里，“阿莱夫、阿尔法、〇、〇、一”组成的电话号码代表了希伯来、希腊、阿拉伯和中国文明(前两个分别为希伯来语和希腊语的首字母，〇、〇为阿拉伯数字，一则可以看作汉语中的第一个符号：它不仅是伏羲画卦的第一爻，可以看作“太初”或“道”的本体，也是汉语的第一个字：《说文》：“唯初太极，道立于一。”)，比起“甲子零零一号”应该说具有更广的涵括性(“甲子”固然是中国古代最早的干支纪日的首字，在殷墟出土

① 参见 Stuart Gilbert, James Joyce’s Ulysses, Penguin Books Ltd. 1963, pp55 - 56；Welden Thorton, Allusions in Ulysses, The University of North Carolina Press, p44。

的甲骨文中已经出现，但仍不能说是中国文明中最早的字符），况且，斯蒂芬的思考实质上是涵括了包括中华文明在内的人类文明全体的。

4. 斯蒂芬从夏娃那“罪孽的子宫”想到自己的出生和父母，想到“圣三位一体”的观念以及对这一观念持有异议的阿利乌。有一段内心独白：

Wombed in sin darkness I was too，made not begotten. By them，the man with my voice and my eyes and a ghostwoman with ashes on her breath. They clasped and sundered，did the coupler's will. From before the ages He willed me and now may not will me away or ever. A *lex eterna* stays about Him. Is that then the divine substance wherein Father and Son are consubtantial？Where is poor dear Arius to try conclusions？Warring his life long on the contransmagnificandjewbangtantiality. Illstarred heresiarch！In a Greek watercloset he breathed his last：*euthanasia*. With beaded mitre and with crozier，stalled upon his throne，widower of a widowed see，with upstiffed *omophorion*，with clotted hinderparts.（p38/32）

萧译：

我也是在罪恶的黑暗中孕育出的，是被造的，不是受生的。是那两个人干的，男的有着我的嗓门和我的眼睛，那女幽灵的呼吸带有湿灰的气息。他们紧紧地搂抱，又分开，按照撮合者的意愿行事。盘古首初，天主就有着要我存在的意愿，而今不会要我消失，永远也不会。永远的法则与天主共存。那么，这就是圣父与圣子同体的那个实体吗？试图一显身手的那位可怜的阿里乌老兄，而今安在？他反对“共在变体赞美攻击犹太论”，毕生为之战斗。注定要倒楣的异端邪说祖师。在一座希腊厕所里，他咽了最后一口气，猝死了。戴着镶有珠子的主教冠，手执牧杖，纹丝不动地跨在他的宝座上，

他成了鳏夫，主教的职位也守了寡。主教饰带硬挺挺地翘起来，臀部净是凝成的块块儿。（p101）

金译：

在罪孽的黑暗中孕育，我也是。是制成而不是生成的。由他们俩，一个是嗓音与眼睛和我相同的男人，另一个是呼吸中带有灰烬气味的女鬼。他们互相拥抱，一分一合，完成了主宰配对者的意愿。这主宰在人世开始之前已经有了要我存在的意愿，现在不会要我不存在，永远不会。他的法则是永恒的。那么，这就是圣父圣子一体性所在的神圣实体了？可怜的好阿里乌，他能到什么地方去验证他的结论呢？不幸的异端创导者，毕其一生都在为这个同体变体犹太人大新闻问题斗争。背时的异端创始人！他是在一个希腊厕所里断气的：无疾而终。头戴镶珠的主教冠冕，手扶主教权杖，端坐在宝座上不再动弹，一个失去了主教的主教区原主教，主教饰带已经僵硬翻起，下身已经凝块。（p63－4）

案：这段文字中没有粗俗俚语，斯蒂芬思考的“父子关系”是《尤》中一个严肃而重大的主题。对于没有给他多少精神而只给了血肉身躯的生身父母，他虽然没有太多的尊重，但也没有什么不敬之辞。他说母亲是一个 ghostwoman，那是因为母亲死后的幽灵曾进入他的梦中。对于没有服从母亲临终要他跪下为自己祈祷一事，他心中是充满痛苦的。至于圣三位一体以及阿里乌就此展开的论战，那就更是严肃的话题。因此，这段文字不宜译得太口语化、太随便（如现有的两译）。譬如将 ghostwoman 译作“女鬼”（金本），将 by them 译作“是那两个人干的”（萧本），将 stalled upon his throne 译作“端坐在宝座上不再动弹”（金本），将 poor dear Arius 译作“可怜的阿里乌老兄”（萧本）等。此外，还有两个词语的译法似可讨论。*euthanasia* 这个希腊字意为：good death，ending a life in a manner which relieves pain and suffering，译“善终”大概说得通，译“无疾而终”（金本），似乎就有点过，因为阿里乌据说死于肠道出血甚或肠癌，斯蒂芬在这里也明确说他“臀部的血都凝成块了”，因此，很难说是“无疾”。至于译“猝死了”（萧本），那离原词义似乎也远了些。contransmagnificandjewbangtantiality 是乔伊斯创造的一个混成字，由 consubstantiality，transubstantiality，magnific，and，Jew，bang，substantiality 这七个字构成。consubstantiality 指圣父、圣子、圣灵三者同体，一般译作“圣三位一体”或“三位一体”，这是基本的天主教观念；transubstantiality 本意是“变体”，指圣子优于圣灵、圣父优于圣子，是阿里乌的基本观点；Jew 暗指耶稣是犹太人的儿子，但却不被犹太人接受；bang 指阿里乌的理论引发的论争；magnific 包含了 magnificant，magnificent，magnify 这三个字的意思，第一个字指圣母马利亚唱的感恩颂歌，后两个字没有特殊意义。这个混成字尽管天主教意味很浓，但斯蒂芬的重点无疑在圣父与圣子甚至一般的父子关系上。拙译前几稿作“一体变异加基督本质之类宏大问题”，现拟改作“一体变异加基督犹太人宏伟本质大问题”。

拙译：

孕育在子宫那罪恶的黑暗中，我也是，造出而非生出。由他俩，那男人有和我一模一样的声音和眼睛，那已是幽灵的女人，呼吸中夹着死灰味。他们紧紧搂抱，然后再分开，完成主宰配偶者的意志。在人世起始前这主宰者就要我按他的意志存在了，现在可能不会要我不存在了，永远不会了。和这主宰者同在的是**永恒的法则**。这么说，圣父、圣子都是从那同一种神圣实体来的了？可怜的跃跃一试的阿里乌现在哪里呢？他毕生就一体变异加基督犹太人宏伟本质大问题进行论战。不幸的异教徒首领。在希腊的一间厕所里咽了最后一口气：**善终了**。头上戴着饰珠的主教帽，手拿权杖，正襟危坐在他的宝座上，一个被剥夺了主教职位的主教，**披肩饰带僵硬**，臀部的血都凝成块了。（pp72－3）

5. 里奇给斯蒂芬要麦芽酒后有一句：

Damn your lithia water. It lowers. Whusky! ... Would you like a bite of something? None of your damned lawdeedaw airs here. (p39/33)

萧译：

该死的锂盐矿泉水。叫人虚弱，喔，威士忌！……想吃点儿什么吗？在这儿，你用不着摆臭架子。(p103)

金译：

让你的矿泉水见鬼去吧。丢人。外士忌！……你想吃点什么吗？这儿可用不着你们那些倒霉的满不在乎的架子。(p65)

案：这里 it lowers 的基本意思是“降低”、“减弱”之类，主要说的是矿泉水的度数低，不够劲儿，所以他坚持要威士忌。故与体面、身份之类关联，译作“丢人”(金本)，或与健康、身体之类关联，译作“叫人虚弱”(萧本)，似乎都有过度想象之嫌；下面的 lawdeedaw 是 la-di-da 的转音，意为“装模作样”(affected manner of speaking or pretentious way of speaking)，故译作“摆臭架子”(萧本)、“倒霉的满不在乎的架子”(金本)都似嫌不够意思。

拙译：

这该死的矿泉水。真没劲儿。瓦士忌！……想吃点儿什么吗？这儿可用不着你那套哩格楞的花架子。(p76)

6. 斯蒂芬回想他在巴黎的经历时有几句是：

Proudly walking. Whom were you trying to walk like? Forget: a dispossessed. (p42/35)

萧译：

昂首阔步。你试图学谁的模样走路哪？忘掉吧，穷光蛋。(p107)

金译：
大摇大摆，高视阔步。你是在学谁走路？忘了，一个被剥夺者。（p70）

案：这里 dispossessed 的主要意思是指财产被剥夺，译作“穷光蛋”（萧本）固然不能说错，但那种“被剥夺”的感觉却无法传递出来。事实上，斯蒂芬刻意用这个字，除了财产的被剥夺之外，还有其他方面的被剥夺。作为一个自视甚高，抱负远大的青年艺术家，斯蒂芬一方面感到趾高气扬，另一方面又总有一种挫折感和被剥夺感，这种被剥夺或窃夺感贯穿在本书开始的前三章中。金译显然更恰当。

拙译：
昂首挺胸，高视阔步。你想学什么人的步态来着？忘记了：一个被剥夺者。（p82）

7. 斯蒂芬父亲发给他的电报：
Nother dying come home father.（p42/35）

萧译：
母病危速回　父。（p108）

金译：
毋病危速归父。（p71）

案：电报报文巴黎出版作 Mother，而加兰版改作 Nother，这一个字母的改动便产生了文字游戏。Nother 是古语，古英语中有 neither 之意，到中古英语中又有了 other 或 another 之意。显而易见，这一笔之差暗含了 not anyone 的意思。汉语中的“毋”与“母”字形上仅有一点儿差别，正可以表达从 m 到 n 的一笔之差，且“毋”的本意是“无”，十分贴切地表达了 nother 暗含的意思。说明不仅斯蒂芬本人对母亲不够尊重，且他的父亲也缺乏对妻子的尊重。金译从加兰版，译笔甚好；萧译从初版，无可非议。拙译从加兰版，且从金译。

拙译从之：
毋病危速回父。（p83）

8. 斯蒂芬回想巴黎的情景，有一句是：
Belluomo rises from the bed of his wife's lover's wife，（p42/35）

萧译：
漂亮男人从他妻子之姘夫的老婆那张床上爬了起来，（p109）

金译：
小白脸儿刚从他老婆的情人的老婆的床上起来，（p71）

案：这里说的虽然是比较俗的事，但斯蒂芬的用词并不俗，因此，译作“小白脸儿刚从他老婆的情人的老婆的床上起来”（金本）就有点儿不像斯蒂芬的口吻，反倒像莫里根的口吻了。而译作“漂亮男人从他妻子之姘夫的老婆那张床上爬了起来”（萧本），口吻（妻子之姘夫的老婆）也有点儿文白不类。

拙译：
漂亮男人从妻子的情夫的妻子的床上起来，（p84）

9. 斯蒂芬从堤坝的修筑产生的联想中有一句：
I'm the bloody well gigant rolls all them bloody well boulders，bones

for my steppingstones. Feefawfum. I zmellz de bloodz odz an Iridzman. (pp44 -5/37)

萧译：
俺是血腥的棒巨人，把那些血腥的棒巨石统统推滚过来，铺成俺的踏脚石。坑，坑，俺闻见了爱尔兰人的血腥味。(p113)

金译：
我是实打实的大巨人，滚来这些实打实的大顽石，垫高了我好走。非否分，我闻到爱伊兰人的血腥。(p76)

案：斯蒂芬这里想到了爱尔兰传说中巨人抛石填海筑堤以便跨海征服苏格兰巨人的故事以及一则童谣(我闻到英国人的血腥，不管他是死是活，我要把他的骨头磨碎做面包)，并将二者自由地联系在一起。这里的第一句应该是传说中的意思；随后的两句则来自童谣，均以巨人的口吻说出。第一句中的关键是 bloody boulder bone 三个字形成的头韵；最后一句的关键是巨人把所有的 s 音都发成了 z 音。Bloody 主要意思是“血的”，可引申出“血腥的”、“残忍的”、“嗜杀的”，俚俗语中也有“非常的”、“十足的”、“该死的”、“讨嫌的”、“可恶的”等义。两译都注意到这里的头韵，萧译“血腥的”取本义，与最后的“血腥”形成呼应；金译“实打实的”，取俚俗义，与“巨石”产生声音的关联，似都无不可。不过，这里的 bloody 一字似兼有本俗两义，从这个角度看，两译都不够完满；第二句，Feefawfum 是童谣中的拟声的虚字，由 fee, faw, fum 等合成。完全音译(金本)或取汉语中类似的衬字，似乎都可以，萧译用了“坑，坑”，就比较特别，大约其意在兼“坑”的本义与“吭哧”的拟声，但单独使用“坑”似有令人费解之嫌。最后一句，金译注意到了巨人含混不清的发音，而萧译则未予考虑。

拙译：
咱就是该死的玩血莽掘人，滚下该死的玩血莽掘石，垫成咱的踏脚石。噼啪砰。咱闻咂了一个爱兹兰人的血滋味儿。（p89）

10. 斯蒂芬坐在石头上思考在封冻的利菲河上的情景：
I moved among them on the frozen Liffey, that I, a changeling, among the spluttering resin fires. (p45/38)

萧译：
在冰封的利菲河上，我在他们当中活动，我，一个习性无常的人，被松脂噼啪作响的火把映照着。（pp113－4）

金译：
利菲河冻冰，我就在他们中间活动，我，被妖精偷换留下的替身，在那些哔哔剥剥喷溅着火星的松脂火堆之间。（p77）

案：这里的changeling尽管有数义，但其中比较贴切的一义应当是A person or thing (surreptitiously) put in exchange for another; spec. a child secretly substituted for another in infancy. (*SOED*)因此，译作“我，一个习性无常的人”（萧本）似离原意较远；译作“我，被妖精偷换留下的替身”（金本）则比较接近，不过“被妖精偷换”的说法则有点儿空穴来风。

拙译：
在冰冻的利菲河上，我在他们中间走来走去，我，被人偷换后留下的婴儿，弃置在噼噼啪啪燃烧着的树脂火堆间。（pp90－1）

11. 斯蒂芬害怕那只冲他狂吠的狗咬，想到了一直欺凌、窃夺他的莫里根会嘲笑他的胆怯：

A primrose doublet，fortune's knave，smiled on my fear.（p45/38）

萧译：
身穿淡黄色背心的命运之奴仆，看到我的恐惧，泛出微笑。（p114）

金译：
浅黄色的坎肩，时运的宠儿，看着我的恐惧发笑。（p77）

案：这里的 fortune's knave 出自莎剧《安东尼与克莉奥佩特拉》第5幕第2场，克莉奥佩特拉在安东尼死后对恺撒的评论："'Tis paltry to be Caesar；/Not being Fortune，he's but Fortune's knave，/A minister of her will."朱生豪将此句译作："做恺撒这样一个人是件无聊的事；他既然不是命运，他就不过是命运的奴仆，执行着他的意志。"（《莎士比亚全集》十，第116页）；*SOED* 解 knave 为：a boy employed as a servant；a male servant；a person of low status，a menial. etc.。*The Riverside Shakespeare*（p1506）也训 knave 为 servant（p1382），因此这里的 fortune's knave 仍以译"命运之奴仆"（萧本）为宜，而译作"时运的宠儿"（金本）似乎就显得太随意了。克莉奥佩特拉决心结束自己的生命，追随安东尼而去，她现在已经清醒地认识到，无论是胜利者（恺撒），还是失败者（安东尼和她）都不过是命运的奴仆。如果克莉奥佩特拉这里侧重的是"命运"的话，毋宁说斯蒂芬这里强调的却是奴仆，在他看来，趾高气扬的莫里根尽管运气不错，但他却无论如何不过是一个"奴仆"。他想到了克莉奥佩特拉的感慨，但却未必过分看重"命运"，他内心充塞着的主要是对"窃夺者"们的愤怒和鄙视，这从下面紧接着的文字中再次突出 Pretenders（妄求者、觊觎王位者、假冒者），并列举出这类假冒者、窃夺者们便可以明显看出。此外，句中的 smile 除了现在一般使用的正面意义之外，这里应有负面意义，查 *SOED* 可知，smile 有时可作 assume an expression of skepticism，甚至 treat with contempt；deride，laugh at 解，而两译均未译出此字的嘲弄之意。

拙译：
淡黄色的坎肩，命运的奴仆，看着我的恐惧坏笑。（p91）

12. 斯蒂芬想到夏娃由于偷食禁果受到上帝惩罚，被极大地增加了生产的苦痛，有这样一句：
She trudges，schlepps，trains，drags，trascines her load.（p47/40）

萧译：
她吃力地跋涉，schlepps，trains，drags，trascines 重荷。（p118）

金译：
她背负重载，一脚又一脚，一步又一步，趔趔趄趄，蹒跚而行。（p81）

案：这里的后四个动词 schlepps，trains，drags，trascines 分别是德、法、英、意四种语言中的同义词，意为“拖”、“拉”等。斯蒂芬将他们按英语动词的变化赋予第三人称词尾，含义是十分清楚的，那就是：夏娃是一切女人的代表，她的堕落和遭受的惩罚乃是所有女人的，也是全人类的，因此，这里的同义重复，不宜省略，应该译出。萧本采用原文加注是一种办法；金本译作“背负重载，一脚又一脚，一步又一步，趔趔趄趄，蹒跚而行”，采取变通的方式，用近义的词语也是一种办法。我意不妨采用汉语中的同义词加以处理：

拙译：
她背负着、拖拉着、拖带着、拉扯着沉重的负担，艰难地跋涉

着。（pp95－6）

13. 斯蒂芬想到道格拉斯·海德的歌谣《我的悲哀在海上》，戏仿其最后一节，写了几句诗之后有这样两句：
His lips lipped and mouthed fleshless lips of air：mouth to her moomb. Oomb，allwombing tomb.（p47/40）

萧译：
他那翕动的嘴唇吮吻着没有血肉的空气嘴唇：嘴对着她的子宫口。子宫，孕育群生的坟墓。（p118）

金译：
他的嘴唇翕动着，接纳着无血肉的空气嘴唇：嘴对着她的口宫。宫，孕育一切的子宫，葬送。（p81）

案：这里的 lip 一字作名词和动词的重复、mouth 也有名词与动词的重复，还有在 womb 基础上造出来的 moomb，oomb 及其和 tomb 的协韵。如何译？萧译似未能将 lips lipped 在声音上的关联译出；将 moomb 译作“子宫口”，应该说富有想象力，但将 oomb 译作“子宫”，tomb 译作“坟墓”既失掉了这些字之间暗含的意义关联（从接吻到交媾再到生命的孕育乃至最终的死亡），也失掉了这一文字游戏的音乐美。金译同样失掉了 lips lipped 的味道，但后半部分却可以看出译者力图兼顾音义两方面关联的用意。窃以为不妨将动词形式的 lipped 译作“唇触着”，与前面的名词 lip（唇）一起形成音义上的关联；将动词形式的 mouthed 译作“嘴吻着”，同样可与后面几个与“嘴”相关的词（mouth，moomb）形成音义上的关联；moomb 由 mouth 与 womb 两个字合成，似可译作“嘴宫”，oomb 将 womb 的首字母唤作了 o，但读音并没有太大的变化，只是将原来的短元音变作了长元音，不妨稍作变化，译作“育宫”，以替代通译的“子宫”，考虑到这里的音韵美，不妨将 tomb 译作“墓宫”。这样，意义上的从生到死和音韵上的协和跌宕似乎就统一起来了，不知读者诸君以为然否?

拙译：

他的唇唇触着、嘴吻着无血肉的空气的唇：嘴对着她的嘴宫。育宫，孕育一切的墓宫。（p96）

第四章

本书的第一主角勃鲁姆和他的妻子莫莉出场。时间是：1904 年 6 月 16 日，星期四上午 8 时。地点是都柏林西北城区的埃克尔斯街七号勃鲁姆夫妇的家中。勃鲁姆早上起来在厨房为莫莉准备好早餐，随即出门到街角不远处的肉铺去为自己买腰子，打算回来煎作自己的早餐。他一路上经过奥鲁克的食品店、一所学校，最后在德卢葛兹肉铺买了腰子，回家后在门边发现送来的两封信：一封是女儿米莉给他的，另一封是妻子的情夫鲍伊兰给妻子的。他侍候妻子吃早餐，把妻子要的书拿给她，然后到厨房吃煎好的腰子，边吃边读女儿的来信，之后去出恭，蹲厕的同时读一本旧杂志，等等。本章主要是叙述者的声音，勃鲁姆的内心独白，夹杂着莫莉的言行。以下就本章中的几处做一些讨论：

1. 勃鲁姆最喜欢吃烤羊腰，文中有句云：

   Most of all he liked grilled mutton kidneys which gave to his palate a fine tang of faintly scented urine.（p53/45）

   萧译：

   他尤其爱吃在烤架上烤的羊腰子，那淡淡的骚味微妙地刺激着他的味觉。（p131）

   金译：

   他最喜爱的是炙羊腰，吃到嘴里有一种特殊的微带尿骚的味道。（p89）

案："腰花"无论怎么做，总难免略有臊味儿，也总有人不讨厌甚至喜欢这种"臊味儿"，勃鲁姆就是这类人之一。对这类人来说，这味儿应当是一种比较好的味儿，而不是"臊味儿"。正因为此，老乔用了"scent"一字，此字（*SOED*）解作：the faculty or sense of smell，a distinctive，now esp. pleasant odour，etc.。他还在此句中用了另外一个美好的字眼"fine"，可见译作"骚味"（萧本）或"尿臊的味道"（金本）似乎都不是老乔的本意。

拙译：

他最爱吃的是烤羊腰，那东西给他的味觉一种略带尿香的美妙气息。（p105）

2. 勃鲁姆出门去买腰子，有一句：

He crossed to the bright side，avoiding the loose cellarflap of number seventyfive.（p55/46）

萧译：

他躲开七十五号门牌的地窖那松散的盖板，跨到马路向阳的那面。（p134）

金译：

他躲开七十五号地下室的松动的挡板，过街走对面亮处。（p92）

案：勃鲁姆家所在的埃克尔斯街是一条从东南向西北的路，勃鲁姆家是七号，在街的东北一侧，早上是没有阳光的。因此，勃鲁姆要先过街到对面，才能来到阳光中。七十五号一家在街对面稍偏右处，因此，他显然是先过街，后"避开"（不过，avoiding 其实不确，因勃鲁姆本来就是要向左去的）七十五号"地下室护板"的，而现有两译都将这里先"过街"后"避开"的动作颠倒了，给人的感觉好像七十五号不在街的斜对面似的。故似以原文的动作先后（先“过街”，后“避开”）译为好。

拙译：
他横过马路，来到有太阳的那边，避开七十五号松动的地下室护板。（p109）

3. 勃鲁姆看到小店老板奥鲁克，想到这些生意人发家的经历。有一句：
Then think of the competition. General thirst.（p56/48）

萧译：
竞争固然激烈，可大家都嗜酒嘛。（p137）

金译：
而且，还有竞争呢。谁都要喝。（p94）

案：这里的thirst显然有双关的意味，既指都柏林人嗜喝的风俗，又指酒店老板要发财的渴求。做生意想要发财，自古及今，从来如此。因此，仅仅译作“可大家都嗜酒嘛”（萧本）或“谁都要喝”（金本）似乎并不能完全传达勃鲁姆的意思。因此，勃鲁姆这里用“general”一词总括人们的“渴求”。为了满足老百姓要喝的欲求，所以都柏林到处开了酒店；酒店越多，竞争越激烈。那么老板们如何满足自己渴求发财的欲望呢？显然光靠节省是不行的，于是生意场上的各种猫腻就出来了，这些意思在本段语境中都有明确的表达，因此，在勃鲁姆琢磨的这一语境中，“General thirst”具有文眼的作用。不能不审慎处理。窃以为，译作“大家都渴”可能要更恰当些。

拙译：
再想想那些竞争吧。大家都渴。（p111）

4. 勃鲁姆经过一所学校，听到男孩子们在读英文字母：
Ahbeesee defeegee kelomen opeecue rustyouvee doubleyou. Boys are they? Yes. Inisturk. Inishark. Inishboffin. At their joggerfry. Mine. Slieve Bloom.（p56/48）

萧译：
哎哔唏、嘀咿哎呋叽、喀哎啦哎哞嗯、噢噼啾、呃哎咝吐喂、哒呋呢呦。他们是男孩子吗？是的。伊尼施土耳克，伊尼沙克，伊尼施勃芬，在上地理课哪。是我的哩。布卢姆山。（p137）

金译：
人呀手呀足呀刀呀尺……是男学生吧？是。野猪岛、黄牛岛、白牛岛。地儿理。还有我的。布卢姆山。（p94）

案：孩子们调皮，虽然念得合辙押韵，抑扬顿挫，但却有浓重的爱尔兰腔，而且丢掉了（或者勃鲁姆没有听到）几个字母（e h i j 等）。勃鲁姆这里要传达的也许正是孩子们这种顽皮且地方口音浓郁的腔调。他在下文用“joggerfry”模拟“geography”恰恰说明了他这里对声音的重视。译作“人呀手呀足呀刀呀尺”之类（金本），很难传达这种特别的声音效果，况且这种古老的识字方式对今天大多数国人已经显得陌生，相反，英文字母却已为国人普遍熟悉，因此，直接音译（若萧译），在声音上做文章，可能效果会更好。

拙译：
艾比西　迪菲基　克娄门欧皮丘　拉斯提由威　达勃留尤。男孩子吧？没错儿。野猪岛。公牛岛。白母牛岛。在上迪里课。也有我

的。勃鲁姆山。（p112）

5. 勃鲁姆在肉店买腰子时，碰到邻居的女仆，

His eyes rested on her vigorous hips. Woods his name is. Wonder what he does. Wife is oldish. New blood. No followers allowed.（p57/48）

... O please，Mr. Policeman，I'm lost in the wood.（p57/49）

萧译：

他的视线落在她那结实的臀部上。她的主人姓伍兹。也不晓得他都干了些什么名堂。他老婆已经上岁数了。这是青春的血液。可不许人跟在后面。（p138）

……求求你啦，警察先生，我在树林子里迷了路。（p139）

金译：

他的目光落到了她的健壮的臀部上。那一家姓伍兹。不知道是干什么的。妻子老了一些。新鲜血液。不许人追。（p94）

……哎呀呀，警察先生。我在树林中迷了路。（p96）

案：Woods 这个姓怎么译？两译均作音译“伍兹”，固然不错，但与后文 I'm lost in the wood 一句歌词之间暗含的关联（即她与主人的特别关系）就很难表达出来了。勃鲁姆看到这个女仆的丰臂肥臀，不禁意马心猿起来。发现人家对他的注意无动于衷，又不免悻悻然。他设想她的主人跟她有特别的主仆关系（Wonder what he does. Wife is oldish. New blood. No followers allowed.），她还在巷子里和一个警察搂抱调情：For another：a constable off duty cuddling her in Eccles lane. 基于这样一个背景，采用归化的做法译作“林”（汉语中有此姓）似更可取，这样，lost in the wood 的双关之意就表达出来了。

拙译：

他的眼睛停驻在她壮实的臀上。这家姓林。不知主人做什么的。妻子有点老。这可是嫩草儿。不许人吃的。(pp112－3)

……哦，求求您啦，警察先生，我在林中迷了路。(p114)

6. 勃鲁姆住朗巴德街时与三位街坊相处甚恰，他提到其中的一位时说：

Oranges in tissue paper packed in crates. Citrons too. Wonder is poor Citron still in Saint Kevin's parade. (p58/49)

萧译：

橘子是用棉纸包好装在柳条篓里。香橼也是这样。不晓得可怜的西特伦是不是还住在圣凯文步道？(p140)

金译：

橘子是用薄绵纸裹上装筐的。香橼也是。不知道可怜的项原还活着，还住在圣凯文广场？(p97)

案：这里出现了两个 Citron，字形与字音完全一样，但前一个指的是水果，而后一个说的却是人名。勃鲁姆因物思人，正是因为人名与水果名完全重合之故。萧译完全不考虑二者间的联系，显然不够意思；金译用大致同音但不同形的汉字来处理，产生了一定的音韵效果，值得肯定，然似仍有可商之处。汉语中本有“香”姓，且用花卉名、水果名指称人名者，原不乏例证(如王牡丹、张荔枝、王芍药之类)，何不径用同音同形汉字？

拙译：

包着薄纸的橘子装在筐里，香橼也是这么装的。不知道可怜的香橼是不是还在，还住在圣凯文广场？(pp115－6)

7. 莫莉吃完勃鲁姆端来的早餐，想到她看的小说中有个不认识的字要问勃鲁姆。这里有一段文字和对话：

— Show here, she said. I put a mark in it. There's a word I wanted to ask you.

She swallowed a draught of tea from her cup held by nothandle and, having wiped her fingertips smartly on the blanket, began to search the text with the hairpin till she reached the word.

— Met him what? he asked.

— Here, she said. What does that mean?

He leaned downward and read near her polished thumbnail.

— Metempsychosis?

— Yes. Who's he when he's at home?

— Metempsychosis, he said, frowning. It's Greek: from the Greek. That means the transmigration of souls.

— O, rocks! she said. Tell us in plain words. (p62/52)

萧译：

“给我看看，”她说，“我做了个记号，有个词儿我想问问你。”

她从捧在手里的杯中呷了一大口茶，麻利地用毛毯揩拭了一下指尖，开始用发卡顺着文字划拉，终于找到了那个词儿。

“遇见了他什么？”他问。

“在这儿哪，”她说。“这是什么意思？”

他弯下身去，读着她那修得漂漂亮亮的大拇指甲旁边的字。

“Metempsychosis？”

“是啊，他呆在家里哪，能遇见什么人呢？”

“Metempsychosis，”他皱着眉头说，“这是个希腊字眼儿，从希腊文来的，意思是灵魂的转生。”

“哦，别转文啦！”她说，“用普普通通的字眼儿告诉我！”（p146）

金译：

——给我看，她说。我做了一个记号的。有一个词儿要问你。

她不用把儿端起杯子喝了一口茶，麻利地在毯子上擦擦手指，用头发卡子顺着一行行的文字找那词儿。

——转回什么？他问。

——在这儿呐，她说。这是什么意思？

他俯身下去，看着靠近她那光洁发亮的大拇指指甲的地方。

——轮回转世？

——对，别故弄玄虚，究竟是什么？

——轮回转世，他皱着眉头说。希腊说法，从希腊来的。说的是灵魂转移。

——嗳，去你的！她说，给咱来点儿明白话！（pp102－3）

案：这里的关键词是：metempsychosis。翻译时似须考虑两点。第一点是这个词本身怎么译？第二点是这里的文字游戏如何处理？先来看这个词本身：这个词来自希腊文，意思是人死后灵魂转生。这个观念最早来自印度，后来传入希腊和欧洲。古印度和古希腊人遵奉泛神论，认为万物皆有灵，因此，人死了，灵魂可以转生为人，也可以转生为其他生物。到19世纪后期，通神论者则认为，人死后，灵魂只能转入人或更高级别的生命形态中，而不能转入动植物等低等的生命形态中。从佛教到基督教的各种宗教都有灵魂再生的类似说法，但佛家那套“轮回”的观念却是独特的，因此，译作“轮回转世”（金本）佛教意味太浓，反不如译作“灵魂转生”（萧本）好。再来看这里的文字游戏：莫莉看书时碰到了这个不认识的字，便在书上作了记号，要问勃鲁姆。她示意勃鲁姆把书递给她，找到这个字后，一定是先尝试着读了一下，否则勃鲁姆下面那句还没有看到这个词时的回应就没有了根据。由于她不认识这个字，当然只能照音节慢读，这样听起来就成了“met him ...”（遇见他），从而引起了勃鲁姆的误解，而引发勃鲁姆误解的原因还有更深一层：莫莉近来与她的经纪人鲍伊兰打得火热，两人的关系已经发展到完全超越正常工作关系的地步。鲍伊兰给她的信表示下午要送节目单来，其实勃鲁姆心里十分清楚，鲍伊兰不过是以送节目单为由来与妻子幽会的。这件事在勃鲁姆心中造成的创痛是难以言表的。这个第三者始终盘踞在他心灵深处，挥之不去。因此，妻子无意读错的字音，在他听来却成了他下意识中的"他"。这样看来，他紧接着的提问"遇见他什么？"（Met him what？）就是无意与有意间最自然不过的反应了。而当勃鲁姆再次读这个字时，很可能由于心不在焉读得不准，又造成了莫莉的误解，使她把这个字的前两个音节误听成 at home ...（在家），于是便懵懂地发问："是呀，待在家里的是什么人哪？"（Yes. Who's he when he's at home？）按照乔伊斯的手稿，莫莉的这句傻话原来是："待在家里的是什么呀？"（What's that when it's at home？）这样的提问与上面的误读或误听（at home ...）表面上关联也许更紧密，但乔伊斯最终却把 it 改成了 he，把 what 改成了 who，其用心之深不难看出，即通过文字游戏暗示"他"这个第三者造成勃鲁姆内心痛苦纠结的情状。在勃鲁姆夫妇这一简短的对话中，游戏的形式贯穿始终，意义的表层是在 metempsychosis 这个词如何解释中产生的误解，深层却是妻子的不忠在勃鲁姆内心造成的伤痛。要在汉语中找到一个这样的词，传达出这里表里两层的含义几乎不可能。因此，翻译似以撇开形式，注重内涵，以注解说明这里的文字游戏为好。按照这样的思考，金译的"轮回"与"轮回转世"这一简单关联，既不能传达文字解释过程中双方发生的误解（这里译者将 Yes. Who's he when he's at home？译作"对，别故弄玄虚，究竟是什么？"正是为了将就形式的考虑，不得已歪曲原意的必然结果）；更不能传达那个"他"在勃鲁姆心中痛苦地纠缠不去的心理。而萧译本则要好多了。

拙译：

——给我看一下，她说。我做了记号在上面的。有一个词儿要问你。

她不拿把儿端起杯子喝了一口茶，利索地在毯子上擦擦手指，然后开始用发夹顺着文字搜寻，找到了那个词儿。

——遇见他什么？他问。

——喏，这儿，她说。这词儿什么意思？

他弯下身，在她修得发亮的拇指指甲边看到了那个字。

——Metempsychosis？

——是呀，待在家里的他是什么人哪？

——Metempsychosis，他皱着眉头说。这是个希腊字：从希腊文来的，意思是灵魂转生。

——嗬，少转吧！她说。给咱来点明白的。(pp123－4)

8. 勃鲁姆问莫莉要不要另一本书来读，莫莉回说要，后面有两句：Yes. Get another of Paul de Kock's. Nice name he has. (p62/53)

萧译：

“嗯。另借一本保罗·德·科克的书来吧。他这个名字挺好听。”(p147)

金译：

——要。再借一本保罗·德·科克的。他这个名字好听。(p103)

案：这里作家的名字音译(两译本均如此)固无不可。但 Kock 与 cock 同音，而 cock 有男子性器之意，再者，莫莉平素称勃鲁姆多用“波尔迪”(Poldy)的小称，这里自然不乏亲爱之意(也有论者说，莫莉此称有暗讽丈夫阳痿之意，因勃鲁姆的名字“利奥波尔迪”Leopoldy 中的 Leo 意为雄狮，莫莉故意将“利奥”去掉了)，但有趣的是，Poldy 的发音与这位作家名字前一部分 Paul de 的发音十分接近。莫莉显然意识到了二者间的类似。她说这个名字好。其中的性意味和与丈夫的关联是不言而喻的。两位译者既未深究这位作家姓名的文外之意，也就不可能明了莫莉称“好”（nice）的象外之旨，却不约而同地将其译作“好听”，然而这里岂止“好听”而已哉？！考虑到这里语境中的色情意味，而汉语中又有“阳”姓，拙译此名作“阳根保”，兼及上述两义，不知读者诸君以为然否？

拙译：

——好。再借本**阳根保**的吧。他这名字好。（p125）

9. 莫莉闻到了煳味儿，勃鲁姆赶忙去看他正在火上煎的腰子，这时有两段文字：

He fitted the book roughly into his inner pocket and, stubbing his toes against the broken commode, hurried out towards the smell, stepping hastily down the stairs with a flurried stork's legs. Pungent smoke shot up in an angry jet from a side of the pan. By prodding a prone of the fork under the kidney he detached it and turned it turtle on its back. Only a little burned. He tossed it off the pan on to a plate and let the scanty brown gravy trickle over it.

Cup of tea now. He sat down, cut and buttered a slice of loaf. He shore away the burnt flesh and flung it to the cat. Then he put a forkful into his mouth, chewing with discernment the toothsome pliant meat. Done to a turn. A mouthful of tea. Then he cut away dies of bread, sopped one in the gravy and put it in his mouth. What was that about some young student and a picnic? He creased out the letter at his side, reading it slowly as he chewed, sopping another die of bread in the gravy and raising it to his mouth. (pp63/53－4)

萧译：

他把书胡乱塞进内兜，脚趾尖撞在破脸盆架上，朝着那股气味的方向奔出屋子，以慌慌张张的白鹳般的步子，匆忙冲下楼梯。刺鼻的烟从平底锅的一侧猛地往上喷，他用叉子尖儿铲到腰子下面，将它从锅底剥下来，翻了个个儿。只糊了一丁点儿。他拿着锅，将腰子一颠，让它落在盘子上，并且把剩下的那一点褐色汁子滴在上面。

现在该来杯茶啦。他坐下来，切了片面包，涂上黄油。又割下腰子糊了的部分，把它丢给猫。然后往嘴里塞了一叉子，边咀嚼边细细品尝着那美味可口的嫩腰子。烧得火候正好。喝了口茶。接着他又将面包切成小方块儿，把一块在浓汁里蘸了蘸，送到嘴里。关于年轻学生啦，郊游啦，是怎么写的来着？他把那封信铺在旁边摩挲平了，边嚼边慢慢读着，将另外一小方块也蘸上汁子，并举到嘴边。（pp148－9）

金译：

他急忙把书往里边口袋一塞，脚尖还在破便盆架上绊了一下，慌慌张张地冲着有糊味的方向跑去，下楼梯的腿活像一只受惊的鹳。一股刺鼻的烟从平底锅的一侧猛冲上来。他把叉子尖插到腰子底下，把它铲起来翻了个身。只烧糊了一点儿。他把它从锅上颠到一个盘子上，然后把所剩不多的酱色汤汁浇在腰子上。

可以喝茶了。他坐下来，切下一块面包，抹上黄油。他把烧糊的那点肉切下扔给猫，然后叉了一块放进嘴里，细嚼着品尝那鲜嫩的肉味。火候恰到好处。喝一口茶。然后他切下一些小方块的面包，拿一块蘸了汤汁送进嘴里。提到一个青年学生和一次野餐，是怎么一回事？他把信铺在旁边抹平，又拿一小块面包蘸了汤汁送进嘴里，一边吃一边慢慢地看信。（p104）

案：这两段文字主要是叙述者的声音，同时夹杂了勃鲁姆的内心独白。叙述的声音描写他怕腰子煎煳急忙下楼的慌乱和翻煎腰子然后坐下来吃早餐的过程。他的内心独白只有第一段中的 Only a little burned. 和第二段中的 Cup of tea now./Done to a turn./A mouthful of tea. / What was that about some young student and a picnic? 几处。翻译叙述者的声音似应尽量简洁、明快，富于动作感，同时又要尽量符合汉语的叙事特点。如第一段第一句连用四个动词的不同形式，fit 与 hurry 是两个主要动词，作谓语，stub 和 step 的分词形式以伴随动作作状语，描写性的其他成分不多（只有 roughly，hastily，with ... legs 三处）。此句要表达的核心意思是勃鲁姆的慌乱，故翻译似宜突出 hurried out towards the smell，将这一动作置于句子的主要位置。另外，flurried stork's legs 这一隐喻似也以直译为好。第二段第一句是一句内心独白，now 的意思不可丢掉，如译作“可以喝茶了”（金本）那种终于可以坐下来的意思就被淡化了。第二句和第三句似不必拘泥于原句，译两个“他”出来（金本），省去一个“他”（如萧本），可能更符合汉语的叙述特色和简约原则。

拙译：

他胡乱把书塞进里面的口袋，慌张地向那煳味跑，脚尖磕在破便盆上，跌跌撞撞冲下楼梯，两腿仿佛一只受了惊吓的鹳。一股呛鼻的烟从平底锅旁边猛冲上来。他用叉尖叉到腰子的下面，把它翻过来。只烧煳了一小点儿。他把腰子从锅里颠到盘子里，把剩下不多的酱色汤汁淋在腰子上。

现在可以早茶了。他坐下来，切一片面包，抹上黄油，把烧煳的那点肉切下丢给猫，然后叉一块送进自己嘴里，细细嚼着，品尝那鲜嫩的肉味。烧得恰到好处。再来口茶。接着他把面包切成小块，把一块蘸了汤汁，送进嘴里。怎么？一个年轻学生，还有野餐，那是怎么回事呀？他把信放在旁边抹平，一边嚼一边慢慢地读，还把另一小块面包蘸了汁送到嘴边。（p126）

10. 米莉写给勃鲁姆的信，原文是：

Dearest Papli

Thanks ever so much for the lovely birthday present. It suits me splendid. Everyone says I am quiet the belle in my new tam. I got mummy's lovely box of creams and am writing. They are lovely. I am getting on swimming in the photo business now. Mr Coghlan took one of me and Mrs. Will send when developed. We did great biz yesterday. Fair day and all the beef to the heels were in. We are going to lough Owel on Monday with a few friends to make a scrap picnic. Give my love to mummy and to yourself a big kiss and thanks. I hear them at the piano downstairs. There is to be a concert in the Greville Arms on Saturday. There is a young student comes here some evenings named Bannon his cousins or something are big swells and he sings Boylan's (I was on the pop of writing Blazes Boylan's) song about those seaside girls. Tell him silly Milly sends my best respects. Must now close with fondest love

Your fond daughter

Milly

P.S. Excuse bad writing am in a hurry. Byby.

M. (pp63－4/54)

萧译：

最亲爱的爹爹：

非常非常谢谢您这漂亮的生日礼物。我戴着合适极了，大家都说，我戴上这顶新的无檐软帽，简直成了美人儿啦。我也收到了妈妈那盒可爱的奶油点心，并正在写信给她。点心很好吃。照相这一行，现在我越干越顺当。科格伦先生为我和他太太拍了一张相片，冲洗出来后，将给您寄去。昨天我们生意兴隆极了。天气很好，那些胖到脚后跟的统统都来啦。下星期一我们和几位朋友赴奥维尔湖作小规模的野餐。问妈妈好，给您一个热吻并致谢。我听见他们在楼下弹钢琴哪。星期六将在格雷维尔徽章饭店举行音乐会。有个姓班农的年轻学生，有时傍晚到这儿来。他的堂兄弟还是个什么大名人，他唱博伊兰（我差点儿写成布莱泽斯·博伊兰了）那首关于海滨姑娘们的歌曲。告诉他，傻米莉向他致以最深切的敬意。我怀着挚爱搁笔了。

热爱您的女儿

米莉

又及，由于匆忙，字迹潦草，请原谅。再见。

米（p149）

金译：

最亲爱的阿爸：

非常感谢您的可爱的生日礼物。我戴上正合适。人人都说我戴上这顶新绒帽，把谁都比下去了。妈的那盒可爱的夹心巧克力也收到了，我也给她写。可爱得很。我现在在照相店可顺利了。科格伦先生给我和太太照了一张。洗出来就寄。昨天生意好极了。天气好，那些肉长到脚后跟的都出来了。我们星期一要和几个朋友到奥威尔湖举行剩菜野餐。请把我的爱给妈。还要给您一个大吻和感谢。我听见他们在楼下弹钢琴了。星期六格雷维尔纹章饭店要开音乐会。有一个青年学生晚上有时来玩，姓班农的他叔伯家还是什么的是了不起的人家，他喜欢唱鲍伊岚（我差点儿写成一把火鲍伊岚）那首海滨女郎的歌。请对他说傻闺女米莉向他致敬。现在我必须结束了。给你最真心的爱。

你的真心女儿米莉

又：请原谅写得乱太匆忙。再见——米（p105）

案：米莉是勃鲁姆和莫莉的女儿，现年十五岁，正处在那种虽然天真但已经开窍的青春期。她刚刚踏上社会，开始工作，开始找男朋友，开始能够大方、理性地与人（包括父母）交往了。昨天是她十五岁的生日。勃鲁姆给她寄了一顶帽子作生日礼物，莫莉寄给她的生日礼物是奶油蛋糕。她收到这两样礼物后，给勃鲁姆写了这封信，也给莫莉写了一个明信片。翻译这封信有两点值得提出讨论。一是要忠实再现米莉的口吻；二是要忠实再现信中个别地方的潦草和仓促。

萧金两译都大致注意到了写信者的口吻，但似仍有可商之处。譬如一般最亲密的人之间写信，如果不造成误解，省略人称是常有的事。信中涉及对方用人称的只有两处：一处是结尾的程式，一处是 Give my love to mummy and to yourself a big kiss and thanks，进一步说，即便用了 you，your，yourself，yours 之类，似乎也不必一定用尊称，这与国人（特别是古人）写信的传统是完全不同的。这样看来，两译首句的"感谢您/谢谢您"以及后面的"给您一个大吻和感谢/给您一个热吻并致谢"似乎就显得太客气了。另外在一些用词上也还可以斟酌，譬如萧译这里的"致谢"以及"作小规模的野餐"、"怀着挚爱搁笔了"、"致以最深切的敬意"，金译的"把我的爱给妈"、"举行剩菜野餐"、"向他致敬"之类。这些表述似乎都不太口语化，难道 make a picnic 非得译成"作野餐"或"举行野餐"吗？with fondest love 必须译成"怀着挚爱"或"给你最真心的爱"吗？再者，米莉听到楼下的钢琴声，急于要下楼，开始忙乱潦草起来，那句有关班农的长句似乎也没有必要点断。还有一点，米莉说到母亲寄来的糕点时那句 They are lovely. 金译"可爱得很"，丢弃"They"的明确指向，反而使语意模糊了。还有，金译将 quite the belle 译作"把谁都比下去了"也好像随意得过分了点儿。

拙译：

最亲爱的老爸：

太感谢你那件可爱的生日礼物了。我戴它那真叫合适。人人都说我戴上这顶新圆帽，简直就成了一个大美人儿啦。妈咪那盒可爱的奶油糕点也收到了，我也在给她写。糕点好吃。我现在在照相馆干得蛮顺手。考格兰先生给我和太太照了一张。洗好就寄。我们昨天生意火得不得了。天气好，连那些胖肉长到脚跟的全来了。星期一我们要和几个朋友一起到奥维尔湖搞个小小的野餐。问妈咪好，也给你一个大大的亲吻和感谢。我听见他们在楼下弹钢琴了。星期六格雷维尔城徽饭店要开音乐会。有个年轻学生有些晚上到这儿来玩姓班农他堂兄弟什么的还是大人物他爱唱鲍伊兰(我一急差点儿写成急急火鲍伊兰了)那首海滨妞儿的歌。跟他说傻米莉问他好。就写到这儿吧，亲你。

你亲爱的女儿　米莉

又：原谅写得乱，急了。拜。米(pp126－7)

11. 勃鲁姆看完米莉的信，脑子里自然是有关她的事。这时的两段文字是：

Fifteen yesterday。Curious，fifteenth of the month too. Her first birthday away from home. Separation. Remember the summer morning she was born，running to knock up Mrs. Thornton in Denzille street. Jolly old woman. Lot of babies she must have helped into the world. She knew from the first poor little Rudy wouldn't live. Well，God is good，sir. She knew at once. He would be eleven now if he had lived.

His vacant face stared pitying at the postscript. Excuse bad writing. Hurry. Piano downstairs. Coming out of her shell. Row with her in the XL Cafe about the bracelet. Wouldn't eat her cakes or speak or look. Saucebox. He sopped other dies of bread in the gravy and ate piece after piece of kidney. Twelve and six a week. Not much. Still，she might do worse. Music qaahall stage. Young student. He drank a draught of cooler tea to wash down his meal. Then he read the letter again：twice.（p64/54）

萧译：

昨天她就满十五岁了。真巧，又正是本月十五号。这是她头一回不在家过生日。别离啊。想起她出生的那个夏天的早晨，我跑到丹齐尔街去敲桑顿太太的门，喊她起床。她是个快乐老太婆。经她手接生来到世上的娃娃，想必多得很哩。她一开始就晓得可怜的小鲁迪活不长。——先生，天主是仁慈的。她立刻就知道了。倘若活了下来，如今他已十一岁了。

他神色茫然，带些怜惜地盯着看那句附言。字迹潦草，请原谅，匆忙。在楼下弹钢琴。她可不再是乳臭未干的毛丫头啦。为了那只手镯的事，曾在第四十号咖啡馆和她拌过嘴。她把头扭过去，不吃点心，也不肯说话。好个倔脾气的孩子。他把剩下的面包块儿都浸在浓汁里，并且一片接一片地吃着腰子。周薪十二先令六便士，可不算多。然而，就她来说，也还算不错哩。杂耍场舞台。年轻学生，他呷了一大口略凉了些的茶，把食物冲了下去。然后又把那封信重读了两遍。（p150）

金译：

昨天满十五。巧，正好是十五号。她离家后的第一个生日。离别。还记得她出生的那天，夏天的早晨，急忙跑到登齐尔街去敲桑顿太太家的门，把她从床上喊起来。一个快活的老太太。她接生的孩子可少不了。她一开始就知道可怜的小茹迪活不成。唉，天主是善良的，先生。她马上就知道了。他要是活着，现在该十一岁了。

他神情茫然，惋惜地盯着那句附言。请原谅写得乱。匆忙。楼下钢琴。出壳了。在 XL 咖啡馆，为手镯的事吵了一架。不吃蛋糕，不说话，不看人。作料盒子。他把另外几小方面包泡在汤汁里，吃着一块接一块的腰子。每星期十二先令六。不算多，不过也不算是最差的了。杂耍场舞台。青年学生。茶已经凉了一些，他喝一口送下吃的东西。然后他再看信：两遍。（p105）

案：这里第一段勃鲁姆从米莉的生日想到她的出生，又从她的出生想到接生的老太太，再从接生的老太太想到他夭折的儿子鲁迪。比较两译，不难看出，萧译添枝加叶，生怕读者不懂；金译则尽可能忠实于勃鲁姆的内心所想，将其思绪呈现出来。这样做，细心的读者联系上下文是完全能够读懂的。当然，添枝加叶之后，读者就更容易理解，但那样乔伊斯的"乔"味儿就大大淡化了。

第二段文字中有一句夸奖的话：Coming out of her shell. *SOED* 的解释是：become more outgoing，sociable，or communicative. 犹言"开始成熟了，能与人交往了"。金译"出壳了"完全直译，似显生硬，何如译作"出息了"？"息"本义为"喘"，指人的"气"，但引申义则有"蕃息"、"生息"、"生长"等。"出息了"犹言"长进了"，《红楼梦》第 27 回凤姐对红玉说："你明儿伏侍我去罢。我认你作女儿，我一调理，你就出息了。"勃鲁姆这里要表达的正是这个意思。原文中的 shell 固然是形象，但"息"又何尝不是形象。息"从心自"，既有心的形象，还有鼻(自)的形象。萧译"她可不再是乳臭未干的毛丫头啦"意思是好的，只是缺失了原文的简洁与形象。如果说"出壳了"的译法联系下文尚可理解，仍不失为一种考虑的话，将下面的 Saucebox 直译作"作料盒子"（金本)就唐突费解而完全不可取了。Saucebox 是口语中的表达法，意为：a sausy or impertinent person，即鲁莽的人，莽撞的人。"作料盒子"如果不做注解，恐怕没有人能想到它的意思是"莽撞的人"。传统相声中说张飞是"千古流芳一莽撞人儿"，据此或可将其译作"莽撞妞儿"，甚至还可仿"淘气包儿"、"坏包儿"、"病包儿"的例子，将之译作"莽撞包儿"。

拙译：

昨天十五。巧了，也正好十五号。她不在家的第一个生日。别离。想起她出生那个夏天的早上，跑到登奇尔街敲桑顿太太的门，把她闹起来。快活的老太太。她接生到这个世上的孩子一定不少。她一开始就知道可怜的小鲁迪活不了。唉，天主是仁慈的，先生。她当时就知道。要是他活着，今年该十一了。

他脸色迷茫，怜悯地盯着那句附言。原谅写得乱。急了。楼下的钢琴。出息了。在XL咖啡馆为手镯的事和她大闹，不吃不喝，也不理不睬。莽撞包儿。他把其余的小面包块浸在汤汁里，一片接一片地吃腰子。每周十二先令六便士。不算多。可有人拿得更少。杂要场舞台。年轻学生。他喝了口有点儿凉了的茶，把吃的东西送下去。然后再看信：两遍。（p127）

12. 勃鲁姆由米莉信中说到的那个年轻学生班农爱唱《海滨妞儿》，想到这首歌，想爱唱此歌的鲍伊兰。鲍伊兰发音不准，将这首歌中的swirl唱成swurl。英文中并没有这个字。

原歌词两句是：

All dimpled cheeks and curls,

Your head it simply swirls.

Seaside girls. Torn envelope. Hands stuck in his trousers' pockets, jarvey off for the day, singing. Friend of the family, *Swurls*, he says. Pier with lamps, summer evening, band. (p64/55)

萧译：

卷发和两腮酒窝，

简直让你晕头转向。

海滨的姑娘们。撕开来的信封。双手揣在兜里，唱着歌儿的那副样子，活像是逍遥自在地度着一天假的马车夫。家族的朋友。他把“晕”说成了“云”。夏天的傍晚，栈桥上点起灯火，铜管乐队。（p151）

金译：

带酒窝的脸蛋儿，

头发全是一卷卷儿，
你的脑袋直打旋儿。

海滨女郎。撕开了口的信封。手插在裤袋里，今天车夫休息，唱着歌。一家人的朋友。打旋旋儿，他说。灯光绰约的码头，夏天的夜晚，乐队。（p106）

案：这里有三点可讨论。一是两句歌词怎么译？萧译译出了歌词的意思，但却没有歌词的韵味和腔调；金译既译出了意思，也关注了声韵和腔调，但却将原来的两句译作了三句，未必妥当。二是下文说到鲍伊兰口齿不清，将原文的 swirls 误读成 swurls，这一误读如何在译文中体现？萧译：他把“晕”说成了“云”，似无不可，但“云”与“晕”在意义上相差甚远，因此很难产生有意义的联想；金译作“打旋旋儿”，关联原歌词中的“打旋儿”，也无不可，但多一个完全同义的汉字“旋”，恐怕不能很好地表达鲍伊兰口齿不清的情状。窃以为，原文中的 swirls 不妨译作“直打转儿”，而鲍伊兰的误读 swurls 则可译作“直打钻儿”，“转”、“钻”二字都可以是动词，声音上有联系（都是四声且同韵）又有区别（前者卷舌，后者不卷舌）；意义上同样有联系（都有旋转和圆环的意象）又有区别（前者可引申出眩晕的联想，后者可引申出某种性意味，从而强化鲍伊兰淫荡的花花公子形象）。三是 Hands stuck in his trousers' pockets，jarvey off for the day，singing. Friend of the family 怎么译？由于米莉新交的男友班农喜欢唱鲍伊兰爱唱的歌《海滨妞儿》，再加上米莉信末请他转达她对鲍伊兰的问候，勃鲁姆这时的脑海中完全是有关这位情敌的形象：他爱唱的歌、莫莉掖在枕头下他的来信、他那趾高气扬的神态，等等。此句中的 jarvey 既作马车夫解，也可作轻便马车解。虽然是名词，但与 off 连用则有动词的意蕴，因为他经常高坐在轻便马车上，两手插在裤兜里，哼着歌儿四处晃荡，勃鲁姆预感到他今天一定会乘着马车来与莫莉幽会，因此乘着轻便马车叮叮当当行进的意象将不时出现在勃鲁姆的脑海里，这一点后面各章都有印证，因此这里仅译出 jarvey 的名词意(若两译)似嫌不够，似应从整体上加上 jarvey off for the day 的动词意，至于译作“活像是逍遥自在地度着一天假的马车夫”(萧译)，字面上看似无不对，但却与勃鲁姆内心所想相去较远。另外，将 Friend of the family 译作“家族的朋友”也有点大了，鲍伊兰充其量只能算勃鲁姆一家的朋友，而且这个朋友绝对是加引号的“朋友”。诸君试想：对勃鲁姆而言，鲍氏当初曾是生意场上的朋友，应不乏友谊，而今却变成了情敌；对莫莉而言，鲍氏原本是歌友，而今却成了朝思夜想的情夫；对天真烂漫的米莉而言，鲍氏至今仍是可尊敬的朋友，何况现在的男友还喜欢唱他喜欢的歌。因此，说他是勃鲁姆一家的朋友似不为过，但在勃鲁姆心中，这个“朋友”唤起的当是什么样的感觉啊，当他心中说 Friend of the family 的时候，那种难言之隐定然是五味杂陈的。

拙译：

全是酒窝儿、脸蛋儿、头发卷儿，
叫你的脑袋瓜儿直打转儿。

海滨妞儿。撕开的信封。整天闲着，手插裤兜，哼着小曲儿，坐车到处乱串。全家的朋友。直打钻儿，他说。灯火闪烁的码头，夏日的傍晚，管乐队。(p128)

13. 勃鲁姆出恭之后有一段叙述的文字：
He tore away half the prize story sharply and wiped himself with it. Then he girded up his trousers, braced and buttoned himself. He pulled back the jerky shaky door of the jakes and came forth from the gloom into the air. (p67/57)

萧译：
他把获奖小说吱啦一声扯下半页，用来揩拭自已。然后系上腰带和

背带，扣上纽扣。他将那摇摇晃晃关不紧的门拽上，从昏暗中走进大千世界。（p155）

金译：

他毫不犹豫地把获奖作品撕下一半，擦了屁股；接着拉上裤子，吊好吊带，扣上扣子。他拉开摇摇晃晃的茅房门，跨出阴暗，到了开阔处。（p110）

案：这段原文是叙述者的口吻，虽然三句，但却浑若一句，相当简洁明快，可谓一字不易。若要保持原文简洁、紧凑的风格，汉译完全可能发挥自身的优势，将三句并作一句，同时不显滞重。萧金两译各略掉一个主词 he 但仍保留了两个，能否只留一个主词？此外，这三句还有含蓄凝练的特点，而金译 wiped himself with it 作“擦了屁股”则既不雅，也不含蓄。此外这三句中的每一个字都用得审慎而恰到好处，但萧译 wipe 为“揩拭”、air 为“大千世界”则难免大而无当。还有两译 braced and buttoned himself 均有“背带”或“吊带”的宾语，不知根据是什么？这里的 brace 作名词可以是吊带，也可以是腰带，作动词，则可以是“拴”、“系”、“拉紧”，等等。前文勃鲁姆如厕时解开的只是“腰带”（undoing the waistband of his trousers）并没有什么“吊带”或“背带”，那么，此带从何而来？

拙译：

他把获奖小说哧地撕了一半，当手纸擦了，然后拉上裤子，系好腰带，扣上扣子，拉开厕所晃里晃荡的门，从晦暗处出来，走进空明中。（p132）

第五章

本章内容与《奥德赛》中奥德修斯与他的水手们在“忘忧果”国度的遭遇相对应。奥德修斯的水手们在那里吃了忘忧果，流连忘返，忘记了自己的故国，不思返乡。本章写勃鲁姆早餐后从家中出来，去参加预定十一时举行的狄格南的葬礼，由于时间比较充裕，他一路溜达着，边走边看，边看边想，从容不迫，漫不经心，遇到几个熟人，还到邮局取了女友的来信，进了正在做弥撒的教堂，到药店去为莫莉配洗面液，买了香皂，然后打算去澡堂洗个舒服澡。本章内容不仅在总体气氛上与“忘忧果”国中那种懒散、舒适、乐而忘忧的气氛暗合，而且一些细节也暗含着让人产生联想的暗示。本章形式上仍以叙述者的声音为主，以勃鲁姆的内心独白穿插夹杂其中。下面做具体讨论：

1. 勃鲁姆在布莱迪租屋巷口看到一个捡破烂的小男孩，想象他的家境和生活有这么两句：

   Waiting outside pubs to bring da home. Come home to ma, da.（p68/58）

   萧译：

   在酒店外面等着，好把爹领回家去。爹，回家找妈去吧。（p159）

   金译：

   守在酒馆外面，等着把爹弄回家。回家吧，爹，妈等着呢。（p111）

案：英语及其方言中，婴幼儿甚至稍大的孩童，称父亲为dada，婴幼时期一般用双音，长大些的孩子则缩为单音的da，或者转音为daddy、dad之类。汉语（特别是北方方言）的情形与此仿佛，婴幼时期称“大大”，稍长则单称“大”，当然，“大大”在不同方言中所指不尽相同，有的可能指“伯父”，还有的指“姑母”，甚至“奶奶”，总之以对长辈的尊称为多，而今网络语言还有“高手”、“能人”之谓，但若单称一个“大”则似乎只能指“父亲”。故

拙译：

在酒馆外等着把大领回家。家去吧，大，娘等着呢。（p134）

2. 勃鲁姆路过一家殡仪馆，想到了操办狄格南葬礼的Corny Kelleher，有这样一段文字：

Daresay Corny Kelleher bagged that job for the O'Neill's. Singing with his eyes shut. Corny. Met her once in the park. In the dark. What a lark. Police tout. Her name and address she then told with my tooraloom tooraloom tay. O surely he bagged it. Bury him cheap in a whatyoumay call. With my tooraloom, tooraloom, tooraloom, tooraloom.（p68/58）

萧译：

我敢说准是科尼·凯莱赫替奥尼尔殡仪馆揽下今天这档子葬事的。科尼这家伙总是闭着眼睛唱歌，“有一回在公园里，我和她不期相遇，摸着黑儿真有趣。给警察盯上了哩，问她姓名和住址，她就哼唱了一通：我的吐啦噜，吐啦噜，呔。”哦，肯定是他兜揽下来的。随便找个地方花不几个钱把他埋掉算啦。“我的吐啦噜，吐啦噜，吐啦噜，吐啦噜。”（p159）

金译：

肯定是康尼·凯莱赫把这笔生意给奥尼尔弄去的。闭着眼睛哼着他的小调。康尼。有回在公园哪，黑夜里遇见她呀。真是那个妙呀。警察局暗探哪。她把名字住址全说了呀。哼着我的土啦仑、土啦仑、呔。嘿，没有问题是他弄去的。给他办一个便宜的葬礼，找一个叫什么的地方。哼着我的土啦仑、土啦仑、土啦仑、土啦仑。（p111）

案：这段文字怎么译？似有三点可讨论。首先是这场葬礼操办者的名字。现有的两译均作音译，当然不错。但能否译得更生动、形象些？似有商榷余地。显而易见，此人在勃鲁姆心目中是个形象鲜明的人物，属于混迹社会下层的主儿。他常常闭着眼哼唱淫词滥调，专替人包揽丧事，同时也常向警察局干些告密的勾当。从这个角度思考，似可将 Corny Kelleher 译作：鸡眼·剋了伊。Corny 指“有鸡眼的”，同时又有“粗野的”、“陈腔滥调”等意。“鸡眼”在汉语中既可指脚上长的肉刺，又可引发关于“眼”的联想，与他唱淫调时的神情以及兼做暗探的身份发生关联；“剋”读作 ke 时有“攻克”、“克复”、“克星”等意；而读作 kei 时，则有“打人”、“申斥”等意，总之是于人不利。“伊”在汉语中乃第三人称代词，且多用于女性。“鸡眼”之译取意，暗示其形象的粗鄙低俗；“剋了伊”之译兼及音义，暗示了他埋人和告密的职业身份。将他的名字与他常唱的淫秽小调联系起来，一个流气十足的下层人物形象就鲜活地立在了读者面前。

其次是他喜唱的这段色情意味颇重的小调。Park，dark 和 lark 成韵，Met her 与 Kelleher 也在声音上形成呼应。因此，Met her once in the park. In the dark. What a lark. Police tout. Her name and address she then told 或可译作：“有一回在公园碰了伊，黑灯瞎火真有趣，警察暗探发现了伊，姓名住址她全招哩”。两译虽然都做了各自的努力，但对其蕴含的深意似欠考虑，譬如，如何尽可能译得更像民间流行小曲，如何表现“伊”的妓女身份以及“剋了伊”对其不怀好意的调情和打探意味，等等。

最后是这段小调的“衬字”：tooraloom tooraloom tay。萧本译作“吐啦噜，吐啦噜，呔”。金本译作“土啦仑、土啦仑，呔”。二者基本上是拟音。“呔”虽然是京剧等地方戏曲中常有的衬字或吆喝语，但“吐啦噜”或“土啦仑”却无法在中国读者中引起什么共鸣，且“呔”多为古代交战时或绿林劫道时对对方的呵斥、鄙视语。窃以为似可离开原字字音，找出中国读者熟悉而又能引发联想的衬字。遂最终确定为“哩格咙那个咙格哩”。这样译似可让中国读者想到剋了伊之流对妓女等市井小民既玩弄又出卖的心理，活现其流氓无赖的嘴脸，也与小曲的主要内容协调，又在形式上协韵。

拙译：

准是鸡眼·剋了伊给奥尼尔殡仪馆揽的这档子事。老是闭着眼唱淫调。鸡眼。有一回在公园碰了伊，黑灯瞎火真有趣，警察暗探发现了伊，姓名住址她全招哩，我给他来了通哩格咙那个咙格哩。没错儿，准是他弄的这活儿。管它啥地儿花俩钱儿给他埋了得了。我给他来通哩格咙那个咙格哩，哩格咙那个咙格哩。（p134）

3. 勃鲁姆与私交女友玛莎通信用的假名：

Henry Flower Esq.
c/o P.O. Westland Row,
City(p69/59)

萧译：

亨利·弗罗尔先生
本市
威斯特兰横街邮政局转交(p161)

金译：
本市
韦斯特兰横街邮局交
亨利·弗腊尔先生（p113）

案：勃鲁姆这里的假名 Henry Flower 两译均作音译，固无不可，然 Flower 意为“花”，勃鲁姆家本姓“花”，其父匈牙利原文姓 Virag 意即为“花”，勃鲁姆改为英文的 Bloom，仍是“花”，更为重要的是，汉语中原有“花”姓，何不采用音义混译的方式，将 Henry Flower 径译作“花亨利”，事实上汉姓加洋名的这种方式国人并不陌生，我们不是随时都能看到王亨利（Henry Wang）、张大卫（David Zhang）、吴玛丽（Mary Woo）之类的名字吗？

拙译：
本市
西地街邮局转交
花亨利先生（pp136－7）

4. 勃鲁姆遇到熟人麦考伊，想尽快躲开他的纠缠，便打开报纸，看到一则广告：

What is home without
Plumtree's Potted Meat?
　　Incomplete.
With it an abode of bliss.（p72/61）

萧译：
倘若你家里没有，
李树商标肉罐头，
那就是美中不足，

有它才算幸福窝。（p165）

金译：

家里缺了李树牌罐头肉，
还像个家吗?
不像家。
有它才是安乐窝。（pp116－7）

案：这则广告分四行，共三句，前两句成韵，最后一句未入韵，其意似在以这种独特的出韵方式突出广告效果，鄙意以为从广告的一般形式来看，仍以尽量叶韵上口为好。另外在粗鄙的俚俗语中 To pot one's meat 有“交媾”之意。我国北方菜中用猪肉和鸡肉一起红烧，味道甚好，俗称“肉勾鸡”或“鸡勾肉”，倘移用之，不知可从字面模拟乔氏这里包含性意味的双关否?

拙译：

缺了李树牌鸡勾肉，
家中乱成一锅粥。
不完美。
有它家里乐悠悠。（pp140－1）

5. 玛莎给勃鲁姆的信：

Dear Henry

I got your last letter to me and thank you very much for it. I am sorry you did not like my last letter. Why did you enclose the stamps? I am awfully angry with you. I do wish I could punish you for that. I called you naughty boy because I do not like that other world. Please tell me what is the real meaning of that word? Are you not happy in your home you poor little naughty boy? I do wish I could do something for you. Please tell me what you think of poor me? I often think of the beautiful name you have. Dear Henry, when will we meet? I think of you so often you have no idea. I have never felt myself so much drawn to a man as you. I feel so bad about. Please write me a long letter and tell me more. Remember if you do not I will punish you. So now you know what I will do to you, you naughty boy, if you do not wrote. O how I long to meet you. Henry dear, do not deny my request before my patience are exhausted. Then I will tell you all. Goodbye now, naughty darling. I have such a bad headache today and write *by return* to your longing

Martha

P.S. Do tell me what kind of perfume does your wife use. I want to know. (pp74 - 5/63 - 4)

萧译：

亲爱的亨利：

我收到了你的上一封信，很是感谢。遗憾的是，你不喜欢我上次的信。你为什么要附邮票呢？我非常生气。我多么希望能够为这件事惩罚你一下啊。我曾称你作淘气鬼，因为我不喜欢那另一个世界。请告诉我那另一个字真正的含意。你在自己家里不幸福吗？你这可怜的小淘气鬼？我巴不得能替你做点什么。请告诉我，你对我这个可怜虫有什么看法。我时常想起你这个名字有多么可爱。亲爱的亨利，咱们什么时候能见面呢？你简直无法想像我多么经常地想念你。我从来没有被一个男人像被你这么吸引过。弄得我心慌意乱。请给我写一封长信，告诉我更多的事情。不然的话我可要惩罚你啦，你可要记住。你这淘气鬼，现在你晓得了，假若你不写信，我会怎样对付你。哦，我多么盼望跟你见面啊。亲爱的亨利，请别拒绝我的要求，否则我的耐心就要耗尽了。到那时候我就一古脑儿告诉你。现在，再见吧，心爱的淘气鬼。今天我的头疼得厉害，所

以一定要立即回信给苦苦思念你的

玛莎

附言：一定告诉我，你太太使用哪一种香水。我想知道。（pp170－1）

金译：

亲爱的亨利：

我收到了你上一封信，多谢你。你不喜欢我上一封信，我很抱歉。你为什么还装一些邮票在内？我非常生你的气。我真希望罚一罚你。我把你叫做淘气孩子，是因为我不喜欢另外那个词。请你告诉我，那个词究竟是什么意思？你这个可怜的小淘气，你在家里是不快乐吗？我真希望能帮助你。请你告诉我，你觉得可怜的我怎么样？我常常想到你的可爱的姓名。亲爱的亨利，咱们什么时候才能见面呢？你不知道我多想你。我还从来没有对一个男人产生过对你的这种感情。我觉得很别扭的。请你写给我一封长信，多说一些。记着，你不写我会罚你的。好了，你现在知道了，你这个小淘气，你不写我会怎么你的了。啊，我是多么渴望见到你呀。亨利亲爱的，不要拒绝我的请求，别让我等急了。那时我会把一切告诉你。再见，淘气的宝贝。我今天脑袋疼得很，请立即回信给你的渴望着的

玛莎

又，请告诉我你妻子用什么香水。我想知道。（pp120－1）

案：这封信表明，勃鲁姆与玛莎的交往已有一段时间，他们虽然尚未谋面，但就纸上的交情看，似已达到了相当深度。信的文字是浅显的，但却饱含娇气、嗲气和复杂的感情，如何通过同样的口吻，把一个市井女子在苦苦相思中纠集着的喜悦、怜爱、怨嗔和渴望之情表达出来，显然需要费点斟酌。譬如，punish you，you naughty boy，tell you all 等，译作“罚你”、“你这个小淘气”、“把一切告诉你”之类固然不错，但却似乎不太像一个市井女子的口吻，也缺乏那种故意撒娇，卖嗲的妇人声腔，倘将其译作：“治治你”、“你

个小冤家”、“把心掏给你”等，是否要好些？还有，最后那句附言中的I want to know两译均作“我想知道”，好像就不如“我要知道”来的到位。玛莎盼着尽快见面，好将这纸上的恋情变成实际行动，那么用勃鲁姆夫人喜用的香水，以便在初次幽会时取悦情人，对她来说其重要性就不言而喻，勃鲁姆也应当心领神会，因此这看似撒娇的一个“要”（want）字，表达的就是一种不容说“不”的强烈意志，而不仅是一种愿望（“想”）。一字之差，含义大别。此外，把word写成world的那个笔误，似可通过汉字偏旁的变化在形式上加以模拟（若金译），而译作“世界”再通过注解说明（萧译），就有似蛇足之添了。

拙译：

亲爱的亨利：

你的上封信我收到了，多谢你。我的上封信你不喜欢，真抱歉。你为什么要在信里夹邮票？这太叫我生气了，我真想治治你。我把你叫小冤家，因为我不喜欢另外那个祠儿。你告诉我，那个词儿到底是什么意思？你这可怜的小冤家，你在家里觉得不快活，是吗？我真希望能为你做点什么。跟我说说你觉得我这个小可怜怎么样。我老想你那个挺美的名字。亲爱的亨利，咱们什么时候见面呀？你一点儿也不知道我多想你。我还从来没这么想过一个男人呢。想你想得我好苦呀。你要给我写一封长长的信，多跟我拉拉。你可要明白，你要不写我就治你。你个小冤家，现在你知道，你要不写，我会怎么你了吧。啊，我多么想见你呀。亨利亲爱的，千万别不理我，叫我急死。等见了面我就把心掏给你。好了，再见，心爱的小冤家，我头疼得厉害。就今天。赶快回信给你的盼着的

玛莎

又：告我你太太用什么香水。我要知道。（pp145－6）

6. 勃鲁姆读完信后有两段反应的文字，第二段末尾有句云：

Go further next time. Naughty boy：punish：afraid of words，of course. Brutal，why not？Try it anyhow. A bit at a time.（p75/64）

萧译：
一步步地来。淘气鬼。惩罚。当然喽。生怕措词不当。粗暴吗，为什么不？反正不妨试它一试，一步步地来。（p172）

金译：
下次再进一步。淘气孩子：罚你：怕人说，当然。残酷，为什么不？至少试一试。一次来一点儿。（p122）

案：在进入讨论之前，有一个很重要的问题似须先行辨析，即如何看待勃鲁姆的婚外关系。书中曾多处写到勃鲁姆对异性的兴趣乃至欲望，当然，他的好色在绝大多数情况下都是他自己心中的种种念想，应该说只是一种意淫。但他和打字员玛莎·克利福德（Martha Clifford）的关系则另当别论。他因发广告要招打字员而与玛莎结识，两人互有好感，并通过书信往来表达恋情。从此信可以看出，玛莎对他大有好感，急于谋面。而勃鲁姆则显得谨慎老成，他不想由于进展太快而发生矛盾。但他绝非如某些乔学者所说只想保持通信关系，而不欲使其产生实质性进展。换言之，如果说勃鲁姆在其他场合产生的色欲仅仅是一种心理上的追求的话，那么对玛莎，他则并非不想将内心的渴望转化成行动。这一点从他读信后的内心独白可以清楚见出。勃鲁姆读完信，心中升起一丝喜悦，将信中夹带的一朵压扁的黄花放进贴心衣袋里。他想到各种花的作用，再次漫不经心地睃着信，心里琢磨着信中诸如“小冤家”、“治治你”之类的说法。他看到了玛莎急于谋面的心情，似乎也想到自己在前信中提到的引她不快的话儿。并由此联想到和妻子莫莉初恋时发生争吵的情形。他显然觉得事情不宜进展太快，否则容易引发冲突，但也明确了步步深入，从而使这场相思发展成为具有实质性行动的决心

(Try it anyhow)。文中的 afraid of words 似不太好理解，从上下文看，勃鲁姆前信中显然至少有两个词引起了玛莎的强烈反应，玛莎明确表示不喜欢另外那个“祠儿”(that other world)，要求勃鲁姆解释其真意。这个词儿(word)究竟是什么？双方都未提及。从玛莎的信与勃鲁姆的内心独白我们可以推测：玛莎似乎提出在某个星期天做完弥撒后见面的请求，但勃鲁姆却没有做出积极响应。他想到与莫莉初交时的情形，感到关系进展太快势必带来矛盾，两人倘若在街上闹起来，就会引来非议。因此他很可能用了某些不太明确甚至含有某种性隐喻的词语表示了推诿，同时也表达了某种暗示，这就是玛莎信中所说的两个词儿。她明白其中的一个，但却不完全明白另一个。如此看来，这个或这类词儿无论是勃鲁姆说的，还是勃鲁姆转述别人说的；无论是勃鲁姆怕的还是她怕的，都蕴含了强烈的性意味，都是“粗暴的”(brutal)。将“afraid of words”译作“怕人说”(金本)，似乎丢失了其中蕴含的性意味；译作“怕措词不当”(萧本)，则大大缩减了这一短语的内涵和张力。因此译作“怕那话儿”可能会好些。“那话儿”既可指局外人的非议，也隐含了勃鲁姆有意表达的“粗暴的”性意味。

拙译：

下回可得深入一步。小冤家：治治：怕那话儿，当然。粗暴，干吗不呢？不管怎么说得试试。一次深入一步。(p147)

7. 教堂弥撒结束之后，人们散开，勃鲁姆站起来，想到自己坎肩的两个扣子可能一直没扣，想到女人乐意看男士们衣冠不整，而男人们的态度恰好相反，譬如看到女士们衣衫上有些小绒毛，或者发现她们衣裙背后的拉链开了，都愿意提醒她们，勃鲁姆这时的内心独白是：

Hello. Were those two buttons of my waistcoat open all the time? Women enjoy it. Never tell you. But we. Excuse, miss, there's a (whh!) just a (whh!) fluff. Or their skirt behind, placket unhooked. Glimpses of the moon. Annoyed if you don't. Why didn't you tell me before. Still like you better untidy. Good job it was'nt farther south. (p80/68)

萧译：
咦，难道我背心上这两颗纽早就开了吗？女人们喜欢看到这样。她们是绝不会提醒你的。要是我们，就会说一声，对不起，小姐，这儿(哦)有那么一点儿(哦)毛毛。要么就是她们的裙子腰身后边有个钩子开了，露出一弯月牙形。倘若你不提醒一声，她们会气恼的：你为什么不早点儿告诉我？可她们喜欢你更邋遢一些。幸而不是更靠下边的。(pp180－1)

金译：
嘿。我坎肩上的这两个扣子一直开着的吗？女人们看着有趣。决不告诉你。可是我们呢。对不起，小姐，有一点点儿(嘀嘀！)一丁点儿(嘀嘀！)绒絮。要不然，她们的裙子背后开了钩。月亮依稀可见。你不说，她们生气。你为什么早不告诉我呢。可就是喜欢你不整齐。幸好刚才没有再往南走。(p129)

案：这里 Good job it was'nt farther south 一句中的 south 显然不表示南北方向，而是承接稍微前面一点的 Or their skirt behind, placket unhooked 一句，表示上下方向。英语中的 up north, down south 与汉语中"上北下南"之意正相仿佛，意思是她们后背裙脱开的拉链幸亏没有再往下来，不然就不好意思了。因此，此句译作"幸好刚才没有再往南走"(金本)就显得突兀而不可解。而译作"幸而不是更靠下边的"(萧本)就好多了。此外，这段文字两个版本在句子次序的安排上有差异，但对翻译影响不是太大。两译都从加兰版，拙译也从之。

拙译：

嗨，我坎肩上那俩扣子一直是开着的吗？女人们喜欢看你这样。就是不提醒你。可我们就不一样了。对不起，小姐，您这儿有(喔！)一丁点儿(喔！)小毛毛。要么她们裙子后背的钩链脱开了。月夜忽隐忽现的景象。你要不提醒，她们就恼了。为什么不早告诉我。就愿意看你邋里邋遢的。幸好没再往下来。(p156)

第六章

本章写勃鲁姆、卡宁汉、鲍威尔、西蒙等人参加狄格南的葬礼，从他家坐马车去往前景墓园一路所见所聊以及葬礼进行的情形，与《奥德赛》中奥德修斯游历地府的章节相对应。本章的主题是死生问题和父子关系；其叙事形式为客观叙述者的声音穿插对话与勃鲁姆的内心独白。下面是有关的一些具体讨论：

1. 勃鲁姆坐上送葬的车后，看到路边住宅家家都拉上了窗帘，唯独有一个老妇人掀开窗帘一角窥伺，于是想到女人在生命的来去中所起的主要作用，有几句说：

   Extraordinary the interest they take in a corpse. Glad to see us go we give them such trouble coming. Job seems to suit them. Huggermugger in corners. Slop about in slipperslappers for fear he'd wake. Then getting it ready.（p84/72）

   萧译：

   妇女们对尸体所表示的兴趣是异乎寻常的。我们来到世上时给了她们那么多麻烦，所以她们乐意看到我们走。她们好像适合于干这种活儿。在角落里鬼鬼祟祟的。趿拉着拖鞋，轻手轻脚地，生怕惊醒了他。然后给他装裹，以便入殓。（p189）

   金译：

   特别得很，她们对死尸这么有兴趣。喜欢送我们走，来的时候太麻烦她们了。这个活儿似乎挺适合她们。躲在屋角里，偷偷摸摸的。穿着软底便鞋，轻声轻气，蹑手蹑脚的，怕惊醒他呢。然后，准备入殓，给他打扮。（p135）

案：Huggermugger 由 Hugger 与 mugger 两字合成。前者是动词 hug（拥抱）的名词，后者是动词 mug（接吻）的名词，都指行动者。*SOED* 给出的解释是 concealment，secrecy，不难看出，19 世纪之前西方人亲热也是要避人的，其准确的意思是"秘而不宣"、"秘不示人"等，《哈姆雷特》第四幕第五场，克劳狄斯埋葬波洛涅斯时说了这个字，莎翁正是要用其"秘而不宣"之义，朱生豪的译文准确地传达了莎翁的意思："我这样匆匆忙忙地把他秘密埋葬"（《莎士比亚全集》九，人民文学出版社，1978，p105）。由此可见，译作"鬼鬼祟祟的"（萧译）或"偷偷摸摸的"（金译）似乎超出了这个字的本义，因为从根本上说，这个字并没有什么贬义。试想，给死者装扮，准备入殓，有必要"偷偷摸摸"，"鬼鬼祟祟"吗？其实在这样悲哀的时刻，需要的只不过是回避、安详、静谧的气氛和轻柔、温和的动作罢了。

拙译：

她们对尸体总有兴趣，挺不一般的。送我们走就高兴，我们来的时候太麻烦她们了。这活儿她们做好像倒合适。悄悄地、秘密匆忙地躲角落里。穿轻便拖鞋轻手轻脚在屋里走，生怕惊醒他。准备便当了。把他放好。（p162）

2. 马丁向大家讲述派迪 · 伦纳德学汤姆 · 克尔南评价本 · 多拉德的演唱，有这样几句：

— Immense，Martin Cunningham said pompously. *His singing of that simple ballad，Martin，is the most trenchant rendering I ever heard in the whole course of my experience.*

— *Trenchant*, Mr. Power said laughing. He's dead nuts on that. And the *retrospective arrangement*. (p88/75)

萧译：

“了不起，”马丁·卡宁汉用夸张的口气说，“马丁啊，他把那支纯朴的民歌唱绝了，是我这辈子所听到的气势最为磅礴的演唱。”

“气势磅礴，”鲍尔先生笑着说，“他最喜欢用这个字眼，还爱说‘回顾性的编排’。”（p196）

金译：

——妙极了，马丁·坎宁安神气活现地说。马丁哪，这一支简单的民歌，在他嘴里一唱，实在是到家了，尽我一生阅历，从来没有听到这么犀利的唱法。

——犀利的，帕尔先生哈哈笑着说。他谈音乐真是没有比。还有什么回顾性的编排。（p141）

案：这里的 trenchant 是 trench 的形容词，trench 作动词有“挖沟”、“挖壕”、“切割”、“撕裂”等义；作名词则有“沟”、“壕”、“切口”、“伤口”、“裂口”、“边缘尖锐的口子”等义。形容词的意思从动词和名词来，有“尖锐的”、“锐利的”、“边缘清晰的”等义，可以用来修饰语言、文体、风格等，*SOED* 的解释是：Of language, style, etc. incisive, vigorous and clear, effective, energetic, etc.。可见，用来说明一种风格“犀利”（若金译）、清晰、有力等是没有问题的，不过说其“气势磅礴”（若萧译）则略嫌远了些。然而问题不止于此，汤姆·克尔南喜欢用这类专业的大词；而在马丁、鲍威尔，甚至派迪·伦纳德这些嘲笑者看来，用这样的词（包括后面的“回顾性编排”：retrospective arrangement 之类）显然大而无当，甚至有些唐突滑稽。再说，从嘲笑者与使用者两方来看，也未必真能理解这些词准确的专业含义。其实从专业的视角看，这个词修饰音乐译作“具有穿透力的”也许是第一选择。但考虑到这里并不十分专业的语境，仍以从该词的本义出发为好。此外，nuts 这里是俚语，作形容词，意为 eccentric，mad（*SOED*，p1959）；be nuts on(about) sth or sb，意为“热衷于”、“狂热于”、“挚爱”等，译作“真是没有比”（金本）虽不能说错，但却看不出这里众人的嘲弄意味，也没有指明原文中的介词宾语 that 所指。

拙译：

——棒极了，马丁·卡宁汉夸大其词地说。一支纯朴的民歌，哦，马丁啊，叫他那么一唱，简直绝了。我这辈子还是头一回听这么锐利的演唱呢。

——锐利，鲍威尔先生冷笑着说。他就好用这种词儿。还好用回顾性编排。（p168）

3. 马车转过伯克利街的街角后突然停了，有人问出了什么事，原来是一群牛羊挤入了路中央，挡住了去路，这时有一句：

— Emigrants，Mr. Power said.（p94/81）

萧译：

“简直像是移民一样，”鲍尔先生说。（p207）

金译：

——外迁户，帕尔先生说。（p151）

案：emigrant 指移居他国的人。这里 Power 一定是想到了 19 世纪中期之后爱尔兰人移居西方特别是美国的移民潮，译作“外迁户”（金译）大致不错，但却与这里突然涌入的牛羊群失去了关联，且汉语的“外迁户”并不能准确地传达原文的意义，特别是对于熟悉自已这套复杂户籍制度的中国人来说，“外迁户”让人想到的恐怕首先不是迁居国外的人，而是迁居国内其他地方（譬如别的城市、乡村等）的人。故译作 “移民”（萧译）似乎更恰当些。

拙译：
——移民，鲍威尔先生说。（p180）

4. 勃鲁姆和克尔南聊狄格南死后留下五个孩子和老婆的可怜情景，之后有一句：
Has the laugh at him now.
... She had outlived him. Lost her husband. More dead for her than for me. One must outlive the other. Wise men say. There are more women than men in the world. Condole with her. Your terrible loss. I hope you'll soon follow him. For Hindu widows only. She would marry another. Him? No. Yet who knows after. Widowhood not the thing since the old queen died. ... （p98/84）

萧译：
如今，她胜利地活过了他。
……她的寿数比他长。失去了丈夫。对她来说，这死亡比对我关系重大。总有一个比另一个长寿。明智的人说，世上的女人比男人多。安慰她吧。你的损失太惨重了。我希望你很快就跟随他而去。只有对信奉印度教的寡妇才能这么说。她会再婚的。嫁给他吗？不。然而谁晓得以后会怎样呢？老女王去世后，就不兴守寡了。……（p215）

金译：
他到底还是输了。
……她的命比他长。丧夫。他这一死，对她是关系重大的，跟对我不一样。两个人总有一个命长。明白人说的。世界上女人比男人多。安慰安慰她吧。你的损失是无法弥补的。我希望你快点跟着他去吧。只有印度教寡妇才那样。她会另嫁别人的。嫁他？不会。然而以后的事谁知道？自从老女王逝世以后，守寡不那么时兴了。……（p158）

案：Has the laugh at him now 是一个简约、凝练、含蓄的句子。现两译均离开了字面的意思，说她（狄格南的遗孀）比他命长，这个意思下文说得很清楚。但这个句子包含的意思恐怕远不止此。狄格南没有活过他的妻子，这是第一层意思；然而夫妻总有一个要先走，而一般情况下，多是男人先走，因此这里的"他"既是特指，也是泛指，这是第二层；男人先走了，就把苦难留给了妻子儿女，应该说没有尽到丈夫和父亲的责任，这是第三层。男人先走了，他的遗孀必然改嫁，像维多利亚女王那样为亡夫举办隆重葬礼、守墓守节，终与之合葬的事儿现今已经越来越少见了。所谓"君生日日说恩情，君死又随人去了"这是第四层。其中的一些意思下文也说到了。由丈夫一般比妻子命短，不能始终负起夫父之责，而将苦难留给亲人，勃鲁姆甚至联想到自己妻子的背叛，本段最后一句：总有人要先走一步：孤独地，躺在地下：再不能睡她的热被窝了。（One must go first：alone under the ground：and lie no more in her bed.）说的固然是先走的男人，但又何尝不是他这位被戴了绿帽子的丈夫呢？也许正是在这些意义上，男人是可怜的，是应该被耻笑的。按照这样的理解，将这句译作"如今，她胜利地活过了他。"（萧译）只译出了表层的意思；而译作"他到底还是输了。"（金译）则贴切得多，但仍觉不如直译作"该笑他了。"还有，后文中说到遗孀的再嫁提及的"Him？"是大写，指的是"上帝"，意思是说，她是决不会不再嫁的。两译均未加辨析，而译作一般的"他"，显然是不合适的，也是费解的。

拙译：

该笑他了。

……她活得比他长。丧夫。对她的打击比对我的大。两人总有一人比另一人命大。聪明人说的。世上总是女多男少。安慰安慰她吧。你的损失忒大了。但愿你快点跟他去吧。只有印度教寡妇才那样。想再嫁。嫁**老天**吗？不。可以后的事谁知道呢。老女王去世后，守寡就不那么时兴了。……(p187)

5. 狄格南的灵柩将被抬入墓园小教堂，送葬的人们停在门前，准备进入，勃鲁姆站在狄格南送葬孩子的身后，看着这个孩子，他不禁悲从中来，设想着狄格南弥留之际的情形：

Poor boy! Was he there when the father? Both unconscious. Lighten up at the last moment and recognize for the last time. All he might have done. (p99/85)

萧译：

可怜的孩子！也不晓得当他爸爸咽气时，他在不在场？双方都不曾意识到死神即将来临。弥留之际才回光返照，最后一次认出人来。多少未遂的意愿。(pp216－7)

金译：

可怜的孩子！他父亲那时候他在场吗？两人都没有知觉。临到弥留之际，回光返照，最后一次认人。种种心愿，如今不了了之。(p160)

案：这里勃鲁姆的内心独白同样是极其简约凝练的，几乎都是不完全句，但语境是明确的，因此，读者绝不会误解他的意思。翻译似以尽量模拟他的表达方式为好。遗憾的是，两译都做了生怕读者读不懂的添补。譬如，萧译的“咽气时”、“死神即将来临”、“（认出）人来”；金译的“（不了）了之”等。难道这些句子真有必要译得那般清楚、那般明确吗？难道我们就不能给读者留点意会甚至想象的空间吗？譬如 All he might have done 这一虚拟句，包含了多么深沉、复杂的人生感悟啊！人到临终时，突然醒悟过来，有多少心愿未了、有多少事原本可以做好、有多少不该做的事却做了，有多少懊悔、多少省悟啊，然而一切都来不及了！这样一个极精炼，极含蓄的句子，有什么必要非得把那后半句 *have not been done* 添补上呢？再说，这里讲述的仍是本章反复出现的父子关系（勃鲁姆与他的父亲、勃鲁姆与他夭折的儿子鲁迪、斯蒂芬与西蒙、放高利贷者父子、这里的狄格南父子等），虽然重点在父亲这边，但儿子也是不能或缺的一方，正因为此，勃鲁姆才说“两方面都没有意识到”（Both unconscious），而翻译中的添补，显然限制了读者想象的余地，譬如将 recognize for the last time 译作“最后一次认人”（两译同），给人的感觉就剩了父亲一方，儿子一方似乎缺位了。因此，无论在任何意义上，两译的添补都难免给人画蛇添足之感。

拙译：

可怜的孩子！他爸那阵儿他在场吗？俩人都没意识到。回光返照的刹那，最后明白了。多少事儿本来可以。（p188）

6. 狄格南的灵柩进入教堂后，赦罪仪式开始，说到神父有一句：

Father Coffey. I knew his name was like a coffin.（p100/85）

萧译：

科菲神父。我晓得他的姓听上去像“棺材”。（p217）

金译：

关采神父。早知道了，他的名字像棺材。（p160）

案：这句话中，神父的名字与“棺材”的关系，原文说得很明白，金译注意了二者的关联，但萧译却不予理会，非要通过注释来说明，不知何故？汉语中“关”、“官”等字均与“棺”同音，且为姓氏，皆可采用。

拙译：

官柴神父。早就晓得，他的名字像棺材。（p189）

7. 送葬的队伍随死者的棺木移向墓穴的路上，公墓管理员约翰·奥康内尔给大家讲与坟墓有关的笑话，试图缓解悲哀的气氛。勃鲁姆的思绪从奥康内尔的为人行事想到这些一辈子与死尸和鬼魂打交道的公墓管理员们的家庭生活。他寻思这些人当年是怎么将女人弄到手的。由此生发，又想到了墓园中的性活动。这时他的内心独白是这样的：

... Woman especially are so touchy. Tell her a ghost story in bed to make her sleep. Have you ever seen a ghost? Well, I have. It was a pitchdark night. The clock was on the stroke of twelve. Still they'd kiss all right if properly keyed up. Whores in Turkish graveyards. Learn anything if taken young. You might pick up a young widow here. Men like that. Love among the tombstones. Romeo. Spice of pleasure. In the midst of death we all in life. Both ends meet. ...（p104/89）

萧译：

……妇女尤其敏感得厉害。在床上给她讲个鬼故事，哄她入睡。你见过鬼吗？喏，我见过。那是个漆黑的夜晚。时钟正敲着十二点。然而只消把情绪适当地调动起来，她们就准会来接吻的。在土耳其，坟墓里照样有窑姐儿。只要年轻的时候就着手，凡事都能学到家。在这儿你兴许还能够勾搭上一位小寡妇呢。男人就好这个。在墓碑丛中谈情说爱。罗密欧。给快乐平添情趣。在死亡中，我们与生存为伍。两头都衔接上了。……（p225）

金译：

……女人特别敏感。上床之后，给她讲个鬼故事催眠。你见过鬼吗？嘿，我见过。那是一个漆黑漆黑的夜晚。时钟正打十二点。可是，只要把情绪培养好，她们照样会接吻的。在土耳其，墓地里还有妓女。不论什么事，只要年轻都能学到手。在这里说不定能找到个年轻寡妇呢。男人们喜欢这个。墓碑丛中的恋爱。罗密欧。寻欢作乐添点儿作料。在死亡中享受生命。相反相成。（pp167－8）

案：这段文字不艰涩，虽然有一两个小典故，但也容易看懂，问题是 Both ends meet 怎么译好？勃鲁姆想到这些常年生活在墓园的人总要成家立业，结婚生子，他们总会想出办法（譬如这里的“讲鬼故事”）来安抚妻子，哄她们与之交媾。由此他想到土耳其墓园中的妓女，想到罗密欧掘开墓穴发现朱丽叶时的爱，想到死亡王国中的爱与性，想到死与生。前文在大家看到一个孩子的灵车时，马丁曾引用葬礼祷词中一句的部分，这句格言式的祷词是：In the midst of life we are in death（在生中我们死）。勃鲁姆无疑想到了这句祷词，并将其颠倒过来：In the midst of death we all in life（在死中我们生）。此章除父子关系外，死生是另一个重大的主题。死生的意象始终萦绕在勃鲁姆的脑际。勃鲁姆这里对这句祷词反其意而用之，既是对经书的调侃，也是对死生的辩证阐释，死生、生死这人生的两极就这样奇妙地被他在墓园和这位公墓管理员的家庭生活中连起来了。将 Both ends meet 译作“相反相成”（金本）当然可以，但在这里玩笑、世俗的语境中却显得太文气，太哲理气了。不如译作“两头都衔接上了”（萧本）来得更生动，也更符合勃鲁姆此刻头脑中幽默的意味。

拙译：

……女人都特敏感，上床后给她讲个鬼故事，哄她睡着。你见过鬼吗？嘿，我可见过。那晚天漆黑，钟刚敲十二点。要是逗弄得好，她们照样来亲嘴。土耳其墓园里就有妓女。只要年轻肯学，什么学不会。这儿你说不定还能弄个把年轻寡妇呢。男人们就好这个。墓碑丛中的爱。罗密欧。欢乐的调料。在死中我们生。两头儿连上了。……（pp196－7）

8. 下葬后，哈因斯来记送葬者的名字，问勃鲁姆那边那个人是谁，有几句对话：

— And tell us, Hynes said, do you know that fellow in the, fellow was over there in the ...

He looked around.

— Macintosh. Yes, I saw him, Mr. Bloom said. Where is he now?

— M'intosh, Hynes said scribbling. I don't know who he is. Is that his name?

He moved away, looking about him.

— No, Mr. Bloom began, turning and stopping. I say, Hynes!

Didn't hear. What? Where has he disappeared to? Not a sign. Well of all the. Has anybody here seen? Kay ee double ell. Become invisible. Good Lord, what became of him?（pp107－8/92）

萧译：

“我想打听一下，”海因斯说，“你认识那个人吗？那边的那个穿，身穿……”

他东看看西望望。

“胶布雨衣。是的，我瞅见他了，”布卢姆先生说，“现在他在哪儿呢？”

“焦勃雨伊，”海因斯边草草记下边说，“我不知道他是谁？这是他的姓吧？”

他四下里望了望，走开了。

“不是，”布卢姆先生开口说。他转过身去，想拦住海因斯，

“喂，海因斯！”

没听见。怎么回事？他到哪儿去啦？连个影儿都没有了。喏，可真是。这儿可曾有人见过？凯歌的凯，利益的利。消失了踪影。天哪，他出了什么事？（pp231－2）

金译：

——还要请问你，哈因斯说，你认识那个人吗？那个穿，那边那个穿……他回过头去张望。

——雨褂。对，刚才我看见他了。布卢姆先生说。现在到哪儿去了？

——于郭，哈因斯说着，匆匆地记下了。我不认识他。这是他的姓名吧？

他东张西望地走了。

——不对，布卢姆先生说。他扭过身子去想拉住他。喂，哈因斯！

没有听见。怎么回事？那人到什么地方去了？无影无踪了。哼，这可真是。这儿有谁见到了吗？凯旋的凯，胜利的利。会隐身术哩。我的主啊，那人究竟到哪儿去啦？（p174）

案：这儿出现的 Macintosh 意为“胶布雨衣”，但作为姓氏的 M'intosh 却与它发音十分接近，甚至相同。这个穿“雨衣”的男子是一个十分神秘的人物，在本书中曾数次突然出现，总是穿着雨衣，但转眼就不见了。勃鲁姆不知道他是什么人，只是感到很神秘。这里哈因斯来记送葬者的人名，向勃鲁姆打听他，误将勃鲁姆回答他（他穿着……）的“雨衣”当成了他的姓名，等勃鲁姆醒悟过来，他已经走了，所以这个混同的名字后来就出现在报纸送葬者的名单中。两译都注意到这个误会的情节，但译作“焦勃雨伊”（萧译）似乎不太像汉语的姓名，因此在本书后文出现时也很难处理；而译作“于郭”（金译）则方便得多。

拙译：

——哎，跟我说说，哈因斯说，你知道那个穿，那面那个穿……

他转过头搜寻。

——雨衣。没错儿，刚才我看着他了，勃鲁姆先生说。现在哪儿去了？

——于伊，哈因斯边说边匆匆写下来。我不认识他。他就叫这个名字吗？他四下里张望着走开了。

——不对，勃鲁姆急转身想挡住他。嗨，我说，哈因斯！

没听见。怎么回事？那人跑哪儿去了呢？连个影儿都没有了。哦，真是的。这儿有谁见过？凯旋的凯，顺利的利。隐身了。主啊，他究竟去哪儿了呢？（p203）

9. 葬礼结束，大家散去，哈因斯建议去看看帕内尔的墓。勃鲁姆选了一条林间小路，看着四周散乱的墓、墓碑、石像、十字架、断裂的石柱，漫不经心地读着墓碑上“愿你的灵魂安息……某某辞世，某某谢世……”之类的套话，想到不如从简治丧，用省下的钱济贫。想到不日即将去为父亲扫墓，想到新教对死的一些不同说法，看到杨树枝上像标本一样落的一只鸟，想到女儿米莉曾将一只死鸟装在厨房火柴盒中为其做墓的往事，又看到墓碑上雕刻的一颗圣心，这时有下面一段文字：

The Sacred Heart that is：showing it. Heart on his sleeve. Ought to be sideways and red it should be painted like a real heart. Ireland was dedicated to it or whatever that. Seems anything but pleased. Why this infliction? Would birds come then and peck like the boy with the basket of fruit but he said no because they ought to have been afraid of the boy. Apollo that was.（p109/93）

萧译：

那是圣心：裸露着的。掏出心来让人看。应该把它放得靠边一点，涂成鲜红色，像一颗真的心一般。爱尔兰就是奉献于它或类似东西的。看来一点儿也不满意。为什么要受这样的折磨？难道鸟儿会来啄它吗？就像对拎着一篮水果的男孩那样？然而他说不会来啄，因为鸟儿理应是怕那个男孩的。那就是阿波罗。（p234）

金译：
那是圣心：露在外面的。掏出心来给人看。应该靠边一点，红色的，画得真像一颗心才行哪。爱尔兰就是信奉这个，诸如此类的东西。看样子一点也不愉快。为什么这样难过？是不是怕鸟来啄，像捧着一篮水果的男孩似的，可是他说不用，鸟应当是怕孩子的。那是阿波罗。（p177）

案：这段文字全部是勃鲁姆的内心独白，引发他产生联想的是雕刻在墓碑上的“圣心”，即耶稣的心。他联想的脉络大致是这样的：由“圣心”的视觉意象想到死后被追认为圣徒的法国修女玛格丽特·玛丽·阿拉考克说过的话：耶稣曾把他的心掏出来给她看（showing it），以示对信徒的爱，然后进一步联想到人们普遍使用的英谚：wear one’s heart on one’s sleeve。这句英谚不仅表明裸露在外的心，而且标示了其裸露的位置。这一英谚引发的联想，使他再次审视墓碑上的“圣心”，于是有位置不对，应该再偏一点，而且应该染成红色，那才像颗真心之类的腹议。这时他的思绪从这一视觉意象略微荡开了一点，想到笃信天主教的爱尔兰太过于重视圣心崇拜之类的事儿（Ireland was dedicated to it or whatever that.），随即又回到了墓碑上的“圣心”意象上。他感到这颗心雕得太悲苦了（Seems anything but pleased.），从“为什么难受？”（Why this infliction？）的探究，他的思绪荡得更远了一点，和前段文字中看到杨树枝上的那只鸟发生了关联，于是想到了一则有关艺术创造的轶事：古希腊名画家宙克西斯曾画一男孩拿着葡萄，葡萄画得太逼真了，以致引来飞鸟啄食，人们因此赞赏他，但他却不满意，说那男孩画得不够逼真，否则鸟就会害怕那男孩而不敢来啄食葡萄了。这个句子比较长，理解的关键是明白其中暗含的典故，而不是用标点或者空格等来断句。不明白这个典故，即便点开了句子，仍然不得其解。譬如句中 he said no，这里的 he 指的是画家宙克西斯，而不是那个小男孩或别的什么人，画家说 no 的意思是，鸟儿应该害怕那男孩，他的葡萄虽然画到了以假乱真的境界，而小男孩却没有达到这个境界，否则，鸟儿怎么敢来啄食呢？由此看来他觉得自己这幅画算不得成功，正因为此，后来他又画了一幅同样的画，在男孩的形象上下了更大功夫。老普林尼在其《自然史》中曾记录了这段轶事。第二幅画出来后鸟儿仍飞来啄食葡萄，这位画家大为生气，他说：I have painted the grapes better than the child，as if I had made a success of that as well，the birds would inevitably have been afraid of it. 在勃鲁姆的联想中，那颗难受的圣心和画中的小男孩好像都有一个怕鸟来啄的问题，但“怕”只是勃鲁姆想象中的一个层次，怕不怕，心不会说，小男孩也不会说，画家则无从说，更重要的是，随着勃鲁姆思绪荡远，中心议题已经从“怕不怕”的层面转换到艺术创造原理中“该不该”、“对不对”的层面了。由此看来译作“他说不用”（金本）或“他说不会来啄”（萧本），就似乎只顾及了“怕不怕”的层面，而忽略了“对不对”这一更为重要的含义了。拙译试图尽量考虑勃鲁姆内心独白中这些微妙的关联及其丰富的内涵：

那是圣心：给人看的。掏出来的心。应该靠边一点儿，涂成红色，就像一颗真心那样。爱尔兰就信这个，诸如此类的东西。好像一点也不高兴。为什么那么难受？难道鸟会来啄它就像那个拿着一篮水果的男孩可他说不对因为那些鸟应该害怕那孩子的。那是阿波罗。（p206）

10. 葬礼结束，人们走出墓园大门，勃鲁姆看到门顿帽子侧面有凹下去的压痕，记起从前曾与他有过的不愉快，想修补一下关系，便礼貌地提醒他，但却遭到了冷遇，这时他有这样两句内心独白：

Thank you. How grand we are this morning!（p111/95）

萧译：
谢谢。今天早晨咱们多么了不起啊!（p238）

金译：
谢谢。咱们今天的架子可真不小!（p180）

案：这里 grand 一字有诸多意思，譬如：great，large，main，important，vital，splendid，excellent，magnificent，etc. 总之是表达“美好”、“伟大”、“壮阔”、“优异”之类的正面含义，用今天的话来说，就是“正能量”，用来修饰人事，在不同场合，可以有不同的具体译法。这里的情况是，勃鲁姆本想向人示好，但却遭到了冷遇，所谓“热脸贴了个冷屁股”，心中的酸涩滋味可想而知，译作“架子不小”（金译）可以理解为对门顿的讽刺，应该说得过去，但仔细想来，仍觉不能完全表达他此刻复杂的心理。其实，勃鲁姆这里的“咱们”（we）既指门顿，也是自指。遭了冷遇，当然心里不舒服，但从早上起床，到现在的大部分时间过得还是愉快的，清晨温煦的阳光、美味的早餐、两次出门一路上诸多美好的遐想（关于东方的白日梦、玛莎的情书、女儿米莉的信，等等）都使他感到快慰、温暖，尽管有不顺心的事（妻子的不忠、儿子的夭折、送葬的阴郁、这里碰到的软钉子之类），但生活毕竟是美好的，因此，这里的 grand 既有对门顿的挖苦，又有对生活的肯定，不开心与开心参半，当然也不免会有某种自怜自嘲之意。倘若这样理解站得住的话，“了不起”（萧译）就是更为贴切的译法，正是这类并不明说是什么的表述可以包含更多的意义。

拙译：
谢谢。今儿上午咱多了不得呀！（p209）

第七章

本章写勃鲁姆从墓园出来后，到报社来洽谈刊登广告的事，及其在这一过程中的所见所想。渲染一种嘈杂、喧嚣、变动不居、不安和挫折的氛围，与第五章的阳光、鲜花、美食、安闲、舒适、慵懒的美好景象适成对照。形式上，此章采用了新闻报纸式的标题，分作 63 个小节，同时运用了昆提利安等古代修辞学家拈出的种种修辞手段。其语言文体极富特色，理应引起译者的高度重视。下面做具体的讨论：

1. 第 1 小节写都柏林市中心纳尔逊纪念塔电车总站 10 余条线路电车进出繁忙嘈杂的景象。电车调度员发出发车口令。使用命令式叹句：

— Rathgar and Terenure!

— Come on, Sandymount green!

...

— Start, Palmerston Park! (p112/96)

萧译：

“开到拉思加尔和特勒努尔去！”

“下一辆开往沙丘草地！”

……

“开往帕默斯顿公园的，发车！”(p241)

金译：

——拉思加和特伦纽尔！

——走啦，沙丘草地！

……

——开车，帕默斯顿公园！（p181）

案：两译注意了调度员的命令句，但对其口语式的吆喝腔调似乎关注不够，譬如，“开到……去！”、“发车”、“开车”之类的话，在调度员的口头都显得有些多余，熟悉二三十年前北京公交和长途车站的读者，当能够明白，调度员发车时很少用这些正规的字眼。

拙译：

——拉思加尔和特伦纽尔的！

——沙山绿地的，开了！

……

——帕默斯顿公园的，走了！（p210）

2. 第2节小标题：THE WEARER OF THE CROWN(p112/96)

萧译：

王冠佩戴者(p241)

金译：

戴王冠的(p181)

案：这里的标题用换喻，以“王冠”指代“国王”。同时拟人，指代那些皇家邮车，给人以气派非常之感。两译均无问题。

拙译：

戴皇冠者(p210)

3. 第 3 小节开始一段：

Grossbooted draymen rolled barrels dullthudding out of Prince's stores and bumped them up on the brewery float. On the brewery float bumped dullthudding barrels rolled by grossbooted draymen out of Prince's stores. (p112/96)

萧译：

穿粗笨靴子的马车夫从亲王货栈里推出桶酒，滚在地上发出钝重的响声，又哐啷哐啷地码在啤酒厂的平台货车上。由穿粗笨靴子的马车夫从亲王货栈里推滚出来的酒桶，在啤酒厂的货车上发出一片钝重的咕咚咕咚声。(p242)

金译：

穿大皮靴的马车夫推着大桶，沉甸甸地从王子仓库滚出来，哐铛哐铛地装上啤酒厂的平板车。啤酒厂的平板车上，哐铛哐铛地装上了由穿大皮靴的马车夫从王子仓库推出来的沉甸甸的大桶。(p182)

案：本段采用 *Chiasmus* 的修辞格，一个句子的两部分或两个句子平行，以完全相反的语序形成对照。有点类似汉语的“回环式”结构。但汉语中这类结构大多数不仅形式上平行对照，相反相成，意义上也往往平行对照，相反相成，例如：“仕而优则学，学而优则仕”(《论语 · 子张》)、“瑕不掩瑜，瑜不掩瑕”(《礼记 · 聘义》)、“知者不言，言者不知”(《老子》第 56 章)、“信言不美，美言不信”(《老子》第 81 章)、“不是东风压倒西风，就是西风压倒东风”(《红楼梦》第 82 回)等。而乔伊斯的类似结构只在形式结构上平行相对，意义却大致相同。另外，这里的 dullthudding 和 bump 两字似兼顾了声音与意义。萧译没有理会这里的修辞格；金译注意到了这里形式上的相反相成。两译均将原文的一个长句断成了两句，好像也不可取。

拙译：
穿笨重靴子的车夫们把大桶闷不隆冬地滚出王子仓库又咣里咣当地推上啤酒厂的平板车。啤酒厂的平板车上咣里咣当地推来从王子仓库闷不隆冬地由穿笨重靴子的车夫们滚出的大桶。（pp210－1）

4. 第4小节结尾勃鲁姆想到玛里奥唱《玛莎》中的咏叹调的两句歌词：
Co-ome thou lost one,
Co-ome thou dear one!（p113/97）

萧译：
回来吧，迷失的你，
回来吧，亲爱的你！（p244）

金译：
归来吧，我失去的人儿呀，
归来吧，我心爱的人儿呀！（p183）

案：这里的co-ome是将come这一个单音节的词拆分为二，是一种修辞格，称作*Diaeresis*，乔伊斯有意采用这一辞格来模拟实际的演唱。而两译本均未考虑这一辞格，拙译以连字符区隔同一词中的两部分，以形成实际演唱中的拖腔：
归来——吧，迷失的人儿，
归来——哟，心爱的人儿！（p212）

5. 第5小节标题：THE CROZIER AND THE PEN（p114/97）

萧译：
牧杖与钢笔（p244）

金译：
权杖与笔（p183）

案：本节标题采用换喻的辞格。用“牧杖”指代大主教和教会；用“笔”指代编辑及报纸。两译无问题。

拙译：
牧杖与笔（p213）

6. 勃鲁姆把要登的广告放在南奈提的桌上时有一句：
Hell of a racket they make ... Maybe he understands what I.（p116/99）

萧译：
“这噪音真讨厌。……兴许他能理解我的意思。”（p247）

金译：
机器声音嘈杂得要命。……也许他明白了我的。（p186）

案：这里第一个句子是一个颠倒语序表示强调的修辞格（*Hyperbaton/Anastrophe*），以突出本章喧嚣、嘈杂的基本氛围，两译似乎都没有理会这个倒装的句式，也没有译出原文中强烈的诅咒（Hell ...）的情绪。第二个句子是一个句法不完整的修辞格（*Anacoluthia*），凸显过分嘈杂的印刷机响声淹没了人声。萧本译作了完整句，金本作了较好的表述。

拙译：
吵死了，这鬼机器。……或许他弄清了我的。（p216）

7. 第 9 小节的标题 HOUSE OF KEY(E)S（p116/99）

萧译：
钥匙议院（p248）

金译：
钥匙（岳驰）院（p187）

案：勃鲁姆要做广告的这家公司，名字叫：Alexander Keyes，是以老板的名字命名的。老板姓 Keyes，其发音、字形与 key（钥匙）的复数形式 keys 大致相同。而曼岛的下议院恰好使用了两把交叉的“钥匙”作为院徽，被一般人称作 House of Keys。勃鲁姆试图利用该公司名称（也即老板姓氏）与曼岛下议院名称在语音上这些关联，在广告创意上做点文章，以便制造某种双关的噱头，而向排印工长南奈提解释这一广告的创意乃是本章的主要内容之一，因此，如何利用 Keyes 与 keys 这两个字在发音与字形上的基本相似做文章，让读者在看到和读到这则广告时获得明白无误的信息，并产生令人捧腹的效果，就成了翻译不可忽视的环节。译作“钥匙（岳驰）院”（金本）顾及了字音的部分相似，但却仍未顾及字形上的基本相似。至于完全不顾及二者在音形上的关联（萧本）就更不可取了。鄙意可将 keys 译作“钥匙”；而将 Keyes 译作“月匙”，这样不仅兼顾了二者在发音与字形上的基本相似，而且“月”在汉语中也是一个姓氏，与 Keyes 作为姓氏暗合，若加上“金”的偏旁，就变成了 keys（钥）了。保留“匙”不仅可以与“月”一起保留 Keyes 与 keys 在音形上的基本相似，而且可以多少引发一点关于“月匙”公司所做生意的联想。“月匙”公司做的是茶和酒类的生意，“匙”除在“钥匙”组合中读作 shi 外，另读作 chí 时则意为“小勺”、“调羹”之类。作为一种餐具，其与茶酒之类饮品好像也不是风马牛。这样看来，本节标题译作“钥（月）匙院”是不是会更恰当些？

拙译：

钥(月)匙院(p217)

8. 第10小节勃鲁姆看到排字工人的高超技巧，想到排字的不易和艰辛，又联想到马丁·卡宁汉爱讲的拼写游戏：

It is amusing to view the unpar one ar alleled embarra two ars is it? double ess ment of a harassed pedlar while gauging au the symmetry of a peeled pear under a cemetery wall. Silly, isn't it? Cemetery put in of course on account of the symmetry. (p117/100)

萧译：

"看一个焦虑不安的行商在墓地的墙下，测量一只削了皮的梨有多么匀称所感到的无比困惑，是饶有趣味的。"有些莫名其妙，对不？把"墓地"一词加进去，当然是为了"匀称"。(p249)

金译：

小贩受窘下面是个君，看他醜酉旁是鬼态是太心百出；公墓围墙口里有韦，草头苇子围在外头。无聊，是不是？说公墓围墙当然是为了苇子。(p188)

案：这个拼写字谜的谜底牵扯到两个字：unparalleled 和 embarrassment。其中大约有如下几点需要关注：说 unpar 中是一个(法语 un)ar 加 alleled(做等位基因的)暗指 unparalleled；embarra 中两个 ar 加两个 s 再加 ment 则暗指 embarrassment。此外，还有 peeled pear 包含的双声、harrass 与 embarrassment 在音义上暗含的关联、symmetry 和 cemetery 的近音异义、harassed pedlar，pear 中包含的字母组合 ar，再有 gauge 中的 au，如看作法语，则相当于英语的 on 或者 at，这样就又和后面的 symmetry 发生了关联。这类字谜看重形式因素，文字的意义无关紧要，完全不考虑其形式因素，意义译得再正确（若萧译），不做注（甚至做了注）读者也未必搞得清其中的奥妙。就这个字谜而言，其内容（“一个小贩在墓园墙下量梨有多圆，总是量不好，显得尴尬可笑”）与原文语境毫无关联，完全是为游戏的形式服务的，所以，连勃鲁姆本人也说它“傻”，插进去个“墓园”（cemetery）纯粹是因为“圆不圆”（symmetry）的需要。金本虽然重视了这里的形式因素，却在字谜中夹杂了谜底（“窘”、“醜”、“态”、“围”、“苇”五字），这显然是不符合游戏（conundrum）规则的。从正字的角度说，译者的确花费了不少心思，但从游戏的角度说，就一点意思都没有了。基于这些分析，笔者踌躇再三，选择了与原文内容有一定关联的“梨”和“尴尬”两字作为谜底，与原文的谜底 unparalleled 和 embarrassment 两字对应。

拙译：

小贩计量利在木不在牛，神色难堪一监一介两尢。傻，是吧？说牛当然是因为有木了。（p218）

拙译这里考虑的主要是：“梨”和“尴尬”两词的结构与正确写法：“梨”由“利”与“木”而非“利”与“牛”构成；“尴尬”则由“尢”分别与“监”和“介”构成。此外，“量利”、暗含的“尴尬”、“神色”均有头韵、“难堪”同韵；暗含的“梨”与“犁”的同音异义、“难堪”与暗含的“尴尬”在意义上的关联。最后，还有句尾的叶韵（牛与尢）。这些形式因素虽然未必能完全与原文对应，但其试图紧追原文的意图却是分明的。

9. 第 13 小节勃鲁姆看着一个排字工人熟练地倒着排字，想到父亲在逾越节上从右向左念哈噶达书以及犹太人过逾越节的情形，有这样的文字：

And then the lamb and the cat and the dog .... and then the angel of death kills the butcher and he kills the ox and the dog kills the cat.（p118/101）

随即打算去找月匙公司的老板，劝他续订三月合同的事，又有这样的琢磨：

... Now am I going to tram it out all the way and then catch him out perhaps.（p118/101）

萧译：

再就是羔羊、猫、狗……。然后，死亡的天使杀了屠夫，屠夫杀了公牛，狗杀了猫。

……现在我打算一路搭电车前往。也许能找到他吧。（pp251－2）

金译：

然后是羊羔和猫和狗……。然后是死神杀屠夫，屠夫杀牛，狗杀猫。

……现在我怎么办？搭电车走不少路，也许到那里他正好不在。（p190）

案：这里句子采用 *Polysyndeton* 的修辞格，即连用或复用同一连词。这里复用的 and 译不译？怎么译？用顿号或逗号取代而不译出（萧本），固无不可；译作“和”加逗号（金本），也说得过去。不过，用标点之类好像少了点意思；译作“和”在汉语中又稍觉生硬，思之再三，不如译作“啦”之类。下面一段中那句，勃鲁姆打算去找月匙公司老板商量南奈提提出的必须续登三个月的条件，琢磨着坐电车去，又怕逮不着人。这句中乔伊斯故意将名词 tram 用作动词，也即采用换用词性的 *Anthimeria* 修辞格，两译并未考虑这里的辞格，均作“搭电车”，但老乔故意弄的花样儿就没有了，其实，似可采用口语的办法，直译作“电车过去”。

拙译：

再后来就是羔羊啦猫啦狗啦……。再后来就是死亡天使杀了屠夫啦屠夫杀了牛啦狗杀了猫啦。

……电车过去有不少路，说不定他正好出去了。（p220）

10. 第15小节：勃鲁姆进电讯晚报社去打电话，正巧赶上几个人在嘲弄丹·道森头天晚上发表而现已见报的一篇华而不实的演讲辞：

Ned Lambert, seated on the table, read on:

— *Or again, note the meanderings of some purling rill as it babbles on its way, tho' quarrelling with the stony obstacles, to the tumbling waters of Neptune's blue domain, 'mid mossy banks, fanned by gentlest zephyrs, played on by the glorious sunlight or 'neath the shadows cast o'er its pensive bosom by the overarching leafage of the giants of the forest.* What about that, Simon? he asked over the fringe of his newspaper. How's that for high?

— Changing his drink. Mr. Dedalus said.

Ned Lambert, laughing, struck the newspaper on his knees, repeating:

— *The pensive bosom and the overarsing leafage.* O boys! O boys! (p119/102)

萧译：

内德·兰伯特坐在桌子上，继续读下去：

“再则，请注意那打着漩涡蜿蜒曲折地哗哗淌去的汩汩溪流与拦住去路的岩石搏斗，在习习西风轻拂下，冲向海神所支配的波涛汹涌的蔚蓝领国；沿途，水面上荡漾着灿烂的阳光，两边的堤岸爬满青苔，森林中的巨树那架成拱形的繁叶，将阴影投射于溪流那忧郁多思的胸脯上。怎么样，西蒙？”他从报纸的上端望着问，“挺出色吧？”

“他调着样儿喝酒，”迪达勒斯先生说。

内德·兰伯特边笑边用报纸拍着自己的膝盖，重复着：

“忧郁多思的胸脯和蒙在屁股上的繁叶。真够绝的了！”（p253）

金译：

内德·兰伯特坐在桌子上，继续往下念：

——或是，请看那曲折蜿蜒、波纹回旋的小溪，任凭山石阻挡，它仍潺潺而流，奔向浪涛汹涌的蔚蓝色海神世界，沿途有绿苔覆盖的河岸相伴，有温柔体贴的西风吹拂，有灿烂明媚的阳光照射，有森林巨人的枝叶临空，将荫影披覆在小溪那沉思的胸膛上。这一段怎么样，赛门？他从报纸上端看着他问。呱呱叫吧？

——他换酒了，代达勒斯先生说。

内德·兰伯特笑着，拿报纸打着自己的膝盖，又说一遍：

——沉思的胸膛，树叶临空屁露。啊唷！啊唷！（p191）

案：这节文字主要是那几个人的对话和勃鲁姆的内心独白。完全是辞藻的堆砌，翻译并不困难，问题是原文中的 overarching 一字被奈德·兰伯特故意窜改成的 overarsing，一音之改，意思大变，原意的“拱形覆盖”变成了“屁股形似的覆盖”，产生了令人捧腹的谑谐效果。萧译只按意思处理，不理睬这里形式上的游戏笔墨，姑置不论；金本颇费了一番功夫，将 overarching 译作“临空”，而将“overarsing”译作“临空屁露”，在一定程度上观照了形式游戏的因素，但“临空”与 overarching 意思上显然有一定距离；“屁露”与 overarsing 的意思也相去较远，况且原文两字字形仅有一两个字母之差，而“临空屁露”比“临空”在词形上却大了一倍，从而大大弱化了原文两字音形上的些微差别与意义上的巨大反差所产生的戏剧性效果。拙译前几稿未曾顾及这一游戏之笔，overarching 译“拱形”，overarsing 译“屁股”；后来将后者改为“臀形”，使二者在外形上有了一半的同，但仍觉不妥，因 arse 只是一个俗语，“臀形”太文了；而兰伯特的改窜要的就是“俗”。遂再将其改为“腚形”，觉得好多了，但仍不满意，因“腚形”只是部分方言中的表述，且无论如何不如用“屁股”这一俗称能传达出更尖刻的挖苦意。思来想去，可否换一角度在 arch 一字上做点文章？arch 意为“圆拱形”或“弓形”，若稍作变通，译作“弯股形”，如何？这样，就可与保留原译的“屁股形”（arse）形状接近，三个字中有两个字完全相同，而“弯”与“屁”笔画差不多，又都算上下结构，在一定程度上兼顾了形与义，况且与之紧密关联的既是林中“巨人”（giants），人有双股，自然顺理成章。于是将那句的后半部分（or ‘neath the shadows cast o’er its pensive bosom by the overarching leafage of the giants of the forest.）改作：“林中巨人弯股形的茂密枝叶，又把阴影投射在它沉思的胸膛上。”而将兰伯特后来故意改窜的那句 The pensive bosom and the overarsing leafage 译作：“沉思的胸膛和屁股形的茂密枝叶。”当然，这样译仍不能说圆满，譬如，overarsing 的讹改，显系生造，“屁股形”恐怕算不上生造字，且缺少了 over（在上方、覆盖等）的意思；再者“弯股形”毕竟不是真正的“拱形”或“弓形”。实在是黔驴技穷了，留待后人吧。Changing his drink.是西蒙对这位演说者的评论。两译均作“换酒了”，字面意思没问题，但这样译，其中的言外之意就没有出来。西蒙的意思显然是，这位演说者不断换酒喝，且每次都喝得酩酊大醉，因而借着酒疯，胡说八道，这里的卖弄辞藻，不过是酒后的瞎扯而已。拙意不妨稍加数字，将其译作“他黄汤换多了，发酒疯呢。”这样，或可表达出西蒙言外的鄙薄不屑之意，且与下文兰伯特的评论：又疯（抽搐）了一阵（Just another spasm）也就呼应上了，否则他这个“又”（another）便没来头了。

拙译：

奈德·兰伯特坐到桌子上，继续往下念：

——抑或请再看，那潺潺的溪流蜿蜒而下，虽有山石阻挡，但仍一路叮咚，奔入海神王国翻滚的蓝色波涛之中，两岸苔绿成片，西风轻拂水面，璀璨的阳光拨弄着流水，林中巨人弯股形的茂密枝叶，又把阴影投射在它沉思的胸膛上。这段怎么样，西蒙？他从报纸的上端问过来。妙吧？

——他黄汤换多了，发酒疯呢。德达路斯先生说。

奈德·兰伯特笑着用报纸拍打着膝头，重复说：

——沉思的胸膛和屁股形的茂密枝叶。啊，啊！真是妙极了！（p221）

11. 第 17 小节有一段文字写勃鲁姆看到后来进屋的杰·杰·奥莫洛伊时的内心独白：

Practice dwindling. A mighthavebeen. Losing heart. Gambling. Debts of honour. Reaping the whirlwind. Used to get good retainers from D. and T. Fitzgerald. Their wigs to show their grey matter. Brains on their sleeve like the statue in Glasnevin. Believe he does some literary work for the *Express* with Gabriel Conroy. Wellread fellow. Myles Crawford began on the *Independent*. Funny the way those newspaper men veer about when they get wind of a new opening. Weathercocks. Hot and cold in the same breath. Wouldn't know which to believe. One story good till you hear the next. Go for one another baldheaded in the papers and then all blows over. Hail fellow well met the next moment.（p121/103）

萧译：

本来或许可以有所成就的，可是业务荒疏了，灰心丧气，贪起赌来。弄得债台高筑。播下风，收割的是暴风。过去，狄·与托·菲茨杰拉德事务所常常付给他优厚的预约辩护费。他们是为了显示智力而戴假发的。就像是坐落于葛拉斯涅文的竖像似的。炫耀着自己的头脑。他想必是跟加布里埃尔·康罗伊一道为《快报》撰写一些文章。此人博学。迈尔斯·克劳福德是以在《独立报》上写文章起家的。那些报人只要一听说哪儿有空子可钻，马上就见风使舵，煞是可笑。风信鸡。嘴里一会儿吹热气，一会儿又吹冷风！不知道该相信哪个好了。听到第二个故事之前，觉得头一个也蛮好。在报上彼此猛烈地开笔仗，然后一切都被淡忘。一转眼就又握手言欢。(pp255－6)

金译：

业务衰落了。一个本来可以成功的人。失掉了雄心。赌博。欠了赌债。自食其苦果。原来菲茨杰拉德律师事务所常常给他介绍需要聘请律师的好主顾。头戴假发，是为了显示他们的灰色物质。露出脑子给人看。和葛拉斯内文的雕像一个意思。他大概还和盖布里埃尔·康罗伊一起给《快报》写一些稿子。挺有学问的角色。迈尔斯·克劳福德是在《独立报》上开始的。这些报人有意思得很，得到一点什么地方需要人的风声马上就转变航向。随风转。反手为云，覆手为雨。都不知道该听他们的哪一段。他们说东你就信是东，可是回头就变了西。在报纸上光着脑袋拼命，可是过一会儿风平浪静，马上又是亲亲热热友情为重了。(p194)

案：这段文字中的 Reaping the whirlwind 是一个典故，出自《旧约·何西阿书》第 8 章第 7 节。耶和华责备以色列人背约弃善，造像崇邪，说"他们所种的是风，所收的是暴风"(When they sow the wind，whey will reap the wirlwind)。意思是自食苦果，类似于我们所说的"谁种下仇恨他自己遭殃"之类。译成"自食其苦果"(金本)，固然容易懂，但原典的意象就一点没有了。鄙意仍以直译(若萧本"播下风，收割的是暴风")为好，当然，这么译，必须做注，否则读者是看不懂的。Hot and cold in the same breath. 也是一个典故，出自《伊索寓言》的一则故事(The Man and the Satyr)，说的是一个人在冬夜迷路，被一个羊人所救。羊人见他一会吹气暖手，一会儿又吹气凉粥，认为他反复无常，靠不住，就把他赶了出去(I will have nought to do with a man who can blow hot and cold with the same breath)。译作反复无常，或"反手为云，覆手为雨"

(金本)之类，当然很好。但原典的意象同样没有了踪影，反不如直译(萧本：“嘴里一会儿吹热气，一会儿又吹冷风”)加注释更好些。此外，这一段文字中还有三处需要特别关注：一是 Brains on their sleeves；第六章中勃鲁姆在墓园看到石像上的圣心时想到耶稣曾说要掏出自己的心给信徒看，以表示他的爱与忠诚。当时勃鲁姆心里说的那句 Heart on his sleeve 译作了“掏出的心”(给人看)，现在勃鲁姆从曾当过律师的奥莫洛伊想到律师戴假发以炫耀智慧，与耶稣掏心其实是一个意思，于是化用了当时那句谚语，把 heart 换成了 brain，译文无疑应关照二者间的关系。金本注意了这点(“露出脑子给人看”)，萧本却未予理会。二是 Weathercocks 以鲜明的形象写报人爱钻空子，反复无常的性格，译作“随风转”(金本)固然不错，但许多风向标最初都是做成“鸡”的样子的，因此显然不如译作“风信鸡”(萧本)更好，“风信鸡”形象鲜明生动；况且这个一个词的句子前面一句与后面五句都是说这些报人忽而东忽而西，无可无不可的做派和品格的，“风信鸡”插在其间只能增强表达的效果却绝不会影响意思的显豁。三是 baldheaded。“风信鸡”之后，勃鲁姆引了前面说到的那个来自《伊索寓言》的典故，进一步强化这一特别的报人形象。随后继续评说，其中的一句是：Go for one another baldheaded in the papers and then all blows over. 英语中一般没有“攻击”之类动词或动词组合(如这里的 go for one another)与 balded 或 baldheaded 搭配的用法。这里的 baldheaded 显然是由前文的“假发”(wig)引发的联想，它既表达了“不加掩饰”，露出真相之意，也突出了不顾仪表乃至斯文扫地的可笑形象。金本译作“光着脑袋拼命”，既突出了形象也照应了前文，惜乎“拼命”略有些过，而萧本未虑及此。

拙译：

业务萎缩了。本来可以发达的。灰了心。赌上了。一身赌债。种的是风，收的是暴风。以前常从菲茨杰拉德律师事务所拿丰厚的预聘费。戴假发显示灰色物质。掏出大脑给人看，和格莱斯内文的石像一个思路。估计他和加布里埃尔·康罗伊一起在给《快报》写文章。书念得不少。迈尔斯·克劳福德就是从给《独立报》撰稿起步的。这些报人特有意思，一听到什么地方有空子钻就马上转向。风信鸡。吹气暖手又凉粥，反复无常，真不知该信他们哪一段。他们说白你信了，马上就变成了黑。他们个个顶着秃瓢在报上争斗，待会儿烟消云散，便又握手言欢，你好我好大家好了。（p224）

12. 第 18 小节和第 19 小节都出现了人们送丹·道森的那个俗称：Doughy Daw：

第 18 小节：— Doughy Daw！ he cried.

第 19 小节：All very fine to jeer at it now in cold print but it goes down like hot cake that stuff. He was in the bakery line too，wasn't he？ Why they call him Doughy Daw. ...（pp121－2/104）

萧译：

“夹生面包·大傻瓜！” 他大声说。

……

此文如今白纸黑字已经印了出来，自然尽可以挖苦它一通，可是这类货色就像刚出炉的热饼一样脍炙人口哩。他干过面包糕点这一行，对吧？所以大家才管他叫“夹生面包·大傻瓜”。（pp257－8）

金译：

——夹生的老道！他喊道。

……

现在成了白纸黑字，自然可以加以嘲笑，但是那样的货色出笼的时候可是像热气腾腾的蛋糕，受欢迎着呢。他本来就是面包糕点业的，不是吗？所以他们把他叫做夹生的老道。（p195）

案：这里可商之点是丹·道森（Dan Dawson）的俗称 Doughy Daw。第 18 节末尾麦克休教授提到，第 19 节开始时勃鲁姆想到。dough 本意是“生面团”，道森曾经开过面包坊，生意做得还挺红火，故人们叫他 Doughy Daw，Doughy 这里只不过表明了他的职业特征，而 Daw 则是其姓氏的缩写。将 Doughy 置于其姓氏前，既表示其身份，也表示他与其他同行的区别，似以译作“面包道”或“面团道”之类为好，犹如国人所称的“爆肚杨”、“茶汤李”之类。当然 doughy 还可引申出“半生不熟”或“软弱无力”诸义，但在一般场合下，它大抵只是一个较为随便的称谓而已。然而，麦克休提到这一名称时却赋予了它特别的意义。道森原本出身下层，后来生意做大了，也玩起了政治，于是到处演讲，难免云山雾罩，花里胡哨，胡吹乱侃，以收买人心，捞取政治资本，因此引发了一些文化人的不满。当天报上刊登了他头天晚上所做的这篇演讲辞，主旨是歌颂爱尔兰，但此文华而不实，胡乱堆砌词藻，正好被兰伯特、麦克休等人抓住，大加嘲弄。麦克休是专攻语言学的教授，当他想到道森的这一俗称时，敏锐地发觉了其中隐含的引申义：doughy：半生不熟的；daw：到处搜寻食物的穴鸟等。于是，这个一般意义上的俗称，立即产生了新的意义：doughy 的引申义正好指明了这篇演讲乃至其一系列演讲或文章的性质，而这位到处捞取政治资本、东拼西凑，拾人唾余的商人—政治家与那种到处搜检各种食料的穴鸟又何其相似乃尔！这一突然的发现令麦克休大为惊喜，因此，在兰伯特等人的窃笑中，他那有如犬吠般的狂笑的爆发（An instant after a hoarse bark of laughter burst over professor MacHugh's unshaven blackspectacled face. — Doughy Daw！ he cried.）就获得了心理上的依据。准此，麦克休这里狂喊出的 Doughy Daw！当然就不能译作“面包道”，而要译作“夹生鸟道”了。但第 19 小节开头出现的 Doughy Daw 却仍以译作“面包道”为好。这是因为勃鲁姆第 19 节开始借“韦瑟罗珀如是说”的内心独白（He was in the bakery line too，wasn't he？ Why they call him Doughy Daw.）明确地告诉我们：

这个名号是道森从前（was）开面包坊时，民间送他的，二者间的因果关系一目了然，之所以称他为 Doughy Daw，只因为他是做面包生意的。尽管第二句中使用了动词 call 的现在时态，但用意只在说明一个事实，并没有多少时间上的意义。句中的“人们”（they）主要是从一般意义上讲的，并不特指赋予这一名号特别意义的人（如麦克休），其语境仍是一般意义上的，因此，似不宜译作“夹生鸟道”，否则，就完全脱离了这里的语境。当然这么译并不表示勃鲁姆不明白麦克休这里表达的极为轻蔑与挖苦之意，也不表明他反对麦克休称呼他为“夹生鸟道”。事实上他同样不赞成这篇空话连篇、言之无物的演讲。在前面两节中，他心中曾做过“全是转词儿，一堆空话”（High falutin stuff. Bladderbags）的评论，提出过“谁的国土”（Whose land？）的诘问。只不过他的态度相对温和，不像麦克休等人那般激烈就是了。对麦克休等人的嘲弄，他表示了宽容的理解：All very fine to jeer at it now in cold print but it goes down like hot cake that stuff。而另一方面，对于民间的态度，他也是同样理解的。他深知，一般老百姓大多数对这类热烈赞颂祖国的文字还是买账的，这位不知所出的韦瑟罗珀也许正是他们的代表。这正如面包刚出炉，清香四溢，大家都争着来买，生意红火得不得了；可讲演与文章一旦印成冰冷的文字那就得让人家挑三拣四，评头论足了。他的这一想法不仅是他听到麦克休狂笑着喊出“夹生鸟道！”后做出的回应。也许还有更深一层的意思：你不是烤面包的吗？何苦要来弄政治？不来弄政治，哪来这多事？你现在既然当了公众人物，水平本来有限，又不懂得藏拙自爱，岂不要自取其辱？不然本来大家都叫你“面包道”的，何以现在有人要叫你“夹生鸟道”？不过在“热面包”与“冷铅字”对比的生动语境中，All very fine 的说法，却也绝非幸灾乐祸，也非拍手称快，反而从一个特定的视角折射了勃鲁姆与人为善，宽容中正的品格。遗憾的是，两译并未意识到这一同样的名号在两个不同的心目中竟有如此这般的差异与联系，而将之做了简单同一的处理。

拙译：

——夹生鸟道！他喊道。

……

既然印成了冷冰冰的铅字，那就不能不让人恣意取笑，可那玩意儿一出来时却像刚出炉的热蛋糕一样卖得快。他原来可是做面包糕点的，对不对？所以大家才叫他面包道嘛。（pp225－6）

13. 第22小节之后莱纳汉亮相。莱纳汉是市面上的一个混混，专以传播如赌赛马等各类社会活动中的小道消息，逢迎巴结，投机取巧混饭吃，但他脑子机灵，善于谑谐，常以插科打诨，说笑话混迹于三教九流中。不过，他玩的种种语言游戏总体上都比较平庸低俗。从本小节之后直到本章结束的数十小节中，他玩了不少插科打诨的把戏。而这些地方是翻译应该特别注意的。本小节当报童们在大厅玩闹时，他说了句俏皮话：

— Hush, Lenehan said. I hear feetstoops.（p123/106）

萧译：

“安静点儿，”利内翰说。“我听到脚步声啦。”（p260）

金译：

——嘘，莱纳汉说。我听到了脚皮声。（p198）

案：feetstoops显然是footsteps的改写，西文修辞格称作*Anagram*，即将几个词或词组中的一些字母变换位置或稍加改变，造出新词或新词组来。英语的footsteps原本由foot和step两字合成，莱纳汉生造的新词由feet和stoops两字合成，妙的是feet是foot的复数，“脚”的意思依然保留着，而原来的“步”（steps）却改成了“弯腰”（stoops），这样，它就在形音上依然保留了“脚步声”的联想，又产生了滑稽的效果。不考虑这里的文字游戏，直接译作“脚步声”（若萧本）自无不可，也可置不论。译作“脚皮声”（若金本），似乎可以产生“脚步声”的联想，但“皮”与“弯腰”毫无瓜葛，且“皮”只能作名词，“脚皮”能否有声，究属何声，实难想象，由此看来，“脚皮声”之译虽然顾及了这里的文字游戏，但其与“脚步声”的联想却难免有点儿生硬。拙意可否保留 feet 之意，适当顾及 stoops 之意，直接译作“脚弯声”或“脚顿声”？汉语的“顿”可有“顿首”、“顿足”等组合，“顿首”与“弯腰”在动作上或可产生联想。“顿足”则仍为“走步”之属，而无论“顿”、“弯”均可用作动词，与 stoops 包含的动词义可为对应，其动感强烈，与“脚步声”的联想应该较为自然。不过，也许取“弯”似更近原字，其所产生的滑稽效果也许会更强烈些。故拙译：

——嘘，莱纳汉说。我听见了脚弯声。（p228）

14. 第 26 小节奥莫洛伊给大家敬烟时，莱纳汉也拿了一支，随口来一句：

— Thanky vous，Lenehan said，helping himself.（p126/107）

萧译：

“谢谢你，”利内翰说着，拿了一支。（p264）

金译：

——谢啦 vous，莱纳汉说着取了一支。（p201）

案：Thanky vous 是英、法两种语言的混用。Thanky 是 thank 的讹写，vous 是法语的第二人称代词。莱纳汉经常夹杂法语，故充高雅，但其痞子口吻却无论如何掩盖不住。当然，译作“谢啦，vous”（金本）似乎兼及了两种语言，但仍无法传递这里的痞子口吻。至于译“谢谢你”，则可不论。拙意两种语言混用势难兼顾，不如集中传递其痞子声腔：

——山克儿油啦，莱纳汉说着取了一支。（p232）

15. 第 27 小节麦克休和克劳福德等以罗马帝国比大英帝国，麦克休说到罗马帝国时说：

We mustn't be led away by words，by sounds of words. We think of Rome，imperial，imperious，imperative.（p126/108）

萧译：

“咱们可不能被词藻，被词藻的音调牵着鼻子走。咱们心目中的罗马是帝国的，专制的，专横的。”（p265）

金译：

咱们不能让词语左右咱们了，不能受词语声音的影响。我们想到罗马，那帝国，那统治，那专横。（p202）

案：这里的最后三个字 imperial，imperious，imperative 同源，都与 empire 有某种关联，但意义却又不完全相同。这种重复同源字的修辞格称之为 *Pragemenon*。译作“帝国的，专制的，专横的”（萧本）似无不可，但三个同源字只重复了两个，似欠完整；译作“那帝国，那统治，那专横”（金本）做了某种变通，看起来突出了同源，以一个“那”字起头，既标明同源，也突出了麦克休暗含的嘲讽意味，应该说是相当不错的选择，然唯一令人感到遗憾的却是，由指示代词“那”与后面的名词复合而成的新结构虽可看作一个词，但在实质上毕竟来自两个词，似乎只能说是一个词组，因此从本质上说，这里的“同源”是一种假性同源。拙意可否做更大一点变通？即将 imperial 的意思一分为二，将“帝国的”意思和表示其本质属性的意思“专政的”同时给出，这样既保留了三个同源字的形意，又点出了其“帝国”的本质：

咱们可不能让词语，让词语的声音牵着鼻子走。咱们心中的罗马是帝国，专政的、专制的、专横的。（p233）

16. 本小节主要是比较罗马文明与希伯来文明。当麦克休说完后，莱纳汉补充说到爱尔兰文明：

— Which they accordingly did do, Lenehan said. Our old ancient ancestors, as we read in the first chapter of Guinness's, were partial to the running stream. (p126/108)

萧译：

“他们这么说，也就这么做了，” 利内翰说，“据《吉尼斯》第一章，咱们古老的祖先对流水曾有过偏爱。”(p265)

金译：

——他们也真修，莱纳汉说。而咱们古代的祖先呢，根据咱们在吉尼斯第一章上看到的，他们喜爱的是流水。(pp202－3)

案：这句话中有两个关键，一是 old ancient ancestors 使用了同义反复(*tautology*)的修辞格；二是 Guinness 的双关用法。同义反复使句子冗繁，译作“古老的祖先”(萧本)或“古代的祖先”(金本)自无不可，但却没有充分表现出莱纳汉那种拖泥带水的口吻。Guinness 是都柏林著名的啤酒制造商，今人熟知的《吉尼斯大全》即由此得名。因其发音与《圣经》中的“创世记”(Genesis)相近。所以这儿是一语双关。同时暗示了犹太文明和爱尔兰文明的起源：前者源自宗教信仰；后者源自饮酒文化。萧金两本均译作《吉尼斯》(金本不用书名号)，毫无双关效果，拙译为《吉世记》，读者从本小节的语境中不难看出这里与《创世记》的关联。

拙译：

——他们也当真那么干了，莱纳汉说。可咱们古代远古的祖先呢，照《吉世记》第一章的说法，可更喜爱流水。(p233)

17. 第28小节莱纳汉出谜语让大家猜：

What opera resembles a railwayline? Reflect, ponder, excogitate, reply.（p127/109）

萧译：

哪一出歌剧跟铁路线相似？考虑，沉思，默想，解决了再回答我。（p266）

金译：

哪一出歌剧像一条铁路？思一思，想一想，琢磨一琢磨，猜一猜。（p203）

案：莱纳汉这里又故意转文。Reflect 等四字不是口语中常用的字，前三个意义比较接近的字使用频率一个比一个低，译作“思一思，想一想，琢磨一琢磨，猜一猜”（金本）完全口语化了，而译作“考虑，沉思，默想，解决了再回答我”（萧本）则要文得多，但“解决了再回答我”似乎太长了些，且“沉思”与“默想”意义太接近，况且也未将前三字在生涩与古奥方面给人的那种递进感传达出来。

拙译：

什么歌剧像一条铁路？思考，沉思，领悟，破解。（p234）

18. 同一小节中，斯蒂芬将校长迪西先生的信转给了主编克劳福德，信的空白处一角被斯蒂芬撕下写诗了。克劳福德发现了信纸页上的缺角，问了一句：

Who tore it? Was he short taken?（p127/109）

萧译：

这是谁撕的？他忽然想解手了吗？（p266）

金译：
谁撕的？他急了？（p203）

案：Be taken short 是一个口语，意思是“憋急了”，“紧上厕所”。但这里克劳福德颠倒了正常语序，采用了 *Anastrophe*（或 *heperbaton*）的修辞格。两译本均未考虑这一辞格。此外，金译采用了简洁的口语；而萧译的“想解手”显然不是口语的表述。

拙译：
谁撕的？憋不住了他？（p234）

19. 第 32 小节莱纳汉有一首打油诗：
There is a ponderous pundit MacHugh
Who wears goggles of ebony hue.
As he mostly sees double
To wear them why trouble？
I can’t see the Joe Miller. Can you？（p129/110）

萧译：
学究麦克休好气派，
黑框眼镜成天戴，
醉得瞧啥皆双影，
何必费事把它戴？
我看不出这有啥可笑，你呢？（p269）

金译：
有一个大权威名叫马克休
戴一副眼镜黑幽幽。
他反正一大半是见神见鬼，

戴不戴岂非都是事儿一回？
这奥妙我不懂，你可琢磨得透？（p207）

案：此诗的韵脚是aabba，还有行中的头韵。此外还有一个典故：Joe Miller是18世纪英国名演员，善噱谐。他的名字成为当时和后世搞笑的代名词。译文除了注意这些点之外，还应注意全诗“打油”的风格。

拙译：
有一个又大又沉的权威麦克休
戴一副黑眼镜黑不溜丢。
他看事儿十有八九是花里胡哨
戴不戴镜子有什么紧要？
我可闹不透他葫芦里究竟卖吗药，你能闹透？（p238）

20. 本小节莱纳汉宣布谜底之后，得意洋洋地用伞把戳了一下奥迈登，奥迈登故作惊恐状倒下来嚷嚷：
Help! he sighed. I feel a strong weakness.（p129/111）

萧译：
“帮我一把，”他叹了口气，“我虚弱得很。”（p270）

金译：
——救命呀！他叹着气说。我感到一阵强烈的虚弱。（p207）

案：这里连用语义完全相反的两词(strong weakness)相互关联，即所谓*Oxymoron*的辞格。直译为“强烈的虚弱”（金本）自然比完全不顾好(萧本：“我虚弱得很”)，但仍觉比较生硬，即便作为新说法引入，在汉语中恐怕也很难有生命力。那么，可否在汉语中找到接近的说法？思之再三，以为“虚大发了”似可大体模拟之，不过，这个说法也有太口语化的不足，与原文的非口语表述仍有出入，然已无计可施了，聊备一格罢：

——救命呀！他呻吟着。我虚大发了。（p239）

21. 第33小节克劳福德等人以都柏林各路英才齐聚于此相互吹捧，麦克休不无挖苦地说可惜勃鲁姆不在，缺了搞广告艺术的；奥迈登补充说，还缺勃鲁姆夫人那位女高音，他说她是：

The vocal muse. Dublin's prime favorite.

Lenehan gave a loud cough.

— Ahem！he said very softly. O，for a fresh of breath air！I caught a cold in the park. The gate was open.（p130/111）

萧译：

“声乐女神。都柏林的首席歌星。”

利内翰大咳一声。

“啊嗨！”他用极其细柔的嗓音说。“哎，缺口新鲜空气！我在公园里感冒了。大门是敞着的。”（p271）

金译：

——歌咏艺术女神。都柏林的大红人。

莱纳汉大声咳了一下。

——嗨！他用特别柔和的声音说。来一点新鲜空气吧！我在公园里感冒了。园门没有关上。（p208）

案：这节连用了数个修辞格，一个是 *Pleonasm*，即所谓的冗词赘语，如说 *Maybe* it is *possible*（也许可能）之类；另一个是 *Paradiastole*，即所谓委婉表述，常常是反话正说，譬如，不说某人“胖”，而说“丰满”，不说某人“自大”，而说“自信心强”之类；第三个是 *anagram*，即将一个词或词组中的字母打乱重新组合成新字，譬如，莎翁将丹麦王子的本名 Amleth 重组为 Hamlet，adultery 可以重组为 true lady 等。奥迈登评论勃鲁姆夫人莫莉的话 Dublin’s prime favorite 就用了前两个辞格。Prime 与 favorite 意义有重叠的部分，若单以 *Pleonasm* 论，prime 就是一个多余字；若加上 *Paradiastole*，它就不仅不多余，反而能大大强化奥迈登一定程度上反话正说的意味。莫莉固然是有一定名气的女高音，但她之所以成为都柏林的 favorite，主要原因还在于她那些无人不知的风流韵事。不仅如此，这个字的双关义（即“一流的”、“主要的”、“青春年华”、“盛年”）都可以从与 favorite 的连用中读出来。从正面读，她当然是一流女高音，理当成为都柏林的“宠儿”；从反面读，她虽然风韵犹存，但其实已徐娘半老，因此，她之受“宠”显然就耐人寻味了。萧金两译似乎都未能充分表达老乔这里合用两修辞格的意思。拙意以“风流+大”译 prime，以“宠儿”译 favorite。

奥迈登此话一出，众人立即听出了话里的反讽意味。莱纳汉想到自己有一次吃莫莉豆腐的往事（此事后文第十章将有所提及），学起了她那嗲声嗲气的腔调，这里的 fresh of breath air 就使用了 *Anagram* 的修辞格，即将 a breath of fresh air 重组为 a fresh of breath air，两译均作“新鲜空气”，没有理会这里的游戏笔墨。拙意将正常的“新鲜空气”重组为“空鲜新气”。

拙译：

声乐女神。都柏林的风流大宠儿。

莱纳汉大声咳嗽了一下。

——哎嗨！他嗲声嗲气地说。哦，来点空鲜新气吧！我在公园里感冒了。那门儿是开着的。（pp239－40）

22. 第 37 小节标题 CLEVER，VERY 以及开始的第一句：

— Clever，Lenehan said. Very.（p132/113）

萧译：

伶俐极了

“伶俐……”利内翰说，“极了。”（p274）

金译：

巧妙，非常

——巧妙，莱纳汉说，非常。（p211）

案：这个标题用了 *Hysteron proteron* 的辞格，即颠倒词序或语序以加重语气的手法。这里将 very clever 倒置且用逗点隔开，给 very 以极大的强调，这正是莱纳汉要表达的意思。他要说的是，大记者盖拉赫报道凤凰公园谋杀案的手法不是一般意义上的聪明，乃是极大的聪明。两译似都注意到了这一点，金本作“巧妙，非常”，但强调语气仍嫌不够足；萧本作“伶俐极了”，强调的感觉似甚于前者，但遗憾的是，却未能将前面的形容词与后面的程度副词加以分隔。汉语中程度副词“极”既可置于形容词前，如，“极巧妙”、“极伶俐”等，也可置于其后，置于其后时一般加“了”，如“巧妙极了”、“伶俐极了”等，置于其后，若不加标点，仍会被看作正常语序，但若用标点点断，则给人以倒装的感觉，且其强调的口吻也会被极大地增强。拙译也用“极了”，但却将其点断了：

妙，极了

——妙，莱纳汉说。极了。（p243）

23. 克劳福德继续评论凤凰公园谋杀案，莱纳汉受到启发又来了两个文字游戏：

— I saw it, the editor said proudly. I was present. Dick Adams, the besthearted bloody Corkman the Lord ever put the breath of life in, and myself.

Lenehan bowed to a shape of air, announcing:

— Madam, I'm Adam. And Able was I ere I saw Elba.（p132/113）

萧译：
“我瞧见了，”主编自豪地说，“我刚好在场。迪克 · 亚当斯是天主把生命的气吹进去的科克人当中心地最他妈善良的一位。他和我本人都在场。”

利内翰朝空中的身影鞠了一躬，宣布说：
“太太，我是亚当。在见到夏娃之前曾经是亚伯。”（pp274－275）

金译：
——我看见的，主编得意地说。我当时在场。迪克 · 亚任夫，那个心肠最好的该死的科克郡人，科克全郡托天主的福能喘气的没有一个能比得上他，他和我两个人在场。

莱纳汉对一个空气人一鞠躬，然后宣告：
——夫人呀，我呀人夫。人能胜天胜能人。（p212）

案：此小节更令人瞩目的是 *Palindrome* 辞格的运用。这种辞格是，一个词、词组或片语、句子等可以来回读，譬如 saw/was；live/evil；step on no pets；Dammit，I'm mad！之类，不过在词组以上的结构中往往需要用标点或空格等手段加以调节。这种辞格类似于汉语中的“回文”。本小节莱纳汉用了两个这样的辞格，一个是：Madam，I'm Adam. 另一个是 Able was I ere I saw Elba. 翻译上完全不考虑这里的文字游戏，仅用加注来说明（如萧本）显然不可取。金本在这里下足了功夫，其译文确乎也达到了相当境界，第一句译作“夫人呀，我呀人夫。”形意俱佳，似已难于超越。我曾长期留意，迄未能找到更好的译法。第二句译作“人能胜天胜能人”应该说也是佳译，但这里有一点似可提出讨论。莱纳汉的意思主要是称赞大记者盖拉赫过人的聪明才智及其极端巧妙的报道手法，莱纳汉将他与名震宇内的拿破仑相媲美（Elba 是拿破仑曾被流放过的海岛名)。在莱纳汉的心目中，盖拉赫像拿破仑一样也是一个具有非凡才能的伟人，然而，句中并没有"天"什么事。主要说的是两个伟人的"能力"(able)，这种能力具体体现在盖拉赫的聪明机巧上。事实上在这几节讲述盖拉赫如何机巧，如何有能力的语境中，我们也找不到一点"天"的痕迹。译作"人能胜天胜能人"，回文的形式无可挑剔，但将"天"置于一个十分重要的位置上，似乎有点儿脱离语境，当然，也可以说，像拿破仑这样的一世枭雄，居然也难免覆灭的下场，或可如项羽那般说："天亡我，非用兵之罪也"，但这种联想好像也稍远了些，总给人某种过犹不及之感。鄙人思忖再三，以为或可译作："计巧人伟赛伟人巧计。"这里没有"天"，重点在强调两人都有极深的心机，都是伟人，差可比拟。不敢说一定较他译好，但也似可聊备一格，不知读者诸君以为然否？

拙译：

——我亲眼见的，主编得意地说。当时我在场。狄克·任夫，上帝把生气吹进鼻孔里造出来的最他妈好心的那个科克郡人，还有我。

莱纳汉对着空中一个假想的身影一鞠躬，宣布说：

——夫人啊，我啊人夫。计巧人伟赛伟人巧计。(p243)

24. 本小节莱纳汉还有一句颂扬的话：

Clamm dever. Lenehan said to Mr O'Madden Burke. (p132/113)

萧译：

"很得鬼，"利内翰对奥马登·伯克先生说。(p275)

金译：

——绝巧顶妙，莱纳汉对奥马登·伯克先生说。(p212)

案：这里将 Clever damm 两词词头的辅音互换，造成两个新字 Clamm dever，用的是 *Metathesis* 的辞格。两译均做了努力，萧本将“鬼得很”完全倒置，译作“很得鬼”；金本将“绝顶巧妙”一分为二，互换其辅音，译作“绝巧顶妙”。

拙译：
——绝聪顶明。莱纳汉对奥迈登·博克先生说。（p244）

25. 第 38 小节克劳福德感叹新闻界与法律界风光不再，再也找不到昔日那些重量级人物时，他嘴角神经质的抽动令斯蒂芬再次想到自己诗中所写的“嘴叮在嘴上”的意象。斯蒂芬从诗的押韵想到但丁的《神曲》，从但丁的三句隔行韵式，想到但丁诗中所说的两个一组的人，三个一组的姑娘等。这节中诗韵是主要内容，故标题为“韵与理”（Rhymes and Reasons），其中有两组成韵的字，譬如：
Mouth，south. Pout，out，shout，drouth.
Tomb，womb.（p133/114）

萧译：
冒斯，扫斯。泡特，奥特，少特，芝欧斯。
拖姆，卧姆。（pp276－7）

金译：
嘴上，南方。猖狂，夸张，逃荒，灭亡。
葬送，子宫。（pp213－4）

案：这些押韵的词怎么译？完全音译（萧本）可置不论。金本做了努力，不过好像仍可做些讨论，这里似有一个如何兼顾形式与内容即音与意的问题。金译第一组为：“嘴上、南方、猖狂、夸张、逃荒、灭亡”，第二组为“葬送、子宫”。从形式上讲，叶韵基本没有问题，但内容就值得推敲了，第一组原文中的 shout 哪里去了？pout 似乎也找不着。“猖狂”与哪个字对应？shout 吗？似乎远了点。“灭亡”是哪个字？out 吗？同样远了点。第二组中“葬送”在意义上显然与 tomb 距离稍大。拙译力图兼及音义：

嘴边、南面。嘴尖、说穿、叫喊、干旱。

坟冢、子宫。（pp245 - 6）

26. 第 39 小节杰 · 杰 · 奥莫洛伊表达了一些不尽相同的意见，最后那个句子是：

Sufficient for the day is the newspaper thereof.（p133/114）

萧译：

编报纸，一天应付一天的就够了。（p277）

金译：

当天的报纸就够当天用了。（p214）

案：奥莫洛伊认为，克劳福德等人扯得太远了，在他看来，仅仅新闻界的事儿、报纸的事儿就足够说足够管的了，因此，他借用了《马太福音》第 6 章末尾耶稣所说“休管明朝诸事，此日祛恶足矣”（Take therefore no thought for the morrow：for the morrow shall take thought for the things of itself. Sufficient unto the day is the evil thereof.）的格言，把结尾部分的 evil 换成了 newspaper，变成 Sufficient unto the day is the newspaper thereof，用作了本节的标题和结束句。耶稣的本意是教导人们只管笃信上帝，无须忧虑衣食。只有邪恶的异教徒才天天为明朝的衣食忧虑。奥莫洛伊的意思则是：管你的报纸吧，管报就足够了。不过就其表白的语境看，总体上他并不反对克劳福德等人关于今不如昔的意见，只是不赞成他们扯得太远就是了。这样看来，译作“编报纸，一天应付一天的就够了”

（萧本），强调的是报纸的“编”；译作“当天的报纸就够当天用了”（金本），强调的是报纸的“用”，二者似乎都没有融入大家感叹新闻界、法律界没落的大语境中，也没有太深究耶稣的真意。即便耶稣的话里有 morrow、the day 之类的时间状语，但他的意思岂在“今日”、“明日”、“此日”、“他日”这些具体时间上？另外，此节标题仅用了这句格言的一小部分：Sufficient for the day ...，萧本将这个不完全句译作了完全句且加了省略号（“一天应付一天的就够了……”），语法上好像有点儿不合适，但意思不错。金本译作“无需另觅”，则完全离开了原文。尽管奥莫洛伊在表白中提出为什么不引亨利·格拉顿等人而要抬出怀特塞的诘问，好像可以提供一定的语境支持，但仅译出这一点似乎过于具体。如果联系其“够用”的意思，即无需翻阅老报纸，只当日报纸就够用了的话，似乎也不大容易站住脚，因为，克劳福德只是在讲述盖拉赫与凤凰公园谋杀案时翻了旧报，而他们谈论新闻法律界的更多内容时却既未翻旧报，也未明确说来自某报，况且与盖拉赫和凤凰公园谋杀案有关的事并未出现在当天的报纸上，奥莫洛伊建议引证的格拉顿等四人也没有出现在当日的报纸上。那么，当天的报就够用了该从何说起？如果仅以克劳福德曾翻了一下旧报，就将“无需另觅”与“当天的报纸就够当天用了”联系起来，那就纯属想象，既与奥莫洛伊的意思脱节，也与耶稣格言的本意不符。其实，如果我们较为准确地把握了奥莫洛伊与耶稣格言的真意，径直将这一标题译作“此日……足矣”不就成了吗？

拙译：
此日管报足矣。（p248）

27. 第 42 小节奥莫洛伊转述的一个掉尾句描绘了米开朗琪罗笔下的摩西形象，原文是：
That stony effigy in frozen music, horned and terrible, of the human

form divine, that eternal symbol of wisdom and of prophecy which, if aught that the imagination of the hand of sculptor has wrought in marble of soultransfigured and of soultransfiguring deserves to live, deserves to live. (pp134 - 5/115)

萧译：

“那座堪称为冻结的音乐的石像，那个长了犄角的可怕的半神半人的形象，那智慧与预言的永恒象征。倘若雕刻家凭着想象力和技艺，用大理石雕成的那些净化了的灵魂和正在净化着的灵魂的化身，作为艺术品有永垂不朽的价值的话，它是当之无愧的。”(p279)

金译：

那一座凝聚着音乐的石像，那一个头上长角令人心悸的神性的人形，那永恒的智慧与先知的象征，如果说雕刻家用想象力和手在大理石上镌造的那些灵魂超凡或是能使灵魂超凡的形象有值得永生的话，它就值得永生。(p216)

案：Periodic sentence 汉译一般作“掉尾句”或“圆周句”，其实，两种译法似乎都不够确切。这类句子指那种只有到结尾语法功能才能完成的复合句，这类句子往往比较长，常以短语、分句开始，各短语或分句之间形成修饰和从属关系，主要意思在句尾。这种句子常见于诗歌和其他文学作品中，往往华彩丰赡，山重水复，或层层递进，或娓娓道来，或故作悬念，直到句尾才柳暗花明，豁然贯通。譬如美国著名超验主义思想家爱默生在其《论自助》中的这一句：To believe your own thought, to believe that what is true for you in your private heart is true for all men, that is genius. (相信你自己的思想，相信你内心感到真实的东西对一切人都是真实的，这才是天才。)就是一个典型的 periodic sentence。这类句子由于其重心在句尾，故有所谓“掉尾句”之译，取“尾大不掉”之意；由于其不到句末，句法不算完整，故又有所谓“圆周句”之译，仿佛不到句末，划不了句号，不能圆满。两种译法似乎都不够理想。“掉尾句”容易与汉语猜谜中意思完全不同的“掉尾格”相混；且“尾大不掉”也总给人负面的联想；“圆周句”容易与汉语修辞中的“回环结构”产生联想，且“圆周”的说法也未能表明这类句子的本质特征。然踌躇至今，迄未想出一个更好的译法。只得暂用旧译。就原文这一“掉尾句”本身的句法结构而言，萧金两译都做到了尽力追随（唯萧译句中误植了句号，应改正），当无异议，但句中尚有两处似可申论。其一，frozen music 乃是德国哲学家谢林在其《艺术哲学》中提出的一个观点，说“建筑是空间中的音乐，仿佛凝固的音乐”，这就有如说“绘画是无声的诗，诗歌是有声的画”，美学界一般将其译作“空间（的）音乐”或“凝固（的）音乐”，译作“凝聚着音乐的（石像）”（金本）固然不错，但总多少有点欠缺的感觉。其二，结尾的 if ... deserves to live，deserves to live 乃是 *Anaphora* 辞格，指同一词或词组的重复，以获得强调的修辞效果。译作“倘若……有永垂不朽的价值的话，它是当之无愧的”（萧本），当然不错，但却看不出原文那种独特的修辞效果了。

拙译：

那凝固音乐的石像，那头上长角的可怕的神性人形，那永恒的智慧和先知的象征，倘若有任何雕塑家的想象和技艺在大理石上创造的那些灵魂超凡和能使灵魂超凡的形象值得永生的话，那它就值得永生。（p250）

28. 第 46 小节，斯蒂芬因为口袋里有了钱，建议大家停止谈论，由他做东请客吃饭，奥迈登与莱纳汉的回应分别是：

’Tis the hour，methinks，when the winejug，metaphorically speaking，is most grateful in Ye ancient hostelry.

— That it be and hereby is resolutely resolved. All who are in favour say ay, Lenehan announced. The contrary no. I declare it carried. To which particular boosingshed ...? My casting vote is: Mooney's!

......

We will sternly refuse to partake of strong waters, will we not? Yes, we will not. By no manner of means. (p138/118)

萧译：

"……打个比喻吧，我认为现在正是古老客栈里的那只酒瓮使人觉得无比惬意的时刻哩。"

"那么，就明确地加以表决。凡是同意的，请说'是'，"利内翰宣布说，"不同意的，就说'不'。一致通过。到哪家酒馆去呢？……我投穆尼一票！"

……

"咱们是不是要断然拒绝喝烈性酒呢？对，咱们不喝。无论如何也不。"(p285)

金译：

——……据我看来，这钟点在古代的客店，用比喻的语言说吧，正是那酒瓮最令人惬意的时辰。

——事不宜迟，应即付诸表决。凡同意者请曰然，莱纳汉宣布。反对者请曰否。我宣布此案通过。具体目标酒棚为何……？我投票赞成穆尼酒店！

……

——咱们将坚决拒绝饮用烈性饮料，如何？对，坚决不。无论其如何不。(pp221-2)

案：首先，奥迈登的回应乃是文绉绉的拟古，两译基本上没有加以摹拟；莱纳汉的回应仍是那种嬉皮笑脸的痞子口吻。resolutely resolved 是两个意义雷同的字的赘用，即所谓的 *Redundancy* 辞格；boosingshed 是生造字，即 boosing（boozing）+shed；by no manner of means 中的 manner of 也是冗词。此外，“抵制烈酒”用反语法（*Litotes*）强化肯定的效果。两译似乎都没有太注意莱纳汉的口吻与风格，特别是金译，那文绉绉的口吻，好像不是莱纳汉，倒像是斯蒂芬了。

拙译：

——……窃以为此正其时，喻言之，恰古客栈酒瓮飘香之吉时良辰也。

——那好，咱坚决表决。同意的说哎，莱纳汉宣告。反对的说不。我宣布，通过。上哪家酒棚子……？我撂一票：穆尼家！

……

——咱要严厉抵制喝烈酒，咱不喝吗？对，咱不。无论且如何决不。（p256）

29. 第 52、53 的标题用缩写字头 K.M.A 和 K.M.R.I.A（pp140－1/120－1）

萧译：

吻我的屁股

吻我高贵的爱尔兰屁股（pp289－90）

金译：

吻吾腚

吻吾超爱腚（p226）

案：这两个标题是 Kiss My Arse 和 Kiss My Royal Irish Arse 的字头缩写，目的是避免明白无误地说这类粗鄙的话，尤其是在标题这样的显豁位置。汉语方块字没有这种缩略的表达方式。萧译将其表示的原话直接译出，似乎不可取；金译用一些较为雅训的字和古文的表达方式可能是一个较好的办法。想到《笑林广记 · 颂屁》中“高耸金臀，洪宣宝屁”的句子，觉得未尝不可以借鉴，故拙译作：

吻吾臀
吻吾尊爱臀(pp260 - 1)

30. 第 56 小节斯蒂芬讲的故事中说到都柏林两位童贞老女人爬上纳尔逊塔看纳尔逊的塑像时有一句：

— And settle down on their striped petticoat, peering up at the statue of the onehandled adulterer. (p142/121)

萧译：

“她们垫着条纹衬裙坐了下去，仰望着独臂奸夫的那座铜像。”(p291)

金译：

——垫着条纹衬裙坐了下去，仰头瞅着那位独把儿奸夫的雕像。(p227)

案：纳尔逊是英国海军上将，以战功卓著闻名。他曾在战争中失去右臂，是著名的独臂将军，但他还勾引了汉密尔顿夫人，闹出了一段轰动一时的绯闻，因此也是一个人所尽知的独臂奸夫。英语的 handle 与 hand 两字同源，前者出于后者。尽管现代英语中 handle 已经没有了“手”的古义，但其在形音上与 hand 的关联却是一望可知的。斯蒂芬这里利用这两个字的关联，用 handle 置换了 hand，将纳尔逊呼作 onehandled Adulterer 其谐谑的意味不言而喻。萧本未考虑这里的文字游戏，可置不论；金本将其译作“独把儿奸夫”，显然费了一番心思。用“柄”的口语“把儿”不仅可产生臂膀的联想，还有玩笑意味，但仅此似乎还不太够。因 handle 一字除作名词“柄”（把儿）解外，还可由其动词义（“处理”、“对付”、“操纵”、“把握”等）引出联想，此外也可作“授人以柄”解。这里斯蒂芬的用意不仅暗指纳尔逊是一个失掉一只胳膊的单臂将军，而且还暗示，他是何等本事之人，仅用剩下一条臂膀就把汉密尔顿放倒，长期占有了他的夫人，当然也因此授人以柄，成了大家非议的对象。正是 handle 的双关语义及其丰富的内涵让专攻语言学的麦克休教授绝倒，这样，他的惊叹（the professor cried. I like that. I see the idea. I see what you mean.）也就容易理解了。鄙意可保留“把儿”这一主词，译“one” 为“单”，以产生“双”臂失其一的明确联想，并在“把儿”后加一“挑”字，令其兼有“单挑”之意，这样，onehandled adulterer 就成了“单把儿挑奸夫”了。遗憾的是，“授人以柄”的意思是无论如何只能付之阙如了。

拙译：

——然后坐在条纹衬裙上，仰望着那座单把儿挑奸夫的塑像。（p262）

31. 最后一小节标题：

DIMINISHED DIGITS PROVE TOO TITILLATING FOR FRISKY FRUMPS. ANNE WIMBLES，FLO WANGLES — YET CAN YOU BLAME THEM?（p143/123）

萧译：

对轻佻的老妪来说，缺指头简直太逗乐了。安妮钻孔，弗萝遮遮掩掩，然而，你能责备她们吗？（p294）

金译：

缺手不扫兴，裙钗更动心。安晕晕然，弗洛踉踉跄跄——然而焉能

责怪她们？（p230）

案：这一标题共两句话。主要是描写两个老处女看见掉了一只臂膀的纳尔逊反倒心旌摇荡起来，于是安妮眩晕，而弗洛伦斯则步履不稳。其中用了生僻与古奥字词（Wimble 等），还用了较多的头韵（头两字的 D、四五两字的 T、六七八三字的 F）以及第二句前半两个分句的对称结构和押韵，产生了很好的声音效果。萧译对其形式结构特征似未给与较多关注，在词义上也有可商之处。吉尔伯特说，乔伊斯曾告诉他，这里的 Wimble 是希腊语中极其古奥的一个字，只发现过一处使用的例子，吉福德解释为：Giddy，confused（眩晕、糊涂），而萧译为“钻孔”，不知何本？Wangle 本为方言，*SOED* 释为两义：一义为 move shakily and unsteadily；dangle（步履蹒跚，摇晃），另一义为 obtain sth in an irregular way by scheming，etc.（用计谋等不正当的方式获取），这里使用的显然是其第一义，而萧译“遮遮掩掩”，却接近其第二义。金本可商之处主要在形式上。“安晕晕然，弗洛踉踉跄跄”很难传达 Anne Wimbles，Flo Wangles 几近对称的结构美和声韵美，此其一。用两个五言句（缺手不扫兴，裙钗更动心）的并列来译 Diminished Digits Prove Too Titillating For Frisky Frumps 这一长句，结构上有点失衡，且原句的声韵美也没有得到充分展现，此其二。用“然而焉能责怪她们”这类半文不白的表达来译 Yet can you blame them? 反倒不如萧本的白话了，此其三。用“裙钗”来指两位老处女似乎也不大稳妥，此其四。拙译在注意意义忠实的基础上，对其形式上的特征给与了较多的关注，虽无法做到对等，但也尽力采用变通的方式，譬如，在头韵不足的情况下，尽量用较多的押韵来弥补、普通句式决不采用古雅的表述等。

拙译：

断指何乐而老妪心荡，安妪眩晕且弗妪摇晃——可你怎么能责备她们呢？（p265）

第八章

本章内容是关于勃鲁姆午餐的情形。勃鲁姆从报馆出来后，打算找一个地方吃午饭，他先进了一家叫做伯顿的小饭馆，发现这里的食客吃相粗俗不堪，丑态百出，遂换了一家较好的馆子，饭后在国立图书馆前看见鲍伊兰走来，遂躲进博物馆里。

1. 勃鲁姆正在街上信步走，路过一家糖果店时，一个基督教青年会的年轻人塞给他一份传单。这时有这样的句子：
Bloo .... Me? No. Blood of the Lamb.（p144/124）

萧译：
布卢……指的是我吗？不是。羔羊的血 。（p299）

金译：
羊羔……我？不对。羊羔的血。（p231）

案：勃鲁姆接过传单，匆匆瞥了一眼，没有完全看清，以为那传单上的内容与他自己的名字有什么关系，其实他误解了，他叫 Bloom，而传单上说的是 Blood（血），两个字仅有一个字母的差异，他没有看到底，以为是在说自己。由于英汉两种文字之间差异太大，几乎不可能找到两个形似的汉字来表达这里完全不同的意思。金译将第一个字译作“羊羔”，显然不妥，因为勃鲁姆这一瞬间脑海里只有他自己，并没有“羊羔”什么事。反倒不如萧译“布卢”来得实在。自然，这里是必须加注的。

拙译：
勃鲁……我吗？不对。羔羊的血。（p266）

2. 勃鲁姆由河中停泊的小船上“吉诺牌裤子”的广告，想到广告满天飞，甚至公厕里都充斥着治淋病、性病的广告。这里有这样的句子：POST NO BILLS. POST 110 PILLS.（p146/126）

萧译：
“禁止张贴广告”、“邮寄一百零十粒药丸”。（p303）

金译：
不准招贴。不住招贴。（p235）

案：这里的两句是文字游戏。有人将 NO BILLS 中间擦去几笔，就变成了 110 PILLS，原来的“禁止招贴”就变成了“邮寄 110 粒药丸”。勃鲁姆由这一修改后的广告，联想到淋病病人如果真服这么大的剂量，一定会出大问题。这里的语言游戏翻译很难完全转换过来。将前者译作“不准招贴”，后者译作“不住招贴”（金译）虽然在形式上做了较好的转换，但“不住招贴”的意思却离广告的具体内容相去甚远。而广告的内容却是勃鲁姆下面一句独白的前提。从“不住招贴”无论如何也很难想到“遇上个花柳病伙计服了这剂量，还不得烧死。”（Some chap with a dose burning him. 这里 dose 一词双关，既指“剂量”，又指“花柳病”。）类似这种情况，似仍应若萧译首先考虑意义的转换。

拙译：
严禁乱贴广告。优惠大包寄药。（p271）

3. 勃鲁姆想到莫莉说话虽然粗直，但也有俏皮的时候。他举的例子是：

She used to say Ben Dollard had a base barreltone voice. He has legs like barrels and you'd think he was singing into a barrel. Now, isn't that wit. They used to call him big Ben. Not half as witty as calling him base barreltone. Appetite like an albatross. Get outside of a baron of beef. Powerful man he was at storing away number one Bass. Barrel of Bass. See? It all works out. (p147/126)

萧译：

她常说，本·多拉德有着一副下贱的桶音。他那两条腿就跟桶一样，他仿佛在往桶里唱歌。喏，这话不是说得蛮俏皮吗！他们通常管他叫“大本钟”。远不如称他作“下贱的桶音”来得俏皮。他的饭量大如信天翁，一头牛的脊肉，一顿就吃光。他喝上等巴斯啤酒的本事也不含糊。是只啤酒桶。怎么样？俏皮话说得都很贴切吧。(p304)

金译：

她常说，本·多拉德的嗓子是低音大桶，他的两条腿就像大桶，而听他的声音就像是通过大桶出来的。这个说法可是够俏皮的。人们常喊他大洪钟。那就远不如喊他低音大桶巧妙了。胃口大得像大海鸟。能吞掉整条的牛腰肉。灌起烈性麦芽酒来从不嫌多。低音大桶，明白了吧？哪一方面都恰当。(p236)

案：本·多拉德(Ben Dollard)是很好的男低音歌手，经常和莫莉合作演唱。莫莉戏称他“低音贝司大桶”(base barreltone)。人们叫他“大本钟”(Big Ben)，只不过将他的名字 Ben 与伦敦的大本钟关联了起来，在勃鲁姆看来，这个称呼就远不如莫莉的称呼来得俏皮，他的解释是：这位男低音的两条腿就像两只大桶(barrel)，他的声音就像从桶里唱出来似的，这里显然利用了 base（基底）和 bass（男低音）、barreltone（大桶音）和 baritone（男中音）这两组字两两字形上的近似，将这位歌唱家的声音与形体巧妙地关联了起来。他进一步解释说，本的饭量像 albatross（信天翁）；能吃下 baron of beef（两条牛里脊）；还能猛喝 Bass 啤酒。这些字都和 baritone、barreltone、bass 这些与声乐有关的字发音相近，且 barrel of bass（巴斯啤酒桶）又与 barreltone 发生了关联。可见 base barreltone 可以产生何其多的联想！因此勃鲁姆这里的结语说：It all works out（这么多有意义的关联都出来了）。萧本译 base 为"下贱"，有将贬义强加于人之嫌，更重要的是丢掉了莫莉这里要的"基底的""低音的"（此义现今虽已不用，但曾经用过）的含义；直译 albatross 为"信天翁"没有暗示出这种大海鸟"大"的含义，而"大"正与人们叫他"大本钟"（Big Ben）中的"大"关联；译 Bass 为"巴斯"，没有将这个啤酒品牌与作为"男低音"的 bass 联系起来。金本译 big Ben 为"大洪钟"，失去了人们对伦敦议会这一著名大钟的联想，也切断了这一钟名与这一歌手名字间的关联；译 Bass 牌啤酒为"烈性麦芽酒"更丢失了 Bass 与 base，baritone，barrel 这些字之间的联想。

拙译：

她常说本·多拉德的声音是低音贝司大桶。他的两条腿就像大桶，你觉得他好像是从大桶里唱出来的呢。你瞧，这个说法够俏皮的吧。人们老是叫他大本钟，那就远不如叫他低音贝司大桶来得神妙。胃口大得跟大海鸟似的，能吞下两大条牛腰脊肉，喝起烈性贝司牌啤酒凶得不得了。贝司啤酒大桶。看出来了吧？不论从哪方面说都俏皮得很。（pp272－3）

4. 勃鲁姆遇到布林太太，布林太太告诉他，丈夫近来神经有些问题，夜晚做噩梦，又碰到不知什么人搞恶作剧，作弄他。有人寄来了明信片，上面写着“U.P.”两个字母。这里的原文是：

— What is it? Mr Bloom asked, taking the card. U.P.?

— U.p: up, she said. Someone taking a rise out of him. It’s a great shame for them whoever he is.（pp150－1/130）

萧译：

“这是什么？”布卢姆先生边接过明信片，边说，“万事休矣。”

“万事休矣：完蛋，”她说，“有人在捉弄他。不论是谁干的，真是太缺德啦。”（p311）

金译：

——什么呀？布卢姆先生接过明信片说。卜一？

——卜一，上，她说。有人在捉弄他。不管那人是谁，太可耻了。（p241）

案：这里的U和P作为两个字母可以代表许多字，引发许多联想，譬如，U可以指“你”（you），也可以指“尿、撒尿”（urine，urinate）、“放高利贷者”（usurer）、“篡位者”（usurper）、“杀妻者”（uxoricide）；P可以指“弑父母者”（parricide）、“傻瓜”（patch，pegeon）、“胆小鬼”（piker）、“假冒者，骗子”（phony）、“流浪汉”（picaro）、“扒手，小偷”（pickpocket，pilferer）、“掠夺者，抢劫者”（pillager，plunderer）、“拉皮条者，男妓”（pimp）、“密谋者”（plotter）、“投毒、投毒者”（poison，poisoner）、“战俘”（POW）、“恶作剧者”（prankster）、“浪子”（prodigal）、“傀儡”（puppet）、“幽灵、鬼怪”（phantom）、“害虫”（pest）、“海盗”（pirate）、“麻痹，瘫痪”（paralysis）、“阴茎”（penis，phallus）、“偷窥”（peep）、“撒尿”（piss）等等。不过，组合成为up，其意义就相对明确多了。它本身有“挺起”、“直立”等义，与许多动词连用，则可表示“完了，尽了”的意思。显而易见，写明信片给布林先生的人是不

怀好意的，其目的至少是捉弄他，甚至毁谤他，诅咒他。这一点布林太太已经说得很明白。尽管 U.P.两个字母的意思没有说明，但肯定不是什么好话。狄更斯的《奥利佛 · 特威斯特》第 24 章中一位药剂师的徒弟曾用 up 指一个老妇人的死亡；①理查 · 埃尔曼提出，这一神秘字符 UP：应和男子的尿液与精液二者混淆不清相关。②

翻译一般似有三种取向。一种是全然不顾内容，只转换形式。最典型的是日译本，完全采用了音译："U.P. アップ"，③读者虽可通过译注多少了解一点这里的意思，但很难产生任何原文富含的联想。或者是不考虑声音，只考虑字形的转换，譬如金译本的"卜一。上"，用两个字组合成一个字来模拟两个英文字母组合成一个单词的形式。但其问题是读者无论如何无法从这三个汉字特别是"上"产生原文可能产生的联想。另一种是全然不顾形式，只考虑内容。譬如萧译本的"万事休矣。完蛋。"取狄更斯用过的意思当然没有问题，但说得太明白就失掉了原有的神秘感、威胁感，也未能传达出原文形式上的游戏性。第三种是兼顾内容与形式。法译本显然是这种类型的一个典型例证。将 U.P.译作"fou tu" ④ 显然要好得多，因为，fou 有"疯子，疯狂的、傻的、愚蠢的、突发的、异常的"等义，"fou tu"就是"你疯了，你出事了"，更重要的是，此两字合成的 foutu 又有"该死的讨厌的"等义，这样就与原文形式内容两方面都产生了某种契合。

拙译：

——怎么回事？勃鲁姆先生接过明信片问。扌圭？

——扌圭：挂了，她说。有人在耍他，不管是谁，这太可耻了。(p279)

---

① Don Gifford，*Ulysses Annotated*，p.163.

② Richard Ellmann，*James Joyce*，p455n.

③ 丸谷才一· 永川玲二· 高松雄一 訳 ユリシーズ I，388，集英社文库本，2003 年 9 月版。

④ Don Gifford，*Ulysses Annotated*，p.163.

“挂”由“扌”与“圭”两字组合而成，“挂了”口语中意为“死了”，“挂”还有“直挺”、“直立”等意思，可以引发不同联想，保持某种神秘感。

5. 勃鲁姆听说坡伏伊太太已在医院待产三天，整日在阵痛中受熬煎，深表同情，于是联想到政府应该从税收中拿出一笔钱搞福利，建立大产院，使整个产程无痛苦。这时有一句内心独白：

They could easily have big establishments. Whole thing quite painless out of all the taxes give every child born five quid at compound interest up to twentyone five per cent is a hundred shillings and five tiresome pounds multiply by twenty decimal system encourage people to put by money save hundred and ten and a bit twentyone years want to work it out on paper come to a tidy sum, more than you think.（p154/132）

萧译：

他们完全不用伤筋动骨，三下两下就能盖起一座大医院。从各种税收中，按复利借给每一个出生的娃娃五镑。按五分利计算，到了二十一岁就积累成一百零五先令了。英镑挺麻烦的，得用十进法乘二十。要鼓励大家存钱。二十一年内可存上一百一十多先令。想在纸上好好计算一下。数目相当可观哩，比你想像的要多。（p317）

金译：

他们要弄大产院整个过程无痛苦很容易办到的收了那么多税，每生一个孩子给五镑复利直到二十一岁，百分之五合一百零五先令算镑数要乘二十烦人十进位鼓励人存钱储蓄一百一十加点零头二十一年，要用纸笔才算得清数目很可观你想不到的。（p246）

案：按加兰版，这是一个长句，一气下来，不点断；这里按初版，第二句只有一个逗号，基本上也是长句，仔细分辨，这段文字似可分解为若干意义群：

They could easily have big establishments / whole thing quite painless / out of all the taxes / give every child born five quid at compound interest up to twentyone / five percent is a hundred shillings and five / tiresome pounds multiply by twenty / decimal system encourage people to put by money / save hundred and ten and a bit / twentyone years / want to work it out on paper / come to a tidy sum more than you think.

按照这里的分解，可以理解为：

政府从税收中拿钱建立一些大产院，使整个产程没有痛苦。然后再给每个出生的婴儿 5 镑，5 镑合 100 先令，以 5%的年息算是 105 先令，因为镑为 20 进制，算起来麻烦，变成 10 进制就好算多了，可鼓励人们存钱，如计复利，第二年就成了 110 先令还多一点，如果存到 21 岁，那就是相当可观的一笔钱了，具体多少得在纸上算算。

勃鲁姆具有生意人的头脑，对广告、数字、计算等特别敏感。这里一气贯通而下的思路充分表现了他在这类问题上的精明。翻译如何处理？似可有三种思路：一种是将这里的长句完全拆解开，变成若干句，并在意思上做较多调整，萧译即取此路径。这种译法在于以牺牲形式换取读解的便捷和明晰，但前提是，译者的拆解必须正确，否则，不仅不会给读者带来便利，反而令他们摸不着头脑。譬如这里的“伤筋动骨”、“借给”等显然出自译者的想像；至于“到了二十一岁就累积成一百零五先令了”“得用十进法乘二十”“二十一年内可存上一百一十多先令”云云，稍有算术常识的人都看得出其中的谬误。另一种是将句子在正确分解的基础上局部拆解，意思上也稍作调整。金译取此路径。这种译法，只要处理得当，会收到较好的效果。从总体看，金译的处理是好的，但在意义上难免有拘泥之嫌，如“存钱储蓄”的复义并列，且有过度阐释之处，如“收了那么多税”之类。还有一种是维持原来的句式，不点断，尽量少改变词序，少增加词语，同时又使整个句子一气读下来不产生误解，拙译取此路径：

他们很容易就能建成大产院。让整个过程完全没有痛苦从全部税收中出钱给每个出生的孩子五镑计复利直到二十一岁百分之五是一百零五先令按镑算乘二十就麻烦了十进位制鼓励人们存钱能攒一百一十多点二十一年得在纸上算可是一笔相当可观的数目，你想不到的。(pp284-5)

6. 勃鲁姆谈到“芬尼亚社”和“新芬”党的阿瑟·格里菲斯时有这样一句话：

Arthur Griffith is a squareheaded fellow but he has no go in him for the mob. Want to gas about our lovely land. Gammon and spinach. (p156/134)

萧译：

阿瑟·格里菲思是个奉公守法的人，然而不孚众望。要么就海阔天空地谈论“我们的祖国”。腊肉烧菠菜。(p321)

金译：

阿瑟·格里菲斯是个耿直的人，但是缺乏带动群众的魄力。要不，高谈阔论，歌颂可爱的祖国。唬弄人的玩意儿。(p250)

案：这里的Gammon and spinach 出自一首儿歌，是其副歌中的一句。这首儿歌的第一节是：

A frog he would a-wooing go.
Heigh ho! Say Rowley,
A frog he would a-wooing go,

Whether his mother would let him or no.

With a rowley powley，gammon and spinach
Heigh ho！says Anthony Rowley.
...

另外，狄更斯《大卫·科波菲尔》中也用了这样的句子：What a world of gammon and spinach it is，though，ain't it？
gammon and spinach 怎么译？从字面看，其意为“火腿与菠菜”，引申的意思是“日常的东西”、“没有什么意义的东西”，故 *SOED* 解释为：nonsense，humbug。从原文的语境可以看出，勃鲁姆的意思是：格里菲斯虽然有一套严密的防止叛变的组织手段，但他为人耿介，缺乏凝聚力，总是高谈阔论，说点爱国之类的大话，全是些毫无意义的东西。完全按字面意思译作“腊肉烧菠菜”（萧本）似与语境不协调，无法理解；译作“唬弄人的玩意儿”（金本）好像离原文的意思又有点儿远了。

拙译：
阿瑟·格里菲斯是个耿直的人，但缺乏把乌合大众凝聚在一起的个性力量。总是高谈阔论，歌颂我们亲爱的祖国。东拉西扯，胡说八道。（p289）

7. 一块乌云遮住了太阳，一切变得晦暗起来，勃鲁姆的心也变得晦暗了。他想到人世的无常，时光流逝，而人生短暂，说了一句颇为经典的话：
No one is anything.（p157/135）

萧译：
人是毫无价值的。（p322）

金译：
谁也没有什么了不起的。(p251)

案：这个短句怎么译？萧译应该说主要意思出来了，但总觉得好像还欠缺些什么；金译更让人感到不足。仔细品味勃鲁姆这里的思索，觉得他想的虽然主要是人，但却不完全是人，而是世间的一切。当我们面对这个“变”与“不变”的世界，面对如烟如水般流动的岁月，面对无常的死亡时，什么是什么呢？什么也不是什么！所以，这里不仅有“无价值”，“了得起了不起”的问题。更有人世一切都无所谓，无意义的问题。故拙译：

一切的一切都毫无意义。(p291)

8. 勃鲁姆碰到了帕内尔的哥哥(金本误作弟弟)，有几句：
Image of him. Haunting face. Now that's a coincidence. (p157/135)

萧译：
跟他长得一模一样。那张脸总是在我眼前晃。这是个巧合。(p323)

金译：
一个模子脱的。让人难忘的脸。这可是巧合。(p252)

案：Haunting face 这里似宜解作：The face that is hunting before someone。译作“让人难忘的脸”(金本)很难说不对，但显然不如译作“那张脸总是在我眼前晃”(萧本)来得贴切。因为勃鲁姆下文说的是：可真巧了。有时你千百次地想一个人，可就是碰不上他(Now that's a coincidence. Course hundreds of times you think of a person and don't meet him.)。“千百次地想一个人” 恰恰是 Haunting face 的注脚。因此这里宜用 haunt 这一动词的本意：“仿佛幽灵般总在出没” 之类。

拙译：
长得一模一样。总在脑子里出没的脸。可真是巧了。（pp291－2）

9. 勃鲁姆描述帕内尔的哥哥：
Look at the woebegone walk of him. Eaten a bad egg. Poached eyes on ghost.（p157/135）

萧译：
瞧瞧他走路时那副狼狈相，仿佛是个在事业上一败涂地的人。一对荷包蛋般的幽灵的眼睛。（p323）

金译：
瞧，他走路的这副愁眉苦脸的样子。吃了个臭鸡蛋。水煎荷包活见鬼。（p252）

案：这里 Poached eyes 是中心词，意为“荷包蛋似的一双眼”。金本译作“水煎荷包活见鬼”，不知何意？是漏印了“蛋”字？似乎又不太像。Poach 应该是“水煮蛋”，水“煮”与水“煎”完全不同，当是常识，况且这里的七个汉字在结构上似乎比较严密，不像是“漏印”。那么“水煎荷包”是怎样的一个形象呢？不大容易想出。倒是萧译“一对荷包蛋般的幽灵的眼睛”来得实在点，也更接近原意。

拙译：
看他走路那副愁闷模样。就像吃了个臭鸡蛋。一对荷包蛋眼瞧着鬼似的。（p292）

10. 勃鲁姆看到诗人拉塞尔同那个曾应聘过他的招聘的女子一起走了过去，想到这位诗人的笔名 A. E.，说 A. E.应该是一些名字的首字母：
A. E. What does that mean? Initials perhaps. Albert Edward, Arthur Edmund, Alphonsus Eb Ed El Esquire.（p158/136）

萧译：
A. E. 究竟是什么意思呢？兴许是名字的首字：艾伯特·爱德华，阿瑟·埃德蒙，阿方萨斯·埃比或埃德或埃利或阁下。（p324）

金译：
A. E：这两个字母是什么意思？也许是词首字母。艾伯特·爱德华、阿瑟·埃德蒙、阿方萨斯·埃布·埃德·埃尔埃斯快。（p253）

案：这里 Alphonsus Eb Ed El Esquire 当是 Alphonsus Eb, Alphonsus Ed, Alphonsus El, Alphonsus Esquire 的省略写法。译作："阿方萨斯·埃布·埃德·埃尔埃斯快"（金本）显然是不对的，译作"阿方萨斯·埃比或埃德或埃利或阁下"（萧本）就对了。此外，A. E. 既然是不同名字的字头，则音译为汉字后，代表这两个字头的汉字不论在何名中都应为同一个汉字，而无须顾及其通译汉名。

拙译：
A. E.：那是什么意思？也许是名字的首字母吧。艾伯特·爱德华、阿瑟·埃德蒙、阿尔封塞斯·埃勃/埃德/埃尔/埃斯奎尔。（p293）

11. 勃鲁姆回忆起两周前周日月夜他们夫妇和鲍伊兰一起沿托尔卡河走时，妻子与鲍伊兰调情的情景，怀疑他们勾搭成奸，心情激动，可想而知。他痛苦地强制自己不要再想下去（Stop. Stop. If it was it was. Must.）他急促地吸了几口气，放慢了脚步，这时有一句：
With [ha quiet]（a）keep quiet relief（，）his eyes took note（：）this is

the street here middle of the day of Bob Doran's bottle shoulders.（p159/137）

萧译：
他的心情好容易才宁静下来，神态安详地放眼望去。大白天在这条街上走着的，正是肩膀颇像酒瓶的鲍勃·多兰。（p327）

金译：
一声安静些别激动，他的眼睛注意到了鲍勃·窦冉的瓶子肩膀，这条街大白天。（p255）

案：这个句子两个版本不同，( )中是初版有的，加兰版没有的，[ ]中是加兰版有的，初版没有的。主要的差异是初版用一个逗号和一个冒号点断了；而加兰版未点断，使整句呈现出语法不十分清晰，视角主客混杂的形态，生动地表现了勃鲁姆尽力控制情绪，迫使头脑从昏热逐渐冷静下来的过程。萧金两译似乎取了初版，拙译从加兰版。

拙译：
嗨静下来静下来眼睛终于放松了看见这条街正是大白天鲍勃·多兰瓶子似的肩膀。（p297）

12. 勃鲁姆决定不在伯顿饭店吃午饭，那里食客们吃相下作，让他恶心，同时，他也怕碰到很可能在那儿吃饭的鲍伊兰。这时他心里的话是：
Not here. Don't see him.（p162/139）

萧译：
“不在这儿吃啦。别去看他。”（p332）

金译：

——不在这儿。找不到他。（p260）

案：第二句中的“他”指鲍伊兰，译作“找不到他”（金本）好像不太合适。勃鲁姆不是要“找”他，而是怕见他。译作“别去看他”（萧本）要好些，但其口吻给人的行动感仍较强，好像勃鲁姆主动要去看（look at）他似的，其实，他只是觉得鲍伊兰有可能在这儿吃饭，不愿“看见（see）他”而已，因此，

拙译：

不在这儿。别看见他。（p302）

13. 勃鲁姆想到素食主义的好处和食肉给动物带来的痛苦。想到屠宰场中的情形，有一句是：

Pain to the animal too. Pluck and draw fowl. Wretched brutes there at the cattlemarket waiting for the poleaxe to split their skulls open. Moo. Poor trembling calves. Meh. Staggering bob. Bubble and squeak. Butchers' buckets wobble lights. Give us that brisket off the hook. Plup. Rawhead and bloody bones. Flayed glasseyed sheep hung from their haunches, sheepspouts bloodypapered snivelling nosejam on sawdust. Top and lashers going out. Don't maul them pieces, young one.（p163/140）

萧译：

也给动物带来痛苦。拔掉家禽的羽毛，把下水掏净。牲畜市场上那些不幸的牲口等着屠夫用斧子把它们的头盖骨劈成两半。哞！可怜的、浑身发抖的小牛。咩！打着趔趄的牛崽子。煎白菜牛肉卷。屠夫的桶里装满了颤动着的肺脏。替咱把那片胸脯肉从钩子上卸下来。啪嗒！刚砍下来的头和鲜血淋漓的骨头。剥了皮、眼睛酷似玻

璃球儿般的羊，钩子勾在腰腿部位，从那堵着血淋淋的纸的鼻子里往锯屑上淌浓鼻涕。鞭打陀螺，让它们旋转个不停。娃娃们，可千万不要把它们胡乱抽碎。（p334）

金译：
动物也受痛苦。禽类要拔毛开膛。牛市上那些可怜巴巴的牲口，就等着斧头去劈开它们的脑袋。哞。可怜的发着抖的牛犊。哞。站都站不稳的牛崽子。冒着泡，吱吱地发着声音。屠宰桶里晃动着的牛肺。我们要钩子上挂的那块胸脯肉。啪嗒。骷髅加骸骨。剥了皮的羊倒挂着，睁着玻璃眼，羊鼻头上蒙着血纸，果酱似的鼻涕流在锯末上。该扔的、下脚往外送。别揉坏了那些肉，小伙子。（p261）

案：Bubble and squeak 意思是“冒着泡，发出吱吱的声音”。唐·吉福德解作：Beef and cabbage fried together。按这一解释，萧译为“煎白菜牛肉卷”，但考虑到这里主要讲宰杀时十分残忍的语境，似以仍按原句本意翻译（金本）为好。下文的一句：Top and lashers going out，这里 top 和 lasher 都是多义词，top 既可以是“最高部位”、“顶部”，也可以是“陀螺”，lash 既可以是“皮中的部分”也可以是“鞭打的人”。因此这句可以是“边角料和皮毛都出去了”，金译取此义；也可以是“陀螺和打陀螺的人出去了”，萧译取此义。但从这里的语境看，似以取第一义为好。

拙译：
也给动物带来痛苦。禽类得拔毛开膛取内脏。牲畜市场上那些遭难的牲口就等斧头来劈开它们的脑壳。哞。浑身发抖的可怜的小牛犊。哞儿。还站不稳的牛崽。冒着泡吱吱地响。屠宰大桶里颤抖的肺叶。给我们钩子上挂的那块胸脯肉。吧嗒。砍下的头和血淋淋的骨头。剥了皮的羊瞪着玻璃眼倒挂着，果酱似的鼻涕从粘着血纸的

羊鼻头里流到锯末上。边角料和皮毛都出去了。别把它们弄碎了，年轻人。（pp303－4）

14. 勃鲁姆吃午饭时设想在大饭店做侍者的好处，有小费，还可以和半裸的女士们搭讪调情，这时有一句：
May I tempt you to a little more filleted lemon sole，Miss Dubedat? Yes，do bedad. And she did bedad.（p167/144）

萧译：
杜比达特小姐，我可以给您再添点儿柠檬汁板鱼片吗？好的，再来点儿，而且她真的吃了。（p341）

金译：
杜必达小姐，我是否可以引诱您再来一点儿柠檬鳎鱼片？真的肚皮大。（p268）

案：bedad是古体的一个惊叹词，意为by God！从by God！的变体begad演变而来，表达惊讶或强调的意思。译作："杜比达特小姐，我可以给您再添点儿柠檬汁板鱼片吗？好的，再来点儿，而且她真的吃了。"（萧本）应该说没有问题。不过，考虑到这位侍者使用了tempt（引诱）一词，其嬉皮笑脸的调情口吻是显而易见的，加之下文do bedad与这位小姐的名字Dubedat形音上的近似，而bedad一词与beded（上了床）和be dad（当爹，有爹）在读音上的内在联系，因而这里在字面意思之外还隐含着另一种意思："我可以给你再来点儿柠檬汁鳎鱼片吗，杜比达小姐？来点儿，好啊，那就当爹了。她也真上过床。"金本考虑到了这里的文字游戏，用"肚皮大"戏拟这位小姐的名字"杜必达"，可谓佳译，但令人稍感遗憾的是，bedad惊叹的原意没有出来。

拙译：

能让我引诱您再来点儿柠檬汁鳎鱼片吗，杜比达小姐？来点儿，好啊，那可就肚，必大。她以前还就真这么肚必大过。（p311）

15. 紧接着，勃鲁姆又想到这位小姐吃的鱼很可能就是迈克·汉隆老头儿打来的。这里的两句话是：

Still it's the same fish，perhaps old Micky Hanlon of Moore street ripped the guts out of making money，hand over first，finger in fishes' gills，can't write his name on a cheque，think he was painting the landscape with his mouth twisted. Moooikill A Aitcha Ha ignorant as a kish of brogues，worth fifty thousand pounds.（p167/144）

萧译：

但也许这就是同一条鱼哩，穆尔街的老米基·汉隆为了挣钱，曾把手指伸进那条鱼的腮里，开了膛掏出内脏。他连在支票上签名都不会。咧着嘴，只当是在画一幅风景画呢。默哎迈克尔，嚇唉汉。像一大筐翻毛生皮鞋那样愚蠢，却偏偏称有五万英镑。（p342）

金译：

她吃的鱼，可能就是穆尔街的老米盖·汉隆手掐鱼鳃掏尽鱼肠赚了大钱的鱼。连在支票上写自己的名字都不会，还以为他在描什么风景呢，歪扭着嘴巴。大米的米盖子的盖汉子的汉，大皮靴似的字认不了一筐，偏偏拥有五万镑。（p268）

案：老米基·汉隆是渔民中的阔佬，家财五万镑，却是一个文盲，连支票写名字都十分吃力。Moooikill A Aitcha Ha 生动细致地表现他拼写名字 Micky（米基是迈克，即 Michael 的小称）时如同画画儿一般的有趣场景。译作“大米的米盖子的盖汉子的汉”（金本）将“米盖·汉隆”做了字形上的分辨，给人的感觉是，这老头儿还能认识“米盖”乃是“大米的米盖子的盖”，这样就与原文他拼写不好 Micky(米基)，将其拼写作 Moooikill 的实际情形相距较远，况且“米基”(迈克)之类的译名已为一般读者熟知，一定要译作“米盖”之类似乎也没有太大的必要。因此，我赞成萧本的音译。此外，a kish of brogues 中 brogue 的双关义(大靴子/爱尔兰人讲英文时的土腔)也须译出。

拙译：

那鱼很可能就是摩尔街的老米基·汉隆用手指不断抠出鱼鳃，掏出内脏，赚了大钱的鱼，连在支票上写自己的名字都不会，还以为他歪着嘴在描画什么风景呢。哞哎迈—克尔阿卡—阿汉，斗大的字不识一筐满嘴土话，可有五万镑。(pp311－2)

16. 勃鲁姆吃完午饭，去后院上厕所。大鼻子弗林和饭店老板议论，说到勃鲁姆太太莫莉，有一句话：

She is well nourished, I tell you. Plovers on toast. (p169/145)

萧译：

真的，她在吃上讲究极啦。胸脯丰满，可妖艳哩。(p345)

金译：

她的营养足着呢，我告诉你。烘面包加鸻肉。(p270)

案：这里的字面意思是说莫莉吃得好，很讲究营养。Plovers on toast 字面上讲是食品：“鸻肉加面包”。但作为俚语却又指女人胸脯丰满，颇有魅力。如果只译作“烘面包加鸻肉”(金本)，虽然不错，但暗含的性意味就一点儿也没有了；如果译作“胸脯丰满，可妖艳哩”(萧本)则无法表现其字面含义。莫如含混一点，译作：“肥肥的胸脯肉，美得很”，这样既指食品(鸻的胸脯肉味道甚美)，又给人留下较多联想的空间。

拙译：
她可养得好着呢，真的。肥肥的胸脯肉，美得很。（p314）

17. 勃鲁姆离开巴恩饭店之后，派迪·伦纳德等三人进来。派迪的问题和大鼻子弗林的回答：
who's standing? Paddy Leonard asked.
I'm sitting anyhow. Nosey Flynn answered. (p170/146)

萧译：
“谁来做东？”帕迪·伦纳德问道。
“反正我已经坐下啦。”大鼻子弗林回答说。（p347）

金译：
——谁请？派迪·伦纳德问。
——我反正是喝，长鼻头弗林回答他。（p272）

案：Standing 有多义，派迪问的无疑是“谁来做东”，如果没有弗林紧跟的那句，径直译作“谁做东”或“谁埋单”之类都无不可。但这里弗林故意从 standing 的原意去理解，你不是问“谁站着吗”？那我反正是坐下了(其实他早就坐在那儿)。他显然是在开玩笑，但暗含的意思是：我是不是也可算一个？所以，这儿，如何应付老乔的文字游戏，就值得推敲了。译作“谁来做东”“反正我已经坐下啦”，再通过注释说明这里的文字游戏(萧本)当然没有什么不可以，但总觉得不太满足，未能传达这里的双关之义；译作“谁请”“我反正是喝”（金本），改“sitting”为“喝”，试图关联这里的文字游戏，有一定效果，但仍未能将 standing 和 sittting 这两个关键词联系起来。想来想去，不如将“standing”译作“坐主位”，按中国人的习俗，坐主位者一定是主人，自然得埋单。这样，拙译即为：

——谁坐主位？派迪·伦纳德问。

——反正我坐这儿了，大鼻子弗林回答道。（p316）

这样，standing 的双关和 sitting 的回应就通过两个“坐”关联起来了。

18. 勃鲁姆计算自己拉广告可能的收入，兴奋地想到可以给莫莉买一条丝裙子，配她那副新吊袜带。这里有一句：

Today. Today. Not think.（p172/147）

萧译：

今天，今天，不去想了。（p350）

金本：

今天。今天。不想。（p275）

案：就在今天下午四点，莫莉要和情人鲍伊兰幽会。妻子移情别恋，与人偷情给他带来的痛苦和羞辱感一天来始终在他的心中盘旋不去。加之，他与莫莉十年来已没有床笫之欢，而与她重修旧好的渴求又是那般强烈，愤懑、妒恨和饥渴的火焰在他的心中越烧越烈，始终挥之不去。他试图尽力克制自己，不去想此事。但越是克制，就越不能不想。因此，这个 Not think，蕴含着极其微妙、复杂的感情。译作“不想”（金本）动作感太强，难于传达勃鲁姆此刻心理从欢快突然向阴沉的复杂转化。而译作“不去想了”（萧本）则要好得多。

拙译：

今天。今天。别再想了。（p319）

第九章

本章的主要内容是斯蒂芬在国立图书馆办公室就莎士比亚及其创作与一些文人展开讨论。参加讨论的主要人物除斯蒂芬之外，还有图书馆馆长助理埃格林顿和贝斯特、诗人兼批评家拉塞尔、图书馆馆长莱斯特等人。斯蒂芬的主要论点是：莎士比亚的创作来自他自己的生平与家庭生活，他的主题背叛、乱伦等来自他的妻子安·哈撒威与他弟弟理查通奸的生活真实、哈姆雷特父子正是他本人的写照。他依据的材料主要来自勃兰兑斯、哈里斯、锡德尼·李等人的莎士比亚传记。他的观点可谓典型的传记学派的观点，遭到埃格林顿、拉塞尔等人的强烈反对。本章文体富有鲜明的学术色彩，少量的叙述和大量的对话中夹杂着斯蒂芬的内心独白。

勃鲁姆为寻一则旧广告也来到图书馆，但他未参与讨论，仅与斯蒂芬和莫里根擦身而过。

1. 图书馆馆长莱斯特以歌德在其《威廉·迈斯特》中对哈姆雷特的评论为根据发议论，先说哈姆雷特是“一个迟疑不决的灵魂挺身反抗人世无涯的苦难，而内心却被矛盾和疑虑撕扯着，如同人们在真实生活中看到的那样”；这时一个工友来叫他，他踏着吱嘎的舞步要走，但意犹未尽，又说哈姆雷特是“优美而行必不果的梦想家，一旦遭遇严峻的现实就会一败涂地”。说完这话之后才踏着吱嘎作响的舞步出去了。这句话是：

   Twicreakingly analysis he corantoed off. (p176/151)

萧译：

像是听了倍加响亮的分析，他踩着“科兰多”舞步走开了。（p359）

金译：

他两脚分析吱嗝作声，踩着宫廷舞步走了。（p281）

案：这里的 analysis 显然是双关语，既指他分解的舞步，又指他对莎士比亚的分析和议论是“吱吱嘎嘎的”，其挖苦之意显而易见。Twicreakingly 当指“两次吱嘎声”，用其修饰 analysis，将这一副词短语译作“两脚分析吱嗝作声”（金本），显然淡化了暗嘲莱斯特议论的含义。而译作“像是听了倍加响亮的分析”（萧本）既失掉了其修饰莱斯特舞步的意思，也远离了对其议论暗含的挖苦之意。

拙译：

两次吱嘎吱嘎地解析之后，他踏着科兰多舞步走了。（p326）

2. 埃格林顿提到莎士比亚，有一段话是：

— Our young Irish bards, John Eglinton censured, have yet to create a figure which the world will set beside Saxon Shakespeare's Hamlet though I admire him, as old Ben did, on this side idolatry.（p177/152）

萧译：

“咱们爱尔兰的年轻诗人们，”约翰·埃格林顿告诫说，“还得塑造出一位将被世人誉为能与撒克逊佬莎士比亚的哈姆莱特相媲美的人物。尽管我和老本一样佩服他，并且对他崇拜得五体投地。”（p361）

金译：

——我们爱尔兰的青年诗人们，约翰·埃格林顿埋怨说，还没有创造出一个可以在世界上和萨克逊佬莎士比亚的哈姆雷特比美的人物，虽然我对他也只是钦佩而已，和老本一样，并非偶像崇拜。（p283）

案：这里涉及本·琼生（Ben Jonson，1572—1637）对莎士比亚的评价。本·琼生是英国伊丽莎白时代的著名戏剧家，比莎翁年轻八岁，应是他的同代人。他的成就与影响仅次于莎翁，与莎翁既是朋友又是对手，他们既相互赏识，又相互竞争。他在为《莎士比亚全集第一对开本》（*Mr. William Shakespeares Comedies*，*Histories & Tragedies*. London，1623）所写的序言“题威廉·莎士比亚先生遗著，纪念吾敬爱的作者”（参见卞之琳译文，载杨周翰编选《莎士比亚评论汇编》上，中国社会科学出版社，1979 年，第 11—14 页）中曾热烈赞颂他是“时代的灵魂！”“他不属于一个时代而属于所有的世纪！”但他对莎翁却也不无微词，譬如在此序中他还指出莎翁“不大懂拉丁，更不通希腊文”；在另一篇短文“我们的同胞莎士比亚”（De Shakespeare Nostrat，载 Ben Jonson，*Timber: Discoveries Made upon Men and Matter*，ebook #5134 edited by Henry Morley，2014 p16，www.gutenberg.org）中，他一方面高度赞扬莎氏，另一方面也坦率地指出他的缺陷。他说，莎翁不太懂见好就收的艺术，一任奇幻的想象力和一往无前的精神驱使，因而在那些该打住的地方，依然滔滔不绝（... wherein he flowed with that facility that sometimes it was necessary he should be stopped），他还说，演员们常对他夸莎翁无论写什么都从不删一行，他却回答说“但愿他删掉一千行才好”（Would he blotted a thousand）。他解释说，他之所以提出这种批评是因为，他不愿意让无知的人们把他们朋友的不足当优点来吹捧（for their ignorance who chose that circumstance to commend their friend by wherein he most faulted）。埃格林顿的引文也是出自这篇短文，他借用了老本赞颂莎氏原话中的部分 on this side idolatry，且用了 though 的让步表述，正是要强调老本这里隐含的对莎翁批评的另一面(the other side)。这样看来，萧译“我和老本一样佩服他，并且对他崇拜得五体投地”就丢失了“另一面”的意思；而金译“我对他也只是钦佩而已，和老本一样，并非偶像崇拜”虽然译出了这“另一面”的意思，却又有点儿走偏。因为老本对莎士比亚虽然有不满之处，可总体上却是崇拜有加的，正因为此，他用了 idolatry 一词。

拙译：

——我们年轻的爱尔兰诗人们，约翰·埃格林顿指责说，还没有创造出一个在世人眼中可与撒克逊佬莎士比亚的哈姆雷特比美的形象，尽管我十分赞赏他，像老本一样，可我的崇拜只是一面。(p329)

3. 斯蒂芬想起奥莫洛伊告诉他拉塞尔曾对一个来访的美国佬谈到过他(见第 7 章“德操高洁的人”)时说：

A. E. has been telling some yankee interviewer. Wall，tarnation strike me！(p177/152)

萧译：

A. E. 曾对前来采访的美国记者这么说过。唉，该死的！(p361)

金译：

A. E. 告诉一位访问他的美国佬。嗬！可要了我的命！(p284)

案：这里的 Wall，tarnation strike me！不论是拉塞尔对美国佬说的，还是美国佬转述拉塞尔的，都不甚清晰，或者说有点儿神秘。关键是这里的 wall 一词究竟怎么解？这个词从未见作叹词用过，因此，这里只能是一般意义上的名词或动词，作名词指“墙”类的东西；作动词则有“阻塞”、“围堵”等义。萧金两译(萧：“唉，该死的！”、金：“嗬！可要了我的命！”)都译出了tarnation(可解作damned)strike me的意思，但却将wall的意思扔掉了。事实上，斯蒂芬(乔伊斯)曾于深夜把拉塞尔拦阻在街头，与他讨论精神的神秘性等问题，拉塞尔当时已是大名鼎鼎的文人，深夜被一个毛头小伙子拦阻在街头，纠缠不休，他的不快与恼怒是可想而知的。因此，这个wall所表示的“拦截”之意就显而易见了，故拙译：

A. E. 曾经对一个采访他的美国佬说过。墙，添堵，烦死人啦！(p330)

4. 斯蒂芬(乔伊斯)是推崇亚里士多德，而反对柏拉图的。他提出，哈姆雷特独白中那些关于灵魂、来生之类的沉思像柏拉图对绝对精神的表述一样是浅薄的，这引起埃格林顿的反驳。斯蒂芬准备论战，他说：

Unsheathe your dagger definitions. Horseness is the whatness of allhorse. Streams of tendency and eons they worship. God：noise in the street：very peripatetic. (p178/153)

萧译：

亮出你那匕首般的定义吧。马性者，一切马匹之本质也。他们崇敬升降流和伊涌。神：街上的喊叫。逍遥学派，味道十足。(p363)

金译：

亮出你的匕首定义来吧。马性者，一切马匹之本性也。他们崇拜的是升降流和伊涌。上帝：街上的嘈杂声：走动很勤。(p285)

案：这里的peripatetic本意是walking about，但也指亚里士多德学派(of or belonging to the school or system of philosophy founded by

Aristotle, or the Aristotelian sect of philosophers. 见*SOED*，p2160)。亚里士多德授徒的方式很特别，他和学生们一边在校园的林荫小道上散步，一边讲课、讨论，所以时人以 peripatetic 指称亚里士多德学派。译作“走动很勤”（金本）虽然译出了此字的字面意思，但却完全失掉了它暗含的要义。斯蒂芬赞赏的是亚里士多德对真实世界探索的精神，而不是柏拉图对绝对理念的强调，他要的是对马的本质的清晰界定，而不是所谓的神秘莫测的“理念的马”，在他看来，拉塞尔、埃格林顿等与新柏拉图主义者、通神学派和各种宗教中的神秘主义一脉相通，是根本不能接受的。他要求把握真实，把握现在。因此，这里的 very peripatetic 确指亚氏的哲学和学派，仅译出字面意义是绝对不可取的。相反，译作“逍遥学派，味道十足”（萧本）却译出了这个短语真正要表达的意思。尽管“逍遥”一语与 peripatetic 并不绝对贴合，容易令中国读者想到《逍遥游》和与 peripatetic 毫无关系的庄子哲学，但中国哲学学者既然已将此字译作了“逍遥学派”（或“漫步学派”），而稍有西哲知识的读者当不会产生误解，况且，“逍遥”字面意为缓步行走貌，有优游自得，了无挂碍之意，如不考虑其引发关于老庄哲学联想的可能性，还颇能传神地译出亚氏授徒的独特方式，应该说是很好的选择。当然也可译作“绝对的亚里士多德派”（拙译曾用此），这一译法的好处是确切，不会发生错误的联想，但 peripatetic 字面的意思就出不来了。因此也是有缺憾的。

拙译：

亮出你匕首般的定义来吧。马性乃一切马之本性。他们崇拜升降流和伊涌。上帝，街上的喊叫：真正的逍遥学派。(p333)

5. 拉塞尔要走，埃格林顿问晚上的聚会能不能见着他，并说派珀会来，这时贝斯特接了茬，有这么两句：

— Piper! Mr. Best piped. Is Piper back?

Peter Piper pecked a peck of pick of peck of pickled pepper.（p184/157）

萧译：

“派珀！”贝斯特先生尖声说，“派珀回来了吗？”

彼得·派珀噼噼啪啪地一点点挑选着啄食盐汁胡椒。（pp371－2）

金译：

——派珀！贝斯特先生颇有派头地说。派珀回来了吗？

彼得·派珀比劈白果劈开了一批又一批的带皮的白果。（p295）

案：派珀的名字引出了这里的文字游戏。Piper 与动词 pipe 在形式与意义上相协，萧译未能很好地回应，金译做了努力。随后一句引入儿歌中的绕口令，金译同样做了较好的回应。

拙译：

——派珀！贝斯特先生颇有派地说。派珀回来了吗？

彼得·派珀派了跛婆去背破漏的筐箩。（p347）

6. 斯蒂芬谈到艺术家笔下的形象在不断变化的同时，却又保留了一些不变的因素，很难改变的因素犹如人身体上的黑痣或者胎斑是最难消失的，埃格林顿反唇相讥：

If that were the birthmark of genius, he said, genius would be a drug in the market.（p187/160）

萧译：

“倘若那是天才的胎记，”他说，“天才就成了市场上的滞销货啦。……”（p377）

金译：

——如果那就是天才的胎记的话，他说，天才就成了市场上的药品了。……（p301）

案：这里，drug 虽然有“药”、“毒品”等义，但 drug in the market（或 drug on the market）的意思却是：a commodity no longer in demand and so unsaleable（*SOED*，p764）。因此译作“市场上的药品”（金本）是不合适的，而译作“市场上的滞销货”（萧本）则是对的。

拙译：

——倘若那就是天才的胎记的话，他说，天才就成了市场上的滞销货。……（p355）

7. 埃格林顿紧接着引述了法国学者勒南说莎翁晚年的剧作表现了另一种精神，图书馆馆长莱斯特补充说，这是一种和解的精神，斯蒂芬则说“除非原先有分裂”，否则就不可能有和解。随后有一句：
Said that。（p187/160）

萧译：

话就说到这里。（p377）

金译：

说过了。（p301）

案：先有分裂，然后才有和解的意思，前文斯蒂芬已经说过一次，这里斯蒂芬又说了同样的话，说过之后他立即悟到了这一点，所以，此语乃是他的内心独白。萧译显然不确，而金译则是对的。

拙译：
这话说过了。（p355）

8. 斯蒂芬引述《泰尔亲王配力克里斯》中的情节：在船只失事的海难中，王后丧生了，但他们的女儿玛丽娜诞生了，保姆将新生的玛丽娜递给亲王。正是因了这个新生命的降生，使亲王看到了新希望，激发了宽恕、和解的情怀。斯蒂芬试图说明莎翁晚期悲喜剧中具有的那种宽容和和解的精神，正是来自如玛丽娜、米兰达（《暴风雨》）、潘狄塔（《冬天的故事》）这些年轻的女性人物的激发。在斯蒂芬看来，主人公们对这些女性的爱恰恰体现了莎士比亚对自己的外孙女（其大女儿苏珊娜的女儿）的爱。斯蒂芬在引述了保姆递上孩子的情节之后，埃格林顿反驳说：

The leaning of sophists towards the bypaths of apocrypha is a constant quantity, John Eglinton detected. The highroads are dreary but they lead to the town.（p187/160）

萧译：
“智者派容易误入外典，这一歧途的倾向是一条永恒不变的规律，”约翰·埃格林顿一语道破，“大道固然冷清，然而它通向城市。”（p378）

金译：
——诡辩家们倾向于走怀疑著作者的僻径，这是一个常数，约翰·埃格林顿发现。大路是乏味的，但是它们通向城镇。（p301）

案：这里，towards the bypaths of apocrypha 如何理解，如何译？apocrypha 本义：hidden；作名词泛指那些作者身份不明、可疑甚至虚假的著述，特指那些被排除在《圣经》之外的伪经。因此，towards the bypaths of apocrypha 的意思就是“走向那些真伪尚难分辨的生僻小径”。译作“诡辩家们倾向于走怀疑著作者的僻径”(金本)仔细想来是大有问题的。问题在哪儿呢？学术界对《泰尔亲王配力克里斯》的真伪是有很大争议的。不少学者认为此剧并非莎翁之作，或只有部分是莎翁之作，例如，莎翁传记作者 Sidney Lee 就持后一种观点，Lee 认为只有第3、第5两幕以及第4幕的部分出自莎翁手笔。显然，埃格林顿是赞成 Lee 这一观点的，即认为，此剧真伪尚不能确定，而斯蒂芬则持相反的观点，他赞成勃兰兑斯的观点，即此剧是莎翁的作品。正因为如此，他才引述玛丽娜的例子来说明自己的观点。这一点下文讲得很清楚。而“诡辩家们倾向于走怀疑著作者的僻径”的意思却是斯蒂芬(作为诡辩家)怀疑此作的真伪，而这与斯蒂芬的本意是完全相反的。那么译作“智者派容易误入外典”(萧本)有没有问题呢？似乎也有几个问题可以讨论。一是以“外典”译 apocrypha 似不妥。外典指佛教典籍之外的典籍，佛教徒称佛教经典为“内典”，而称其余一切非佛教经典为“外典”。尽管“外典”也包括那些伪造的佛家经典：“如彼外道偷取佛法著已法书，妄称己有，非是佛是，由是之故，烧灭外典，不行于世”（《百喻经·估客偷金喻》），但更多的则是指那些佛教经典之外的经典，如儒家、道家等经典：“内典初门：设五种禁；外典仁义礼智信，皆与之符”（《颜氏家训·归心》），这里的“仁义礼智信”显然指儒家经典。又如：“雅风采洒落，善于枢机，外典佛经递互讲说，与道安法汰每披释凑疑，共尽经要”（《高僧传·竺法雅传》），这里竺法雅与释道安、竺法汰等人讨论佛经时“递互讲说”的“外典”显然是指儒、道等非佛家经典了。由此可见，“外典”中的大部分其本身并不存在真伪的问题，这与 apocrypha 特指的《旧约》《新约》之外的那些伪经是完全不同的，这类伪经对于《圣经》来说无疑是赝品。这样看来，apocrypha 在这里是泛指那些著者与著述本身虚假、隐晦的“伪作”的。二是“误入”的说法也不确。在埃格林顿看来，斯蒂芬专找那些真伪尚难判定的材料作为论据，绝非无意，而是成心，所以他用了“leaning”一词，to lean 无论表达"倾斜"、"屈身"，还是"倚靠"，"斜靠"等义时，无不带有主观、主动性，从动词化出的名词 leaning 表达"倾向"之意，一般字典释作：a slight tendency to favor one thing rather than another。其中的主观意向由 to favor 明确说出，且原文中找不到任何一个字表达或包含有"错误"之意。三是 sophists 译"智者派"也不符合这里的语境。案：sophist 的希腊字根 sophos 确有 wise（明智、智慧）之意，*SOED* 训 sophist 为：In ancient Greece, a scholar, a teacher, spec. a paid teacher of philosophy and rhetoric, esp. one associated with specious reasoning and moral scepticism, gen.（now rare）a wise or learned person. Now, a person using clever but fallacious arguments; a specious reasoner, a casuist。这段话的意思说得很明确，古希腊 sophist 指"学者"、"教师"、"明智饱学之士"，到现代，则仅指那些"诡辩者"了。中国学界以往确有"智者派"之译，但放在古希腊的语境中合适，而放在现代语境中就不妥了。在埃格林顿等人的眼里，斯蒂芬无疑是一个"诡辩家"。两种译法一褒一贬，应该取哪一个，读者当不难判断。

拙译：

——诡辩家喜欢钻那些作者真伪尚难辨析的生僻小径，这乃是一条通则，约翰·埃格林顿找到了论据。大道固然乏味，可它们通向城镇。（pp355－6）

9. 埃格林顿上面驳斥斯蒂芬的话说过后，斯蒂芬的回应是下面的内心独白：

Good Bacon: gone musty. Shakespeare Bacon's wild oats. Cypherjugglers going the highroads. Seekers on the great quest. What town, good masters?（p187/160）

萧译：

好样儿的培根。已经发了霉。莎士比亚即培根这一牵强附会的说法。用密码来变戏法的走在大道上。从事宏伟的探索的人们。到哪座城市去呀，各位好老爷？（p378）

金译：

好咸肉：发了霉。莎士比亚，培根年轻放荡时代的产物。玩数字把戏的人走的是大路。一些寻找伟大真理的人。什么城镇呢，大师们？（p302）

案：莎士比亚晚期剧作究竟是他写的还是培根等人写的，学界曾有过争论，埃格林顿正是以这一点来反驳斯蒂芬的。斯蒂芬却不以为然。斯蒂芬在这段腹议中表达了对这种观点的不屑，更对拉塞尔、埃格林顿等大搞通神论的神秘主义者表达了深沉的厌恶。bacon 一字双关，既是培根的名字，又是“咸肉”。萧金两译各取一义，均有欠缺。萧译“培根”，与下文的“发霉”（musty）毫无瓜葛；金译“咸肉”与下文的“发霉”紧密相关，但却丢失了斯蒂芬明确点出的“培根”的名字（Bacon）。第二句中的 wild oats 字面意为“野生燕麦”，可引申为“浪荡子弟”等意。斯蒂芬由莎士比亚与培根的这一微妙联系，想到前文曾提到的有过穆尔与马丁这两个爱尔兰文人之间的微妙关系及米切尔说穆尔是马丁的“浪荡子”的说法，故戏称莎士比亚是培根的“浪荡子”，萧译显然没有注意到此话中暗含的典故；金译注意到了这一点。第三句中的 cypherjugglers 由 cypher 和 juggler 两字组合而成，cypher 主要指那些坚持认为晚期莎剧为培根之作的学者们，因为他们提出培根的书信和其他文章中有解开第一对开本中的一些数字密码；juggler 则主要指拉塞尔、埃格林顿等通神论文人，两译似乎注意到了这一层。

拙译：

培根咸肉：发了霉。莎士比亚，培根的浪荡子。玩数字密码把戏的人走的是大道。伟大真理的探索者。到什么城镇去呢，大师们？（p356）

10. 莫里根进来后，论题临时转到与莎士比亚十四行诗有关的话题上。贝斯特说到了王尔德那篇《W. H. 先生肖像》，误将王尔德论证的此十四行诗集是为威利·休斯写的说成是由威利·休斯写的，图书馆馆长随即纠正了他。这里的原文是：

— The most brilliant of all is that story of Wilde's, Mr. Best said, lifting his brilliant notebook.

That *Portrait of Mr. W. H.* where he proves that the sonnets were written by a Willie Hughes, a man of all hues.

— For Willie Hughes, is it not? the quaker librarian asked.

Or Hughie Wills? Mr. William Himself. W. H: who am I?

— I mean, for Willie Hughes, Mr. Best said, amending his gloss easily. Of course it's all paradox, don't you know, Hughes and hews and hues, the colour, but it's so typical the way he works it out. It's the very essence of Wilde, don't you know. The light touch. (p190/163)

萧译：

“最妙的是王尔德的故事《威·休先生的肖像》，”贝斯特先生举起他那出色的笔记本说，“他在其中证明《十四行诗》是一个名叫威利·休斯的八面玲珑的人写的。”

“那不是献给威利·休斯的吗？”公谊会教徒—图书馆长问。

要不就是休依·威尔斯？威廉先生本人。W. H. 我是谁？

“我认为是为威利·休斯而写的，”贝斯特先生顺口纠正自己的谬误说，“当然喽，这全是些似是而非的话。要知道，就像休斯和砍伐和色彩，他的写法独特。要知道，这才是王尔德的精髓呢。

落笔轻松。”（pp383－4）

金译：

——最漂亮的是王尔德写的那一篇，贝斯特先生举着他的漂亮笔记本说。那一篇《W. H. 先生写照》，他在其中论证了那些十四行诗是一位身穿绣丝的威利 · 休斯写的。

——是为威利 · 休斯写的吧，是不是？贵格会友图书馆长问。要不然是休依 · 威尔斯？威廉他自己先生。W. H.：我是谁？

——我是想说为威利 · 休斯写的，贝斯特先生顺口修改了词句。当然全是扑朔迷离的，你不知道吗，休斯啦、休思啦、绣丝啦，色彩鲜艳啦。可是他写来却顺理成章，他的典型手法。这正是王尔德的风格，你不知道吗？轻松的笔触。（pp307－8）

案：莎士比亚的十四行诗（1609年版）题献给W. H.，这个W. H.究竟是谁，学界一直有争论，包括勃兰兑斯等许多学者认为，这个W. H.即他极端信任，信任到请其代自己向芬顿求爱，因而失掉了芬顿的彭布罗克伯爵William Herbert（威廉 · 赫伯特），而王尔德则认为，这个W. H.是他十分器重的一个男童演员Willie Hughes，此外，还有一些其他说法，譬如，莎士比亚的姻亲William Hathaway、莎士比亚的外甥William Hart、作者本人William Himself，等等，迄今没有定论，甚至连这个“题献”究竟是莎翁的本意，还是出版者的增添，也不能肯定，因此，这里身份（identity）的含混是关键，这就给了斯蒂芬（乔伊斯）利用同音异义字做文字游戏充分的理由。这里的Hughes，hews，hues等字发音的相同与相似显然是最重要的，而词义则居于无足轻重的地位。这样看来，金译（“休斯啦、休思啦、绣丝啦”）无疑比萧译（“就像休斯和砍伐和色彩”）更接近原意。此外，贝斯特误指《十四行诗》作者为Willie Hughes后又加的那个修饰语：a man of all hues，其实是《十四行诗》第20首第7行的部分（*A man in hue*，*all hues in his controlling*，*/Which* *steals men's eyes and women's souls amazeth.*)，这里引述尽管有形式上的同音异义，但词义却绝非如上所说的“无足轻重”，反倒超越了形式上的重要性，萧译“八面玲珑的”显然与原意相去甚远，而金译“绣丝”虽然顾及了形式，却牺牲了词义。窃以为，不妨用“秀色绝伦”之类的表述，既译出了词义，也在部分上兼及了（“秀色”与休斯）形式特征。还有，王尔德因同性恋丑闻入狱事件在 19 世纪晚期文坛轰动一时，与他过从甚密的同性伴侣中也有一位类似的秀色绝伦的少年，因此，这里的 The light touch 中的 touch 就不仅指“笔触”，也暗含了“性接触”的意味。显然，仅仅译作“笔触”是不够的。

拙译：

——最妙的是王尔德写的那篇，贝斯特先生举着他那本精妙的笔记本说。就那本《W. H.先生肖像》，他在书里论证了那些十四行诗是一个秀色绝伦的男子威利·休斯写的。

——是献给威利·休斯的吧，是不是？贵格会教徒的图书馆馆长问。

要不就是休伊·威尔斯？威廉本人先生：W.H.：我是谁？

——我是想说为威利·休斯写的来着，贝斯特先生轻巧地掩饰过自己的谬误。当然，那全是些似是而非的话，你知道，休斯啦，修思啦，秀色啦，色彩啦，可他却写得很独特。那正是王尔德的本质特征，你不知道吗。轻巧的一触。（pp363－4）

11. 莫里根早上曾要求斯蒂芬中午 12:30 到“船屋”酒家，请他与海因斯吃喝，斯蒂芬被动地答应了，但他却临时改了主意，给他发了封爽约的电报，现在莫里根找了来兴问罪之师：

— It's what I'm telling you, mister honey, it's queer and sick we were, Haines and myself, the time himself brought it in. 'Twas murmur we did for a gallus potion would rouse a friar, I'm thinking, and he limp with leching. And we one hour and two hours and three hours in Connery's sitting civil and waiting for pints apiece.

He wailed:

— And we to be there, mavrone, and you to be unbeknownst sending us your conglomerations the way we to have our tongues out a yard long like the drouthy clerics do be fainting for a pussful. (p191/164)

萧译:

“是这么回事。好兄弟，当海恩斯亲自把电报拿进来的时候，他和我都正觉得苦恼烦闷来着。我们曾嘟囔说，要足足地喝上它一杯，让行乞的修士都会起魔障。我正转着这个念头，他呢，跟姑娘们黏糊起来了。我们就乖乖儿地坐在康纳里那儿，一个钟头，两个钟头，三个钟头地等下去，指望着每人喝上五六杯呢。”

他唉声叹气地说:

“我们就呆在那儿，乖乖，把舌头耷拉得一码长，活像那想酒想得发昏的干嗓子教士。你呢，也不知道躲哪儿去了，居然还给我们送来了这么个玩意儿。”(p385)

金译:

——俺跟你说的没错呀，蜜糖先生哪，海恩斯他捎了进来呀，他跟俺俩是又纳闷又傻了眼啦。俺们念叨的是断头台上那一杯呀，俺琢磨，托钵僧喝了也会上劲的呀，哪怕他好色淘空了身子呢。俺们就那么老老实实地在康纳里那搭儿等呀等的，一个钟头儿两个钟头儿三个钟头儿呀，只盼着一个人来那么几品脱哪。

他哀号起来:

——俺们就在那儿干等呀，啊呀呀，没曾想你倒给俺们寄了你那些

个大杂凑来，害得俺们舌头拖出三尺长，活像那想喝一口喝不着，渴得快死过去的教士哪。（p309）

案：这两段文字是莫里根拿着爱尔兰土腔土调(brogue)，学着辛格剧中那些夹杂爱尔兰西部乡音土语的英语对斯蒂芬故意大发怨言，这种文体上的独特性和滑稽性，似应在译文中有所体现，萧本好像没有给予较多关注，而金本却做了努力。此外，萧本用“他呢，跟姑娘们黏糊起来了”译 and he limp with leching 似乎也不对，因为这里的 he 指的显然是前文的 friar，而非海因斯。其意思是说，喝了断头台上的酒，完全可能(would)让修士勃起，从而慢慢产生淫欲(limp with leching)。金译“哪怕他好色淘空了身子呢”似乎是一种说得过去的理解，但这里的让步“哪怕”从哪里来的呢？总不会是从省略的 would 来的吧？

拙译：

——咱对你说吧，乖乖呀，海因斯把这玩意儿弄进来的时候，咱俩正难过着呢。咱俩嘀咕着，来它杯上断头台的酒，叫那修士也得挺得直直的，慢慢来劲儿去泡妞儿。咱就这么着干坐在康纳里那儿一个点儿两个点儿三个点儿地等呀等呀，等着来它那么几大杯哪。

他哀号起来：

——咱就那儿这么乖乖地干耗着，舌头耷拉着一尺长，活像想喝喝不着，渴得快干死的修士，乖乖，你倒好，不知上哪儿了，倒给咱发来这么个乱七八糟的玩意儿。（p366）

12. 斯蒂芬说，莎士比亚在伦敦的二十年中，过着阔绰、奢华、淫乱的生活，与上流社会的贵妇人以及秦楼楚馆的妓女们过从甚密。他提到莎士比亚每次回故乡都要在牛津的皇冠酒店下榻，与酒店老板娘私会。莫里根举出另一个女子，进一步嘲弄那个淫乱的上流社会。

这段文字是：

— The height of fine society. And sir William Davenant of Oxford's mother with her cup of canary for any cockcanary.

Buck Mulligan, his pious eyes upturned, prayed:

— Blessed Margaret Mary Anycock. (p193/166)

萧译：

“上流社会的精华。还有牛津的威廉·戴夫南特爵士的母亲，只要是长得像金丝雀那样的俊秀的男人，她就请他喝杯加那利酒。”

勃克·穆利根虔诚地抬起两眼祷告道：

“圣女玛格丽特·玛丽·安尼科克！”（p389）

金译：

——上流社会的最上层了。还有牛津的威廉·戴夫南特的母亲，常备金丝雀葡萄酒以待公雀。

壮鹿马利根翻起虔诚的眼睛作祈祷：

——玛格丽特·玛丽·杂交鸡有福了！（p313）

案：斯蒂芬提到的这位牛津酒店的老板娘是诗人、戏剧家威廉·戴夫南的母亲，她与包括莎士比亚在内的上层名流都有染。canary 既是金丝雀，又是一种葡萄酒，cock 是公鸡，与 canary 组合起来，就成了公的金丝雀。暗指戴夫南母亲与那些与其有染的上层男子。金译 canary 为“金丝雀葡萄酒”，译 cockcanary 为“公雀”，很好地关注了这一对字意义与形式两方面的联系；萧译 canary 为“加那利酒”，译 cockcanary 为“长得像金丝雀那样的俊秀的男人”，意思没有问题，但却未能关注二者间形式上的联系。莫里根接着举出这位死后被赐福并尊为圣者的法国修女，并暗示她生前曾有过越轨行为。这位修女姓 Anacoque，与 anycock 发音极其相似，anycock 意为“任何公鸡”，显然受上文斯蒂芬说的 canary 和 cockcanary 的启发。萧译 canary 为“安尼科克”，完全音译，这样，语言形式上的关联就一点儿也没有了；金译 anycock 为“杂交鸡有福了”试图传达这种关联，但“杂交鸡”与“公鸡”、“公雀”意义上有出入，因而同样丧失了这里语言上的关联。

拙译：

——上流社会的最高层。还有牛津的威廉·戴夫南爵士的母亲，常备有金丝雀葡萄酒招待每一位公雀。

雄鹿莫里根翻起虔诚的眼睛祈祷道：

——神佑的玛格丽特·玛丽·爱你公雀！（p371）

13. 斯蒂芬心想自己干得不错，把神学、逻辑学、语文学等不同学科的观念和方法杂糅在了一起，颇有得意之色：

I think you're getting on very nicely. Just mix up a mixture of theolologicophilolological. Mingo, minxi, mictum, mingere.（p196/168）

萧译：

我觉得自己颇有领会。那么，把神学伦理学语言学什么学掺合在一起再看看。撒着尿，撒了尿，撒着尿的，撒尿。（p395）

金译：

我认为你干得很不错。就是把神学逻辑学语言学什么学都混成一大堆。Mingo，minxi，mictum，mingere.（p319）

案：这里有两个问题：一是 theolologicophilolological 由 theology，logic，philology 等字或其部分混成，译作：“把神学伦理学语言学什么学掺合在一起”（萧本）或“把神学逻辑学语言学什么学都混成一大堆”（金本）自然不错，但乔氏混成字的感觉就丧失了。二是

Mingo，minxi，mictum，mingere 是拉丁语动词“撒尿”的变化形式，其发音与英语表示“搅拌”和“混合”的字 mingle，mix 相近，从而形成了意义上的联想和自嘲意味，译作“撒着尿，撒了尿，撒着尿的，撒尿”（萧本）虽然译出了动词的变化，但却与上句在意义上缺少引发双关的联想；完全不译，以作注的方式处理，就更弱化了这里文字游戏的意思。

拙译：
我看你干得蛮不错。把神逻辑语文学一大堆杂拌儿搅拌起来就成，尿搅着、尿拌了、尿和了的，尿和。（p379）

14. 斯蒂芬从乱伦谈到贪婪、财富、债权等问题时说：

— ... But a man who holds so tightly to what he calls his rights over what he calls his debts will hold tightly also to what he calls his rights over her whom he calls his wife. No sir smile neighbour shall covet his ox or his wife or his manservant or his maidservant or his jackass.

— Or his jennyass，Buck Mulligan antiphoned.

— Gentle Will is being roughly handled，gentle Mr. Best said gently.

— Which will！ gagged sweetly Buck Mulligan. We are getting mixed.

— The will to live，John Eglinton philosophised，for poor Ann，Will's widow，is the will to die.

— *Requiescat*！ Stephen prayed.

What of all the will to do？
It has vanished long ago ...（pp197 - 8/169）

萧译：

“……然而一个人如此执着于债权，也同样会执着于所谓夫权。任何笑眯眯的邻居也不可去贪图他的母牛、他的妻子、他的婢女或公驴。”

“或是他的母驴。”勃克 · 穆利根接着说道。

“温和的威尔遭到了粗暴的对待。”温和的贝斯特先生温和地说。

“哪个威尔呀？”勃克 · 穆利根亲切地打了句诨，“简直都掺混不清了。”

“活下去的意志，”约翰 · 埃格林顿用哲理解释道，“对威尔的遗孀——可怜的安来说，就是为了迎接死亡的遗嘱。”

“安息吧！”斯蒂芬祷告说。

当年雄心壮志何在？

早已烟消云散。（p396）

金译：

——……可是，一个对于他称为债权的东西抓得如此之紧的人，自然也会对他称为夫权的东西毫不松手的。不论是什么微笑先生邻居朋友，谁也休想觊觎他的牛、他的老婆、他的用人、他的婢女，或是他的毛驴。

——或是他的母驴，壮鹿马利根唱和着。

——文雅的威尔遭到了粗暴的对待，文雅的贝斯特先生文雅地说。

——哪一条尾儿呀！壮鹿马利根笑眯眯地插科打诨。我们都搞糊涂了。

——生命的威力，约翰 · 埃格林顿发表他的哲理性看法。对于威尔的遗孀，苦命的安，那就是死亡的威力。

——*Requiescat*！斯蒂汾作了祈祷。

那蓬勃的生命威力何在？

它早已消逝……（p321）

案：这些对话中最关键的一个字是 will。Will 既是 William

Shakespeare 的略称，也有“意志、意愿、遗嘱”等多义。贝斯特说的 Will 无疑指莎士比亚；莫里根的 Which will！显然是明知故问，利用此字的多义插科打诨；埃格林顿的解释主要是用“意志”、“意愿”等义来申述弗洛伊德的理论，斯蒂芬引述的诗行中的 will 则包括了莎士比亚以及意志、遗嘱等多义。毫无疑问，will 的一字多义无法在汉语中找到对等字。金译试图用“威力”与“威尔”的近似来接近原词的效果，但“威力”毕竟离“意志”、“意愿”差距较大，“生命的威力”、“死亡的威力”与弗氏的“生的意志”、“死的意志”也不是一回事，在这种情况下，移译其不同语境中的不同意思(若萧译)，不勉强去找近似的表达，似乎是没有选择的选择，也是最为安全的选择。不过，适当地做一些弥补，譬如，在合适的语境中，将 will 的几个主要意思同时给出，或者可以在一定程度上暗示这个字的一词多义，从而有助于读者的理解。此外，金本用“尾儿”与“威尔”的同音来转换莫里根的插科打诨值得充分肯定，因为在这里的语境下，will 的词义已经无足轻重，用“尾儿”显然比用“威尔”(萧译)可以更好地描摹莫里根那种顽劣调侃的神情。

拙译：

——……然而，一个人如此斤斤计较他所谓的债权，也就必然斤斤计较他所谓的夫权。没有任何一位邻居微笑先生，可以觊觎他的牛、他的老婆、他的仆人、他的婢女或他的公驴。

——或他的母驴，雄鹿莫里根赶紧跟上一句。

——温文尔雅的威尔受到了粗暴的对待，温文尔雅的贝斯特先生温文尔雅地说。

——威尔呀，意志呀，遗嘱呀，到底是哪一个萎儿呀！雄鹿莫里根嬉皮笑脸地插科打诨。我们都给搞糊涂了。

——生的意志，约翰·埃格林顿满含哲理地说，对威尔的遗孀，可怜的安来说，就是死的意志。

——愿她安息！斯蒂芬在做祈祷。

那种种意志哪里去了？
很久以前就已经消散……（pp381－2）

15. 斯蒂芬最后谈到了莎士比亚的弟弟理查和他的《暴风雨》时，有这么一句：

If you like the epilogue look long on it：prosperous Prospero，the good man rewarded，Lizzie，grandpa's lump of love，and nuncle Richie，the bad man taken off by poetic justice to the place where the bad niggers go.（p204/175）

萧译：

倘若你喜欢尾声，那么就仔细端详一下吧。幸福的普洛斯彼罗是得到好报的善人。丽齐是外公的宝贝疙瘩；里奇叔叔这个歹徒按照因果报应的原则被送到坏黑人注定去的地方了。（p408）

金译：

如果你喜欢收场戏的话，你可看仔细了：颇乐斯颇乐的普洛斯彼罗，好人得好报；外公的宝贝疙瘩丽西；还有那名坏蛋小叔里奇，就是剧中伸张正义打发到坏黑鬼去处的那家伙。（p334）

案：剧中的 prosperous 意为“兴旺”、“发达”、“繁荣”、“富足”等，与普洛斯彼罗公爵的名字 Prospero 谐音，萧译不理会这里谐音的效果，而金译“颇乐斯颇乐”显然做了努力。

拙译：

如果你喜欢戏的收场，那就仔细看吧：不落失偏乐的普洛斯彼罗，好人得好报，丽齐成了外公的宝贝疙瘩，小叔里奇那个坏蛋，通过剧中正义的宣判被送到坏黑鬼该去的地方。（p397）

16. 莫里根招呼斯蒂芬出去喝酒时有两句：
Swill till eleven. Irish nights entertainment.（p206/176）

萧译：
痛饮到十一点，爱尔兰的夜宴。（p411）

金译：
狂饮至十一点。爱尔兰晚间娱乐。（p337）

案：阿拉伯文学名著《一千零一夜》的英译名有一种即为：*Arabian Nights' Entertainment*。爱尔兰作家 Patrick J. McCall 搜集出版了爱尔兰的一些民间传说与故事，就借用了这一书名，题为：*The Fenian Nights' Entertainment*。莫里根的意思显然是邀斯蒂芬去痛饮，还可继续就文学中各种问题作彻夜谈（爱尔兰酒馆一般晚十一点打烊）。译作："爱尔兰的夜宴"（萧本）或"爱尔兰晚间娱乐"（金本），意思不错，但这里的联想与暗含的意思却一点也看不出来。这部阿拉伯名著的中文译名一般有两种，一作《一千零一夜》，一作《天方夜谭》。倘借用后者之意，如何？

拙译：
痛饮到十一点。爱尔兰夜谭。（p401）

17. 斯蒂芬跟随莫里根往出走，情绪低沉，无精打采。这里的一句是：
Stephen, greeting, then all amort, followed a lubber jester, a wellkempt head, newbarbared, out of the vaulted cell into a shattering daylight of no thoughts.（p206/176）

萧译：
斯蒂芬向大家致意，然后垂头丧气地跟着那个新理过发，头梳得整

整齐齐，爱说笑话的傻大个儿，从拱顶斗室走入没有思想的骄阳中去。（p411）

金译：

斯蒂汾打过招呼，垂头丧气地跟随着一个插科打诨的小丑，一颗新近理过发、梳妆整齐的脑袋，走出拱顶馆房，走进一片刺眼而无思想的阳光。（p337）

案：句中的 all amort 是伊丽莎白时代的词语，是法语 à la mort 的误植，*SOED* 解作 dead，lifeless，inanimate，spiritless，dejected。出自莎剧《驯悍记》第四幕第三场彼特鲁乔对凯瑟丽娜的话："不要这样垂头丧气的，向我笑一笑吧。"（《莎士比亚全集》三，p275）现有两译均从莎剧，将其译作"垂头丧气"，意思当然很好，但问题是时隔五六个世纪，伊丽莎白时代的这一用法，当代英语已很少使用；"垂头丧气"虽然唐人就已经开始使用，但现在仍然是活跃在人们口头的一个成语。译作"垂头丧气"显然与这个现已基本废弃不用的古语不相协调。

拙译：

斯蒂芬，向大家招呼着，心志颓丧地跟随一个笨拙的小丑，一个新理过发的、梳理得十分整齐的脑袋，走出拱顶小室，进入一片没有思想的刺目日光中。（p401）

18. 莫里根嘲弄埃格林顿有一句：

O，the chinless Chinaman！Chin Chon Eg Lin Ton.（p207/177）

萧译：

噢，没有下巴的中国佬！靳张艾林唐。（p412）

金译：

——哎，那个没下巴的支那佬！挨个儿拎一顿的埃格林顿。（p338）

案：这句是从当时流行的一部轻歌剧《日本艺伎》（*The Geisha*）中一个茶坊老板唱的歌词中脱化出来的，原歌词的合唱部分有这样几句：Chin，Chin，Chinaman /Muchee muchee sad /Me afraid allo trade/Wellee wellee bad！显然是在嘲笑中国商人的洋泾浜英语（发音不准，如将 very 说成 wellee，将 much 说成 muchee，语法混乱等）。句中的 Chin 是 China 的部分，英语中意为“下巴”，莫里根将埃格林顿比作“支那佬”，嘲弄埃格林顿“没有下巴”。下面的 Chin Chon Eg Lin Ton 乃是故意以中国人拼读自己名字的方式和口音拼读 Eglinton。译作“哎，那个没下巴的支那佬！挨个儿拎一顿的埃格林顿。”（金本）显然并没有十分弄清第二句嘲弄意味的症结，有点过度联想。莫里根只是通过埃格林顿与中文名字的滑稽结合来嘲弄，“挨个儿拎一顿”不仅在形式上与原意无关，内容上也不符合埃格林顿在上文有关莎士比亚问题争论中的立场（案：埃格林顿与拉塞尔等人一致，完全是站在与斯蒂芬对立的立场上的）。而译作“噢，没有下巴的中国佬！靳张艾林唐。”（萧本）则要好得多，然而令人稍感不足的是，没有将埃格林顿的名字（Eg Lin Ton 显为洋泾浜式英语）明确放进去，既切断了莫里根的嘲弄与其嘲弄对象之间的关联，也失去了中西名字混拼产生的谐谑效果。

拙译：

——哦，没下巴的支那佬，秦钟 埃格 林顿。（p403）

19. 莫里根戏仿叶芝的《贝尔与艾琳》第一节的那首诗：

I hardly hear the purlieu cry

Or a Tommy talk as I pass one by
Before my thoughts begin to run
On F.M'Curdy Atkinson,
The same that had the wooden leg
And that filibustering filibeg
That never dared to slake his drouth,
Magee that had the chinless mouth.
Being afraid of marry on earth
They masturbated for all they were worth.(p207/177)

萧译：
每逢喊声传邻里，
或听街头大兵语，
我就忽然间想起，
弗·麦考迪·阿特金森，
一条木腿是假的，
穿着短裙不讲道理，
渴了不敢把酒饮，
嘴缺下巴的马吉
活了一世怕娶妻，
二人成天搞手淫。（p413）

金译：
我每回走到那脏街旁，
甭听那街上的喊叫和大兵的闹，
首先都不由得想到一个人，
就是那麦柯迪·阿特金森，
伸着他的那一条木头的腿，
还有那长一张没有下巴的嘴

唠叨起来没个完的方格裙麦吉，
渴死了也不敢去把渴解一解。
两个人都没胆真去结婚。
只好靠手淫把那日子混。（p339）

案：这节诗有两个特点：一是粗俗，谑谐，幽默；二是形式上大体整齐，抑扬格，押双行韵。从形式上讲，萧金两译都没有严格地押双行韵；从内容上看也有几处似可商讨：hardly hear 意为“听不清”，因为听者脑子里想到了两个人，自然听不清。故译作“甭听”（金本）或“或听”（萧本）都不太确切。装假腿、穿方格裙，唠叨起来没完或不讲道理的是阿特金森，这一点已由原文的句法和标点明确地表示了出来，故译“唠叨起来没个完的方格裙麦吉”（金本）显然是张冠李戴。

拙译：
——每回我走过邋遢的街道，
听不清街上的喊叫和大兵说笑，
我脑瓜里总转着一些人，
头一个就是默柯迪·阿特金森，
安着木头腿穿条花格呢，
说话又长又臭蛮不讲理，
渴死了也不敢喝上一杯，
还有迈吉那张没下巴的嘴。
两人都不敢娶婆娘
只能靠手淫混时光。（p404）

20. 莫里根琢磨出的那出哑剧：

— *Everyman His Own Wife*

or

A Honeymoon in the Hand

(*a national immorality in three orgasms*)

by

Ballocky Mulligan

— Characters:

TOBY TOSTOFF(a ruined Pole)

CRAB(a bushranger)

MEDICAL DICK
and
MEDICAL DAVY } (two birds with one stone)

MOTHER GROGAN(a watercarrier)

FRESH NELLY

and

ROSALIE(the coalquey whore)(p208/178)

萧译:

人人是各自的妻

或

到手的蜜月

(由三次情欲亢进构成的、国民不道德剧)

作者

巴洛基·穆利根

登场人物:

托比·托斯托夫(破了产的波兰人)

克雷布(土匪)

医科学生迪克
和
医科学生戴维 } 一石二鸟

老妪葛罗甘(送水者)

新手内莉

以及

罗莎莉（煤炭码头上的婊子）（p414）

金译：

——人自任妻
另名
手中蜜月
（三高潮非道德民族剧）
玩球·马利根编

——剧中人：

托贝·一把摔（破产波兰人）

克拉布（丛林逃犯）

医学生狄克
和
医学生戴维 }一箭双雕

格罗根大娘（送水的）

鲜内莉

和

罗莎莉（煤炭码头窑姐）（p341）

案：这出哑剧充满了淫邪的意味。标题及副标题之后置于括号中的注释性文字：a national immorality in three orgasms 译作“三高潮非道德民族剧”（金本）似应明确译出“情欲”，否则容易与戏剧性的高潮混淆；作者署名 Ballocky Mulligan 也同样应译出其中色情意，译作“巴洛基·穆利根”而在注解中说明“意译：睾丸的穆利根”（萧本）何如直接译作“睾丸·穆利根”？另外，ballock 除了“睾丸”一意外，还有 nonsense 之意，老乔这里显然在玩双关，译作“玩球”（金本），淫邪之意虽有但不是很强，且其双关之意也没有出来。那么，译作“扯蛋”是否会好些呢？口语中表达 nonsense 常用“扯淡”一语，若改“淡”为“蛋”则既对应了 ballock 的词根 ball，也隐含了比较明显的色情意味，因为汉语中的“扯淡”原本来自民间的骂人话“扯球蛋”或“扯蛋”之类。此外，剧中的两个主要人物：一是 Toby Tostoff，另一是 Crab，toby 有“屁股”之意；crab 有“阴虱”之意；tostoff 即 toss off，有“手淫”之意。音译(萧本)显然不能表达这里的色情意味，译作“托贝·一把摔”和“克拉布”(金本)虽然部分上作了变通，但我尚未找到证据说明哪里的方言俚语用“一把摔”表达“手淫”之意。鄙意 Toby Tostoff 不妨译作“托屁·砍椽夫”，因晋陕一带的北方俚语中常说“砍川”，表达“胡说八道”之类的意思，犹如“扯淡”，但有意思的是，正像“扯淡”原始于性意味明显的“扯球蛋”一样，“砍川”也来源于隐含着手淫意味的“砍椽”(“椽”令人想见阳具之象)之意。汉语中本有“阴”姓，Crab 则不妨径译作“阴虱”。较之音译，这样译不唯可以更近原文中的“色”意，且能更生动地勾画出莫里根典型的丑角嘴脸。莫里根自鸣得意之处正在这些词语包含的色情意味溢于言表，他说得很坦白：The disguise，I fear，is thin。意思是不言而喻的。

拙译：

——人皆己妻

又名

蜜月在手

(由三次情欲高潮构成的国民非道德剧)

作者：扯蛋·莫里根

——剧中人物：

托屁·砍椽夫(破产的波兰人)

阴虱(阴丛强盗)

医科生狄克
和
医科生戴维 } 一石二鸟

葛罗根老妈妈(送水者)

新出道的奈莉

和

罗莎莉(煤炭码头婊子)(pp405-6)

第十章

本章采用电影蒙太奇手法，将从下午 3:00 到 4:00 开始的都柏林生活置于 19 个场景中，在某一时间点上，不同空间的场景互有交叉。这种蒙太奇手法的应用，差不多浓缩了都柏林生活的全貌，也浓缩了小说中几乎所有人的活动。本章的 19 个空间又被置于两个主要的旅行线索中：康眉神父为刚刚入葬的狄格南的孩子们的善后事宜从教堂步行到都柏林东北郊的阿坦，时间一小时左右，行程 2.5 英里。达德利总督夫妇的车队从总督府出来前往主持为梅塞尔医院募捐的迈勒斯义卖市场的开幕典礼。翻译应注意三点，一是各节中穿插、闪回、预示的场景；二是不同人物在对话中的不同声腔和话语；三是专名（地名、人名）的统一。

1. 第 1 节写康眉神父出门后步行至阿坦一路所见所闻。他看了表，差五分三点，觉得时间正合适，想到死者的孩子，有这么几句：
   What was that boy's name again? Dignam. Yes. *Vere dignum et iustum est.*（p210/180）

   萧译：
   那个男孩儿姓什么来着？迪格纳穆。对。着实恰当而正确。（p433）

   金译：
   那个男孩子姓什么来着？狄格南。对。Vere dignum et iustum est.（p343）

案：康眉神父引的那句拉丁语，意为：It is indeed fitting and right，即“的确恰当正确”之类。这句在做弥撒和布道中常说的拉丁语，神父脱口而出，不仅是对自己行将救苦救难的善举的肯定，而且其中的 dignum（恰当）与 Dignam 的姓氏发音接近，也产生了谐谑的效果。萧译为“着实恰当而正确”没有考虑这里的形式意义；金本照录原文，自然无从考虑这里的形式意义。拙译 dignum，“的确呐”，倘以某些方言将“确”读作“ko”，则其发音近似“狄格南”。

拙译：

那孩子姓什么来着？狄格南。对。没错儿，的确呐。（p409）

2. 康眉神父遇到希伊抬头，问候寒暄之后，有这么一句：

— Good afternoon，Mrs. Sheehy.（p211/180）

萧译：

“那么，再见吧，希伊太太。”（p434）

金译：

——祝您下午好，希伊太太。（p344）

案：这里的 Good afternoon 显然是道别（若萧译）而非问候或祝愿（金译）。

拙译：

——那就再见了，希伊太太。（p410）

3. 康眉神父想起伯纳德·沃恩神父的伦敦东区土腔：

Pilate！Wy don’t you old back that owlin mob？（p180）

萧译：

“彼拉多！你咋不赶走那些起哄的家伙？”（p434）

金译：

——彼拉多，你是干啥吃的，人们瞎起哄，你不管？（p344）

案：这句话中一些字显然有浓重的cockney accent。Wy 当是 Why，old 当是 hold，owlin 当是 howling，因此这句话应当是 Pilate！Why don't you hold back that howling mob？康眉神父无疑在戏仿这位口音很重的神父的腔调，翻译的关键是译出这些字不标准的发音，萧金两译虽然使用了一些方言或口语，但却没有译出伦敦东区那些变形的发音来。

拙译：

——彼拉多！你为啥不撣住那伙嚎嗷乱叫的暴徒呢？（p410）

4. 第5节鲍伊兰为莫莉买果篮，鲜花水果店的金发女郎在装果篮，鲍伊兰递给她一个小瓶和小罐，要她先放在篮底，这里的对话是：

— Put these in first, will you? he said.

— Yes, sir, the blond girl said, and the fruit on top.

— That'll do, game ball, Blazes Boylan said.（p218/187）

萧译：

“把这些先放进去，好吗？”他说。

“好的，先生，”金发姑娘说，“上面放水果。”

“行，这样挺好。”布莱泽斯 · 博伊兰说。（pp445 - 6）

金译：

——把这两样先放进去，好吗？他说。

——好的，先生，金发女郎说。水果放上面。

——行，好活儿，一把火鲍伊岚说。（p356）

案：这里的 game ball 是一个来自体育竞技的术语，指球赛终局前的局点球，意思是上面的水果犹如“局点球”，一放果篮就装好了。萧金两译似乎均未译到位。

拙译：

——先把这两样放进去，好吗？他说。

——好的，先生，金发女郎说。水果放最上面。

——这样很好，一放就得了。急急火鲍伊兰说。（p422）

5. 第 8 节，奈德领一位神父参观圣玛丽修道院的会议室，杰 · 杰 · 奥莫洛伊也来了。这节开始的几句是：

Two pink faces turned in the flare of the tiny torch.

— Who's that？ Ned Lambert asked. Is that Crotty？

— Ringabella and Crosshaven，a voice replied groping for foothold.

— Hello，Jack，is that yourself？ Ned Lambert said，raising in salute his pliant lath among the flickering arches. Come on. Mind your steps there.（p221/189）

萧译：

两张粉红色的脸借着小小火把的光亮出现了。

“谁呀？”内德 · 兰伯特问，“是克罗蒂吗？”

“林加贝拉和克罗斯黑文，”正在用脚探着路的一个声音说。

“嘿，杰克，是你吗？”内德 · 兰伯特说着，在摇曳的火光所映照的拱顶下，扬了扬软木条打着招呼。“过来吧，当心脚底下。”（p450）

金译：

一个小小的火把，照着两张红通通的脸庞转进来了。

——谁呀？内德·兰伯特问。是克罗蒂吗？

——林加贝拉和克罗斯黑文，两人之一用脚探着路说。

——唷，杰克，是你来啦？内德·兰伯特说着，在阴影幢幢的拱顶之间举起了手中的柔韧木条表示欢迎。

——来吧，小心脚底下。（p360）

案：通观此节，不难看出，开始出现的两张脸显然是奈德和来参观的神父的。这个原先的礼拜堂是圣玛丽修道院失火后的遗迹，是一处著名的历史古迹，现在已是奈德的仓库，楼上码着成袋的粮食，甚至连窗户也被堵住了，因此显得幽暗，正因为光照不足，所以进来时神父划着了一根火柴。幽暗中还有一个人也进来了，奈德发问，还以为是欢乐剧院的歌手克罗蒂呢，但听到对方的回答，立即认出是杰克（即杰·杰·奥莫洛伊），所以，这里作答的 a voice 只能是杰克的，译作“两人之一”（金译）无疑没有点明人物身份，令人莫知所指；译作“一个声音”（萧译）显然是正确的。

拙译：

在一个小小火炬的光亮中，两张粉红色的脸转进来了。

——谁在那儿？奈德·兰伯特问。是克罗蒂吗？

——铃加贝拉和克罗斯黑文。一个声音在用脚探着路的同时说。

——嗨，杰克，是你呀？奈德·兰伯特说着在光影摇曳的拱顶间扬起手中的软木条打招呼。来吧，小心脚底下。（p427）

6. 第 9 节写汤姆·罗奇弗特发明了一种可以让观众选择节目的机器，并向大鼻子弗林、莱纳汉和麦考伊讲解这一发明如何运作，之后莱纳汉应约去奥蒙德饭店会鲍伊兰，与麦考伊同路，向他讲述自己十年前与勃鲁姆夫妇同时参加一个募集善款的宴会，子夜回家路上与勃鲁姆妻子莫莉坐在马车同一边，借机大吃莫莉豆腐的事儿。他的口吻卑琐、俚俗、淫荡。马车在颠簸中前进，每颠一次，莫莉就要撞他怀中一次，他得以亲近她的身体，感受她的女性诱惑。且听他讲到自己占了便宜后的话：

The lad stood to attention anyhow, he said with a sigh. She's a gamey mare and no mistake. Bloom was pointing out all the stars and the comets in the heavens to Chris Callinan and the jarvey: the great bear and Hercules and the dragon, and the whole jingbang lot. But, by God, I was lost, so to speak, in the milky. way. He knows them all, faith. At last she spotted a weeny weeshy one miles away. *And what star is that, Poldy?* says she. By God, she had Bloom cornered. *That one, is it?* says Chris Callinan, *sure that's what you might call a pinprick.* By God, he wasn't far wide of the mark. (p225/193)

萧译：

“反正那小子直挺挺地竖起来了，”他叹口气说，“没错儿，那娘儿们是个浪母马。布卢姆把天上所有的星星和彗星都指给克里斯·卡利南和车把式看：什么大熊座啦、武仙座啦、天龙座啦，和其他繁星。可是对上主发誓，我可以说是身心都沉浸在银河里了。说真格的，他全都认得出。她终于找到一颗很远很远一丁点儿大的小不点儿。‘那是什么星呀，波尔迪？’她说，上主啊，她可给布卢姆出了个难题。‘那一颗吗？’克里斯·卡利南说，‘没错儿，那说得上是个小针眼儿。’哎呀，他说的倒是八九不离十。”(p458)

金译：

——小家伙都立正了，他说着，叹了口气。那女人是个骚货，没错。布卢姆正对着天上指指点点，给克里斯·卡利南和车夫讲各种各样的星辰和彗星：什么大熊座呀、武仙座呀、天龙座呀，等等云云，不亦乐乎。可是天主哪，我可好比是落在银河里头，不知东南西北了。他全都知道，真格的。最后，她找到了一颗小极了的小星星，老远老远的。那颗是什么星呢，波尔迪？她说。天主哪，她可把布卢姆难住了。那颗吗？克里斯·卡利南说，那可以说是个针眼儿，没有错儿。天主哪，他说的倒真是不太离谱儿。（p368）

案：不难看出，两译都注意到莱纳汉的声口和用词，总体上译出了他那种淫俗的口吻。但还有两处似可讨论。The lad stood to attention anyhow 是一种委婉而谑谐的表述，句中的 lad 译“小子”（萧本）和“小家伙”（金本）都不错，但因其这里实指“男性器官”，故后译显然优于前译；stand to attention 也是十分诙谐的说法，故译其字面义“立正”（金本）反倒比译其实际义“直挺挺地竖起来了”（萧本）要风趣得多。此外，and whole jingbang lot 译“等等云云”已经足够了，若再加上“不亦乐乎”（金本）就显得有点儿过度阐释了。

拙译：

——反正小弟弟都立正了，他叹着气说。那娘儿们可真是个大骚货，没错儿。勃鲁姆正指指画画，给凯利南和赶车的说天上的星星和彗星呢：大熊星座啦、武仙座啦、天龙座啦，什么什么的啦。可老天呀，我是整个儿掉银河里啦，什么都不知道啦。他可是全懂，真格的。后来她看见一丁点儿的一个小不点儿，老远老远了，**那是什么星呀，波尔迪？**她说。天哪，她可把勃鲁姆给难住了。**那一颗吗？**克里斯·凯利南说，**嗨，你就叫它针眼儿得啦。**别说，他说的倒还真差不离儿。（p435）

此外，本节前文麦考伊说的 Goodnight 也是告别语，两译均作问候语了。

7. 第11节，迪莉找到了父亲西蒙，问他要钱，他说没有，迪莉认定他有，这里有几句对话：

— You got some, Dilly said, looking in his eyes.

— How do you know that? Mr Dedalus asked, his tongue in his cheek. (p228/195)

萧译：

"你准弄到了点儿，"迪丽盯着他的眼睛说。

"你怎么晓得？"迪达勒斯先生用舌头顶着腮帮子说。(p463)

金译：

——你弄到了一些钱，迪莉盯住他的眼睛说。

——你怎么知道？代达勒斯先生躲躲闪闪地问。(p372)

案：tongue in cheek 最初表达一种 contempt（"鄙薄"、"鄙视"义），后来发展为 not seriously 等义，故这里译字面意"用舌头顶着腮帮子说"（萧本）显然不妥；译"躲躲闪闪"（金本）似乎也不到位，无法表达西蒙那种被女儿看穿之后不正经、不真诚的神态。

拙译：

——你弄到了一点儿，迪莉盯着他的眼睛说。

——你怎么知道的？德达路斯先生嬉皮笑脸地问。(p440)

8. 第13节斯蒂芬在宝石店外隔窗向里张望，看到了各式各样的珠宝，引发了宝石如何产生的思考。忽然想到一个舞女，这时有这样一段文字：

She dances in a foul gloom where gum burns with garlic. A sailorman, rustbearded, sips from a beaker rum and eyes her. A long and seafed silent rut. She dances, capers, wagging her sowish hauntches and her hips, on her gross belly flapping a ruby egg. (p232/198)

萧译：

这里，橡胶与大蒜一道燃着。在一片昏暗中，她翩翩起舞。一个留着赤褐色胡子的水手，边呷着大酒杯里的甘蔗酒，边盯着她。长期的航海生涯不知不觉地使他淫欲旺盛起来。她跳啊蹦啊，扭动着她那母猪般的腰腿和臀部。卵状红玉在肥大的肚皮上摆动着。（p469）

金译：

她在一片污浊幽暗中舞蹈。在这里，大蒜辣得牙床生痛。一个留赤褐色大胡子的水手，一边小口小口地啜着缸子里的甘蔗烧酒，一边使劲地盯着她。长期在海上喂养起来的、默默无声的淫欲。她跳着，蹦着，扭着腰，摇摆着母猪似的屁股，粗大的肚皮上扑动着一块鸟卵似的红宝石。（p378）

案：舞女肚皮上扑动的那块红宝石无疑是让斯蒂芬突然想到这一场景的衔接点，尽管斯蒂芬最后才说出了这一层意思，但翻译时完全可以将其调整到句子的开头，这样不仅可以使这里发生的联想易于被读者理解，也更符合汉语叙事的习惯。可惜现有的两译均未做出这一调整。另外，gum burns with garlic 实即烧树脂与大蒜的混合物，意在产生一种特殊的气味，据信，这种气味不仅可消毒，还可激发性欲。译作“大蒜辣得牙床生痛”（金本）虽然字面上大致讲得通，但却与这里的总体氛围了不相干。

拙译：

她肥大的肚皮上扑动着一块卵状红宝石，在树胶混合着大蒜一同燃烧的幽暗淫秽中跳舞。一个留着赤褐色大胡子的水手，一边嘬着杯中的甜酒，一边使劲地盯着她。长期海上生涯喂养起来的沉默淫

欲。她跳啊、蹦啊，扭动着她那母猪似的腰肢和屁股。（p447）

9. 第16节莫里根与海因斯在都柏林糕点公司吃点心时莫里根有一句话说：

We call it D.B.C. because they have damn bad cakes.（p238/204）

萧译：

“我们管这家叫糟糕公司，因为他们供应糟透了的糕点。”（p481）

金译：

——我们把这地方叫堵糕店，因为他们的蛋糕糟得堵心。（p389）

案：句中的D.B.C.本是Dublin Bakery Company的缩写，而莫里根故意说成damn bad cakes的缩写，造成了双关的效果。现有的两译显然都注意到了这一修辞手法，但却未能说明DBC的正式名称，也即其第一义，因而可能使读者误以为DBC的正名就叫“糟糕公司”或“堵糕店”，即便不发生这样的误解，读者也无从如谙熟原文和都柏林的读者那样，因明白其本是“都柏林糕点公司”而产生会心的微笑吧。

拙译：

都柏林糕点公司，我们管它叫糟糕公司，因为他们的糕点糟得一塌糊涂。（p459）

10. 第18节写小狄格南买了猪排在街上溜达时的情景，他的所见所想，在叙述者的声音中穿插着这个孩子的内心独白。且看最后一段：

Pa was inside it and ma crying in the parlour and uncle Barney telling the men how to get it round the bend. A big coffin it was, and high and heavylooking. How was that? The last night pa was boosed he was standing on the landing there bawling out for his boots to go out to Tunney's for to boose more and he looked butty and short in his shirt. Never see him again. Death, that is. Pa is dead. My father is dead. He told me to be a good son to ma. I couldn't hear the other things he said but I saw his tongue and his teeth trying to say it better. Poor pa. That was Mr. Dignam, my father. I hope he is in purgatory now because he went to confession to Father Conroy on Saturday night.（pp241－2/207）

萧译：

爹躺在里面，而妈呢，在客厅里哭哪。巴尼舅舅正在关照抬棺的人怎样拐弯。老大一口棺材，高而且沉重。怎么搞的呢？最后那个晚上爹喝得醉醺醺的。他站在楼梯平台那儿，喊人给他拿靴子；他要到滕尼的店里去再灌上几杯。他只穿了件衬衫，看上去又矬又矮，像一只酒桶。可那以后就再也看不见他了。死亡就是这样的。爹死啦。我父亲死了。他嘱咐我要当妈的乖儿子。他还说了些旁的话，我没听清，可我看得出他的舌头和牙在试着把话说得清楚一些。可怜的爹。那就是迪格纳穆先生，我的父亲。但愿眼下他在炼狱里哪，因为星期六晚上他找康罗伊神父做过忏悔。（p486）

金译：

爸在那里面躺着，妈在客厅里哭，巴尼舅舅在告诉人们怎样才能抬过那个小弯儿。好大的一口棺材，又高，又显得那么沉重。那是怎么一回事儿？爸最后喝醉的那个晚上，站在楼梯顶上大声喊人给他拿皮靴，说是要到滕尼公司去喝个痛快，他穿着衬衫的那样子还是挺粗壮矬短的嘛。再也见不到他了。死，这就是死。爸死了。我父亲死了。他叫我孝顺妈。别的还说些什么我听不清，只见他的舌头在牙齿间动，想要把话说清楚。可怜的爸。那就是我的父亲狄格南

先生。我希望他现在是进了涤罪处，因为星期六晚上他已经找康罗伊神父忏悔过了。（p394）

案：这段文字完全是孩子的内心独白。20 世纪初期一个十几岁的孩子恐怕没有今天的同龄人那般成熟，因此乔伊斯在这段文字中除个别字（如 purgatory，confession）外，全都用了口头上的小字。翻译理应注意那种孩子的口吻。就此而言，两译似都有可商之处，譬如，萧本中将 telling 译作“正在关照”、and high and heavylooking 译作“高而且沉重”、told 译作“嘱咐”、purgatory 译作“炼狱”、confession 译作“忏悔”；金本中将 and heavylooking 译作“又显得那么沉重”、purgatory 译作“涤罪处”、confession 译作“忏悔”，好像都不太像孩子的口吻。

拙译：

爸躺在里面，妈在客厅里哭，巴尼舅舅正跟那些人说抬上棺材怎么转弯儿。那棺材老大，老高，看起来挺重的。到底是咋回事儿呀？最后那晚爸给灌醉了，站在楼梯平台上，大声吼着要靴子，说要到坦尼店里再灌一阵儿，他穿着衬衫，看着又短又矬，就像一只酒桶。再也看不见他了。死，这就是死。爸死了。我老爸死了。他对我说，要做妈的好儿子。我听不清他说的别的话，可我看见他的舌头在牙缝里动，想把话说清。可怜的爸。那就是狄格南先生，我的老爸。我希望他现在已经洗清罪在等着上天堂的路上呢，因为星期六晚上他已经去康罗伊神父那儿悔过罪了。（pp464 – 5）

第十一章

本章写勃鲁姆到奥蒙德饭店去吃饭，鲍伊兰曾来短暂停留，旋即离去。此外还有西蒙和多拉德在这里的演唱、勃鲁姆给玛莎复信的情节。形式上完全模仿赋格的音乐结构，开始的60多个小句，也即音型，引入全章的音乐母题，类似序曲，这些音型随后在呈示部展开，并逐渐臻于高潮，直至终结。全章充斥着歌剧、芭蕾、民谣俚曲，调用了各种音乐手法，既是一部极富旋律和节奏的音乐作品，也是一个音乐博览会的展示，因此，在翻译的时候，既要注意其内容，更要注意其音乐性。

1. “序曲”中的第二句：
Imperthnthn thnthnthn.（p245/210）

萧译：
粗噜噜、噜噜噜。（p495）

金译：
无礼顶顶，登顶顶顶。（p400）

案：此句实即对英语 impertinent insolence（粗鲁无礼）在声音上的部分戏仿。酒店的擦鞋杂役挑逗杜丝和肯尼迪两位女侍，杜丝小姐怒斥他：如果再这样粗鲁无礼，将向酒店老板娘告发他。杂役随即故意恶作剧式地歪曲她的声腔和口吻。译作“无礼顶顶，登顶顶顶”

（金本），尽管注意了总体上的音乐性，但“顶顶”、“登”在声音上过分拘执于原词的声音，致与“无礼”的本义无法产生联想；而译作“粗噜噜、噜噜噜”（萧本）则既传达了总体上的音乐性，又保持了意义上的一致性，应该是较好的选择，稍感遗憾的是，译文只有6个音节，较原文少了一个音节。

拙译：
粗鲁鲁鲁　噜噜噜。（p470）

2. 音型：Horrid! And gold flushed more.（p245/210）

萧译：
讨厌鬼！金色越发涨红了脸。（p495）

金译：
太不像样！金发的脸更红了。（p400）

案：这里的Horrid！是肯尼迪小姐嗔怪杜丝小姐的话。两位小姐说起一个晚上在安替恩音乐堂碰到那个古板的老头子，然后肆无忌惮地嘲笑他那油里叭叽（greasy）的眼睛、鼻子和小胡子，并设想倘若嫁这么个糟老头子会怎么样。两人的笑闹中蕴含着不怀好意的淫邪。从她们的笑闹读者不难看出，在与这个老头的邂逅中，与其说老头在调笑她们，莫如说她们在调笑老头。就这里的笑闹而言，杜丝显然比肯尼迪要更放肆，肯尼迪觉得太过分了，才笑骂杜丝horrid。Horrid一词有causing horror/very nasty/exceedingly bad/grossly offensive to decency or morality等多义，译作“太不像样”（金本）或“讨厌鬼”（萧本）自然不错，但却没有把其中那份淫邪译出来。拙译前几稿曾译作“太坏了”、“坏透了”但总觉不满意。最后再改作“小骚货”。

拙译：

小骚货！金色的脸更红了。（p470）

3. 随后的两个音型：

A husky fifenote blew. /Blew. Blue bloom is on the.（p245/210）

萧译：

横笛吹奏出的沙哑音调。/吹奏。花儿蓝。（p495）

金译：

一声嘶哑的笛音吹响了。/吹响了。布卢姆黑麦开蓝花。（p400）

案：这里的前一个音型说的是西蒙点燃了他的大烟斗；后一个音型说的是勃鲁姆决定买信纸给玛莎写回信。两个音型通过 blew 一词完全相同的转接，配合 blew blue bloom 三个词四个头韵的重复，形成回旋曲式结构，造成回环往复的声音效果。译文要传达这里的头韵效果，又不失掉原意，殊非易事。两译都注意了 blew 的重复，但金译紧跟了原文两个音型一尾一头的衔接，而萧译未关照这一紧密的转接。此外，对于如何传达原文的音乐性，两译似仍有可进步的空间。

拙译：

嘶哑的笛音吹响。/吹响。蓝色的勃鲁姆花儿怒放。（p470）

拙译除注意了两音型之间的头尾转接外，还采用头韵（哑/音；蓝/鲁），增加协韵（哑/响/花/放；鲁/姆/怒）等手段保持甚至增强了原作的音乐性。

4. 音型：

Jingle jingle jaunted jingling.（p245/210）

萧译：

辚辚，轻快二轮马车辚辚。（p495）

金译：

锵锵锵轻车轻轻地行驶着。（p400）

案：这个音型是急急火鲍伊兰的音型。鲍伊兰平时出行常乘响着轻快铃声的轻便马车，现在他又乘车来奥蒙德饭店与莱纳汉见面，然后就去和勃鲁姆的妻子幽会。这个音型可以说极富音乐性，jaunted 既有旅行之意，又有洋洋自得之意，加上 jingle 及其 ing 形式连续三次的重复，在形式上既有一串头韵，又有叠词，在内容上则以一串欢快的车铃声活画出乘车人洋洋自得、不可一世的形象。这个音型在全书中曾多次复现。译作"辚辚，轻快二轮马车辚辚"（萧本）借用了杜诗"车辚辚，马萧萧"的意象，应该说具有一定创意，但《兵车行》的总体意象是悲哀的，引发的联想与这里的气氛并不吻合，而且缺失了叠词的效果，也在一定程度上削弱了原文的音乐性；译作"锵锵锵轻车轻轻地行驶着"（金本）应该说注意了原文的头韵，产生了较强的音乐性，然而"锵锵锵"的声音不仅与三叠的铃声相去较远，而且与"轻车轻轻地行驶"连用，也很难传达那种轻松欢快，洋洋自得的声音和形态。其实，何如直接采用人们熟知的著名圣诞歌曲 Jingle Bells 的汉译，既有很强的音乐效果，又可传达出那种欢快自得的心情？

拙译：

丁丁当，丁丁当，轻快马车丁丁当。（p470）

5. 鲍伊兰会过莱纳汉，急着要去勃鲁姆家与莫莉幽会，莱纳汉紧跟上，还要说罗奇弗特的事，这时的一个音型是：

Horn. Hawhorn.（p245/210）

萧译：
犄角。呜——号角。（p496）

金译：
角。犄角。（p401）

案：Horn 除犄角、号角、法国号或小号等乐器、角状物等义外，还指男性器官。在呈示部中莱纳汉说的是：Got the horn or what? Wait. I'm coming. 第一句的意思是：Are you sexually aroused? 清晰地传达了莱纳汉那种淫邪的口吻，其准确的汉译应是："角儿挺起来了，还是怎么的？"第二、三两句明面上是莱纳汉对鲍伊兰说的，其实也暗含着鲍伊兰对莫莉的腹议。Hawhorn 是 haw 与 horn 的复合词。haw 除了"山楂"之意外，也有吆喝牲畜左转发出的"嚯"、"嚯"声，与 horn 复合后其基本意义仍是"角状物"。如此看来，译作"犄角"、"号角"（两本）都不甚妥当，都遮蔽了这个字包含的强烈的性意味。

拙译：
角儿。嚯角儿。（p472）

6. 西蒙·德达路斯唱《玛莎》中男主人公莱昂纳尔的那首《我面前出现》，勃鲁姆用心倾听，想到他初次遇到妻子莫莉，听她唱《等待》那首歌，为她的歌声和美丽所征服时有这样一个音型：
Warbling. Ah, lure! Alluring.（p245/210）

萧译：
颤音歌唱。啊，诱惑！令人陶醉的。（p496）

金译：
啭鸣。啊，迷人！勾人心魄。（p401）

案：warbling 意为鸟的鸣啭，指莫莉的歌声；lure 意为诱惑，alluring 即 all+luring 指莫莉的歌声加勃鲁姆为她翻谱时瞥见她胸衣里的双峰以及她那充满性感的风情，因此包含了声色气味等多方面的巨大诱惑。在形式上 warbling 与 alluring，lure 与 alluring 通过尾韵与抱韵形成美妙的协和，内容与形式达致双美的妙境。译作“颤音歌唱。啊，诱惑！令人陶醉的”（萧本）或“啭鸣。啊，迷人！勾人心魄”（金本），作为一个音型，如果说在内容上大致不差的话，形式上却欠斟酌。

拙译：
巧啭妙音。啊，撩人！全都那么撩人。（p472）

7. 西蒙唱完“我面前出现”后，引发了热烈的掌声，音型：
Clapclap. Clipclap. Clappyclap.（p245/210）

萧译：
叽叽喳喳，叽叽咕咕，叽里喳啦。（p496）

金译：
呱哒呱哒。快哒呱哒。呱呱叫呱哒哒。（p401）

案：原文是象声词的大体重复，摹拟掌声，具有很强的音乐性。金译用口语中的象声词，较好地传达了原文的音乐效果；萧译则不太似掌声，不知何故。

拙译：
啪啪。噼啪。噼噼啪啪。（p472）

8. 勃鲁姆给玛莎复信中的附言：

I feel so sad. P.S. So lonely blooming.（p246/210）

萧译：

我感到那么悲伤。附言：那么无比地孤寂。（p496）

金译：

我感到很悲哀。又及。非常寂寞的布卢姆开花。（p401）

案：So lonely blooming 既包含了勃鲁姆的名字，同时也暗含了托马斯·莫尔的歌曲《夏日最后的一朵玫瑰》中的句子：'Tis the last rose of summer/Left blooming alone（那是夏日最后的一朵玫瑰/一朵孤独开放的花），blooming 本意是“开花”，但他在信中用 Henry Flower 代替了 Bloom。金译似乎并未注意这里的用典，但却嵌入了“布卢姆”的名字；萧译不仅没有理会其中的典故，也没有注意其嵌入的名字。拙译在原信中已将 Henry Flower 译作“花亨利”。故这里仍保留了“花”姓，以传达乔氏的双关之义。

拙译：

我觉得好伤心。又及。好孤独开放的花。（p472）

9. 勃鲁姆想要走了，叫秃头聋侍者派特来结账，派特没有听见，这时的音型是：

Wait while you wait. Hee hee. Wait while you hee.（p246/211）

萧译：

侍奉的时候就侍奉吧。嘻嘻。嘻嘻笑着侍奉吧。（p496）

金译：

伺候你等候。嘻嘻。伺候你嘻。（p401）

案：wait 显然这里双关，既表示等候也表示侍候，兼顾了勃鲁姆的等候与侍者派特的侍候。金译兼顾了这一双关，萧译没有。再说这里主要说的是勃鲁姆等待侍者过来结账的事，呼应了多拉德将要开始唱的《平头党小伙子》中的第七句歌词：But you must wait，till I go and see。从这个视角看，萧译只讲了“侍奉”，却扔掉了主要的意思“等候”，显然有理解上的不到位。

拙译：

等侍候侍等候。嘻嘻。等侍候嘻。（p473）

10. 本章接近尾声时的一个音型：

One rapped，one tapped，with a carra，with a cock.（p211）

萧译：

有人笃笃敲，有人砰砰拍，咔啦，喀呵。（p497）

金译：

有人叩，有人敲，卡啦一声，鸡头槌头。（p402）

案：西蒙唱完了，勃鲁姆打算要离开，这时回来找落下音叉的盲青年调音师导盲杆的啪啪敲地声已接近奥蒙德饭店；鲍伊兰已到勃鲁姆家，开始敲门。carra（咔啦）是他敲门的声音，cock 既是公鸡的鸣叫声，也是男性性器官。形式上，one 的重复、rapped 与 tapped 的叶韵、carra 与 cock 的头韵，形成了很好的声音效果。两译注意了这里的形式特点，然似仍有斟酌改善的余地。金译关照了 cock 暗含的意义，而萧译阙如。

拙译：

有人喀，有人啪，一声喀啦，阳根喀啦。（p474）

11. 结束时倒数第二个音型：

Then not till then. My eppripfftaph. Be pfrwritt.（p246/211）

萧译：

直到那时，只有到了那时，方为我写下墓志铭。（p497）

金译：

到那时，只有到那时我才要。人撰弗尔写。墓呜弗志铭。（p402）

案：这句话是爱尔兰爱国志士埃默特在法庭判他死刑时最后陈述的结束语，原话是：When my country takes her place among the nations of the earth then and not till then，let my epitaph be written. 勃鲁姆急于要排气，不好意思在稠人广众中放肆地排，一直尽力忍着，从饭店出来后，终于在莱昂内尔·马克斯古董店橱窗前看罗伯特·埃默特最后的遗言时找到了一个合适的机会，这时一辆电车开来，他才在电车的哐啷声中痛快地排了气。因此，这里的eppripfftaph和pfrwritt是epitaph和written中夹杂着勃鲁姆的排气声。金译注意到了这一点，而萧译没有。

拙译：

那时，只有到那时。我才要人写我的扑儿弗。墓扑弗儿志铭。（p475）

12. 饭店杂役对两位女侍无礼挑逗后，杜丝小姐皱着眉头看自己胸前的玫瑰，这之前插入了一个字：

Bloom.（p248/212）

萧译：

开花。（p499）

金译：
布卢姆。（p404）

案：勃鲁姆与鲍伊兰都向奥蒙德饭店来的这两条主线始终贯穿在本章中。前文刚展现了“勃鲁姆怀揣着偷情的甜蜜走过穆朗烟斗店走过瓦因古董店……”，这里又借杜丝看自己的花，引入勃鲁姆。但这里的勃鲁姆显然还要照应下面杜丝胸前的“花”，因此两译均未传达出这里的双关之义。下面再次提到“嫁给勃鲁姆，嫁给油里叭叽的花”（Married to Bloom，to greaseabloom），虽然明指博伊德店里的那个糟老头子，但却暗含着勃鲁姆，和这里一样是双关，而两译同样未予理会。

拙译：
怒放的勃鲁姆花。（p477）

13. 饭店杂役对两个女侍无礼挑逗的那个音型在呈示部展开后，有一段写两个女侍沏茶的文字：
She poured in a teacup tea，then back in the teapot tea. They cowered under their roof of counter，waiting on footstools，crates upturned，waiting for their teas to draw. They pawed their blouses，both of black satin，two and nine a yard，waiting for their teas to draw，and two and seven.（p248/212）

萧译：
她斟了一杯茶，又把茶倒回壶里。她们蜷缩在暗礁般的柜台后面，坐在底朝天的柳条筐上，等待茶泡出味道来。她们各自摆弄着身上的衬衫，那都是黑缎子做的：一件是两先令九便士一码，另一件是两先令七便士一码的。就这样等着茶泡出味儿来。（pp499－500）

金译：

她斟了一茶杯的茶，又将它折回茶壶里的茶中去。她们蜷缩在她们的柜台礁石下，坐在板条箱倒扣的小凳子上等着，等她们的茶沏开。她们摸着自己的衬衫，都是黑缎子的，两先令九一码的，等着她们的茶沏开，两先令七的。（p404）

案：这段文字极富音乐性，可以将其看作一个乐段，这个乐段分别是三个乐句（She poured .../They cowered .../They pawed ...）在主音、属音、下属音三个层次上的展开。三个乐句中充满着重复、头韵、对比、平衡、转折、呼应的变化，产生跌宕起伏、抑扬顿挫、回环往复的效果。例如，第一乐句中四个 tea 的重复，teacup 与 teapot 的对比；第二乐句中 waiting on footstools，... waiting for their teas to draw 的重复和对比，footstools 向 crates upturned 的引申；waiting for their teas to draw 在第二乐句与第三乐句中形成的呼应；主音乐句 she poured 与下属音乐句 they pawed 在声音与意义上的对比与呼应；第三乐句中 two and nine a yard，... and two and seven 的重复与变化，等等。倘不考虑这里的音乐性，则萧译可谓文从字顺，流利妥帖；但从音乐性的角度看，则仍有较大差距；金译则要好得多。

拙译：

她倒了一茶杯茶，然后又把它倒回那一茶壶茶中。她们蜷缩在吧台的暗礁下，坐在板条箱倒置的小凳上等着，等她们的茶泡出味儿来。她们掇弄着各自的衣衫，都是黑缎子的，一件一码是两先令九的，等她们的茶泡出味儿来，一件是两先令七的。（p477）

14. 西蒙进来，和杜丝小姐搭讪，问她假期过得怎样，她答好得很，整天在海滩上，皮肤都晒坏了，然后有这样的对话：

— That was exceedingly naughty of you，Mr. Dedalus told her and pressed her hand indulgently. Tempting poor simple males.

Miss Douce of satin douced her arm away.

— O go away! she said. You're very simple, I don't think.

He was.

— Well now I am, he mused. I looked so simple in the cradle they christened me simple Simon. (p250/214)

萧译：

“那你可太淘气啦，”迪达勒斯先生对她说，并放纵地紧握住她的手，“可怜的傻男人都给你迷住啦。”

身着缎子衬衫的杜丝小姐安详地将自己的胳膊抽了回去。

“哦，你给我走吧！我可不认为你是个非常傻的人。”

可他是傻里傻气的。

“喏，我就是傻，”他沉思了一下，“我在摇篮里就显得那么傻，他们就给我取名叫傻西蒙。”(p504)

金译：

——你那是太折磨人了，代达勒斯先生一面说她，一面宽厚地按了按她的手，那是叫可怜的老实男性望着眼馋。

一身丝的杜丝小姐一努嘴，把手臂抽了回去。

——哎，去你的吧！她说，你很老实吗，我看不见得。

他是老实的。

——说这个么，我真老实，他沉思着说。我在摇篮里的时候是那么一副老实样子，所以他们给我取了这个老实巴交的赛门的名字。(p408)

案：这些对话除插入的叙述者声音外全是口语，口语就要尽量简短，流畅。按这个要求，Tempting poor simple males 译作“可怜的傻男人都给你迷住啦”(萧译)比“那是叫可怜的老实男性望着眼馋”（金译）就要好得多。同样，I looked so simple in the cradle they christened me simple Simon 译作“我在摇篮里就显得那么傻，他们就给我取名叫傻西蒙”（萧译）也比“我在摇篮里的时候是那么一副老实样子，所以他们给我取了这个老实巴交的赛门的名字”（金译）要好。此外，naughty 译作“淘气”（萧译）比“折磨”（金译）显然更符合这里的语境；而 indulgently 译作“放纵”（萧译）比“宽厚”（金译）显然更符合原义；Miss Douce of satin douced her arm away 译作“一身丝的杜丝小姐一努嘴，把手臂抽了回去”（金译），其中的“努嘴”好像也与原义不符，当然，由于乔氏的意图在通过同音异义制造某种声音效果，原义未必一定要十分强调，倘能产生“同音”的效果，即使意义稍有偏离也未尝不是较好的选择，然此译中仅有一个字（“一”）的同音，而“努嘴”则与原义（“文雅”、“庄重”、“安详”等）距离太远，难免让人觉得随意得过度了。

拙译：

——你可真调皮呀，德达路斯先生一边对她说，一边放肆地拉住她的手。可怜的傻男人都叫你给迷住啦。

锦缎般鲜亮的杜丝小姐鲜亮地抽回了手臂。

——哦，去你的吧！她说。你说你傻，我才不信呢。

他的确傻。

——我真的傻，他沉思说。我在摇篮里那阵儿就那傻样儿，所以他们给我起名傻西蒙。（pp481－2）

15. 杜丝给西蒙上了他要的威士忌，西蒙装上了烟斗，有一个短暂的沉静，这时有一句：

None not said nothing. Yes.（p251/215）

萧译：

谁都不曾说片言只语。是啊。（p505）

金译：
无人吱声。是呀。（p409）

案：两译都对，但却没有原文的音乐性。

拙译：
没人说话没有话。没错儿。（p482）

16. 莱纳汉进入酒店的那一段是这样的：
In came Lenehan. Round him peered Lenehan. Mr. Bloom reached Essex bridge. Yes, Mr. Bloom crossed bridge of Yessex. To Martha I must write. Buy paper. Daly's. Girl there civil. Bloom. Old Bloom. Blue bloom is on the rye.（p215）

萧译：
利内翰走进来了。利内翰四下里打量着。布卢姆先生走到埃塞克斯桥跟前。是啊，布卢姆先生跨过耶塞克斯桥。我得给玛莎写封信。买点信纸。达利烟店。那里的女店员挺殷勤的。布卢姆，老布卢姆。裸麦地里开蓝花。（p505）

金译：
进来了莱纳汉。四下里张望，莱纳汉。布卢姆先生走到了埃塞克斯的桥。哎，布卢姆先生走过了爱色克斯的桥。我得给玛莎写信。买纸。戴利公司。那家的姑娘有礼貌。布卢姆。老布卢姆。布卢姆的黑麦开蓝花了。（p409）

案：原文莱纳汉上场的头两句完全是倒装句；而随后两句勃鲁姆的行踪则是规范的正常语序。这显然是作者刻意安排的对照，表达一种相反相成的同时性。金译注意到了这一层，而萧译却将头两句变成了正常语序，从而消解了原文的音乐性。写勃鲁姆的后两句中，Essex 的桥名与稍加变化的重复桥名 Yessex(Yes+sex)协和，而第二句句头的 Yes 又与 Yessex 呼应，产生了很强的音乐效果。金译同样注意了这里的重复、协和与呼应，而萧译没有。

拙译：

走进来莱纳汉。四下里瞧瞧，莱纳汉。勃鲁姆先生来到埃塞克斯桥。哎，勃鲁姆先生跨过了爱色克斯桥。我得给玛莎写信。买信纸。达利店。那家的姑娘蛮有礼貌的。勃鲁姆。老勃鲁姆。蓝色的裸麦花儿勃鲁姆怒放。(p483)

17. 莱纳汉走近正在看书的肯尼迪小姐，有一句：

Miss gaze of Kennedy, heard, not seen, read on. Lenehan round the sanwichbell wound his round body round. (p251/215)

萧译：

肯尼迪虽听见了，却连抬也不抬一下她那小姐派头的目光，继续读下去。利内翰那圆滚滚的身躯绕着放三明治的钟形玻璃罩走了一圈。(p506)

金译：

肯尼迪眼光小姐听得见，看不见，继续看书。莱纳汉转动圆身躯转过了三明治圆罩。(p409)

案：这里第一句中的 heard, seen, read 三个动词过去时的并列递进，构成简练、紧凑的乐句；第二句中三个 round 和 wound 的叶韵产生强烈的声音效果。将 not seen 译作“却连抬也不抬一下她那小姐派头的目光”(萧译)，不仅远离了原文的凝练，且也无法与另两个动词形成并列递进关系；第二句也未能充分表现其音乐效果。相对而言，金译对原文音乐性的关注却比较充分。

拙译：
肯尼迪小姐眼光听得见，看不见，继续看书。莱纳汉转过了圆圆的三明治钟罩，把他圆圆的身躯转圆了过来。（p483）

18. 餐厅有人叫侍者，侍者派特露面，随后有一句：
With patience Lenahan waited for Boylan with impatience，for jingle jaunty blazes boy.（p252/216）

萧译：
利内翰耐心地等待着不耐烦的博伊兰，等待着辚辚地驾着轻快二轮马车而来的那个恶魔般的纨绔子。（p508）

金译：
耐心地，莱纳汉鲍不及待地等伊岚，等着锵锵锵敞篷车的一把火小伙子。（p411）

案：莱纳汉来找鲍伊兰，他是耐心的，也必须耐心；而鲍伊兰要去幽会勃鲁姆夫人莫莉，自然是急不可待，加之他为人处事总是风风火火，雷厉风行的样子（这一点，其名 Blazes 也有暗示，因此字本有“火焰”、“燃烧”等义，译名“急急火”借鉴《水浒》中秦明的诨名“霹雳火”），因而与莱纳汉形成形象上的对照。原文的“耐心”（patience）与“不耐心”（impatience）两个同根词的协和与反衬以及在句子前半部分首尾的结构对称，产生了很好的听觉和视觉效果；后半部分的 jingle jaunty 与 blazes boy 使用的头韵，也具有很强的音乐性，极好地展现了这两个人物形象上的对比。从这个视角看，金译较萧译显然更贴近原意。但其用“鲍不及待”译 impatience 却有点儿语义含混，即便我们将其理解为“急不可待”，然而将其加给“耐心地”等他的莱纳汉似乎也张冠李戴了。在这一点上萧译的理解似乎要妥帖得多。

拙译：

待得住的莱纳汉等着待不住的鲍伊兰，等丁丁当轻快马车的急急火小伙子。（p485）

19. 勃鲁姆在店里买信封信纸时开始的一句：

Two sheets cream vellum paper one reserve two envelopes when I was in Wisdom Hely's wise Bloom in Daly's Henry Flower bought.（p253/216）

萧译：

聪明的布卢姆（亨利·弗罗尔）在达利商行买了两张奶油色的仿羔皮纸（一张是备用的），两个信封，边买边回想着自己在威兹德姆·希利的店里工作时的事。（pp508－9）

金译：

两张奶油色羊皮纸一张备用两只信封我在威士敦·希利公司那时周到的布卢姆在达利公司是亨利·弗腊尔买。（p412）

案：这里是勃鲁姆在店里买信纸直到看见鲍伊兰匆忙出店去追的一段内心独白。模拟乐曲中不同动机交错互补对照产生的交响。这段文字纠结着三个音乐动机：玛莎的信和其中夹带的花、他为莫莉买的那本《偷情的甜蜜》、鲍伊兰即将与莫莉的幽会（《偷》中的拉乌尔与现实中的鲍伊兰的关联）。这句是其首句，词序是颠倒的，中间还有插入的回忆，这正是乔伊斯刻意要表现的一种音乐效果，即将两张信纸（Two sheets cream vellum paper one reserve）、两个信封（two envelopes）、我在希利公司那阵儿（when I was in Wisdom

Hely's)、勃鲁姆在达利公司(wise Bloom in Daly's)、花亨利买(Henry Flower bought)五个短语作为五组音符交错并置，勃鲁姆联想的顺序(从信纸信封想到当年在一家文具公司工作时，再到此刻在达利店的勃鲁姆和买的人却是花亨利)决定了这一乐句形式上的颠倒；这样的形式当然更富有错综起落的音乐性。将其完全调正(萧译)尽管读起来更流畅更明晰，但实际上是不可取的。金译就保持了原来的顺序，这样既保留了原作的心理联想过程，又保留了原作要求的音乐效果，不过，将 wise Bloom 译作“周到的布卢姆”似无根据，而萧译作“聪明的布卢姆”则要好得多。实际上，用 wise 乃是勃鲁姆对自己用化名(花亨利)与玛莎交往的一种自许。

拙译：

两张奶油色羔皮纸一张备用两个信封我在韦斯敦·希利公司那阵儿聪明的勃鲁姆正在达利公司花亨利买。(p486)

20. 勃鲁姆看见正向奥蒙德码头驶去的鲍伊兰的马车，急着要追上去，几乎忘了付账，这时有一句：

At four she. Winsomely she on Bloohimwhom smiled. Bloo smi qui go. Ternoon. Think you're the only pebble on the beach? Does that to all. For men. (p253/217)

萧译：

四点钟，她。她朝着布卢姆嫣然一笑。布卢、微笑、快、走。再见。难道你以为自己是沙滩上唯一的小石头子儿吗？她对所有的人都这样，只要是男人。(p509)

金译：

四点钟她。她对布卢他谁嫣然一笑。布卢笑快走。下午。你还以为沙滩上只有你一块卵石吗？对所有人都是这样的。对男人。(p412)

案：这里还是勃鲁姆的内心独白，句中的 she 字面上指那个迷人且彬彬有礼的女店员，但却与勃鲁姆心底那个 she（妻子莫莉）纠缠在一起；句首的 at four she 既指他怀疑女店员看出他四点有事，又指早上妻子告诉他下午四点鲍伊兰要来；中间的 Ternoon 是 afternoon 的半块字，既可意为向女店员的告别，也影射了下午家里马上就要来的事儿。句中的几处倒装、所有半块字等都是乐曲结构内在的需求，折射出勃鲁姆发现鲍伊兰之后慌乱急迫的心理，所以，刻意恢复正常词序、将半块字补齐的译法均不可取。至于 Bloohimwhom 表明女店员并不确切认识他，译作“布卢他谁”（金译）比“布卢姆”（萧译）显然要确切得多。

拙译：

四点钟她。莞尔一笑，她对勃鲁他某。勃鲁 笑 快 走。见。你还以为海滩上就你这么一块卵石呢？对谁都那样儿。对男人。（p486）

21. 肯尼迪小姐合上书站起来有一句：

She rose and closed her reading, rose of castile: fretted, forlorn, dreamily rose.（p253/217）

萧译：

她站起来，阖上书本。这朵卡斯蒂利亚的玫瑰烦恼而孤寂，睡眼惺忪地站了起来。（p510）

金译：

她站起身来，合上了书，卡斯蒂尔的玫瑰：心烦意懒，身在梦境似的站起身来了。（p413）

案：原文中的 rose 的两义，译文中完全可以兼及，两译均未加以考虑；还有 fretted 与 forlorn 的头韵，两译也未关注。

拙译：

她玫瑰般立起，合上正在读的书，卡斯蒂尔的玫瑰：焦躁、寂寞，梦幻般玫瑰立起。（p487）

22. 莱纳汉挑逗肯尼迪小姐，她十分厌烦，轻蔑地回答他，别再问，省得听瞎话。这时莱纳汉的反应是：

Like lady，ladylike.（p254/217）

萧译：

像个大家闺秀，摆出大家闺秀的样子。（p511）

金译：

犹如贵妇人，贵妇风度。（p413）

案：原文表现莱纳汉心中的肯尼迪形象，也表达他的反讽之意。形式上是准回文结构。两译意思固然不错，但形式上却未能充分到位。

拙译：

的似贵妇，贵妇似的。（p487）

拙译采用汉语“的”的两读(读如 dí 时，意为“实在，的确”等；读如 de 与“似”连用，意为“好像”等)模拟原句的形式。

23. 杜丝小姐在莱纳汉的一再请求下，为他和鲍伊兰弹她大腿上的吊袜带：

Smack. She set free sudden in rebound her nipped elastic garter smackwarm against her smackable a woman's warmhosed thigh.（p256/219）

萧译：

啪！她突然撒开捏着松紧袜带的手，让它啪的一声缓缓地碰回到她那包在暖和的长袜里、能够发出声响的女人的大腿上。（p515）

金译：

叭嗒！她突然一松手，捏在手中的吊袜带，富有弹性地拍打在她暖而可怕的女性的暖烘烘长袜大腿上。（p417）

案：此句中 Smack、smackwarm、smackable、woman's warmhosed 等字的反复使用产生了一种响亮、温暖的声音效果。金译在传达这种效果方面做了较多的努力，但似仍有可进一步的余地。

拙译：

啪嗒。她突然一松手，捏在手里的吊袜带富有弹性地反弹回去，暖烘烘地啪嗒在她可啪嗒的女性的暖烘烘的长袜大腿上。（p491）

24. 鲍伊兰急着去会莫莉，莱纳汉还要跟他说话。这时鲍伊兰说：
Come on to blazes, said the Blazes Boylan, going.（p256/219）

萧译：

“他就欠下地狱啦。”布莱泽斯·博伊兰边说边提起脚就走。（p515）

金译：

有火就烧吧，一把火鲍伊岚走着说。（p417）

案：Come on to blazes（或者 Go to blazes）是表示极端厌恶的一种过时口头表达法。这里显然是要与鲍伊兰的名字 Blazes 关联，在形音义三方面相互生发，表现鲍伊兰的极不耐烦。萧译显然没有考虑这一关联；金译则顾及了这种关联，但“有火就烧吧”离原意稍嫌远了点。

拙译：
真火人，急急火鲍伊兰边走边说。（p492）

25. 多拉德和考利进来后，迎着西蒙，叫他一起弹琴唱歌，有这么一句：
He ambled Dollard, bulky slops, before them (hold that fellow with the: hold him now) into the saloon. He plumped him Dollard on the stool. His gouty paws plumped chords. Plumped, stopped abrupt. (p257/220)

萧译：
他——多拉德，穿着那条肥大的裤子，领着他们（瞧那个衣着不整的家伙，现在就瞧）缓步走进大厅。他——多拉德，一屁股坐在琴凳上。他那双患痛风症的手咚的一声戳了一下琴键。咚的一声，又戛然而止。（pp516－7）

金译：
他从容不迫地摇摆着他那套宽大的多拉德廉价衣服（捉住那个穿蹩脚衣服的：现在就捉），带头向客厅中走去。他一屁股将多拉德坐上琴凳，用肿胀的爪子砸起琴键来。砸两下又突然停了。（p418）

案：本句中三次重复的plump作为动词有“砸”、“撞”等义，同时也是象声词，像砸撞时发出的咣当声，萧译注意了这里的声音效果，而金译没有。再有，he ambled Dollard 和 he plumped him Dollard，以及 plump 的三次复现，都有音乐结构上的前呼后应，两译似乎都没有理会这种结构上的特征。

拙译：

他，宽袍大袖的大块头多拉德，缓步先他们一步（揪住那个穿……的家伙，现在就揪）走进大厅。他，一屁股把他自己咣当在琴凳上的多拉德，用他肿胀的爪子咣当出几个和弦。再咣当一声，突然停了。（p493）

26. 杜丝小姐为鲍伊兰和莱纳汉弹了吊袜带，很希望鲍伊兰能对她有所表示，但他却匆忙走了，杜丝很失望，有这么一段：

Miss Douce's brave eyes, unregarded, turned from the crossblind, smitten by sunlight. Gone. Pensive (who knows?), smitten (the smiting light), she lowered the dropblind with a sliding cord. She drew down pensive (why did he go so quick when I?) about her bronze, over the bar where bald stood by sister gold, inexquisite contrast, contrast inexquisite nonexquisite, slow cool dim seagreen sliding depth of shadow, *eau de Nil*. (p257/220)

萧译：

杜丝小姐那双大胆的眼睛无人理睬，她受不了阳光的刺激，就把视线从半截帘子那儿移开了。走掉啦。郁郁不乐（有谁知道呢？），实在太扎眼（那刺目的阳光！）她拽了拽拉绳，撂下了窗帘。这当儿，褐发下面浮泛着郁郁不乐之色。（他为什么这么匆匆忙忙地就走了开，正当我要？）款款来到酒吧间。秃头正挨着金发姊妹站在那儿，形成了不协调的对比，对比起来不协调，全然不协调的对比。徐缓、冰凉、朦胧地滑到阴影深处的海绿色，一片淡绿蓝色。（p517）

金译：

杜丝小姐的勇敢的目光，未受注意，从半截子窗帘前转了回来，阳光刺眼了。走了。若有所思的（谁知道？），受了刺激的（阳光刺眼)，她拉动一根滑索放下了遮光帘。她，若有所思的(他为什么这么快就走了，我刚)，在她的古铜色周围，在酒吧内，在秃脑袋站在金发姐妹旁边构成不协调对比，对比不协调，不存在协调的地方，蒙上一片缓慢移动的清凉、朦胧的海青色阴影，eau de Nil.(p419)

案：这是一个叙述性的乐段，仿佛戏剧中的旁白，对刚刚过去那场杜丝弹吊袜带的戏的一个阐释，重点表现的是杜丝的失望、不快。她的目光转回来，拉下窗帘等动作无不在失望与不快中完成，因此，原文中三次出现的 smitten，两次出现的 pensive 不仅要译出来，而且要译到位，从这个视角看，后者译“郁郁不乐”(萧本)比“若有所思”(金本)更到位；前者译“受了刺激的”、“刺眼”(金本)比“实在太扎眼”、“刺激”、“刺目”(萧本)更到位，因为让杜丝受刺激(smitten)的不仅是阳光，更有鲍伊兰对她的态度，作者只在一处明确用了 sunlight，而在另一处却用了 light，这个字既可以指阳光，也可以指光鲜明亮，风流倜傥的浪荡子鲍伊兰，别小视这里的一字之差，它充分显示了乔伊斯用字之妙。而两译均将此字译作“阳光”无疑没有看出乔氏的用心。

拙译：

杜丝小姐大胆的目光，未受到关注，从半截儿窗帘上转过来，阳光太刺眼了。走了。闷闷不乐的(谁知道呢？)，刺伤了(刺眼的亮光)，她拉动滑绳，放下遮阳帘。酒吧内她古铜色的周围泛起闷闷不乐之色(他为什么这么快就走了？我刚要)，在那儿，秃头站在金色姐姐身边，形成不协调对比，对比不协调，不存在协调，一片清凉的海青色阴影缓缓滑过，浅蓝绿色。(p494)

27. 考利、多拉德和西蒙等回忆起有一次演出，多拉德没有合适的服装，兼做估衣生意的勃鲁姆夫妇帮忙，从莫莉收的老旧衣服中选出一套的旧事，这里有这么一句：

Mrs Marion Bloom has left off clothes of all descriptions.（p258/221）

萧译：

玛丽恩·布卢姆太太有各式各样不再穿的衣服。（p519）

金译：

玛丽恩·布卢姆太太衣服多，形形色色脱下身。（p420）

案：据说20世纪初都柏林电车上有一则广告说：Miss White has left-off clothes of all description（怀特小姐有各式估衣出售）。西蒙这里故意调侃，除将Miss White换成Mrs Marion Bloom外，还故意将left-off（脱下的或不穿的衣服）中间的连字符去掉，这样left off与前面的has连用就变成了“脱下”、“不再穿”之类的意思，暗示了莫莉的风骚。萧译的意思不错，但却丢掉了西蒙调侃的主要意思。

拙译：

玛丽恩·勃鲁姆太太衣服多，一样一样往下脱。（p495）

28. 勃鲁姆边吃边听钢琴的弹奏，这时他有一段松散的思绪：

Piano again. Cowley it is. Way he sits in to it, like one together, mutual understanding. Tiresome shapers scraping fiddles, eye on the bowend, sawing the cello, remind you of toothache. Her high long snore. Night we were in the box. Trombone under blowing like a grampus, between the acts, other brass chap unscrewing, emptying spittle. Conductor's legs too, bagstrousers, jiggedy jiggedy. Do right to hide them.（p260/223）

萧译：

又弹起钢琴来了。那是考利。当他面对钢琴而坐时，好像和它融为一体，相互理解。那些徒有其表、令人厌烦的乐师们在弦上乱拨一气。盯着琴弓的一头，就像拉锯般地拉起大提琴，使你想起牙疼时的情景。她高声打起长的呼噜。那晚上我们坐在包厢里，幕间休息的时候，长号在下面像海豚般喘着气；另一个吹铜管乐器的汉子拧了一下螺丝，把积存的唾沫倒出来。指挥的两条腿在松松垮垮的长裤里跳着吉格舞。把他们遮藏起来还是对的。（p523）

金译：

钢琴又响了。是考利。他凑近钢琴那么一坐，样子就像是和它一体天成，彼此的心是相通的。那些烦人的拉锯手们，眼睛盯住弓梢锯着大提琴，刮着小提琴，叫你想起牙疼受的罪。她打鼾了，声音高而时间长。那晚上我们坐的是包厢。幕间休息的时候，下面的长号呼哧呼哧地像一头大海豚，有的铜号手拧下嘴子甩唾液。乐队指挥的两条腿也露出来了，穿着鼓鼓囊囊的裤子，晃过来晃过去的。把他们挡起来还是好的。（p424）

案：这段文字写勃鲁姆随意流淌着的思绪，仿佛一段随想曲。再起的钢琴声让他肯定弹者一定是考利，从考利的高水准联想到交响乐队弦乐手们水平的低劣，竟使某晚在音乐会包厢中的莫莉打起了呼噜，随即想到乐池中杂乱的情形。shaper 有刨床、插齿床、造型者等多义，与后面的 scraping 可形成声音和意义上微妙的关联：本来应该塑造优美音乐形象的提琴手们却水平低劣到像刨床工人在那里“刮擦”形体，下文更明确地说大提琴手在“拉锯”（sawing），这里该包含着多么大的讽刺啊，怪不得莫莉居然打起了呼噜。将 shapers 译作“拉锯手们”（金译）虽不是十分确切，但比译作“乐师们”无论从意义还是形式上看都要妥帖得多。另外，从专业的角度说，bowend 应为“弓尖”，译“弓梢”（金译）就不专业，译“琴弓的一头”（萧译）就既不专业，也不确切；other brass chap unscrewing，emptying spittle 显然是说另一个铜管乐手打开放水孔放口水，看来这里老乔也似乎不够专业，铜管乐器的“放水孔”一般称 water key 或者 spit valve，是一个杠杆式的孔，而不是螺丝孔，自然也就无须“拧”或“旋”，放水时只要按压一端打开孔盖就可以了，可老乔却用了不确切的 unscrewring 一字，致使萧本跟着译作了“另一个吹铜管乐器的汉子拧了一下螺丝，把积存的唾沫倒出来”，至于译作“有的铜号手拧下嘴子甩唾液”（金本）则纯属想像之辞了。Conductor's legs too，bagstrousers，jiggedy jiggedy 中的 bagstrousers 意思很清楚，是说这位指挥的裤子有如一个口袋，两译都加了修饰语，实在是有点儿画蛇添足，如果一定要加，则“松松垮垮的”（萧本）显然优于“鼓鼓囊囊的”（金本），因为，倘若两条腿“鼓鼓囊囊的”被裹在一个口袋里，怎么还能像跳吉格舞似的“晃过来晃过去”（jiggedy jiggedy）呢？这当然是很难想像的。

拙译：

钢琴声又响起来了。是考利。他在琴前那么一坐，便仿佛和琴合成了一体，彼此心通。可那些刮擦大小提琴的刮擦手们却令人心烦，眼睛老是盯着弓尖，一阵拉锯，让你立刻想起牙疼的痛苦。她打起又大又长的鼾声。那晚我们坐在包厢里。幕间的时候，长号在下面像灰海豚似的喘息着，另一个吹铜管的伙计拧开放水孔，往外倒口水。指挥的两条腿也亮了出来，穿着口袋似的裤子，好像在跳吉格舞似的吉格来吉格去。把他们掩藏起来还是对的。（pp499－500）

29. 勃鲁姆与里奇·古尔丁在奥蒙德饭店吃饭时，有一段勃鲁姆琢磨里奇的内心独白：

Tenderly Bloom over liverless bacon saw the tightened features strain. Backache he. Bright's bright eye. Next item on the programme. Paying the piper. Pills, pounded bread, worth a guinea a box. Stave it off awhile. Sings too: *Down among the dead men*. Appropriate. Kidney pie. Sweets to the. Not making much hand of it. Best value in. Characteristic of him. Power. Particular about his drink. Flaw in the glass, fresh Vartry water. Fecking matches from counters to save. Then squander a sovereign in dribs and drabs. And when he's wanted not a farthering. Screwed refusing to pay his fare. Curious type. (p261/224)

萧本:

布卢姆消灭了肝之后,就边吃剩下的牛排,边满怀同情地看着对面那张绷起来的脸上泛出的紧张神色。他背疼。布赖特氏病患者那种明亮的目光。节目单上下一个项目。付钱给吹笛手。药片,像是用面包渣做成的玩意儿。一吉尼一匣。拖欠一阵再说。也来唱唱:在死者当中。腰子饼。好花儿给。赚不了多少钱,东西倒是值。鲍尔威士忌,喝起酒来挺挑剔:什么玻璃杯有渣儿啦,要换一杯瓦尔特里水啦。为了省几个钱,就从柜台上捞几盒火柴。然后又去挥霍一金镑。等到该付钱的时候,却又一文也拿不出来了。喝醉了就连马车钱也赖着不给。好古怪的家伙。(p525)

金本:

心肠软软地,布卢姆隔着无肝的咸肉盘子,看到他正绷紧了脸在憋劲。腰背疼,他。亮氏的亮眼。节目单上的下一项。自食其果。药片,面包渣,一畿尼一盒。暂时挡一挡。还唱歌呢:死人堆里。倒也恰当。腰子馅儿饼,以腰补腰。收效不大。最划得来的地方。正是他的作风。帕尔威士忌。特别讲究喝的。杯子有毛病,新鲜的瓦特里河水。为了省钱,从柜台上顺手牵羊拿火柴。然后,乱七八糟的,整镑整镑地瞎花。而他实际上一文也不缺。灌足了,坐车不给钱。古怪的类型。(p426)

案：勃鲁姆吃完了肝，从只剩咸肉的盘子上端详着里奇 · 古尔丁，看到他面容憔悴，气色僵涩。想到他因酗酒伤了肾，因此腰背疼痛，眼睛发亮，英国医生布赖特(Bright)发现了这种病，故此病一般称作“布赖特氏症”。这里的Bright's bright eye显然是一种同音异义的文字游戏。译作“他背痛。布赖特氏病患者那种明亮的目光”(萧本)，就看不出这里的游戏笔墨；而译作“腰背疼，他。亮氏的亮眼”(金本)则把这一戏笔转换过来了。下文的片语串犹如一串快速的断奏，从不同的角度进一步琢磨他：得了病，顺理成章就得花钱看病。吃各种药丸，其实主要是捣碎的面包渣，花了不少钱，但不能解决根本问题，他还是照样喝酒、唱歌。有一句歌词说，不喝酒，就等于倒在死人堆里了，这里的Appropriate意思是说这歌词儿正适合他。他还信那种吃什么补什么，好花要给好姑娘之类的说法，吃什么腰子馅儿饼。Not making much hand of it意思是说其实这么着并没有多大帮助。Best value in是里奇刚刚说过的话，即奥蒙德是“都柏林最划算的地方”，这里勃鲁姆想到里奇这话，琢磨着他一定经常到这里来。Characteristic of him一语是说他这人“特别”，和这段结束时的Curious type意思相仿佛：酗酒、有病、没钱、爱挑剔，还穷酸之类。萧本这里将Not making much hand of it和Best value in译作“赚不了多少钱，东西倒是值”，不知何所指？下面的Characteristic of him则干脆扔掉不译。金本将这三个短句合起来译作：“收效不大。最划得来的地方。正是他的作风。”好像也有点儿语焉不详。

拙译：

温和地，勃鲁姆从没了肝的咸肉上望着那张紧绷着的脸上的僵涩。他腰背疼，明氏的明亮眼。节目单上下一项。自食苦丸。药丸、捣碎的面包渣，一畿尼一盒。只能暂时对付一阵儿。还唱呢：**倒在死人堆里了**，还真适合他。腰子馅儿饼，以腰补腰。好花儿给。没多大帮助。最划算的地方。他这人就这样儿。帕尔威士忌。喝东西还特讲究。酒杯有毛病啦，要新鲜的瓦特里河水啦。为省钱从柜台上顺手摸几盒火柴。可随后又一点儿一点儿地把整镑整镑的钱胡乱花掉。到要付钱的时候却一文也付不出。灌饱了黄汤，坐车都不给钱。古怪的类型。（p502）

30. 里奇开始吹口哨，是《梦游女》中的唱段“一切全完了”。这段文字是：

Richie cocked his lips apout. A low incipient note sweet banshee murmured：all. A thrush. A throstle. His breath，birdsweet，good teeth he's proud of，fluted with plaintive woe. Is lost. Rich sound. Two notes in one there. Blackbird I heard in the hawthorn valley. Taking my motives he twined and turned them. All most too new call is lost in all. Echo. How sweet the answer. How is that done？All lost now. Mournful he whistled. Fall，surrender，lost.（p261/224）

萧译：

里奇噘起嘴来。可爱的猖女喃喃地唱着音调低沉的序曲：一切。一只画眉。一只画眉鸟。他的呼吸像鸟鸣那样甜美，他引为自豪的一口好牙之间，以长笛般的声音唱出哀愁苦恼。失去了。嗓音圆润。这当儿两个音调融合在一起了。我在山楂谷听见了画眉的啭鸣。它接过我的基调，将其糅合，变了调。过于新颖的呼声，消失在万有之中。回声。多么婉转悠扬的回音啊！那是怎样形成的呢？现在一切都失去啦。他哀恸地吹着口哨。垮台，降伏，消失。（p526）

金译：

里奇噘起了嘴唇。幽幽升起的一声啭鸣，报丧女的婉转哀音在喃喃诉说：一切。鸫鸟的啼声。画眉。他吹出了悠扬的鸟鸣，在他很得意的一口好牙之间，申诉着自己的哀怨。全完了。圆润的声音。其中有两个音符结合为一的。我在山楂谷中听见了鸫鸟的啼声。它把我逗它的乐调接过去，加上曲折变化。一切大多新呼声完了全。回音。多美的回答。是怎么弄出来的？现在全完了。悲哀的音调，他吹的口哨。堕落，放弃，完了。（pp426－7）

案：这段中有四点可以讨论：一是 banshee 解作：a female fairy or spirit that attends certain families，and is heard keening or crying aloud at night round the house when some member of the family is about to die。[①] 据此解，译作“报丧女”（金本）较“狺女”（萧本）似更妥帖些，因后者太古奥，即使在古代神话中也极少出现。二是 sweet 一字曾三次使用，指同音的重复。两译均未作同音处理（萧本：可爱、甜美、婉转悠扬；金本：婉转、幽幽、多美），似不妥。三是 throstle 与 thrush 虽略有区别，但基本上同属一族，故汉译一般均作“画眉”处理，译作“画眉。画眉鸟”（萧本）显然较仅作“鸫鸟”（金本）要好，因为前者呼应了原文两个字在形音上的接近。四是 rich sound 利用了 rich 与 Richie（里奇的名字）形近音同的特点，两译均未能译出这里的双关，下面的 Two notes in one there 因就“音符”（note）用了复数，故译作“其中有两个音符结合为一的”（金本）不妥，而译作“这当儿两个音调融合在一起了”（萧本）就对了，它可以指里奇的口哨声与报丧女的哀鸣或者勃鲁姆听到的画眉鸣啭融为了一体。

拙译：

里奇嘟起嘴唇。甜美的报丧女精灵喃喃低诉着死亡将临的音符：一切。一只画眉。一只画眉鸟。他吹出了甜美的鸟鸣，在他引以为豪的一嘴整齐的牙齿间，他的气息如长笛般吹奏着哀怨的曲调。全完了。里奇丰富的声音。两个音调在那儿合而为一。我在山楂谷中听

① Don Gifford，Ulysses Annotated：Notes for James Joyce's Ulysses，1988，Revised and Expanded Edition，P301.

见了画眉的啼声。他把我的音调接过去加以曲折变化。一切新呼声大都消失在一切之中。回声。多么甜美的回应。那是如何完成的？现在一切全完了。他吹着悲哀的音调。降落、屈服、完了。（p503）

31. 勃鲁姆听完里奇的口哨，对里奇说：
A beautiful air，said Bloom lost Leopold. I know it well.（p262/224）

萧译：
“一支优美的曲子，”布卢姆，忘乎所以的利奥波德说。“我对它很熟悉。”（p526）

金译：
——是一段优美的唱腔，布卢姆完了的利奥波尔德说。我很熟悉。（p427）

案：勃鲁姆从里奇吹的口哨，想到这出歌剧中的梦游女，因为梦游走错房间，上了别人的床，这里的“一切全完了”恰恰道出了其未婚夫悲伤的心情。勃鲁姆从这里又想到妻子对自己的背叛，不免感同身受，于是喟叹：是的，一切全完了（Yes，all is lost.）这里Bloom lost Leopold中的lost紧接上段，译“布卢姆完了的利奥波尔德”（金本）不错，而译“忘乎所以的利奥波德”（萧本）则无根据，也不符合当时勃鲁姆的心情。

拙译：
——很美的唱段，勃鲁姆完了的利奥波尔德说。这段我很熟。（p504）

32. 勃鲁姆和里奇专注地听西蒙的歌唱，有这么一段：
Through the hush of air a voice sang to them，low，not rain，not leaves in murmur，like no voice of strings or reeds or

whatdoyoucallthem dulcimers, touching their still ears with words, still hearts of their each his remembered lives. Good, good to hear: sorrow from them each seemed to from both depart when first they heard. When first they saw, lost Richie Poldy, mercy of beauty, heard from a person wouldn't expect it in the least, her first merciful lovesoft oftloved word.(pp262－3/225)

萧译:
一个低沉的声音穿过静寂的空气传了过来。那不是雨,也不是沙沙作响的树叶;既不像是弦音或芦苇声,又不像那叫什么来着——杜西玛琴;用歌词触碰他们静静的耳朵,在他们各自宁静的心中,勾起往日生活的记忆,好哇,值得一听。他们刚刚一听,两个人的悲哀就好像分别消失了。当他们——里奇和波尔迪——初见美的女神而感到茫然时,他们从丝毫也不曾想到的人儿嘴里,第一次听到温柔眷恋、情意脉脉、无限缠绵的话语。(p528)

金译:
通过静谧的空气,歌声向他们传来,轻轻的,不是雨声,不是树叶的嘁嘁私语,不似弦音或是簧音或是那种叫什么的扬琴音,有唱词触及他们的耳朵,静止的心脏,他们各自记忆中的经历。舒心啊,听着舒心:当他们初初听到,忧愁似乎从他们每个人心上一扫而空。当他们,完了的里奇·波尔迪,当他们初初见到那仁慈的美,初初听到一个始料未及的人,她初次说出那一个仁慈的、温存的、深爱的字眼。(pp428－9)

案:这是一个十分抒情的乐段。里奇和勃鲁姆都被西蒙的歌声打动了,他们都感到了歌声中表达的那种仁慈的美,这使他们暂时振奋起来,忘却"一切全完了"带来的失意,想到了他们的初恋,但他们的经历不同,所以,他们联想的对象也不同。这里,lost Richie

Poldy 译作“里奇和波尔迪”（萧本）显然是不到位的；而译作“完了的里奇·波尔迪”（金本）则要妥帖得多。本段结束的几句中三次出现的 first 金译作“初初、初初、初次”无疑是好的，而译作“刚刚、初见、第一次”（萧本）则不符合作者构思的音乐结构。最后一句中的 merciful lovesoft oftloved 译作“温柔眷恋、情意脉脉、无限缠绵”（萧本）或“仁慈的、温存的、深爱的”（金本）也同样与原文的音乐构思不符。

拙译：

歌声透过安谧的空气向他们传来，低沉地，不是雨滴，不是树叶的沙沙，也不似任何弦或簧片或叫什么扬琴的声音，歌词拨弄着他们宁静的耳鼓，震动着他们宁静的心，唤醒他们各自的记忆。好啊，听来多么美好啊：当他们初次听到，忧愁仿佛将从他们心里分别消失净尽。当他们，完了的里奇·波尔迪，初次听到，初次看到那仁慈的美，听到一个从未想到的人儿，初次说出她那个仁慈的、爱欲缠绵的、爱意深长的字眼。（p505）

33. 西蒙的歌声把勃鲁姆带回第一次见到莫莉的情景：

Singing. *Waiting* she sang. I turned her music. Full voice of her perfume of what perfume does your lilactrees. Bosom I saw, both full, throat warbling. First I saw. She thanked me. Why did she me? Fate. Spanishy eyes. Under a peartree alone patio this hour in old Madrid one side in shadow Dolores shedolores. At me. Luring. Ah, alluring. (p264/226)

萧译：

歌唱着。她唱的是《等候》。我替她翻乐谱。音域广阔，香气袭人。你的丁香树，什么牌的香水。我看见了胸脯，两边那么丰腴，喉咙颤抖着。当我初见，她向我道谢。她为什么……我呢？缘分。

西班牙风韵的眼睛。此时此刻，在古老的马德里，多洛勒斯——她，多洛勒斯，在中院儿梨树下的阴影下。望着我。引诱着。啊，诱惑着。（p531）

金译：

歌声。她唱的是《等待》。我为她翻乐谱。圆润嗓音芬芳什么香水你的丁香树。胸脯我看见了，两个丰满的，歌喉啭鸣。我初次见到。她谢我。她和我怎么？缘分。西班牙风韵的眼睛。独自在梨树下古老的马德里院子里这时光一边有荫，桃乐丝，伊，桃乐丝。望着我。迷人的。啊，勾人心魄。（p431）

案：这是一个充满欢乐的乐段，写出了勃鲁姆初遇莫莉时极为喜悦、高涨的心情。Full voice of her perfume of what perfume does your lilactrees. Bosom I saw，both full，throat warbling. 两句中的两个 full，突出了莫莉丰满、美妙的声音和她丰满、极富性感的双峰；第一句中的两个 perfume 突出了莫莉歌唱时香气袭人的声息，与浑身上下散发的香气纠缠混融，撩拨着人的性欲。将其译作“圆润嗓音芬芳什么香水你的丁香树。胸脯我看见了，两个丰满的，歌喉啭鸣”（金本）；或“音域广阔，香气袭人。你的丁香树，什么牌的香水。我看见了胸脯，两边那么丰腴，喉咙颤抖着”（萧本）均未能紧贴原文的音乐结构，突出两个 full 和两个 perfume，特别是后者，将原来的结构彻底拆散，更不可取。下面的 Under a peartree alone patio this hour in old Madrid one side in shadow Dolores shedolores 同样也是一种纠缠结构，同样不宜拆散，这里，金译显然给与了较多的关注。At me. Luring. Ah，alluring 译作“望着我。引诱着。啊，诱惑着”（萧本）则较“望着我。迷人的。啊，勾人心魄”（金本）为好，因为它关照了 luring 和 alluring 两字在意义与形式上的关联。此外，fate 的译法应与上段中两次出现的 fate 一致，而萧本上段中译作“命运”，这里却译作“缘分”，显然是不妥当的。

拙译：

唱歌。她唱的是等待。我替她翻乐谱。丰满的声音带着芬芳你的丁香树的什么香水的芬芳。胸脯我看见了，两个丰满的，歌喉鸣啭着。我初次看见。她谢我。为什么她我？缘分啊。西班牙风情的眼睛。独自在庭院的梨树下此刻古老的马德里有阴影的一边桃乐丝伊桃乐丝。望着我。撩人。啊，全都那么撩人。(p508)

34. 里奇向勃鲁姆讲西蒙·德达路斯唱歌的事，有这样两段：

Goulding, a flush struggling in his pale, told Mr Bloom, face of the night, Si, in Ned Lambert's, Dedalus house, sang '*Twas rank and fame*.'

He, Mr Bloom, listened while he, Richie Goulding, told him, Mr Bloom, of the night he, Richie heard him, Si Dedalus, sing '*Twas rank and fame* in his, Ned Lambert's, house. (pp265 - 6/227)

萧译：

古尔丁那张苍白的脸兴奋得泛红了。他告诉布卢姆先生说，那个夜晚西·迪达勒斯在内德·兰伯特家演唱《地位名声》。(p533)

金译：

苍白的古尔丁脸上隐约泛红。向布卢姆先生叙述那一晚上，他里奇听他赛·代达勒斯唱《地位与荣誉》，在他内德·兰伯特家。(p433)

案：这两段文字说的是一回事，但却以完全不同的视角和形式叙述，仿佛两个乐段，用不同的节奏和音色演奏同一音型，在重复中呈现出变化。第一段是古尔丁的视角，且故意打乱了语序，以形成交织和模棱两可的音乐效果，也表达古尔丁在激动的情绪下多少有些语无伦次的状态；第二段是勃鲁姆的视角，且恢复了正常语序，表达一种流畅的乐思和乐感，仿佛是对前一段的回应和进一步阐释，也表达勃鲁姆更为冷静与清醒的理智状态。如果像现有的两译那样，将两个乐段因为意义相同而丢弃一段，并以完全正常的语序译出，原作的构思和乐感就完全丧失了。这种做法显然是不可取的。

拙译：

古尔丁，苍白的脸上，告诉勃鲁姆，微微泛出红晕，那晚，西·，在奈德·兰伯特，家，德达路斯，唱**是地位和名誉**。

他，勃鲁姆先生，倾听着，而他，里奇·古尔丁，向他，勃鲁姆先生，讲述那天晚上，他，里奇，听到他，西·德达路斯唱**是地位和名誉**，在他，奈德·兰伯特，家。（p511）

35. 勃鲁姆给玛莎写信，快结束时，里奇发现，勃鲁姆谎称是为广告业务写信，有一段：

Bloom mur：best references. But Henry wrote：it will excite me. You know now. In haste. Henry. Greek ee. Better add postscript. What is he playing now? Improvising. Intermezzo. P.S. The rum tum tum. How will you pun? You punish me? Crooked skirt swinging, whack by. Tell me I want to. Know. O. Course if I didn't I wouldn't ask. La la la ree. Trails off there sad in minor. Why minor sad? Sign H. They like sad tail at end. P.P.S. La la la ree. I feel so sad today. La ree. So lonely. Dee.（p268/230）

萧译：

布卢姆嘟哝着："提供的线索倒都是最好的。"然而亨利却写道："这会使我兴奋。你晓得个中情况。匆致。亨利。"写希腊字母

“E”。最好加个附言。他在弹什么哪？即兴的间奏曲。附言：啷当当。你要怎样来惩罚我？你要惩罚我？歪歪拧拧的裙子在摇来摆去，嘭嘭。告诉我，我想知道。噢，当然喽，假若我不想知道的话，也就不会问了。“拉、拉、拉、来。”进入小调就悲怆地消失了。小调为什么就悲怆呢？签上“H”。女人们都喜欢来个悲怆的结尾。再加个附言：“拉、拉、拉、来。今天我感到那么悲伤。拉、来。那么孤寂。亲。”（p539）

金译：

布卢姆嘟哝：有最可靠的证明人。但是亨利在写：将使我感到兴奋。你明白为什么。匆匆。亨利。希腊写法的 e，最好加一句附言。他现在在弹什么？即兴的。间奏曲。又及：仓—吞—吞。你准备怎样罚？你罚我？歪斜的裙子摆动着，抽打。告诉我。我想。知道。当。然。如果我不想，我就不会问了。啦啦啦哩。那边的琴声变了小音阶，逐渐轻下去了，悲哀地。为什么小音阶就悲哀？签亨。他们总喜欢悲哀的结尾。又又及。啦啦啦哩。我今天感到很悲哀。啦哩。非常寂寞。亲。（p438）

案：这段文字中贯穿着两个交织的旋律：一是勃鲁姆谎称为广告的事写信而不得不掩饰的咕哝（Bloom mur：best references.）以及其在写信过程中的内心独白；另一是花亨利写给玛莎信（But Henry wrote）中的文字。由于勃鲁姆的内心独白是穿插在信的正文中的，而乔伊斯又没有用明确的标点加以标示，因此，如何区分二者就应该是读者以及作为特殊读者的译者自己的任务。金译明智地紧随原作，不用标点，基本上将区分二者的任务留给了读者；而萧译却用了引号，那就将这个任务扛在了自己肩上。然而遗憾的是，我们从萧译中却看不清究竟哪些是信的正文，哪些不是。譬如：La la la ree 指考利弹的间奏曲这时接近尾声，由大调转入小调，传入勃鲁姆的耳中，引发了他的联想。萧译却将其置于引号中，让人误以为这是信中的文字；而 How will you pun？ You punish me？ ... Tell me I want to. Know. O. Course if I didn't I wouldn't ask 应该是信中的文字，却被萧译置于了引号外。此外，La la la ree 作为简谱中的音符 6 和 2，一般汉译作“拉”、“来”，萧译无疑是正确的，但金译却将 ree 译作了“哩”，不知根据是什么。再有 They like sad tail at end 中的 they 译作“女人们”（萧本）显然比“他们”（金本）更贴合这里的语境。最后本段中四次出现的 sad 似应译作同一词，而萧本将前三次译作“悲怆”，而将第四次译作“悲伤”似欠考量。

拙译：

勃鲁姆咕哝：有最可靠的推荐材料。可是亨利却写道：这会叫我激动，你现在明白了。匆此。亨利。希腊文的 e。最好附一笔。他现在弹什么？即兴的。间奏曲。又及：龙冬仓。你怎么治？治我？歪扭的裙子摆来摆去的，砰砰。告儿我，我想。知道。当。然。如果我不想我就不问了。拉——拉——拉——来。那边拖长的琴声转成小调，伤心地。为什么小调是伤心的呢？签亨。她们总喜欢伤心的结尾。又又及：拉——拉——拉——来。我今天觉得好伤心。拉——来。好孤独。亲。（pp515－6）

36. 米娜听完了贝壳回到她原来的地方，有这么一段：

From the forsaken shell miss Mina glided to her tankards waiting. No, she was not so lonely archly miss Douce's head let Mr. Lidwell know. Walks in the moonlight by the sea. No, not alone. With whom? She nobly answered：with a gentleman friend. (p270/231)

萧译：

米娜从那被抛弃的海螺旁边翩然来到正等待着她的那大酒杯跟前。不，她并不怎么寂寞，杜丝小姐的头昂然地告诉利德维尔先生。月光下在海滨散步。不，不是一个人。跟谁一道呀？她气势轩昂地回

答说：跟一位绅士朋友。（p542）

金译：

米娜小姐离开现已无人理睬的海螺壳，轻快地走回那等待着她的啤酒缸子。不，她才不孤单呢，杜丝小姐的调皮样子让利德维尔先生明白。月光下海滩上散步。不，不是独自一人。有谁做伴吗？他大大方方地说：一位绅士朋友。（p440）

案：本章中的两位女侍，个性似有较大差异。杜丝小姐显得活泼、调皮，极易与客人相与熟络，与进入饭店的那些绅士首先调笑的必然是她，而且她的调笑总是那么肆无忌惮，这从她接待进入饭店中的鲍伊兰、利德威尔等人都可以看出；相反，肯尼迪小姐则显得相对高傲、矜持，总好像有那么点儿不合群，这点特别表现在她对莱纳汉的态度上。这种差异似乎给人留下了杜丝小姐人缘好、人脉广，而肯尼迪小姐人缘差、人脉稀的印象。此段中的第二句好像正是要纠正这种印象：No，she was not so lonely archly miss Douce's head let Mr. Lidwell know. 意思是说，米娜·肯尼迪小姐并不孤独，甚至并不像莉迪亚·杜丝小姐那调皮的脑袋让利德威尔先生认识到的那般孤独（杜丝小姐表面上看人缘广，其实内心却很孤独，至少让利德威尔先生看出来了）。从结构上看，原句中 archly 之前显然省略了 as 一词，其后引出的则是一个定语从句，修饰其前置词 lonely。两译似乎都对此句没有作很好的结构分析，也没有细察这里乔伊斯的用意，都将此句分作了两句，从而使这段的意思变得含混不清，让读者弄不清 not so lonely 说的究竟是谁了。

拙译：

离开已被遗弃的海螺，米娜小姐翩然回到她那些等待的大酒杯前。不，她才不孤单呢，不像杜丝小姐那顽皮的脑袋让利德威尔先生明白的那般孤单。月光中海滩上的散步。不，一点也不孤单。跟谁做

伴？她昂然回答说：一个绅士朋友。（p519）

37. 勃鲁姆从莫莉的歌声想到麦考伊的太太，有一段说：

M'Coy valise. My wife and your wife. Squealing cat. Like tearing silk. When she talks like the clapper of a bellows. They can't manage men's intervals. Gap in their voices too. Fill me. I'm warm, dark, open. Molly in *quis est homo*: Mercadate. My ear against the wall to hear. Want a woman who can deliver the goods. (p232)

萧译：

麦科伊的手提箱。我太太和你太太。喵喵叫的猫声。如裂帛。她说起话来舌头就像风箱的响板似的。她们无法掌握男人的音程。她们自己的声音也有漏气的时候。把我填满了吧。我是热乎乎、黑洞洞而且敞着口的。摩莉唱着《什么人……》梅尔卡丹特。我把耳朵贴在墙上听。要的是一位能孚众望的女性。（p543）

金译：

麦考伊旅行包。我的妻子和你的妻子。猫叫。撕帛一般的。她说话的时候，舌头像风箱舌头。她们没法达到男人的音程。她们的嗓音中还有空档。来给我填满吧。我是热的、黑的、开着的。莫莉唱 quis est homo：墨卡但丁。我将耳朵贴在墙上听。要女人功夫到家。（p441）

案：勃鲁姆比较太太莫莉的嗓音与麦考伊太太的嗓音，想到莫莉唱《圣母伫立》中的唱段，进而想到女性声音中表现的性感。因此，这里的 Want a woman who can deliver the goods 其实观照了女性嗓音与性两方面的能力。其中 deliver the goods 译作“履行契约”、“完成工作”、“获得满意结果”，甚至“能孚众望”（如萧译）不能说错，但仍很难暗示出女性这两方面的能力；译作“功夫到家”

（金译）似乎要好些，不过译作“拿得出货”是否更好些？

拙译：

麦考伊的手提箱。我太太和你太太。喵喵叫春的猫。声音如裂帛般。她说话时就像拉风箱似的噼啪声 。她们没法儿把握男人的音程。再说她们的嗓音中也有空隙。把我填满吧。我是热乎乎的、黑洞洞的、敞着口的。莫莉唱**有谁**：梅尔卡丹特。我把耳朵贴在墙上就能听到。要的是那种真拿得出货的女人。（p520）

38. 写鲍伊兰到勃鲁姆家门口停车的文字：

Jog jig jogged stopped. Dandy tan shoe of dandy Boylan socks skyblue clocks came light to earth.（p271/232）

萧译：

马儿缓步前进，颠簸，轻摇，停住。花花公子博伊兰那棕黄色的鞋、短袜、跟部绣着天蓝色花纹，轻盈地踏在地面上。（p543）

金译：

颠着晃着颠着停了车。花花公子棕黄鞋，时髦鲍伊天蓝袜，亮晶晶，钟落地。（p441）

案：这里的句子极具音乐性。其主要意思是鲍伊兰车停后轻盈下车及其花花公子的时髦形象。比较两译，不难看出，萧译只转换了原文的意思，而丢弃了原文的形式，而金译则兼顾了二者，只是“钟落地”却给人语焉不详的感觉。窃以为，原文虽然用了 clocks（钟）一词，充其量不过暗示下午 4 点这一约会时间而已，主要目的是与前面的 socks（短袜）形成叶韵，其形式意义大于实际意义，因此这里完全可以不译。

拙译：
晃　颠　晃　停了。花花公子鲍伊兰，时髦棕鞋袜天蓝，轻盈如约落地面。(p520)

39. 勃鲁姆要走，里奇要留下继续喝，这里有一句：
Must go prince Bloom told Richie prince. No, Richie said. Yes, must. Got money somewhere. He's on for a razzle backache spree. (p271/232)

萧译：
布卢姆对里奇说，他该走了。不，里奇说。不，非走不可。不知打哪儿弄到了一笔钱。打算纵酒取乐，一直闹到脊背都疼了。(p544)

金译：
非走不行了，王子布卢姆对里奇王子说。别走，里奇说。不行，非走不可了。得去一个地方，有笔款子。他是准备大喝一顿然后腰背大疼一阵了。(p442)

案：Got money somewhere 按照金译的理解，应是勃鲁姆对其非走不可的解释，那就意味着这是勃鲁姆当时说的话。然而，如果是因为"有笔款子"要去拿，那么这个动词无论如何不应该是过去时(got)，看来这个解释说不通。按照萧译的解释("不知打哪儿弄到了一笔钱")，这话就成了勃鲁姆的内心独白，是对里奇还要留下继续吃喝的解释，自然也就顺理成章了。不过萧译"布卢姆对里奇说"将 prince Bloom told Richie prince 中的 prince 丢弃的做法却不可取，而金译"王子布卢姆对里奇王子说"则在内容与音乐结构两方面(这里的"王子"在内容与形式上都是呼应前文的！)都贴合原文。

拙译：

必须走了，王侯勃鲁姆对里奇王侯说。别走，里奇说。不，非走不可了。不知什么地儿弄了一笔钱。他是准备痛饮一顿然后腰背大痛了。（p521）

40. 勃鲁姆被多拉德的歌声吸引住了，一边想歌中的意思，一边琢磨多拉德本人，有一段是：

Decent soul. But addled now. Thinks he'll win in *Answers*, poets' picture puzzle. We hand you crisp five pound note. Bird sitting hatching in a nest. Lay of the last minstrel he thought it was. See blank tee what domestic animal? Tee dash ar most courageous mariner. Good voice he has still. No eunuch yet with all his belongings.（p272/233）

萧译：

正派人。眼下有几分醉意。他自以为能在诗人画谜活动的《答案》中获奖。我们奉送你一张崭新的五镑纸币。“抱窝的鸟儿”。他认为答案是《最末一个游吟诗人之歌》。“C 空白 T”，打一只家畜。“T 波折号 R”是最勇敢的水手。他依然有副好嗓子。既然拥有这一切，正说明他还不是个阉人。（p546）

金译：

心地挺好的。如今有一些糊涂了。还以为自己能猜中《答案》上的诗画谜语获奖呢。奉赠崭新五镑钞票一张。鸟孵窝。他认为是最后一位吟游诗人之歌。犬背长苗打一家畜。手在水中打一海上人物。他的嗓子还是不错的。到底不是阉人，东西还在。（p443）

案：此段中有两处可讨论：一是 Good voice he has still. No eunuch yet with all his belongings，多拉德有一副很好的低音嗓子，倘若被阉，他的低音恐怕就不会像现在这般好了，所以，这里的 all his belongings 虽有双关之意，但主要还是暗示他的阳具是完好无损的。如此看来，译作“拥有这一切”（萧本）就远不如“东西还在”（金本）更贴切。二是 See blank tee what domestic animal? Tee dash ar most courageous mariner，这两个字谜十分简单，谜底 cat 和 tar 稍识英文的一般中国读者都不难识别，因此，其谜面若金译那般做归化的处理就值得讨论了。

拙译：

正经人。如今有点糊涂了。以为他能赢《答案》上的诗画谜奖呢。我们送您崭新五镑钞票一张。鸟卧巢孵雏。他以为答案是最后的游吟诗人之歌。C 空白 T，是什么家畜？T 破折号 R 是最勇敢的海员。他的嗓音依然很好。毕竟不是阉人，玩意儿都在。（p522）

41. 听多拉德的演唱，人们大为感动，在勃鲁姆心目中，感动得眼泪汪汪的莉迪亚更显得妩媚动人：

A liquid of womb of woman eyeball gazed under a fence of lashes, calmly hearing. See real beauty of the eye when she not speaks. On yonder river. At each slow satiny heaving bosom's wave (her heaving embon) red rose rose slowly sank red rose. Heartbeats her breath: breath that is life. And all the tiny tiny fernfoils trembled of maidenhair. (pp274/234 - 5)

萧译：

用女人那子宫的液体浸润了的眼球，在睫毛的篱笆下安详地注视着，聆听着。当她不说话的时候，眼睛才显出真正的美。在那边的河上。每逢裹在缎衣里的酥胸波浪般缓缓地起伏（她那一起一伏的丰腴魅力），红玫瑰也徐徐升起，红玫瑰又徐徐落下。随着呼吸，她的心脏悸动着。呼吸就是生命。处女发所以那些细小、细小的纤叶都颤动着。（p550）

金译：

宫水女人眼珠，遮着睫毛帘子，安详地凝视着，听着。她不说话，眼睛更现出美。在远处那条河上。随着缎子胸脯的徐徐起伏（她的隆起的丰盈）红玫瑰也徐徐地一起一伏。心的搏动：她的呼吸：构成生命的呼吸。同时细小细小的处女毛蕨类叶片也轻轻颤动着。（p447）

案：At each slow satiny heaving bosom's wave（her heaving embon）red rose rose slowly sank red rose 是一个既富音乐美，又富视觉美的结构，特别是作为主句的后半句，代表“红玫瑰”的音型（red rose），以上升（rose）和下降（sank）的缓慢反向运动，极为形象地描摹了莉迪亚小姐锦缎般胸脯的起伏，和胸脯上红玫瑰的起伏。萧金两译均未能很好地传达这里的结构特征构成的音乐形象美。相对而言，萧译“红玫瑰也徐徐升起，红玫瑰又徐徐落下”比金译的“红玫瑰也徐徐地一起一伏”稍胜一筹。

拙译：

女人官水浸润的眼球在睫毛篱笆下凝视着，静静地听着。她不说话的时候，眼睛才显出真正的美。在那边的河上。随着锦缎般胸脯波浪般的每一起伏（她耸起的丰腴体态），红红的玫瑰慢慢升起又落下红红的玫瑰。心跳她的呼吸：呼吸就是生命。所有纤细的、纤细的处女毛蕨类叶片颤动着。（p526）

42. 勃鲁姆出了酒店，走在码头上，琢磨着考利对音乐的狂热：

Cowley, he stuns himself with it：kind of drunkenness. Better give way only half way the way of a man with a maid. Instance enthusiasts. All ears. Not lose a demisemiquaver. Eyes shut. Head nodding in time. Dotty. You daren't budge. Thinking strictly prohibited. Always talking shop. Fiddlefaddle about notes.（p276/236）

萧译：

考利给弄得发晕了。像是喝醉了。男人摆弄姑娘，不如适可而止。比方说那些狂热的听众。全身都是耳朵。连三十二分音符都不肯听漏。双目紧闭。随着节拍不时点着头。神魂颠倒了。你一动也不敢动。切不可思考。三句话不离本行。扯来扯去是关于音调的无聊话。（p554）

金译：

考利，他把自己都弄得蒙了头，也是一种陶醉。最好是着迷而不全迷，像男人对姑娘那样。看那些热衷的人，竖起耳朵，怕漏掉一个三十二分音符。眼睛闭着。头点着拍子。发痴了。身子都不敢动一下。严禁思维。谈的尽是行话。三句不离音符。（p451）

案：这段文字完全是在琢磨考利，其中有两点可讨论：一是 Instance enthusiasts，其字面意思是“狂热者中的一例”，从上下文看，显然是将考利看作了那些狂热地痴迷音乐者的显例。下文的“浑身都是耳朵”、“眼睛紧闭着”、“脑袋点着节拍”等正是刚刚一直在弹琴的考利形象的写照，译作“听众”（萧本）显得十分突兀，似不妥，而译作“那些热衷的人”（金本）似乎要好些。二是 Better give way only half way the way of a man with a maid 一句是勃鲁姆插入的评论，其中有三个 way，译作“男人摆弄姑娘，不如适可而止”（萧本）意思不错，但却丢失了原文的音乐性，而译作“最好是着迷而不全迷，像男人对姑娘那样”（金本）则要好得多。

拙译：

考利，他把自己搞昏了头：有如喝醉了酒，迷迷糊糊的。最好是似迷非迷，迷而不迷，像男人迷姑娘那样。绝对狂热者的例子。浑身都是耳朵，连一个三十二分音符都不漏掉。眼睛紧闭着。脑袋点着节拍。痴呆了。连身子都不敢动一下。思维禁锢。三句话不离本

行，扯的全是音符。（pp530－1）

43. 勃鲁姆有一段关于音乐和乐器的冥想：

Instruments. A blade of grass，shell of her hands，then blow. Even comb and tissuepaper you can knock a tune out of. Molly in her shift in Lombard street west，hair down. I suppose each kind of trade made its own，don't you see？ Hunter with a horn. Haw. Have you the ？ *Cloche. Sonnez la*. Shepherd his pipe. Pwee little wee. Policeman a whistle. Locks and keys！ Sweep！ Four o'clock's all's well！ Sleep！ ...（pp277/237－8）

萧译：

乐器。一片草叶，她双手合十作贝壳状，然后就吹奏。甚至用一把梳子和一张薄绉纸，也能吹出个曲调来。住在西伦巴德街的时候，摩莉穿着衬裙，披散着头发。我想各行各业都有自身独特的音乐，你明白吧？猎户有号角。豁！你有角吗？敲响那口钟！牧羊人有他的笛子。噼，小小的，一丁点儿。警察有哨子。“修理锁和钥匙哇！”“扫烟囱咧！”“四点钟，一切正常，睡觉吧！”……（pp556－7）

金译：

乐器。一片草茎，她的双手合成壳形，吹。甚至用一把梳子敲薄纸，也能敲出个调子来的。在隆巴德西街那时，莫莉穿着内衣，披着头发。我想，每一种行当都会造出自己适用的器具来的，你想是不是？猎人用号角。犄角，你有吗？Cloche，sonnez la！牧羊人用风笛。警察用哨子。风门和琴键！扫！四点钟，太平无事！睡觉吧！……（p453）

案：这段说的全是“乐器”，自然是广义的乐器，自然界任何事物都可以弄（吹、敲、拨、打、弹……）出某种音调来，这正是勃鲁姆所谓的 I suppose each kind of trade made its own，don't you see？所以这里的绝大多数句子都应该与乐器或音乐关联起来，譬如，他这里列举的：草叶、贝壳、猎号、警哨、牧笛、吊袜带，甚至排气声、吆喝声，等等，从这个视角看，Molly in her shift 中的 shift 就不仅如两译仅仅指“内衣”或“衬裙”，还应指一种乐器上的移位或换把练习。此外，Locks and keys 似以看作吆喝声（若萧译）为好，因为“风门和琴键”（金译）本身就是乐器的一部分，再说 locks 在风琴类乐器上的专业术语似为“音栓”，而非非专业的“风门”之类。还有，each kind of trade made its own 如果补足宾语，则以“乐器”为贴切，至少“音乐”（萧译）要优于“器具”（金译）吧？

拙译：

乐器。一片草叶，她两手合成的贝壳，吹。甚至用梳子敲薄纸也能敲出调调来。在朗巴德西街的时候，莫莉披散着头发，在穿的内衣上做移位练习。我想每一种行当都能找到自己的，你说对不对？猎人有号角。角儿。你有吗？**敲响。那口钟。**牧童有短笛。嘘，一丝细小的唏唏。警察有哨子。修锁配钥匙啦！扫烟囱呃！四点钟啦，太平无事啊！睡觉吧！……（p533）

44. 盲调音师走进奥蒙德饭店后有一段说：

Tip. An unseeing stripling stood in the door. He saw not bronze. He saw not gold. Nor Ben nor bob nor Tom nor Si nor George nor tanks nor Richie nor Pat. Hee hee hee hee. He did not see.（p278/238）

萧译：

笃笃。一个双目失明的青年站在门口。他没瞧褐发女，也没瞧金发女，更没瞧本、鲍勃、汤姆、西、乔治、“大酒杯”、里奇、帕特。嘻嘻嘻嘻。他都没有瞧。（p559）

金译：

嘀。一名眼睛看不见的青年站在门内。他看不见古铜色。他看不见金色。看不见本看不见鲍勃看不见汤姆看不见赛看不见乔治看不见啤酒缸子看不见里奇看不见派特。他他他他。他看不见。（p455）

案：这里有两点：一，unseeing 和 saw 与 look 的区别是习英文者的常识，译“看不见”（金译）比“瞧”（萧译）显然更贴近原义，况且，“一个双目失明的”人是不会有目的地去“瞧”什么人的，这似乎也是常识。再有，第五句 Nor 引出的长句乃是本章音乐结构中的部分，似乎不宜如萧本那样点断的。

拙译：

啪。一个看不见的青年站在门道中。他看不见古铜色。他看不见金色。也看不见本看不见鲍勃看不见汤姆看不见西看不见乔治看不见酒杯看不见里奇看不见派特。他他他他。他看不见。（p535）

45. 勃鲁姆读着埃默特在法庭上最后的陈述，在电车“哐啷”声的掩盖下，痛快地排空了肠气：

Nations of the earth. No-one behind. She's passed. *Then and not till then*. Tram kran kran kran. Good oppor. Coming. Krandlkrankran. I'm sure it's the burgund. Yes. One, two. *Let my epitaph be*. kraaaaaa. Written. *I have*.（p279/239）

萧译：

占有了一席之地。背后一个人也没有。她已经走过去了。直到那时。只有到了那时。电车喀啷喀啷喀啷。好机会。来了。喀啷得喀啷喀啷。我敢说是那杯勃艮第。是的。一，二。方为我写下。喀啦啊啊啊啊啊啊。墓志铭。我的话。（p559）

金译：

取得了自己的地位。后面没有人。她已经过去了。到那时，只有到那时。电车轰隆轰隆轰隆。好机会。来了。哐啷啷轰隆隆。肯定是那勃艮第。没错。一，二。我才要人撰写墓志。卡啦啦。铭。我的话。（p455）

案：这段中电车的声音 kran 应基本一致，偶有杂声，如 krandlkrankran 也应紧跟原文，像金译又译“轰隆”，又译“哐啷”恐怕就不大合适。

拙译：

取得了她应有的地位。后面没人。她已经过去了。到那时，只有到那时。电车哐啷哐啷哐啷。好机会。来了。哐啷得儿哐啷哐啷。我肯定这是那勃艮第酒捣乱。没错儿。一，二。我才要人为我写。哐啷啷啷啷啷啷。墓志铭。我说。（p535）

第十二章

《尤利西斯》第十二章写勃鲁姆如约到巴尼·基尔南酒店与马丁·卡宁汉见面，在那里遭遇了一个诨号“公民”（对应于《奥德赛》中的独眼巨人）的无赖对犹太人的攻击。形式上有两个特点：一是使用了第一人称叙述者。乔伊斯私下里曾说明这个无名的叙述者（narrator，即文中的 I）对应于荷马史诗中的忒耳西忒斯（Thersites），此公其貌平庸，胆小如鼠，但却多嘴多舌，嗜酒，总是抱怨诅咒，满嘴粗话，曾遭到奥德修斯的呵责，后因挖苦阿喀琉斯，被阿打死。二是在整个叙述线索中，乔伊斯使用了 33 个插段，对各种文体（法律的、史诗的、新闻的、科学的）加以漫画式戏仿，将勃鲁姆的温文尔雅，悲天悯人，客观冷静置于一个蛮不讲理、狂妄凶残、偏激狂热的环境中，形成巨大的反讽效果。翻译一是要注意各种人物使用语言的特点；二是要注意这些戏仿性插段的文体特征。

乔伊斯说此章使用的技巧是 *gigantism*，这种“至大性”表现在两方面，一方面是“公民”只用一只眼看世界、看问题的极端片面性和偏激性及其满嘴大话的狂妄和霸道；另一方面是这些插段以极度夸张戏仿的不同人事显现出的极端性。

由于此章总体上采用了较为传统的叙事模式，故译文及标点似可作适当灵活变通。

1. 无名叙述者 bloody 一字总挂在嘴上。他这个字诅咒的意味大于强调的意味。拙译“该死的”，一般情况下不漏译，也不变通。萧译有时译“真该死”，有漏译和变通；金译也有漏译和变通。这样，其诅咒的口吻就弱化了。

2. 第一个插段：

For nonperishable goods bought of Moses Herzog, of 13 Saint Kevin's parade in the city of Dublin, Wood quay ward, merchant hereinafter called vendor, and sold and delivered to Michael E. Geraghty, esquire, of 29 Arbour hill in the city of Dublin, Arran quay ward, gentleman hereinafter called the purchaser, videlicet, five pounds avoirdupois of first choice tea at three shillings per pound avoirdupois and three stone avoirdupois of sugar, crushed crystal, at three pence per pound avoirdupois, the said purchaser debtor to the said vendor of one pound five shillings and sixpence sterling for value received which amount shall be paid by said purchaser to said vendor in weekly instalments every seven calendar days of three shillings and no pence sterling: and the said nonperishable goods shall not be pawned or pledged or sold or otherwise alienated by the said purchaser but shall be and remain and be held to be the sole and exclusive property of the said vendor to be disposed of at his good will and pleasure until the said amount shall have been duly paid by the said purchaser to the said vendor in the manner herein set forth as this day hereby agreed between the said vendor, his heirs, successors, trustees and assigns of the one part and the said purchaser, his heirs, successors, trustees and assigns of the other part. (pp281/240－1)

萧译：

从都柏林市伍德码头区圣凯文步道十三号的商人摩西·赫佐格(以下称作卖方)那里购入、并出售提交给都柏林市阿伦码头区阿伯斜坡二十九号的绅士迈克尔·E.杰拉蒂(以下称作买方)的耐久商品，计有常衡每磅三先令整的特级茶叶常衡五磅，常衡每磅三便士的结晶粒状砂糖常衡三斯通。作为代价，上述买方应付给上述卖方一镑五先令六便士的货款。此款应按周分期付款，每七天支付三先令整。经上述卖方及其法定继承人、业务后继者、受托人和受让人为一方，买方及其法定继承人、业务后继者、受托人和受让人为另一方；在上述买方按照经双方同意，本日所议定的支付方法将款项准时付清卖方之前，上述买方不得将上述耐久商品予以典当、抵押、出售或以其他方式转让。上述卖方对这些商品仍然享有独占权，只能凭借他的信誉和意志来处置。（p564）

金译：
兹有都柏林市沃德码头区圣凯文道十三号商人摩西 · 赫佐格，下称售方，出售耐久食品并送交都柏林市阿伦码头区凉亭山二十九号绅士迈克尔 · E.杰拉蒂先生，下称购方，计开一级茶叶五磅，常衡制，每常衡制磅价三先令零便士，碎晶体白糖常衡制三斯通，每常衡制磅价三便士，该购方由该售方供应物品后应付该售方英币一镑五先令又六便士，此款应由该购方以每周分偿办法付与售方，即每七历日付英币三先令零便士；该购方对该耐久食品不得典当、抵押、出售或作其他方式转让，该售方拥有并继续拥有全面而不可侵犯之所有权，该售方有权自由任意处理，直至此款由该购方按照此约所定方式向该售方付清为止，此约于本日由该售方与其财产继承人、业务继承人、委托代理人、指定受让人为一方，该购方与其财产继承人、业务继承人、委托代理人、指定受让人为另一方于此议定。（p457）

案：这个插段是一份买卖合同，用具有法律效力的格式和用语写成，与上面一段中作为职业讨债人的无名叙述者向哈因斯学着买卖双方夸张、谑谐的口吻一起，创造了一种有如荷马史诗中尤利西斯与独眼巨人波吕斐摩斯在后者洞中对峙时紧张、谑谐的戏剧性场面，暗示了后文勃鲁姆与“公民”的对峙和冲突。作为一个法律文本，其结构和用词都十分严谨，翻译应尽最大努力不改变原句结构与原文用词，否则就有可能损伤其法律上的准确与严谨。两译相较，金译似乎更严谨，更准确，这一点不难看出。

拙译：

兹有都柏林市沃德码头区圣凯文道十三号商人摩西·赫佐格，下称卖方，向都柏林市阿伦码头区凉亭山街二十九号绅士迈克尔·E.杰拉蒂先生，下称买方，出售并运送耐久食品，计开一级茶叶常衡制五磅，常衡制每磅三先令零便士、碎晶体砂糖常衡制三斯通，常衡制每磅三便士，货运到后，上述买方应向上述卖方交付货款英币一镑五先令六便士，此款应由上述买方以历法每七天三先令零便士的数额向上述卖方分期付清，在上述买方向上述卖方按照协议付清此笔货款之前，上述买方对上述耐久食品不得典当、抵押、出售或以其他方式转让，同时上述卖方拥有并继续拥有对上述食品的绝对所有权和随意处置权，直到上述买方按此协议向卖方付清此笔货款为止，此协议于本日由上述卖方及其财产继承人、业务继任人、受托人、受让人为一方和上述买方及其财产继承人、业务继任人、受托人和受让人为另一方于此议定并执行。（pp537－8）

3. 第二个插段以夸张、铺排的笔触写都柏林果菜鱼肉牲畜市场，戏仿爱尔兰古代诗歌、神话、传说等今译的文体。中间插有哈因斯与“我”的对话：

I dare him, says he, and I doubledare him. Come out here, Geraghty, you notorious bloody hill and dale robber!（p282/242）

萧译：

我才不怕他呢，那家伙说，一点儿都不怕。滚出来，杰拉蒂，你这臭名远扬的混账山贼，溪谷里的强盗！（p567）

金译：

——我等着他呢，他说，我专门儿地等着他呢。你给我滚出来，滚到这儿来吧，吉拉蒂，你这个臭名远扬的拦路抢劫的背时土匪！（pp459－60）

案：you notorious bloody hill and dale robber 此句中的 hill and dale 字面意思是“山峰与溪谷”，但与后面的 robber 连用，应有类似我们传统小说中那种“绿林响马”、“江洋大盗”之类的意思，其用语的夸张是显而易见的，译作“山贼，溪谷里的强盗”（萧本），意思不错，但味道却不足；译作“拦路抢劫的……土匪”（金本），似乎要好些，但仍觉没有完全到位。

拙译：

我这儿候着他呢，他说，我谅他没种。有种到这儿来，杰拉蒂，你这个该死的、臭名昭著的山林恶贼、江洋大盗！（p540）

4. 哈因斯和我进了巴尼·基尔南酒店，看见待在角落里的“公民”和他那条癞皮狗，有这么一句：

— There he is, says I, in his gloryhole, with his cruiskeen lawn and his load of papers, working for the cause. (p283/242)

萧译：

“他在那儿呢，”我说，“在他的光荣洞里，跟满满的小坛子和一大堆报纸在一起，正在为主义而工作着。”（p568）

金译：

——瞧他守着窝呢，俺说，克露斯金朗不离身，大事业的文件一大堆。（p460）

案：此句中的gloryhole有乔学家训为：A place where odds and ends put away without order。[1]故按字面直译作“光荣洞”（萧本）就不如“窝”（金本）来得贴切。此外，cruiskeen lawn是一首爱尔兰民歌，意为Little full jug，音译作“克露斯金朗”（金本），就不得不加注来说明，实在不如意译为“满满的小坛子”（萧本）来得好。

拙译：

——他在那儿，我说，在他那光荣窝里，放着满满小酒坛、高高文件堆，正干大事业呢。（p541）

5. 第三个插段摹拟爱尔兰史诗的文体，以同样漫画式的夸张笔法写“公民”的形象，下面是这个插段开始部分的第一句：

The figure seated on a large boulder at the foot of a round tower was that of a broadshouldered deepchested stronglimbed frankeyed redhaired freelyfreckled shaggybeared widemouthed largenosed longheaded deepvoiced barekneed brwanyhanded hairylegged ruddyfaced sinewyamed hero.（p284/243）

萧译：

坐在圆形炮塔下脚下大圆石上的那个人生得肩宽胸厚，四肢健壮，眼神坦率，红头发，满脸雀斑，胡子拉碴，阔嘴大鼻，长长的头，嗓音深沉，光着膝盖，膂力过人，腿上多毛，面色红润，胳膊发达，一副英雄气概。（p569）

金译：

坐在圆塔前大石墩上的是一条好汉，肩膀宽阔、胸膛厚实、四肢强壮、眼光坦率、头发发红、雀斑斑斓、胡子蓬松、嘴巴宽大、鼻子

[1] Don Gifford，*Ulysses Annotated*，p319.

高耸、脑袋长长、嗓音深沉、膝盖裸露、两手粗壮、两腿多毛、脸色红润、双臂多腱。（pp461－2）

案：这个长句共用了16个由形容词（如broad）加名词（如shoulder）复合而成的字从身体的不同部位（肩、胸、四肢、眼、发、须、嘴、鼻、头、膝、手、腿、脸、臂等）来修饰这位hero，鄙意不妨在不害意的前提下适当借鉴《三国演义》之类中国古典小说中人物描写的笔法，譬如说张飞："身长八尺，豹头环眼，燕额虎须，声若巨雷，势如奔马"，说张松："额钁头尖，鼻偃齿露，身短不满五尺，言语有若洪钟"等，在可能情况下，将不同身体部位加以调整合并，使文体简洁凝练。两译似多未从此角度考虑。

拙译：

圆塔脚下的巨石上稳坐一条好汉，此人生得宽肩厚胸，长头红脸，一头红发，满面雀斑，阔嘴巨鼻，胡子拉碴，嗓音深沉，两眼如炬，四肢强健，两手粗壮，双臂多腱，两膝裸露，双腿毛满。（p542）

6. 哈因斯掏出金币，"我"打趣说，莫非是从教堂的施舍箱打劫来的吧，哈因斯回答说：

— Sweat of my brow, says Joe. 'Twas the prudent member gave me the wheeze. (p285/244)

萧译：

"这是从我的脑门子上淌下来的汗水，"乔说，"是那个谨慎的家伙把信息透露给我的。"（p572）

金译：

——我的血汗钱，约说，是那位谨慎会员给我的信息。（p463）

案：Sweat of my brow 字面意为：我额上的汗水，引申意则为“辛劳与血汗所得”，鄙意译其引申意(若金本)比直译其字面意(若萧本)要妥帖得多。

拙译：

——这可是我挣的血汗钱，约说。是那位谨慎会员给我透的风。(p547)

7. “公民”读《爱尔兰独立报》上的婚姻栏与讣告栏，在婚姻栏中有这样的句子：

Wright and Flint, Vincent and Gillett to Rotha Marion daughter of Rosa and the late George Alfred Gillett, 179 Clapham road, Stockwell, Playwood and Ridsdale at Saint Jude's, Kensington by the very reverend Dr Forrest, dean of Worcester. (p286/245)

萧译：

赖特和弗林特；文森特和吉勒特，罗萨与已故乔治·艾尔弗雷德·吉勒特之女罗莎·玛丽恩，斯托克维尔克列帕姆路一七九号，普莱伍德和里兹代尔，在肯辛顿的圣朱德教堂举行婚礼，主婚人为武斯特副主教、十分可敬的弗雷斯特博士。(p572)

金译：

赖特与弗林特；文森特与吉勒特，司多克威尔市克拉彭路179号吉勒特府罗莎与已故乔治·艾尔弗雷德之女罗瑟·玛丽恩；普莱伍德与黑兹代尔，由伍斯特教长、十分可敬的福里斯特博士在肯辛顿区圣祖德教堂证婚。(p464)

案：“公民”为说明《爱尔兰独立报》主要为英国人服务的目的，跳着读该报上出生栏、婚姻栏、讣告栏中的名字，有意略去了其中爱尔兰人的名字，只片片断断地读英国人的名字，因此文意有混淆错讹的可能，但仔细辨析仍应能分清。在婚姻栏中他只读出了三对男女：莱特和弗林特、文森特和吉勒特、普莱伍德和里兹代尔。其中的第一对其实是爱尔兰人；第三对中的新郎其实应该是海伍德，而不是普莱伍德。关键是第二对，原文 Vincent and Gillett to Rotha Marion daughter of Rosa and the late George Alfred Gillett, 179 Clapham road, Stockwell 本身就有点模糊，如不能仔细辨析，译文就不可能清晰，这里出现的几个名字究竟是几对？是谁和谁结婚？其实，这里只有一对男女，男方是文森特，女方是罗瑟 · 玛丽恩 · 吉勒特，也就是罗莎与已故的乔治 · 艾尔弗雷德 · 吉勒特的女儿，原文中那个 to 其实是窜入的衍文。金译虽然指出罗瑟是罗莎和乔治 · 艾尔弗雷德 · 吉勒特的女儿，但却似乎并没有清晰地将“吉勒特”与“罗瑟”作为同一个人，因此其译文就会给人含混不清(究竟是几对男女？)的感觉。萧译也是如此。

拙译：

莱特和弗林特、文森特和吉勒特，即斯托克威尔克拉帕姆路 179 号罗莎与已故乔治 · 艾尔弗雷德 · 吉勒特之女罗瑟 · 玛丽恩 · 吉勒特、普莱伍德和里兹代尔，在肯辛顿圣祖德教堂由伍斯特教长、十分可敬的福勒斯特博士证婚。(p548)

8. 下面的插段写小阿尔夫 · 伯根，仍拟古传说体：

And lo, as they quaffed their cup of joy, a godlike messenger came swiftly in, radiant as the eye of heaven, a comely youth and behind him there passed an elder of noble gait and countenance, bearing the sacred scrolls of law and with him his lady wife a dame of peerless lineage, fairest of her race. (p245)

萧译：

瞧，当他们快活地将那酒一饮而尽时，天神般的使者转眼到来。这是个英俊少年，灿烂如太阳，跟在他后面踱进来的是位雍容华贵的长者。他手执法典圣卷，伴随而来的是他那位门第无比高贵的夫人，女性中的佼佼者。（p573）

金译：

瞧呀，正当他们在痛饮欢乐之杯时，一位仪表如神的使者，一位光耀如天堂之眼的俊美青年快步走了进来，而他的身后正走过一位面目高贵、步履庄严的长者，手捧神圣的律卷，和他一起的是他的贵妇妻子，其出身盖世无双，其容貌姣好无比。（p465）

案：此句中的 behind him there passed an elder of noble gait and countenance，...指的是在伯根的身后走过去一对老夫妇，而不是如萧译所谓的“踱进来”。这对老夫妇显然是伯根接着大加嘲笑的布林夫妇。对此句中提到的伯根与布林夫妇，乔伊斯都采用了夸张、漫画式的反讽笔法。

拙译：

列位看官，正在他们痛饮美酒的当儿，一位年轻英俊的使者快步走进来，此人灿若天光，状如天神。在他身后，走过去一位长者和他的夫人，这位长者相貌尊贵，步态庄严，手拿神圣法典；他的夫人出身高贵，美貌非常，世所罕见。（p549）

9. 写特里给小阿尔夫·伯根上酒的插段：

Terence O’Ryan heard him and straightaway brought him a crystal cup full of the foaming ebon ale which the noble twin brothers Bungiveagh and Bungardilaun brew ever in their divine alevats，cunning as the sons of deathless Leda. For they garner the succulent berries of the hop and mass and sift and bruise and brew them and they mix therewith sour juices and bring the must to the sacred fire and cease not night or day from their toil, those cunning brothers, lords of the vat. (p287/246)

萧译:

特伦斯·奥赖恩听见这话，立刻端来一只透明的杯子，里面满是冒泡的乌黑浓啤酒。这是那对高贵的双胞胎邦吉维和邦加狄朗在他们那神圣的大桶里酿造的。他们像永生的勒达的两个儿子一样精明，贮藏大量的蛇麻子那多汁的浆果，经过堆积、精选、研碎、酿制，再掺上酸汁，把刚对好汁液的放在圣火上。这对精明的兄弟称得起是大酒桶之王，夜以继日地操劳着。(p575)

金译:

特伦斯·奥赖恩听到他的话，立即送来水晶杯一只，杯内满装乌黑起沫的麦芽酒，由两位高贵的孪生兄弟酒老板艾弗和酒老板阿迪朗不停地在他们的仙酒缸中酿造，其干练可比长生不老的勒达的儿子们。他们善于采集啤酒花鲜美多汁的浆果，将之集堆、筛选、捣碎、酿造，再掺入酸汁，然后将酒汁用圣火加热，日夜不停，这两位干练的弟兄，酿酒的大王。(pp466－7)

案：此段仍用拟古与中古传奇体，充满夸张、反讽的意象。如称一般玻璃酒杯为 crystal cup，译作“透明的杯子”(萧本)显然不到位；称一般酒缸为 divine alevats，将加热酒汁的火称作 sacred fire，这里的两个形容词为同义词，一处译“仙酒缸”，一处译“圣火”(金本)显然不妥，译“仙”并非不好，问题是道教意味浓烈的“仙”与另一处基督教意味浓烈的“圣”极不协调，倘能两处皆用“仙”，则要好得多，甚至不失为一种创造。此外，Bungiveagh and Bungardilaun 中的两个 bung 是加在两位“孪生兄弟”(其实此兄弟二人并非孪生)名字前的一个俚语，意为“卖掺兑烈酒的商人”，暗示这一对名满天下、高贵的酒老板，其实并不那么高贵，有时也干些掺兑水或酒精之类的勾当，其反讽意味是极为强烈的，音译作

"邦"(萧本)就什么意思都没有，读者只能通过译注去理解，显然不如将其含义译出好。

拙译：

特伦斯·奥莱恩听见这话，立刻端上一只水晶酒杯，杯中装满冒泡的黑浓啤酒，这酒可是那对高贵的双胞胎兄弟，掺兑酒老板艾弗和掺兑酒老板阿迪隆在其神圣的酒缸中酿造出来的，其狡黠干练可比长生不死的勒达的儿子们。他们采集水淋淋的啤酒花浆果，将其堆积、筛选、研碎、酿制，掺兑酸汁，再把酒汁放在圣火上烤，无日无夜，不停熬炼。真乃狡黠干练之辈，江湖人称啤酒大王。(pp550-1)

10. 接下来的这段：

Then did you, chivalrous Terence, hand forth, as to the manner born, that nectarous beverage and you offered the crystal cup to him that thirsted, the soul of chivalry, in beauty akin to the immortals. (p287/246)

萧译：

那么你，豪侠的特伦斯，便按照熟悉的风俗，用透明的杯子盛上甘美的饮料，端给侠肠义胆、美如神明的口渴的他。(p575)

金译：

于是你，生来就侠义的特伦斯，捧出那玉液琼浆，用水晶杯子献给那口渴的人，那俊美如神的侠义人物。(p467)

案：此段文体仍同上段，有些字是十分夸张的，如：chivalrous, chivalry, nectarous, immortals 等，翻译不仅不该丢掉，而且要尽可能译出其夸张的神韵来。准此，chivalry 及其同根字译"侠肠义胆"(萧本)就比"侠义"(金本)、nectarous 译"玉液琼浆"(金本)

就比“甘美的饮料”（萧本）更传神。再者，to the manner born 乃是一典故，出自《哈姆雷特》，意为“按照熟悉的风俗”，且其置于动词组合 hand forth 之后，显然是修饰特伦斯向伯根捧上美酒的方式，故译作“生来就”（金本）修饰 chivalrous，不仅词义欠妥，且搭配关系也不对。还有，开首的 you 与 后面的 him 乃欧美古代和中古史诗、传奇之类叙事文体中常用的程式，颇类中国说书人首次介绍人物时常用的“此”或“这”、“那”等，译作“你”、“他”（两译均此）固然不错，但既然用了“仙”、“玉液琼浆”之类颇为归化的字眼，这里又何必一定要拘泥于异化的模式呢？

拙译：

这特伦斯，可是侠肝义胆之人，按照铁定的山门规矩，捧上水晶酒杯，杯中盛满玉液琼浆，那侠肝义胆骑士、美如神明之人，正焦渴待饮。（p551）

11. 约请勃鲁姆喝酒，勃鲁姆固执不从，随后谈论到死刑，有一段：

So they started talking about capital punishment and of course Bloom comes out with the why and wherefore and all the codology of the business and the old dog smelling him all the time I' m told those Jewies does have a sort of a queer odour coming off them for dogs about I don’t know what all deterrent effect and so forth and so on. （p292/250）

萧译：

于是，大家聊起死刑的事儿来了。布卢姆自然也闲扯起死刑的来龙去脉以及种种无稽之谈。那条老狗不停地嗅着他。我听说这些犹太佬身上总发散着一股奇怪的气味，能吸引周围的狗，还能制服什么。（p582）

金译：

于是他们开始谈论死刑问题，布卢姆当然就拿出了他那些原因喽、理由喽等等一大套有关的糊弄理论，那条狗是不断地嗅他，有人给俺念叨过这些犹太佬让狗闻着有一种特殊的气味，还有莫名其妙的一大套，什么起遏制作用啦等等等等的。（p473）

案：这段是叙述者“我”的声音，有三点可讨论：一、codology 是乔伊斯杜撰的一个字，其词根无疑是 cod，此字本义是“鳕鱼”；引申义则有“哄骗”、“忽悠”、“愚弄”；俚俗义则有“胡言乱语”、“男性器官”等等。小说中不止一处用这个字来形容勃鲁姆的眼睛，意指勃鲁姆在不少场合总爱自觉不自觉地展示他有限甚至常常不无谬误的各种知识时的神态，在这种时候，他往往显得十分真诚、认真，有时甚至真诚、认真到迂呆的程度。乔伊斯之所以用这个字，还因为此字与 God 发音相近，其意在说，勃鲁姆那些看来执拗、迂腐的行为，往往出于他真诚、慈悲、宽容的品格，尽管他在许多时候都不能免俗，有时甚至俗不可耐，但这些近似上帝的圣洁却是他人性中更主要的一面。因此，这里从 cod 造出的 codology 就不仅指他对被绞死者生理变化（特别是下文其阳具挺起的原因）所做的似是而非的“科学”解释，更暗示出他之所以如此乃是出于真诚、正直的人格，而这种真诚和正直也是接下来引发他与“公民”发生冲突与论争的根本原因，由此言之，codology 就成了本章的一个关键词，译作“种种无稽之谈”（萧本）和“糊弄理论”（金本）不能说有什么大的问题，但却十分不到位。鄙意此字译作“直拗迂呆慈性子”可能会全面些。二、本段是一个没有点断的长句，但各部分的意思是清晰的，加标点（若两译）自无不可，然何如紧随原文呢？如是，则可尽显乔氏风格。三、结束时的 I don’t know what all deterrent effect and so forth and so on 中的 deterrent effect（遏制作用）当然指的是勃鲁姆那些所谓解释中转出的术语，而萧译“还能制服什么”却将其误指为犹太佬身上发出的特殊“气味”了。

拙译：

接着他们开始谈论死刑勃鲁姆自然是竭力显摆大耍直拗迂呆慈性子就死刑的来龙去脉理由根据之类忽悠起来那只老狗一直在他身边不停地闻来闻去我听说犹太佬身上总有股怪味儿能把狗引过去他还扯了一套遏制作用的理论云云真是莫名其妙。（p557）

12. 叙述者转述鸟博克说的有关勃鲁姆夫妇住城徽饭店时与一个老太婆和他的傻侄子相处的一件旧事：

... Bloom trying to get the soft side of her doing the mollycoddle playing bezique to come in for a bit of the wampum in her will and not eating meat of a Friday because the old one was always thumping her craw and taking the lout out for a walk. （p293/251）

萧译：

……布卢姆指望她在遗嘱里赠给自己点儿什么，就试图使她的心肠软下来。于是就对她百般奉承，和颜悦色地陪她玩比齐克牌戏。老太婆总是做出一副虔诚的样子，每逢星期五，布卢姆也跟着不吃肉，还带那个蠢才去散步。（p585）

金译：

……布卢姆想拍她的马屁，婆婆妈妈地陪她打伯齐克牌，好挤进她的遗嘱里捞上一票；老娘们儿总绷得那么紧，他就星期五不吃肉，还带那废物出去散步。（p475）

案：thumping her craw 字面意思是："撞击她的胃（嗉子）"，引申的意思则有"做出虔诚、正经的样子"之类，乔伊斯在第五章中用了基本同义的 crawthumpers 一字，乔学者的解释是：ostentatiously devout people（故意夸示虔诚的人们），所以译"做出一副虔诚的样子"（萧本）无疑是恰当的；而译"绷得那么紧"（金本）就语焉不详，也无法解释原文罗尔丹老太太(the old one)为什么“星期五总是不吃肉”。

拙译：

……勃鲁姆想巴结那老太婆，老是陪着玩伯齐克牌，想挤进她的遗嘱里捞点油水，老太婆可装得虔诚得不得了，他也跟着礼拜五总是不吃肉，还带着那个傻子出去散步。(p560)

13. 下面有一个插段写英雄受刑、最后诀别的场面。这个插段戏仿当代报道社会重大事件的新闻体和通俗文艺的笔法，以幽默、荒诞，滑稽、嬉戏、极度夸张的笔墨、极富色彩的调子报道埃默特被处决事件。其中说到外国使团成员文字是这样的：

... The delegation, present in full force, consisted of Commendatore Bacibaci Beninobenone (the semiparalysed *doyen* of the party who had to be assisted to his seat by the aid of a powerful steam crane), Monsieur Pierrepaul Petitépatant, the Grandjoker Vladinmire Pokethankertscheff, the Archjoker Leopold Rudolph von Schwanzenbad-Hodenthaler, Countess Marha Virága Kisászony Putrápesthi, Hiram Y. Bomboost, Count Athanatos Karamelopulos, Ali Baba Backsheesh Rahat Lokum Effendi, Señor Hidalgo Caballero Don Pecadillo y Palabras y Paternoster de la Malora de la Malaria, Hokopoko Harakiri, Hi Hung Chang, Olaf Kobberkeddelsen, Mynheer Trik van Trumps, Pan Poleaxe Paddyrisky, Goosepond Prhklstr Kratchinabritchisitch, Borus Hupinkoff, Herr Hurhausdirektorpresident Hans Chuechli-Steuerli, Nationalgymnasiummuseumsanatoriumandsuspensoriumsordinary-privatdocentgeneralhistoryspecialprofessordoctor Kriegfried Ueberallgemein. (p252)

萧译：

……全体出席的代表团包括骑士团司令官巴奇巴奇·贝尼诺贝诺内

（这位代表团团长因半身不遂，只得借助于蒸汽起重机坐下来），皮埃尔保罗·佩蒂埃特珀坦先生，杰出的滑稽家乌拉基米尔·波克特汉克切夫，大滑稽家莱奥波尔德·鲁道尔夫·封·施万岑巴德-赫登塔勒，玛尔哈·维拉佳·吉萨斯佐尼·普特拉佩斯蒂伯爵夫人、海勒姆·Y.邦布斯特、阿塔纳托斯·卡拉梅勒洛斯伯爵、阿里巴巴·贝克西西·哈拉特·洛库姆·埃芬迪，伊达尔戈·卡瓦列罗·堂·佩卡迪洛·伊·帕拉布拉斯·伊·帕特诺斯特·德·拉·马洛拉·德·拉·马拉利亚先生，赫克波克·哈拉基利，席鸿章、奥拉夫·克贝尔克德尔森，特里克·范·特龙普斯先生，潘·波尔阿克斯·帕德利斯基，古斯庞德·普鲁库鲁斯托尔·克拉特奇纳布利奇兹伊奇，勃鲁斯·胡平柯夫，赫尔豪斯迪莱克托尔普莱西登特·汉斯·丘赤里-斯托伊尔里先生，国立体育馆博物馆疗养所及悬肌普通无薪俸讲师通史专家教授博士克里格弗里德·于贝尔阿尔杰曼。（p587）

金译：

……外交使团全体出席，包括荣誉骑士巴契巴契·贝宁诺贝诺尼（他是使团首席，半身不遂，需用蒸汽起重机送上座位）、墨歇彼埃尔保罗·卑地戴巴当、滑稽大公乌拉亭米尔·波该特亨克契夫、突梯大公利奥波尔德·鲁道尔夫·冯·希汪曾巴德-贺登特哈勒、女伯爵玛哈·维拉伽·吉莎斯佐妮·普特拉佩斯特希、海拉姆·Y.炸弹鼓劲、伯爵亚萨那托斯·卡拉海洛普洛斯、阿里巴巴·拜克西希·拉哈特·罗克姆·埃分棣、西尼奥希达尔苟·卡巴莱罗·唐·佩卡递洛·依·派拉勃雷斯·依·派特诺斯特·德拉玛洛拉·德拉玛拉里亚、贺科波科·哈拉吉里、哈鸿章、奥拉夫·考柏凯德尔森、明海尔特立克·范·特隆普斯、潘波莱克斯·派迪里斯基、孤世庞德·普尔克尔斯特乐·可拉钦纳布里奇西奇、鲍勒斯·胡平考夫、海尔胡尔所所长主席汉斯·届契利-希多尔利、国立健身馆博物馆疗养馆悬空器官初级讲师通史专家教授博士克里格弗里德·幽卜拉尔格曼。（pp477－8）

案：这个插段中来自各国代表的名字使用了声音或意义上的双关手法。现有两译基本上没有考虑如何传达这种效果。这些名字十分滑稽，也格外有趣，团长意大利人 Bacibaci Beninobenone（相当于英文的 Kisskiss Pretty-well-very well，汉语：亲亲 非常好很好）、法国人 Pierrepaul Petitépatant（这个姓相当于英文的 Pittypat，汉语：噼噼啪啪）、俄国人 Vladinmire Pokethankertscheff（这个姓的音近似英文的 Pocket 加 handkerchief，汉语：口袋手帕）、德国人 Leopold Rudolph von Schwanzenbad-Hodenthaler（这个姓相当于英文 Penis-in-bath-inhabitant-of-the-valley-of-testicles，汉语：洗浴中的阴茎、睾丸谷的居民）、匈牙利人 Marha Virága Kisászony Putrápesthi（相当于西文的 Cow somebody's-flower，Mademmoisselle Putrapesthi，其中的 Putrápesthi 既包含了匈牙利的首都布达佩斯，又有英文 putrid pest 之意，汉语：母牛，某人之花布达佩斯提腐败瘟疫小姐）、以色列（？）人 Hiram Y. Bomboost（这个姓包含了英文的 bomb 和 boost，读音又近似英文的 bombast，汉语意为：浮夸、吹捧，夸夸其谈）、希腊人 Athanatos Karamelopulos（相当于英文的 deathless candy-vendor，汉语：不死糖果小贩）、阿拉伯人 Ali Baba Backsheesh Rahat Lokum Effendi（backsheesh 阿拉伯语意为：tip, handout，or bribe，汉语：小费、施舍、贿赂；Rahat Lokum Effendi，阿尔巴尼亚-土耳其语意为：serene effulgent gentleman，汉语：尊贵的、辉煌的先生）、西班牙人 Hidalgo Caballero Don Pecadillo y Palabras y Paternoster de la Malora de la Malaria（相当于英文的 Noble Knight Mr. Pecadillo and Words and Lord's Prayer of the Evil Hour of Malaria，汉语意为：高贵骑士唐·皮卡迪洛先生和马拉利亚邪恶时刻词语主祷词）、日本人 Hokopoko Harakiri（名字近似英文童谣中的一种哄小孩的冰淇淋 Hokypoky；姓：日语意为：切腹自杀）、中国人 Hi Hung Chang（洋泾浜英语，戏拟李鸿章之名）、丹麦人 Olaf Kobberkeddelsen（读音近似英文的 O laugh，copper-kettle-son，汉语：哦，笑吧，铜锅儿子）、荷兰人 Trik van Trumps

（相当于英文的 trick of trumps，汉语：一墩王牌）、波兰人 Poleaxe Paddyrisky（poleaxe 语出《哈姆雷特》，指波兰人；Paddyrisky 这个姓读音与一著名波兰钢琴家的姓相近，又相当于 Paddy + risky，汉语：冒险的派迪）、捷克人 Goosepond Prhklstr Kratchinabritchisitch（Goosepond 即英文的 goose + pond，汉语：鹅池，读音又近似俄文的“先生”）、俄国人 Borus Hupinkoff（这个姓读音近似英文 whooping cough，汉语：百日咳，整个名字戏拟俄国沙皇鲍里斯·戈都诺夫）、瑞士人 Hurhausdirektorpresident Hans Chuechli-Steuerli（Hurhausdirektorpresident 意为妓院经理总裁；Chuechli-Steuerli 相当于英语的 little-cake-little-tax，汉语：小蛋糕小税）、德国人 Nationalgymnasiummuseumsanatoriumandsuspensoriumsordinaryprivatdocentgeneralhistoryspecialprofessordoctor Kriegfried Ueberallgemein（这个名字前面的长字头衔模拟德语的构词法，由一串英文字母组成，即 National + gymnasium + museum + sanatorium + and+suspensoriums+ordinary+privatdocent+general+history+professor+doctor，意为：国立体育馆博物馆疗养院与吊绷带院普通初级讲师通史教授博士；名字 Kriegfried 既戏拟瓦格纳的《尼伯龙根的指环》中的 Siegfried［意为“胜利和平”，汉译一般为：齐格弗里德］，又有“战争与和平”之意，Ueberallgemein 意为 overrall, universal，即全部，总体等，同时与德国国歌中 Deutschland, Deutschland ueber Alles［德意志，德意志，高于一切］的意思相应）。现有两译基本上采用音译加译注的办法，这样，原文中那些微妙的含义就丧失殆尽了。拙译试图尽可能多地还原这些含义。

拙译：

……出席的外交使团全体成员包括司令官亲你亲你·非常好很好先生（他是使团团长，因半身不遂，需借助蒸汽起重机送上宝座）、皮埃尔保尔·噼嗒啪嗒先生、滑稽大师弗拉基米尔·口袋手帕先生、滑稽大公莱奥波尔德·鲁道尔夫·封·浴中阴茎–睾丸居士、母牛伯爵夫人某人之花腐败瘟疫·布达拉佩斯提小姐、希拉姆·伊·夸夸其谈先生、不死·糖果小贩伯爵、阿里巴巴·施舍·尊贵·辉煌主人、高贵骑士马拉利亚邪恶时刻·唐·伊·词儿·伊·主祷词·德·拉·皮卡迪洛先生、蒙蒙尼·腹切君、哈鸿章、哦笑吧·铜锅儿子先生、菀·一墩牌先生、波兰人冒险的派迪里斯基先生、鹅池·普鲁克尔斯特·克拉钦纳布里奇斯蒂什先生、鲍鲁斯·百日咳考夫先生、妓院经理总裁汉斯·小税小蛋糕先生、国立体育馆博物馆疗养院吊绷带院普通初级讲师通史教授博士战与和弗里德·日耳曼至高无上先生。(pp561－3)

14. 约招呼特里再给“公民”的狗拿点儿水来，并问我要不要再来一品脱，我回答说：— Could a swim duck？says I.（p300/257）

萧译：

“水能凫鸭子吗？”我说。（p595）

金译：

——水怕鸭子吗？俺说。（p484）

案：这是一个语义不完整的句子，是Can a duck swim？之类句子的一个简略变体，意思是：鸭子是可以或者说不怕凫水的，这里只是一种正面的强调，表示，毫无问题。两译都是从水的视角来说的，从水的视角来说，水当然可以或者说不怕让鸭子凫水，因此，也可以表示“没有问题”之类的正面意思。不过，为了表达这里的强调之意，拙意用否定的反诘口吻也许要更好些。

拙译：

——没问题，鸭子还怕水吗？我说。（p570）

15. 下面勃鲁姆向约解释他来此酒店的目的与狄格南保险处理中的麻烦，约明白后说，那他的遗孀与保险公司就要为这笔保险金发生争执而且她可能占上风，这时，勃鲁姆与他有几句对话：

— Well, that's a point, says Bloom, for the wife's admirers.

— Whose admirers? says Joe.

— The wife's advisers, I mean, says Bloom. (p300/257)

萧译：

"那位老婆的仰慕者们所着眼的，"布卢姆说，"正是这一点。"

"谁的仰慕者？"乔说。

"我指的是给那位老婆出主意的人们。"布鲁姆说。(pp595-6)

金译：

——这个么，布卢姆说，得看打他老婆主意的人了。

——打谁的主意？约说。

——我是说帮他老婆打主意的人，布卢姆说。(p485)

案：勃鲁姆来酒店是要同马丁·卡宁汉商讨在狄格南的遗孀与保险公司为狄格南的保险金领取的争执中提供帮助的问题。这段对话中牵扯到 admirers 与 advisers 两个近似词的翻译问题。admirer 意为"赞美者"、"仰慕者"之类，译作"仰慕者"（萧本）没有问题；而译作"打主意的人"（金本）就有过分阐释之嫌。此字无疑是勃鲁姆脱口而出的口误，这从他后面的"纠正"可以明显见出。至于对狄格南的夫人，他内心深处是否真有某种程度的"仰慕"，我们不得而知，要说"打主意"之类更进一层的意思，则更无从说起。其实，从小说全文来看，他对此事的关注更多的是出于其仁慈的天性。

拙译：

——他老婆的仰慕者们琢磨的，勃鲁姆说，也正是这一点。

——谁的仰慕者？约说。

——我是说，帮他老婆的谋划者，勃鲁姆说。（p571）

16. 大家谈论口蹄疫等等问题，勃鲁姆又开始转他有关医治牲畜疾病的知识，再次引起叙述者“我”的反感，这里有几句是：

... Mister Knowall. Teach your grandmother how to milk ducks. Pisser Burke was telling me in the hotel the wife used to be in rivers of tears sometimes with Mrs O'Dowd crying her eyes out with her eight inches of fat all over her. Couldn't loosen her farting strings but old cod's eye was waltzing around her showing her how to do it. What's your programme today？ Ay. Humane methods. Because the poor animals suffer and experts say and the best known remedy that doesn't cause pain to the animal and on the sore spot administer gently. Gob，he'd have a soft hand under a hen. （pp302/258－9）

萧译：

……这是个万事通先生，还想向自己的奶奶传授怎样挤鸭奶呢。精明鬼伯克告诉我，住在旅店里那阵子，那个老婆由于浑身长满了八英寸厚的脂肪，往往朝着奥多德太太几乎把眼睛都哭出来了，泪水流成了河。她解不开放屁带，“老鳕鱼眼”却边围着她跳华尔兹舞，边教她该怎么解。今天你有何方案？是啊，要用人道的方式。因为可怜的动物会感到痛苦的。专家们说，不使动物疼痛的最佳治疗方法就是轻轻地处理患部。哼，大概把手伸到母鸡的下腹去时也那么柔和吧。（p599）

金译：

……万事通。好为人师。尿伯克告诉我，在饭店住的时候，他老婆常哭鼻子，有时候和奥多德太太哭得死去活来，哭她那一身八寸厚的肥膘。解不下她那些屁带子来，老鳕鱼眼绕着她转圈子，给她出主意。你今天是什么节目？对了。人道的办法。因为可怜的牲口在受罪啦，专家们的意见啦，目前已知的最佳疗法啦，可使牲口不受痛苦啦，在疼痛处轻轻敷上啦。老天，母鸡下蛋他都能伸手去接的。（p487）

案：这里有两点可讨论。一，Teach your grandmother how to milk ducks 是一个谚语的变体，一般的说法是 Don't teach your grandma how to suck the eggs，但其字面义，无论是“教你老奶奶吸吮鸡蛋”或者“挤鸭奶”都荒诞而无意义，其引申的意思是“Teach someone to do a job which he or she is experienced in or familiar with”，包含了“班门弄斧”和“好为人师”这两方面的意思，仅译“好为人师”（金本）不全面；译字面意义（萧本）就更不合适了。二，Gob，he'd have a soft hand under a hen 同样是一个谚语，字面意义不甚清晰，其确切意思是：be good at stealing eggs from under a setting hen without disturbing her so that she clucked a warning，能从正下蛋的母鸡肚子底下把蛋掏出来而又不让母鸡发觉，该是何等的功夫啊！这里叙述者对勃鲁姆的挖苦所达到的程度令人叫绝。据此，“老天，母鸡下蛋他都能伸手去接的”（金本）和“哼，大概把手伸到母鸡的下腹去时也那么柔和吧”孰优孰劣，就无须敝人饶舌，谅读者自能做出判断。

拙译：

……万事通先生。总是班门弄斧，好为人师。乌博克告诉我，住饭店那阵儿，他老婆老哭，哭她那一身八英寸厚的肥膘，有时候跟奥多德太太一块儿哭，哭得眼睛又红又肿，泪水流成了河。她解不开那些屁带子，那老鳕鱼眼就围着她转来转去，给她出点子。今天你又有什么高招儿？哎，要用人道的办法。专家们说，可怜的牲口在受罪，让它们不感到痛苦的最好疗法，就是在患处轻轻上药。老天，他还真能从母鸡肚子底下人不知鬼不觉地把蛋掏走呢。（p574）

17. 奈德和杰·杰·奥莫洛伊走了进来，叙述者嘲弄杰·杰·奥莫洛伊陷入困境去当铺当金表，为了掩饰自己的窘迫，故意用了假名，有几句：

... Pawning his gold watch in Cummins of Francis street where no-one would know him in the private office when I was there with Pisser releasing his boots out of the pop. What's your name, sir? Dunne, says he. Ay, and done says I. Gob, he'll come home by weeping cross one of those days, I'm thinking.（p307/263）

萧译：

……他赴弗朗西斯街的卡明斯当铺，把金表典当出去，进的是内部办公室，那儿谁都不认得他。当时正碰上我陪精明鬼到那里去，赎他典当的一双长筒靴子。"先生，你叫什么名字?""邓恩，他说。""哎，而且这下子完啦，"我说。我寻思，迟早有一天，他会弄得寸步难行。（p607）

金译：

……他跑到弗朗西斯街的卡明斯当铺，那儿没有人认识他，到内部办公室去当他的金表，刚巧俺陪着尿伯克赎他当的靴子。您贵姓，先生？我叫邓埃，他说。不错啊，等着挨揍吧，俺说。老天，他总有一天要走投无路的，俺想。（p495）

案：杰·杰·奥莫洛伊这里使用的假名Dunne，和done发音相同，后者的意思是"完结了，完蛋了"之类。音译前者为"邓恩"，但对叙述者的嘲弄语仅作意译"完啦"，不做声音上的关联(萧本)，显然不妥；音译前者为"邓埃"，而将后者译作"等着挨揍"（金本），从而在声音上关联了二者，尽管对后者的原义做了变通式的处理，仍不失为一种较为可取的译法，不过，倘若不改变后者的原义，而对前者在音译时稍加变通(因其原本为假名)，会不会是一种更可取的译法？

拙译：

……他到弗朗西斯街的卡明斯当铺去当他的金表，那儿内部办公室没人认得他，可刚巧我陪鸟博克在那儿赎他当的靴子。您的姓名，先生？我叫万拉，他说。可不完啦，咋地，我说。天哪，回家悔去吧，总有一天他要玩完儿的，我寻思着。（p582）

18. 话题转到了布林，大家大都嘲笑布林的疯癫，唯有勃鲁姆深表同情，这里有一段对话：

— Still, says Bloom, on account of the poor woman, I mean his wife.

— Pity about her, says the citizen. Or any other woman marries a half and half.

— How half and half? says Bloom. Do you mean he ...

— Half and half I mean, says the citizen. A fellow that's neither fish nor flesh.

— Nor good herring, says Joe.

— That what's I mean, says the citizen. A pishogue, if you know what that is. (p307/263)

萧译：

“不过，”布卢姆说，“由于那个可怜的女人——我指的是那人的妻子。”

“她是怪可怜的，”“市民”说，“或是任何其他嫁给半调子的女人。”

“怎么个半调子法儿？”布卢姆说，“难道你的意思是说，他……”

“半调子指的是，”“市民”说，“一个非鱼非肉的家伙。”

“更不是一条好样儿的红鲱鱼。”乔说。

“我就是这个意思，”“市民”说，“邪魔附体，这么说你就能明白了吧。”（p608）

金译：

——可是，布卢姆说，那女人太可怜了，我说的是他妻子。

——可怜她吧，公民说。不论是什么女人，嫁给一个半阴半阳人都是可怜。

——怎么个半阴半阳？布卢姆说。你是不是说他……

——我就是说半阴半阳，公民说。非驴非马的角色。

——非驴非马也非老黄牛，约说。

——正是这个意思，公民说。遭巫术的，不知你懂不懂。（p496）

案：这里有两点可讨论，“公民”接着勃鲁姆的话茬儿说，Pity about her，or any other woman marries a half and half，这里的 or 的转折使原本看似的肯定完全变成了否定，事实上这些人中除勃鲁姆对其深表同情外，其余人均抱着嘲弄的态度。两译似乎都没有深究“公民”话里的挖苦轻蔑之意，让人觉得好像他也在表达同情之意似的。另外，a half and half 具有多义，译作“半阴半阳人”（金本）不能说不对，但似乎太明确了，这就使勃鲁姆下面的诘问显得逻辑依据不足，在这种情况下如果勃鲁姆还执意要问，那就是明知故问，向“公民”挑战。显而易见，这不符合勃鲁姆做人的基本原则。至于译作“半调子”（萧本）自然也不错，但却与“公民”侮辱人格的本意拉大了距离。莫若译作“半拉人”，这样译，不明说，却可以包含心智与躯体两方面对人的侮辱，也使对什么问题都想弄个一清二楚的勃鲁姆下面再问获得了较多的合理性。

拙译：

——还有，勃鲁姆说，那女人真够可怜的，我说的是他的妻子。

——她可怜，公民说。那嫁这么个半拉人的女人就都。
——怎么个半拉呢？勃鲁姆说。你是说他……
——我就是说他半拉，公民说。一个不阴不阳、非驴非马的家伙。
——非驴非马，阴阳人，约说。
——就是这个意思，公民说。一个中了邪魔的人，这回明白了吧。（pp583 – 4）

19. 奥诺兰向"公民"报告议会讨论爱尔兰语议案结果后，奥莫洛伊针对"公民"的极端立场，提出较为温和的见解，勃鲁姆也凑上来表示支持，并提到了英国人的 colonies and their civilisation，"公民"接茬儿反驳：

— Their syphilisation, you mean, says the citizen. To hell with them! The curse of a goodfornothing God light sideways on the bloody thicklugged sons of whores' gets! No music and no art and no literature worthy of the name. Any civilisation they have they stole from us. Tonguetied sons of barstards' ghosts.（pp311/266 – 7）

萧译：

"你说的是他们的梅毒文明喽！""市民"说，"让那跟他们一道下地狱去吧！让那不中用的上帝发出的咒诅，斜落在那些婊子养的厚耳朵混蛋崽子身上吧，活该！音乐，美术，文学全谈不上，简直没有值得一提的。他们的任何文明都是从咱们这儿偷去的。鬼模鬼样的私生子那些短舌头的崽子们。"（pp614 – 5）

金译：

——你说的是他们的瘟明吧，公民说。把他们打下地狱去吧！这些背时的婊子养的厚耳朵杂种后代，叫那个没用的天主拦腰给他们一个诅咒吧！没有音乐，没有艺术，没有值得一提的文学。他们仅有的那一点文明，是从咱们这里偷去的。私生子的鬼魂

生下来的，舌头不灵的杂种！（p501）

案："公民"将civilisation改成了读音相近的syphilisation，这样一来，英国的所谓"文明"就变成了"杨梅大疮"。如何处理这里的音义关联？萧译civilisation为"文明"，syphilisation为"梅毒文明"，义的关联是有了，但音的关联则十分不够。金译处理得不错，即将civilisation译为"文明"，而将syphilisation译为"瘟明"，不过令人稍感不足的是，瘟疫所指的范围较大，与此章"公民"等人更多关注的与"性"相关的暗示不免有点远，倘另辟蹊径，将civilisation译为"昌明"，而将syphilisation译为"疮明"，是否可另成一格？

拙译：

——你是说他们的疮明吧，公民说。叫他们见鬼去吧！让那不中用的天主的诅咒横落在这些婊子养的该死的厚耳朵狗崽子身上吧！他们的音乐、艺术、文学，狗屁不值。还昌明呢，他们的什么昌明教化不是从咱们这儿偷走的？这些秃舌头的狗杂种！（p590）

20. 叙述者一个不经意的话头，让莱纳汉想到关于赛马的事。他说到众人皆赌输了马，又开始说俏皮话：

Twenty to one, says Lenehan. Such is life in an outhouse. *Throwaway*, says he. Takes the Biscuit and talking about bunions. Frailty, thy name is *Sceptre*. (p312/267)

萧译：

"以二十博一，"利内翰说。"马房的生活就是如此。'丢掉'做了让人失望的事，"他说，"还闲扯些什么拇趾囊肿胀。脆弱啊，你的名字就是'权杖'。"（p616）

金译：

——二十比一，莱纳汉说。马厩的生活就是如此。扔扔，他说，捧走了饼干，还说脚疼。脆弱啊，你的名字叫权杖。（p503）

案：这里，take the biscuit（或 take the cake，/take the bun）是一个口头说法，意为 be extremely amusing or annoying，etc.（*SOED*，p3171），后来又有“夺冠”、“得第一”等义；而 talking about bunions 却并无文外之意。名字叫“扔掉”（*Throwaway*）的这匹马跑了第一，吃了饼干（面包或点心），还要说“脚肿”（bunion），这不是得了便宜，还要卖乖吗？不论这匹马是否真正“脚肿”，它看起来是一匹无论如何不会赢的马，因而引得包括莱纳汉在内的许多人误入歧途，赌错了马。Amusing 今天似乎只留下了“逗人”、“娱人”之类的意思，但从古代直到 17—18 世纪，它还有“转移人的视线，使其误入歧途”，因而造成欺骗等义（参 *SOED*，p72 amuse 条）。所以，take the biscuit（bun/cake）就不仅有“逗人”甚至有“恼人”（annoying）的意思。莱纳汉等人押了宝的另一匹马“权杖”（*Sceptre*）输了，而他们不看好的马却赢了，这不能不引发他的感慨，因而说了这番话。萧译（“丢掉”做了让人失望的事，还闲扯些什么拇趾囊肿胀）显然并未仔细辨析莱纳汉这个俏皮话的意思，译文的意思完全不对了，“丢掉”拔了头筹，却“做了让人失望的事”，如果不作注，读者一定会误解，以为此马输了比赛。而且，前半句和后半句完全不搭界。金译直译（捧走了饼干，还说脚疼）意思要明了得多，惜未能将莱纳汉那种悻悻然的神态传达出来。鄙意可加“真逗”两字，以传达这一口头语暗含的意思。此外，Such is life in an outhouse 中的 life 译作“生活”（两译均如此）似乎也不大好，因“生活”一字过于泛泛，莱纳汉要说的意思是：马儿们太没准儿了，所以，赌马的事儿也就没谱了。Life 本意是“生命”，这里要说的其实就是马这种动物。

拙译：

——二十赔一，莱纳汉说。马房里这些活物就这样儿。扔掉，他说。真逗，吃了饼干，还说脚肿。脆弱啊，你的名字叫权杖。（p591）

21. 下文说莱纳汉到饼干桶那里找饼干，“公民”的老狗跟在后面。叙事者引了一首童谣中的一句：

Old Mother Hubbard went to the cupboard.（p312/267）

萧译：

老嬷嬷哈伯德，走向食橱；（p616）

金译：

老妈妈赫伯德翻橱柜。（p503）

案：这里是童谣体，前半句的Hubbard与后半句的cupboard两字叶韵。两译均未理会。

拙译：

哈伯德老妈妈，到橱柜去找点啥。（p591）

22. 写森林中化身为各种植物的婚礼那场插段后，“公民”又发表了一通充满“爱国主义”、“民族主义”的言论，这时叙述者有一段评论，开头的几句是：

And he took the last swig out of the pint. Moya. All wind and piss like a tanyard cat. Cows in Connacht have long horns. ...（p314/269）

萧译：

于是，他把杯中剩下的一饮而尽。倒挺像那么回事儿的。犹如制革

厂的猫似的又是放屁又是撒尿。康诺特的母牛犄角长。……(p620)

金译：

他一仰脖子，把最后一大口酒喝了下去。还真像煞有介事呢。全是胡吹，像鞣革厂的猫随便放屁撒尿。康诺特的母牛牛角长。(p506)

案：Cows in Connacht have long horns 出自一句爱尔兰语谚语：Mor-thaidhbhseach iad adharca na mbo tar lear，即 Far-off cows have long horns，意思是说，一般总认为地方越远，那里的母牛犄角越长，其实未必，只不过流传下来名声如此而已。乔学家 Thornton 氏解作：Distance lends enchantment to the view。由于 Connacht 在爱尔兰地处偏远，故一般爱尔兰人总认为那儿一定迷人，连母牛角都比其他地方的长。两本均直译其字面义，给人语焉不详的感觉，萧本通过注解尚可弥补，而金本居然连注都不作，这就更不可取了。根据此谚语的本义，结合这里的语境，

拙译：

他把杯里的剩酒一口闷了。倒真像那么回事儿。全是瞎扯，像制革厂的猫一样随地放屁屙尿。远来的和尚会念经。(p595)

23. 约又要了酒，他们准备开始喝新一轮。“公民”掏出手帕擦干嘴巴说：After you with the push，Joe，says he，taking out his handkerchief to swab himself dry.（p317/272）

萧译：

“我随大溜儿，乔。”他说着掏出手绢，把嘴边揩干。(p625)

金译：

他掏出手帕，擦干了嘴巴说：——你先来，约。(p512)

案：句中的push，作名词除字面的“推”等意义之外，还有“一伙人”、“众人”、“传递(酒)”等多义，因此，After you with the push的意思是，“你和大家先喝，我跟着”。译作“我随大溜儿，乔”(萧本)，push的意思就出来了；而译作“你先来”(金本)，push的意思就没有出来，再说，由于约为大家叫酒的文字离这里稍远，因此，倘能点出“喝酒”的字样，文意就显豁了。

拙译：

——你和大伙儿先来，约，我跟着，他说着掏出手绢把嘴角擦干。(p601)

24. 勃鲁姆提出以“爱”取代“恨”的观点，接着的插段戏仿成人模拟儿童的口吻。调侃勃鲁姆的“泛爱”：

Love loves to love love. Nurse loves the new chemist. Constable 14 A loves Mary Kelly. Gerty MacDowell loves the boy that has the bicycle. M. B. loves a fair gentleman. Li Chi Han loves up kissy Cha Pu Chow. Jumbo, the elephant, loves Alice, the elephant. Old Mr Verschoyle with the ear trumpet loves Mrs Verschoyle with the turnedin eye. The man in the brown macintosh loves a lady who is dead. His Majesty the King loves Her Majesty the Queen. Mrs Norman W. Tupper loves officer Taylor. You love a certain person. And this person loves that other person because everybody loves somebody but God loves everybody. (p319/273)

萧译：

爱情思恋着去爱慕爱情。护士爱新来的药剂师。甲十四号警察爱玛丽·凯里。格蒂·麦克道维尔爱那个有辆自行车的男孩子。摩·布爱一位金发绅士。礼记汉爱吻茶蒲州。大象江勃爱大象爱丽思。耳朵上装了号筒的弗斯科伊尔老先生爱长了一双斗鸡眼的弗斯科伊尔老太太。身穿棕色胶布雨衣的人爱一位已故的夫人。国王陛下爱女王陛下。诺曼 · W. 塔珀太太爱泰勒军官。你爱某人，而这个人又爱另一个人。每个人都爱某一个人，但是天主爱所有的人。（p628）

金译：

爱就爱爱爱。护士爱新来的药剂师。甲十四号警察爱玛丽 · 凯里。格蒂 · 麦克道尔爱那个骑自行车的少年。莫 · 布爱一位肤色白皙的绅士。李记汉爱吻茶步妯。公象强宝爱母象艾丽丝。戴助听喇叭的弗斯科伊尔老先生，爱斗鸡眼的弗斯科伊尔老太太。穿棕色雨褂的男人爱一位已死的女士。国王陛下爱王后陛下。诺曼 · W.塔珀太太爱军官泰勒。你爱某人，而这某人又爱另一个人，因为每个人都爱一个什么人，只有天主爱所有的人。（p514）

案：首句 Love loves to love love 是一个典故，出自圣奥古斯丁的《忏悔录》。这里的四个 love，第一个名词作主语；第二个动词作谓语，第三和第四两个组合成动宾结构作全句的宾语，提炼自奥古斯丁 Not yet did I love，though I loved to love，seeking what I might love，loving to love 一句。奥古斯丁多半生沉溺于肉欲，最后终于发现上帝是爱的终极目标，正是这一点构成了他的名著《忏悔录》的主题，因此，这里的爱从性爱出发，最终归结到爱上帝和上帝的爱。全段的列举都是男女。金译较多地注意到了这点，如“公象”与“母象”、“汉”与“妯”、“国王”与“王后”等；而萧译则注意不够。更重要的是，首句四个 love，若译作“爱情思恋着去爱慕爱情”（萧本），不仅大大削弱了叙述者与“公民”一干人对勃鲁姆鄙夷嘲讽的意味，而且，译句对“爱情”的强调也在一定程度上偏离了原文对“性爱”的强调。译作“爱就爱爱爱”（金本）显然要好得多，不过，拙意这个“就”字的插入虽然在表面形式上贴近了原文的动宾结构，但在根本上依然不太像那种摹拟的孩童口吻，何如将四个“爱”叠加在一起呢？

拙译：

爱爱爱爱。女护士爱新来的药剂师。甲十四号男警察爱玛丽·凯莉。戈蒂·麦克道维尔爱那个有自行车的小男孩。莫·布爱一位金发绅士。礼记汉爱吻茶蒲妯。公象江宝爱母象艾丽斯。戴助听喇叭的沃斯考伊尔老先生爱长着斗鸡眼的沃斯考伊尔老太太。穿棕色雨衣的男人爱一位已故的女士。国王陛下爱王后陛下。诺曼·W.塔珀太太爱泰勒军官。你爱一个人。这人又爱另一个人，因为每一个人都爱一个什么人，而天主爱每一个人。（p605）

25. 约翰·韦斯跟“公民”刚刚说了勃鲁姆和新芬运动的关系，马丁等三人就来到酒店，韦斯向马丁求证，马丁说真有这事儿：

— That’s so，says Martin. Or so they allege.

— Who made those allegations？says Alf.

— I，says Joe. I’m the alligator.（pp322－3/276）

萧译：

“是真的，”马丁说，“至少他们都斩钉截铁地这么说。”

“是谁这么断定的？”阿尔夫说。

“是我，”乔说，“我像鳄鱼一样一口咬定了。”（p634）

金译：

——不错，马丁说。至少人们是这么断言的。

——是谁的断言？阿尔夫说。

——我，约说。我缺粮又断盐。（p519）

案：约的这句玩笑话利用了“肯定”（allegations 或“肯定者”allegator）和“鳄鱼”（alligator）这两个字在读音上的近似。金译注意了二者的关联，但“缺粮又断盐”意思跑得太远了；萧译也注意到了二者的关联，但有什么必要将原文的隐喻（是鳄鱼）变成明喻

(像鳄鱼)?且前后多少有些不一致，没有将马丁那句话中的 allege 也关联进来。

拙译：

——没错儿，马丁说。至少人们都这么肯定。

——谁这么肯定的？阿尔夫说。

——我，约说。我是鳄鱼，一口啃定了。(p611)

26. 人们继续议论挖苦不在场的勃鲁姆，涉及他夭折的儿子，甚至提及了他的性别，这里的原文是：

Gob, there's many a true word spoken in jest. One of those mixed middlings he is. ... (p323/277)

萧译：

嘿，笑话里包含着不少实话。他就是个两性掺在一起的中性人。……(p636)

金译：

老天，戏言中常有真情。他就是那类不三不四的角色。……(p521)

案：这里的 mixed middlings 并非英语中固有的说法，而是爱尔兰语 eadar-mheadhonaich 的英译，其字面意义是：very indifferent(对什么都不在意，对什么都漠不关心，无所顾忌等)，但就这里的语境而言，其真意却是"性别上很不明确"(sexual identity is by no means unambiguous)，准此，译作"两性掺在一起的中性人"(萧本)虽然抓住了原文中的性意味，却似乎说得也有些过于确切了；而译作"不三不四的角色"(金本)则缺失了原文中的性意味。

拙译：

天哪，说笑中可常有许多真话。你还真弄不清他究竟算不算男人。……（pp612－3）

27. 克罗夫顿祝酒和奈德·兰伯特的对话：

— Thousand a year，Lambert，says Crofton or Crawford.

— Right，says Ned，taking up his John Jameson. And butter for fish.（p326/279）

萧译：

“每年收入一千镑，兰伯特。”克罗夫顿或姓克劳福德的说。

“对，”内德拿起他那杯“约翰·詹姆森”说，“鱼肉不能缺黄油。”（p640）

金译：

——一年一千，兰伯特，克罗夫顿或是克罗福德说。

——对，内德拿起自己的约翰·詹姆森威士忌说。吃鱼有黄油。（pp524－5）

案：butter for fish 是都柏林下层常见的祝酒词，意为“恭喜发财，祝你好运”之类，两译都紧贴字面，似乎有点太实了，因而减弱两人祝酒的意味。

拙译：

——祝你财运亨通，金钱滚滚，兰伯特，克罗夫顿或克劳福德说。

——说得对，奈德说着端起自己的约翰·詹姆森威士忌。来，有鱼又有油，银子哗哗流。（p617）

28. 勃鲁姆等离去，众人围观的插段中写到那位指挥官的若干头衔，其中有：
... D.S.O.，S.O.D. ...（p330/282）

萧译：
……杰出服务勋位获得者、鸡奸者、……（p646）

金译：
……优异服务勋章获得者、服勋优、……（p530）

案：D.S.O. 是 Distinguished Service Order 的缩写，两译均不错；而 S.O.D. 则是 D.S.O. 的拆散重写，拼在一起即 sod，有“草皮”、“笨蛋”、“鸡奸者”等义。金译“服勋优”只考虑了重写的 D.S.O. 但这是个什么样的名头呢？殊不可解。萧译自然是对的。

拙译：
……杰出服务勋章获得者、笨蛋鸡奸者、……（p623）

29. “公民”用饼干桶砸勃鲁姆之后，叙述者有一段话：
You never saw the like of it in all your born puff. Gob，if he got that lottery ticket on the side of his poll he'd remember the gold cup，he would so，but begob the citizen would have been lagged for assault and battery and Joe for aiding and abetting. The jarvey saved his life by furious driving as sure as God made Moses. What？O，Jesus，he did. And he let a volley of oaths after him.（p330/282）

萧译：
自从呱呱落地以来，你绝没有见过这样的场面。呸，要是这骰子击中了他的脑袋，连他也会想起金质奖杯的事，准会的；可是他妈的

“市民”就会以暴行殴打、乔则以教唆帮凶的罪名被逮捕。车把式拼死拼活地赶着车，就像上帝创造了摩西那样地有把握，遂救了那家伙一命。什么？啊，天哪，可不是嘛。他从后面向那家伙发出连珠炮般的咒骂。（pp646－7）

金译：

你这一辈子也没有遇到过这么一档子事儿。老天，要是这彩票砸在他的脑袋上，他可就忘不了这金杯了，没错，可是老天在上，公民可得坐班房了，暴力伤人罪，约是协同犯。车夫驾车狂奔，才救了他的一条命，天主造摩西，真是那么回事。怎么样？耶稣呀，真是那么回事。他还朝着他走的方向甩过去一串的咒骂。（p530）

案：in all your born puff 即 in your whole life，萧译“自从呱呱落地以来”，大意不错，但不确切；lottery ticket 指彩票，译“骰子”也有同样的问题，更值得推敲的是：he'd remember the gold cup 是说，如果“公民”抛出的饼干桶砸到了勃鲁姆的头，那他就一定会记住这场“金杯赛”的，金译“他可就忘不了这金杯了”正是这个意思，而萧译“连他也会想起金质奖杯的事”就有点语焉不详了。还有一点，最后两句，叙事的视角从勃鲁姆和他乘坐的马车又转到了仍在破口大骂的“公民”这边，两译对这一视角转换似都注意不够。

拙译：

你这一辈子也甭想会碰上这种事儿。天哪，要是彩票从天上砸到他脑袋上，他就一定会记住那金杯了，绝对没错儿，可老天，那公民就得坐牢房了，暴力伤人，约是协同犯罪。不过车夫像上帝创造摩西那样有把握，拼了老命赶车快跑，才帮他拣了一条命。怎么回事儿？哦，耶稣啊，他可真来劲儿，还在向车跑的方向不住口地大声咒骂呢。（p623）

第十三章

本章的叙事模式像第十二章一样，是较为传统的，主要是戈蒂和勃鲁姆两人的视角，当然也夹杂着叙事者的声音。大体说来，前半部分是从戈蒂的视角，后半部分是从勃鲁姆的视角，可以看作一种准内心独白。文体的风格是浪漫的，具有抒情色彩。

纯洁而充满青春活力的美少女戈蒂在海滩邂逅了勃鲁姆对她爱慕、充满淫念的专注目光，不免意马心猿，心旌荡漾；备受挫折而且渴望异性的勃鲁姆在海滩发现这个美少女对他的撩逗和钟情，自然产生非非之想，他的心理是放荡的，但却不能不有所克制，然而，当戈蒂向他完全敞开她的全部美丽和魅力时，他终于情不自禁地用自慰的方式彻底放纵了自己。

戈蒂的内心是单纯的、富有梦幻色彩的；勃鲁姆的内心则是复杂的、具有现实意味的，戈蒂、莫莉、玛莎这三个女人交织错综呈现在他的意识流中，当然还时而有莫莉情夫鲍伊兰的影子纠结其中。

就总体而言，像刚从卡鲁普索逃出的“历尽磨难，颠沛流离的”（stormtossed）奥德修斯（尤利西斯）在娜乌茜卡（旧译瑙西卡）的关爱下获得了宁静一样，不久前从巴尼 · 基尔南酒店的灾难中逃出，同样“历尽磨难”，备受惊恐的勃鲁姆在戈蒂的“爱”中获得了宁静和休憩。

此章的翻译像第十二章一样，可以适度“灵活”，重要的是要传达两位主要人物的内心世界，传达那种欢乐与忧伤交织的情调，转换那种浪漫而不无感伤、文白间杂、亦文亦俚的文体。

1. 第一段：

The summer evening had begun to fold the world in its mysterious embrace. Far away in the west the sun was setting and the last glow of all too fleeting day lingered lovingly on sea and strand, on the proud promontory of dear old Howth guarding as ever the waters of the bay, on the weedgrown rocks along Sandymount shore and, last but not least, on the quiet church whence there streamed forth at times upon the stillness the voice of prayer to her who is in her pure radiance a beacon ever to the stormtossed heart of man, Mary, star of the sea.（p284/331）

萧译：

夏日的黄昏开始把世界拢在神秘的拥抱中。在遥远的西边，太阳沉落了。这一天转瞬即逝，晚霞将最后一抹余晖含情脉脉地投射在海洋和岸滩上，投射在一如往日那样厮守着湾水傲然屹立的亲爱的老霍斯岬角以及沙丘海岸那杂草蔓生的岸石上；最后的但并非微不足道的，也投射在肃穆的教堂上。从这里，时而划破寂静，倾泻出向圣母玛利亚祷告的声音，她——“海洋之星”，发出清纯的光辉，永远像灯塔般照耀着人们那被暴风颠簸的心灵。（p659）

金译：

夏日的黄昏已经展开她的神秘的怀抱，要将世界搂在其中。在那遥远的西方，太阳已开始向天际落下，一个去得匆匆的白昼，只留下了最后的红晕，恋恋不舍地流连在海面上、在岸滩上、在那一如既往地傲然守卫湾内波涛的亲爱的老豪斯山岬上、在沙丘海滩那些野草丛生的岩石上、最后但并非最差的红光还落在那宁静的教堂上，那里时时有祈祷的声音穿过寂静的空间，投向光辉纯洁如灯塔的她，海洋之星马利亚，是她的光永远地给暴风雨中颠簸的人心指引着方向。（p532）

案：开篇的第一段用传统的笔法写景，为全章烘托出一种暴风雨后平静、友爱、温情脉脉的氛围。两译译笔流畅，各呈精彩，但有两处似可讨论，一是 last but not least 是一个常用的熟语，较多地见于议论性的文字中，意思是：最后一点并不因为其“最后”就最不重要，两译均作“最后但并非”，当然不错，但在本段语境中，似乎都显得生硬了点；二，第二句开头的 the sun was setting 译作“太阳沉落了”（萧本），好像灵活得过度了些吧？

拙译：

夏日的薄暮开始把世界笼罩在自己神秘的怀抱中。在遥远的西天，太阳正在沉落，倏忽之间，一天已经消逝，白昼的余晖恋恋不舍地徜徉在海面上、沙滩上，游移在傲然挺立、万古如斯地守望着海湾水域的亲爱的老豪斯岬角上，流动在沙山海岸边杂草丛生的岩石上，最后依然毫不示弱地晃耀在宁静的教堂上，从那里不时流泻出向圣母马利亚祷告的声音，划破岑寂。她是海洋之星，永远放射着纯洁的光辉，灯塔般引导着风暴中历尽磨难，颠沛流离的心灵。（p625）

2. 说希西 · 凯弗里和小孩儿关系那段的开头两句：

Cissy Caffrey cuddled the wee chap for she was awfully fond of children, so patient with little sufferers and Tommy Caffrey could never be got to take his castor oil unless it was Cissy Caffrey that held his nose and promised him the scatty heel of the loaf or brown bread with golden syrup on. What a persuasive power that a girl had! (p284/332)

萧译：

西茜 · 卡弗里紧紧地搂抱住小不点儿，因为她非常喜欢孩子，对小病人极有耐性。除非是由西茜 · 卡弗里捏住汤米 · 卡弗里的鼻子并

且答应给他一截面包尖儿，或涂满金色糖浆的黑面包，他是绝不肯服蓖麻油的。这个姑娘的说服力够多么大啊！（p660）

金译：

凯弗里妹子亲亲热热地搂着小不点儿，因为她特别爱儿童，对小受苦人最有耐心，汤米·凯弗里喝蓖麻油，非得凯弗里妹子捏着他的鼻子，答应给他烤得发脆的面包头，或者浇上金色糖浆的棕色面包才行。这姑娘是多么会哄孩子呀！（p533）

案：原文中的 little sufferers 是个关键字，译“小受苦人”（金本）并不错，但在这里的语境中却有点费解，其实，这里指的是那些得了病的孩子，加之国人对下文“蓖麻油”润肠通便的药理作用未必人人明了，因此这么译就远不如译作“小病人”（萧本）来得顺畅明晰。

拙译：

希西·凯弗里把那小不点儿紧紧搂在怀里，她太喜欢孩子了，而且对付小病人又极有耐心，汤米·凯弗里得喝蓖麻油的时候谁也没办法，只有希西·凯弗里能让他喝下去，她捏住他的鼻子，答应给他一小截烤得黄脆、涂满金色糖浆的面包片儿就成了。这姑娘哄孩子的本事该有多大啊！（p626）

3. 此章女主人公戈蒂的出场用烘云托月法，从希西和埃迪的谈话中见出：

— I know, Edy Boardman said none too amiably with an arch glance from her shortsighted eyes. I know who is Tommy's sweetheart. Gerty is Tommy's sweetheart.

— Nao, Tommy said on the verge of tears.

Cissy's quick motherwit guessed what was amiss and she

whispered to Edy Boardman to take him there behind the pushcar where the gentlemen couldn't see and to mind he didn't wet his new tan shoes.（p285/333）

萧译：

“我知道，”伊迪·博德曼那双近视眼诡秘地一闪，略微带点儿刺儿地说，“我知道谁是汤米的心上人喽。格蒂是汤米的心上人。”

“不希（是），”汤米险些儿掉了眼泪。

西茜以她那母性的机警，立即有所察觉。她跟伊迪·博德曼打耳喳说，把他领到那位绅士瞧不见的婴儿车后面去，还得留意不要让他弄湿那双崭新的棕黄色皮鞋。（p662）

金译：

——我知道了，伊棣·博德曼的近视眼流露出狡黠的眼色，用并不与人为善的神气说。我知道谁是汤米的心上人了。格蒂是汤米的心上人。

——不啊，汤米说着已经要哭出来了。

妹子天资灵敏，猜到了是怎么一回事，悄悄地叫伊棣·博德曼领他到小推车后面人看不见的地方，还要她小心他别弄湿了新皮鞋。（p535）

案：这段文字中有一个关键字两个版本不同，22年初版的the gentlemen用复数，而84年的加兰版用单数the gentleman。按照初版，当为泛指（金译或本此？）；按照改动，当为特指（萧译或本此？）。这一改动，结合这里的语境，也许更有意思。埃迪逗汤米，推出了戈蒂，这个人物的出场看似不经意，但却不容忽视。天资聪敏的希西以一种母性的机警（motherwit），发现了什么不对劲儿的事儿（what was amiss），这“不对劲儿”的事儿除开汤米要尿尿之外，很可能还有戈蒂正在想的心事以及“那位先生”（the gentleman）正在对她的注意。这里的 the gentleman 显然是勃鲁姆，如是，则勃鲁姆的出场也就如戈蒂的出场一样，获得了不同寻常的视角。不过，加兰版虽然当时轰动一时，但到 80 年代后期则引发了较大的争议，为慎重起见，译文仍从初版，这里的讨论聊备一说罢。

拙译：

——我明白啦，埃迪·鲍德曼那双近视眼忽地一闪，用顽皮的眼神和不甚友善的口吻说。我知道谁是汤米的心上人喽。戈蒂才是汤米的心上人呢。

——不啊，汤米急得眼泪都要掉出来了。

希西那母性的机警察觉到什么地儿有点儿不对劲儿，她悄悄对埃迪·鲍德曼说，把他领到婴儿车后面人们看不见的地方去吧，小心别让他弄湿他那双棕色新皮鞋。（pp627－8）

4. 写戈蒂的女友伯莎·萨珀尔和她闹翻，对埃迪说她坏话那两句：

... Bertha Supple told that once to Edy Boardman, a deliberate lie, when she was black out at daggers drawn with Gerty (the girl chums had of course their little tiffs from time to time like the rest of mortals) and she told her not to let on whatever she did that it was her that told her or she'd never speak to her again. No. Honour where honour is due. ... (p333/286)

萧译：

……有一次伯莎·萨波尔被格蒂气昏了头，大有剑拔弩张之势（彼此要好的少女们自然也像其他凡人一样，不时地会闹些小别扭），她便故意对伊迪·博德曼撒了这么个谎。伯莎还告诉伊迪，千万不要对人说这话是从她那儿听来的，不然的话，她就再也不跟伊迪说话了。她当然没有说出去。但是荣誉归于该享受它的人。……（pp662－3）

金译：

……那是贝瑟·萨普尔有一次告诉伊棣·博德曼的，那时节她和格蒂闹翻，势不两立(女友们当然也和其他凡夫俗子一样，免不了口角生气)，完全是凭空捏造，她还告诉她无论如何不能泄漏是她告诉她的，否则她永远不再和她说话。没有的事，荣誉攸关，不能马虎。……(p535)

案：No. Honour where honour is due. 两句是埃迪向伯莎保证信守诺言的话。译作“她当然没有说出去。但是荣誉归于该享受它的人”(萧本)，却因为加了“但是”这一连词将原本的一个意思远远地分开了，加之下面紧接着继续描写戈蒂，就难免让人产生某种语焉不详的感觉，而金译则不会。

拙译：

……有一回，伯莎·萨珀尔和戈蒂闹得挺凶(要好的女孩儿当然也像常人一样，免不了时时闹别扭)，气昏了，就对埃迪·鲍德曼撒了这么个大谎，她还对埃迪说，千万别跟人说是她说的，要不，她以后就再也不理她了。绝对不会，她担保说，信誉总还是要讲的。……(p628)

5. 戈蒂对埃迪那句说她是汤米心上人的话所作的反应是：

... And just now at Edy's words as a telltale flush, delicate as the faintest rosebloom, crept into her cheeks she looked so lovely in her sweet girlish shyness that of a surety God's fair land of Ireland did not hold her equal. (p334/286)

萧译：

……此刻经伊迪这么一说，泄露隐情的红色就像最娇嫩的玫瑰花一般柔和地爬上了她的双颊。甜蜜而少女气的羞涩使她看上去如此姣

好。确实踏遍天主的绮丽国土爱尔兰，也找不到能同她媲美的。（p664）

金译：
……刚才她听见伊棣的话，面颊上泛起了一片红晕，鲜艳如同一朵最淡雅的玫瑰花，她那天真无邪的少女羞涩真是可爱极了，完全可以肯定，在天主的爱尔兰这整片美好国土上，没有一个人能比得上她。（p536）

案：as a telltale flush 中的形容词 telltale 是一个关键字，说的是戈蒂脸上泛起的红晕是那种泄露了她内心隐秘的红晕。萧译作“泄露隐情的”很好；然而在金译中这个字却被丢弃了，这显然是不妥的。

拙译：
……刚才听埃迪那么一说，一片泄露心声的红晕像一朵盛开的玫瑰花悄然爬上她的脸颊，少女甜蜜的羞涩使她看上去那般楚楚动人，可以断言，在爱尔兰这片天主造就的美丽国土上，无论如何找不出比她更美的人儿了。（p629）

6. 说到戈蒂和男友的关系以及埃迪对此事的看法时，有一句：
... But he was undeniably handsome with an exquisite nose and he was what he looked，every inch a gentleman，the shape of his head too at the back without his cap on that she would know anywhere something off the common and the way he turned the bicycle at the lamp with his hands off the bars and also the nice perfume of those good cigarettes and besides they were both of a size he and she and that was why Edy Boardman thought she was so frightfully clever because he didn't go and ride up and down in front of her bit of a garden.（pp334 – 5/287）

萧译：

……然而他确实是个英俊少年，鼻子长得很美，浑身处处都不折不扣地是位上等人。没戴帽子的时候，从背后望去，她就能认得出来。因为他就是有点儿与众不同。他在街灯那儿撒开车把转弯的那副样子也罢，还有他吸的那种上等纸烟好闻的香味也罢，都非同凡响。而且他和她个头也那么般配。由于他没有骑着车在格蒂家的小院子前面荡来荡去，伊迪·博德曼自以为聪明透顶，说到了点子上。（pp664－5）

金译：

……可是他实在是无可否认地英俊，鼻子那么端正，从头到脚不折不扣的青年绅士，头形也是，他不戴帽子的时候她从后面一看就知道不论在哪里都显得不寻常还有他骑自行车双脱手绕过电灯杆那劲儿还有那些上等香烟味道多好闻而且他们俩正好个子也一样所以所以伊棣·博德曼认为她特别特别有办法因为他就不到她家那一小片花园前去来回骑车。（p537）

案：这个长句只在前半部分用了两个逗点，后面的大半部分只用 and，而不用逗点，成一气到底之势。全句说的是戈蒂眼中和心中的“他”（即下文的莱吉·韦利）：他在在的不同寻常：不戴帽子从后面看时的脑袋、双手撒把骑车转过电灯杆时的样子、抽上等好烟时的香味、他和她俩人十分般配的个头，等等，正因为如此，才引发了埃迪的嫉妒，觉得戈蒂不知用了什么特殊手段，才把这么好的小伙子弄到了手，因为他只是在戈蒂家门前骑车晃（见前文），却不到她埃迪家门前去晃。萧译将全句点断，固无不可，然将 and that was why Edy Boardman thought she was so frightfully clever because he didn’t go and ride up and down in front of her bit of a garden 译作“由于他没有骑着车在格蒂家的小院子前面荡来荡去，伊迪·博德曼自以为聪明透顶，说到了点子上”，恐怕就有理解上的偏差，因为埃迪说的“聪明”并不是她自己，而是戈蒂，那小伙子骑车不去的也不是戈蒂家门前，而是她埃迪家门前。

拙译：

……可是，不可否认，他长相真是帅极了，鼻子特漂亮，浑身上下整个儿一绅士，确实有股子不容抗拒的魅力，他那颗脑袋特美不戴帽子的时候她什么时候都能从背后认出它的不同寻常还有他撒把骑车转过街灯时那小样儿他的上等烟卷儿散发出的那股香味儿都叫她心动再说他俩个头也特般配他和她所以埃迪·鲍德曼就觉得她特本事因为他从没在她家小院和她面前晃悠。（p630）

7. 希西的形象和性格从戈蒂眼中见出：

Madcap Ciss with her golliwog curls. You had to laugh at her sometimes. For instance when she asked you would you have some more Chinese tea and jaspberry ram and when she drew the jugs too and the men's faces on her nails with red ink make you split your sides or when she wanted to go where you know she said she wanted to run and pay a visit to the Miss White. That was just like Cissycums. O, and will you ever forget the evening she dressed up in her father's suit and hat and the burned cork moustache and walked down Tritonville road, smoking a cigarette. There was none to come up to her for fun. But she was sincerity itself, one of the bravest and truest hearts heaven ever made, not one of your twofaced things, too sweet to be wholesome.（p338/290）

萧译：

鲁莽的西茜，长着一头古怪的黑面木偶般的鬈发，有时会惹你发笑。例如，当她问你要不要再喝点中国茶和碧玉浆果酒以及把水罐拽过去时，她那指甲上用红墨水画的男人的脸，会叫你笑破肚皮；她想去方便一下的话，就说什么要跑去拜访怀特小姐。这就是西茜一贯的做法。哦，你永远也不会忘记那个傍晚：她穿戴上父亲的衣帽，用软木炭画上口髭，边抽雪茄烟边沿着特里顿维尔走去。逗起乐来，谁都赛不过她。然而她真是诚恳到家了，是上天创造的最勇敢、最真诚的一位，绝不是通常那种表里不一的家伙。甜言蜜语是不可能由衷诚恳的。（p670）

金译：

疯丫头妹子，一头高力华格式的卷发。有时候简直没法不笑她。譬如说，她会问你要不要再来一点中国茶和酱子莓，再譬如她用红墨水在自己的指甲上画乳房和男人的脸，引得你笑破肚皮，再譬如她要到那个你知道的地方去吧，她偏说她得跑去见见白小姐。凯妹子就是这德性！哎，还有那晚上谁忘得了，她穿上她父亲的套服，戴上她父亲的帽子，装上烧焦软木的小胡子，抽着烟卷在踹屯威尔路上大摇大摆，谁也比不上她好玩。但是她又是绝对真诚的人，上天造下的最勇敢、最忠实的姑娘之一，决不是那种油头滑脑，甜言蜜语靠不住的角色。（pp541－2）

案：首句中的golliwog出自美国女作家Florence Kate Upton的一本儿童读物《木偶奇遇记》，这个木偶黑皮肤、黑脸、白眼睛，长一头蓬乱地竖起来的鬈发，他的名字就叫Golliwog，这个形象后来成了美国乃至西方一个著名的玩偶，深受孩子们喜爱。尽管在西方广为人知，但了解这个玩偶形象特征的中国读者却不多，因此，音译为“高力华格”而且不加注释（金本），并不能使中国读者明白这“高力华格式”究竟是何种样式。而意译作“古怪的黑面木偶般的鬈发”（萧本）就要好得多，但形象似仍不够鲜明。余以为，可完全不计辞费，译作“像黑脸白眼玩偶高力华格那种的”。另外，下文说到希西的几个可笑处：她拽过罐子瓶子来就问人要不要再来点喝的，而且是中国茶和 jaspberry ram。西方读者一眼就可以看出，jaspberry ram，是将 raspberry jam 两个字的首字母交换后的文字游戏，形式上的改变也带来了内容的改变，jasp 即 jasper 意为“玉石”，ram 意为“羊”，这样，原本的“树莓酱”就变成了“玉莓羊”，在读音上与原文谐谐，而在意义上却与之相距甚远，从而产生一种荒唐滑稽的效果。译作“碧玉浆果酒”（萧本）内容与形式都离原意较远；而译作“酱子莓”（金本），字形上一定程度关联了原文，但内容上却没有多少关联。不过，就这个文字游戏本身而言，在形式（字形和读音）与内容兼顾两难的情况下，似以先顾及内容可引发更多的笑声，“玉莓羊”在声音上与“树莓酱”也有关联，且也还是可食之“羊”，故拙译选“玉莓羊”。此外，drew the jugs 中的 jug 是一个多义词，除作“水罐”等解外，俚语中复数还可解作“乳房”，因此，译作“画乳房”（金本）无可非议，但是作为俚语此解的流行当时刚刚开始，且流行地主要在离爱尔兰尚远的北美，更重要的是，上文提到首字母交换文字游戏中两个字中的一个即 j 显然是从与喝茶等饮料相关的“水罐”引发的联想。故拙译选“拽过罐子来”（萧译同此），而放弃了也完全说得通的“画乳房”。

拙译：

疯丫头希西有一头乱蓬蓬地竖着的鬈发像黑脸白眼玩偶高力华格那种的。有时候，逗得你不能不笑她。比如她拽过罐子来问你还要不要再来点儿中国茶和玉莓羊她用红墨水在指甲上画满男人的脸简直能叫你笑破肚子还有如果她要去大家都知道的那地方就说得赶紧去看白小姐。希西就这德性。对了，谁能忘记那天晚上的事儿呢她穿上她老爸的西装戴上她老爸的帽子用软木炭画上胡子叼着烟卷儿在特里顿维尔大街上晃来晃去。要说逗乐谁都赶不上她。不过她也真诚心，是老天造的那号儿最勇敢最真诚的人可不是那号儿人前一套人后一套腻得叫人恶心的主儿。（pp635－6）

8. 下文提到戈蒂仍沉浸在自己的心事中，原文是：

... And Gerty, rapt in thought, scarce saw or heard her companions or the twins at their boyish gambols or the gentleman off the Sandymount green that Cissy Caffrey called the man that was so like himself passing along the strand taking a short walk. You never saw him anyway screwed but still and for all that she would not like him for a father because he was too old or something or on account of his face ... (p339/291)

萧译：

……格蒂陷入沉思，对于女伴们和正在稚气地嬉戏着的双胞胎以及从沙丘草地那边走来的先生，她几乎都视而不见，听而不闻。西茜·卡弗里说那位沿着岸滩作短途散步的先生像煞格蒂她爹。不过，西茜从来没有见过喝得醉醺醺的他。不管怎样，她才不想要这么个爹呢。也许因为他太苍老，要么就是由于他那张脸的缘故……(pp671－2)

金译：

……陷入沉思的格蒂，几乎视而不见，听而不闻，既没有留心两位女伴和那一对嬉戏中的孪生兄弟，也没有注意从沙丘草地上下来沿海滩散步的那位先生，凯弗里妹子却在说这是个谁也不像的特别人。看来他是从来不知醉醺醺的，但尽管如此，谁也不愿意要这么一个人当爸爸，因为他太老了还是怎么的缘故，也许是因为他的脸相……(p543)

案：... the gentleman off the Sandymount green that Cissy Caffrey called the man that was so like himself ...译作“西茜·卡弗里说那位……先生像煞格蒂他爹”（萧本），有两点可讨论，一是将 so like himself 译作“像煞格蒂他爹”不知何本？（查了一下，发现日译本

并未译作“他爹”，倒是法译本译作了“他爹”。）虽然上段文字中提到了戈蒂那位酗酒的父亲，将这位先生与他联系起来，看似顺理成章，但原文的意思却毫无“像煞他爹”之意，只是说此人太像自己，太特别，太不像其他人了，而译作看来他是一个“谁也不像的特别人”（金本），应该是贴切的。

拙译：

……戈蒂深陷在自己的思绪中，对自己的女伴、正在顽皮地戏耍的双胞胎小哥儿俩或者从沙山绿地那边走来的先生，她完全视若无睹，听而不闻。希西·凯弗里说到的那位正沿着海滩漫步的先生太不一般了，谁也不像。看来他怎么着也不会喝得烂醉可不管怎么说她才不愿意有这么个爸呢也许因为他太老了或者是因为他那张脸……（p637）

9. 小哥俩结束了刚才的吵闹，又欢快地玩起来，有这么一句：

The twins were now playing again right merrily for the troubles of childhood are but as fleeting summer showers.（p341/292）

萧译：

这对双胞胎如今又十分快活地玩起来了，因为儿时的烦恼犹如夏日的骤雨一般短暂。（pp674-5）

金译：

两个双生子现在又玩得非常高兴了，因为童年的烦恼像夏天的阵雨，转眼就放晴了。（p545）

案：the troubles of childhood 中的 childhood 译作“儿时”（萧本）、“童年”（金本）自然不错，但在语感上却不怎么贴切，用这类较文的字眼似乎拉开了时间的距离，将事件发生的当下性大大弱化了。

拙译：

孩子们的不和犹如夏日的阵雨，来得快，去得也快，小哥儿俩又高兴地一块儿玩开了。（p640）

10. 戈蒂发现勃鲁姆在看她，心中波澜起伏，浮想联翩，这段文字很精彩，在叙述者的声音中穿插着内心独白，其中写到勃鲁姆一直在看她时有这么一句：

He was looking up so intently，so still，and he saw her kick the ball and perhaps he could see the bright steel buckles of her shoes if she swung them like that thoughtfully with the toes down.（p342/293）

萧译：

他纹丝不动，专心致志地仰望着。当她踢球的时候，他瞅见了她怎样趾尖朝下，把脚摆动得很细心，也许他还看到了她鞋上那锃亮的钢质饰扣哩。（p676）

金译：

他抬头凝视着这边的神情，是那么的目不转睛，那么的纹丝不动，他也看到了她踢球，或许她有意识地像这样脚尖向下晃动两只脚，他能看见她鞋上那亮晶晶的钢扣。（p547）

案：此句中有两点需要特别注意，一是 looking up 并不是朝天上看，因为勃鲁姆是坐在海滩上较低处，因此，这里的 up 是朝戈蒂和她的伙伴们坐的较高处看，事实上，勃鲁姆一直在盯着戈蒂，因此也一直是在仰视。这样看来，译作“专心致志地仰望着”（萧本）虽就字面而言绝对不错，但却容易使人误以为，勃鲁姆在看天，而非看戈蒂。金译注意到了这点，译作：“他抬头凝视着这边”，就不会发生误解。二是后面的 he could see ...引出的虚拟句，虽然虚拟意味并不是十分强，但也不应忽视。戈蒂固然明白自己踢球时晃了腿，而且很可能一直在有意脚尖朝下地晃动，然而她能肯定的，只是他看见了她踢球的动作，至于是否看见了她鞋上那 bright steel buckles，就没有十足的把握了。金译较多地关注了这一点。

拙译：

他仰着头盯着这面看，看得一动不动，他看见她踢球了，要是她脚尖朝下，就这么着故意晃动，他就能看见她鞋上明晃晃的钢扣了。（p641）

11. 戈蒂看着希西追她两个兄弟从坐在海滩上的勃鲁姆身边擦过，头发飘起来时，想到她的头发颜色不错，可就是长不长，因此她往头发里擦一种什么药，但还是不管事。这里有一句：

... because it wasn't natural so she could just go and throw her hat at it.（p343/294）

萧译：

……由于不对路子，总也不见长。所以她对那药的怨气可大啦。（pp678－9）

金译：

……她就是没有这福分，只好白摔帽子生气。（p549）

案：这里的意思是因为用那法子不自然，所以她也无可奈何，只好摔帽子出气。萧译“由于不对路子”似乎说得过去；但金译“她就是没有这福分”好像就有点儿离原文太远了。

拙译：

……因为那法儿不自然，所以她没奈何，只能摔着帽子出气。（p643）

12. 接下来的一段开始的一句是：
Queen of angels, queen of patriarchs, queen of prophets, of all saints, they prayed, queen of the most holy rosary and then Father Conroy handed the thurible to Canon O'Hanlon and he put in the incense and censed the Blessed Sacrament and Cissy Caffrey caught the two twins and she was itching to give them a ringing good clip on the ear but she didn't because she thought he might be watching but she never made a bigger mistake in all her life because Gerty could see without looking that he never took his eyes off her and then Canon O'Hanlon handed the thurible back to Father Conroy and knelt down looking up at the Blessed Sacrament and the choir began to sing *Tantum ergo* and she just swung her foot in and out in time as the music rose and fell to the *tantumer gosa cramen tum.*(p344/295)

萧译：
他们向诸天神之王后，诸圣母之王后，诸先知之王后，诸圣人之王后，至圣玫瑰之王后祷告。然后，康罗伊神父把香炉递给教堂蒙席奥汉龙。他添上香料，把圣心熏香。西茜·卡弗里逮住了双胞胎，她恨不得掴他们几个大耳刮子，但是想到他也许在瞧着，所以她没这么做。然而西茜一辈子也没有过更大的误会，因为格蒂即使不看也能知道，他始终目不转睛地看着的是她。然后教堂蒙席奥汉龙将香炉递还给康罗伊神父，跪下来瞻仰圣心。唱诗班开始吟唱堂堂圣体。她随着堂堂圣体奥——妙至极的悠扬乐声，用一只脚一前一后地踩着拍子。(p679)

金译：
天使们的女王，大主教们的女王，先知们的女王，一切圣体们的女王，他们在祈祷着，神圣的念珠礼拜的女王，然后康罗伊神父将香炉递给奥汉隆牧师，他放进香去，将圣体熏了香，凯弗里妹子也捉住了两个孪生子，她恨不得狠狠地给他们来一记响亮的耳光，但是她没有打，因为她想他可能在看，可是她是大错而特错了，因为格蒂不用看就知道他的眼光从没有离开过她，这时奥汉隆牧师把香炉递回给康罗伊神父，跪下仰望着圣体，唱诗班开始唱 Tantum ergo，她的脚随着 tantumer gosa cramen tum 的音乐起伏而前后摆动。（p549）

案：这是一个长句，其中有两点值得讨论。一是，这里的叙事显然是戈蒂的视角，她听着教堂中传来的祈祷声，看着希西去追她的那对双胞胎兄弟，教堂里的活动与教堂外追逐的场景在时间上有微妙的交织，这种交织是通过句中的语序以及 and 或 then 等连词来表达的，因此原则上不宜(若萧译)将一句拆成若干句，也不宜灵活地调整其语序。譬如开始的 Queen of angels，queen of patriarchs，queen of prophets，of all saints，they prayed，queen of the most holy rosary 五个 queen 短语都是祈祷词，而 they prayed 主句之所以插在最后一个 queen 短语之前，不置于句首，是因为，首先引发戈蒂听觉的是这四个祷词，然后她才意识到他们在祈祷，接着又听到了最后一个祷词。之后康罗伊神父递香炉给奥汉隆、奥汉隆点香熏圣体，与希西抓住自己的两个弟弟在同时发生，接着，奥汉隆将香炉递回给康罗伊神父，跪下瞻仰圣体与唱诗班开始唱颂歌同时发生，这些接续发生的事件通过逗点或 then、同时发生的事件通过 and 表现出来。金译注意到了这一层，而萧译则注意不够。二是唱诗班唱的颂歌首句 tantum ergo sacramentum(多圣洁的圣体啊)由于歌唱的需要，音节发生错位，听起来就变成了 tantumer gosa cramen tum(多圣—洁的圣—体—啊)。萧译两处皆作“堂堂圣体”，很难传达出这句颂歌在戈蒂晃动的脚下的节奏；而金译两处都保留原来的拉丁文，就更无法让读者明白戈蒂的拍子是怎样打出来的了。

拙译：

天使们的女王，大主教们的女王，先知们的女王，所有圣徒的女王，他们祈祷着，最神圣的念珠女王，然后，康罗伊神父把香炉递给奥汉隆教士，他加了香料，熏香圣体，这时希西·凯弗里抓住了那一对儿小鬼，她真想给他们几个响亮的耳光，可她没有，因为她觉得他可能一直在看着，其实，她完全错了，这是她这辈子头一遭出这么大的错儿，因为戈蒂不看也知道，他的目光始终没有离开过的是她，奥汉隆教士这当儿把香炉递回给康罗伊神父，然后跪下来，仰视着圣体，唱诗班开始唱圣歌多圣洁啊，她摆动着脚，随着音乐多圣——洁的圣——体——啊的起伏，一前一后地打着拍子。(p644)

13. 埃迪·鲍德曼发现勃鲁姆和戈蒂在眉目传情，假装给娃娃喂奶，却在斜着眼偷觑她，这里有一句：

Irritable little gnat she was and always would be and that was why no-one could get on with Her，poking her nose into what was no concern of hers.（p344/295）

萧译：

她动不动就生气，像一只蚋似的，永远也改不了，因此谁都跟她处不好。与她毫无关系的事，她也会横加干涉。(p680)

金译：

这只神经过敏的小虫豸，她是永远也改不了的，所以谁也和她合不来，好管闲事。(p550)

案：gnat 一词有三解：双翅目小昆虫，如蚋、蠓、蚊、蝇等(any small two-winged biting fly of the genus Culex)；令人厌恶的小烦扰(an insignificant annoyance)；屑小的事物(a tiny thing)，译作“蚋”(萧本)或“虫豸”(金本)取第一义，自然不错，但与irritable(容易生气、神经过敏)联系起来，却相当费解，鄙意以采用其第二、三两义为好。

拙译：

她是个招人讨厌的小东西，动不动就生气，还总爱管闲事，所以没人能跟她合得来。（p645）

14. 戈蒂再次陷入对勃鲁姆的遐想中时有这么几句：

From everything in the least indelicate her finebred nature instinctively recoiled. She loathed that sort of person, the fallen women off the accommodation walk besides the Dodder that went with the soldiers and coarse men, with no respect for a girl's honour, degrading the sex and being taken up to the police station. No, no: not that. They would be just good friends like a big brother and sister without all that other in spite of the conventions of Society with a big ess.（p348/299）

萧译：

她秉性高尚，对任何稍微有点粗俗的东西，都会本能地回避开。她讨厌那种在多德尔河畔的客栈附近跟大兵以及粗俗的男人鬼混的浪荡女人。她们毫不爱惜少女的贞操，丢尽女人的脸，给抓到警察局去。不，不，那种事我可不干。他们仅仅是好朋友而已，就像是大哥哥和小妹妹，完全没有那方面的事，尽管并不符合社交界的惯例。（p686）

金译：

她性情很娇嫩，不论遇到什么，只要有一点点粗俗，她都不由自主地要退避三舍。她憎恶那一类人，那些在道铎河畔的招待街上陪大兵的堕落女人，那些不尊重姑娘的荣誉，侮辱女性，被送到警察局去的粗男人。不，不：那可不能要。他们只要做一对好朋友，像大哥哥小妹妹那样，完全不要另外那一种关系，不管所谓的上流社会有什么样的惯例。（p555）

案：这里有几个问题可讨论：一，第二句 She loathed that sort of person，the fallen women off the accommodation walk besides the Dodder that went with the soldiers and coarse men，with no respect for a girl's honour，degrading the sex and being taken up to the police station 中戈蒂厌恶（loath）的对象究竟是一个（“那些堕落的女人”），还是两个（“那些堕落的女人”+“粗男人”）？萧译显然取了前者，而金译取了后者。这里的上下文是戈蒂一直在揣摩被她迷得神魂颠倒的勃鲁姆，她的视角一直是女性的，甚至是个人的，换言之，她一直是从女人的角度来看待男女和婚姻关系的，从这样的语境看，萧译是说得通的。但从语法与句子结构看，“粗男人”（coarse men）与那些“堕落的女人”（the fallen women）却完全可以通过 and 的连接，顺理成章地一起成为戈蒂“厌恶”的同位语宾语，如是，则金译正确。二，此句中 with no respect for a girl's honour，degrading the sex and being taken up to the police station 修饰的无疑是那些“粗男人”（coarse men），译作“她们毫不爱惜少女的贞操，丢尽女人的脸，给抓到警察局去”（萧本）显然是张冠李戴了。三，第一句中的 finebred（well-bred）与 indelicate 意义正相反，译作“娇嫩”（金本）好像仅仅译出了外在的、身体方面的品质，而丢掉了其内在的、教养方面的品质；译作“高尚”（萧本）则较好地传达了 finebred 的内在的含义。四，最后一句中 They would be just ...译作“他们仅仅是……”（萧本）和“他们只要做……”（金本）似乎都太确定了，离开了原文表达愿望的虚拟之意。

拙译：

她生性纯洁，会本能地避开一切哪怕只有一点点粗俗的东西。她厌恶那类人，厌恶那些在多抖儿河畔的招待街上与那些大兵鬼混的堕落女人，那些不尊重女孩子名誉、侮辱女性、总是被抓进警察局的粗男人。不，不，那种事决不能干。他们可以只成为要好的朋友，就像大哥哥和小妹妹那样，完全没有其他那些乱七八糟的关系，不

论社会有什么样的惯例。（p650）

15. 勃鲁姆发现戈蒂是瘸子之后的第一个反应是：
Poor girl! That's why she's left on the shelf and the others did a sprint.（p351/301）

萧译：
可怜的姑娘！所以旁人才撇下她，一溜烟儿跑掉了。（p691）

金译：
可怜的姑娘！怪不得别人都奔跑走了，她却留下不动。（p559）

案：这句话中的 shelf 指架子（橱架、书架、衣架等）上的搁板，on the shelf 字面意思是“置于搁板上”，在一般使用中主要有两层引申的意思：一是“束之高阁，弃置不用的东西”，二是“年龄过大，嫁不出去的老姑娘”。乔伊斯（勃鲁姆）这里显然兼用了这一用语的双关意义。译作“怪不得别人都奔跑走了，她却留下不动”（金本）似乎很不够意思。戈蒂确实有留在那儿不动的意思，她已经深陷在对勃鲁姆的一往情深和无限遐想中，但那毕竟只是她自己的心思，这已在前文她自己的内心意识中表白得很清楚。虽然勃鲁姆也应该能体会到她恋恋不舍，无意早走的私心，但此刻发现她原来是残疾却大大引发了勃鲁姆悲天悯人的情怀，因此这里对戈蒂的爱已经让位给了对她的悲悯。译作“留下不动”固然符合事实，却不符合这里的语境。而译作“所以旁人才撇下她，一溜烟儿跑掉了”（萧本）则无疑较好地兼顾了勃鲁姆这里的双关，“撇”常在口头使用，也符合原文非正式用语的形式，但“一溜烟儿跑”却显得过分口语化，反倒不如金译较为书卷气的表述更符合 sprint 的用法，且这个字的确切意思是“短距离的全速冲刺”；“比赛中的短跑”等，语义中暗含着“争先恐后”之义，与“on the shelf”的第二义发生关联，当能在英语读者心目中引发关于少男少女在婚恋问题上相互较劲的联想。

拙译：
可怜的姑娘！怪不得别人都争先恐后地跑了，却把她剩那儿了。（p654）

16. 勃鲁姆接下来的思绪中有一句：
A defect is ten times worse in a woman.（p351/301）

萧译：
女人要是落了残疾，得倒楣十倍。（p691）

金译：
一个缺陷落在女人身上，更要严重十倍。（p559）

案：ten times 两译均作“十倍”，不错，但这类表述多半并非确指，不过概言其多，其大，其严重，其不幸而已。因此何妨以口语中的“八辈子血霉”译之？

拙译：
残疾落在女人身上，那就倒了八辈子血霉。（p655）

17. 勃鲁姆内心独白中接下来有一句：
That squinty one is delicate. Near her monthlies，I expect，makes them feel ticklish.（p351/301）

萧译：
那个斜眼儿姑娘倒也挺爱挑剔的。我估计她的经期快到了，所以才

那么烦躁。（p691）

金译：
斜眼的那一位挺娇弱。接近经期了，我估计，她们这时特别敏感。（p559）

案：squint 既指“斜眼病”（Strabimus）这种眼疾，也指“斜眼偷觑的眼神”（a stealthy or sidelong glance），That squinty one 这里无疑用的是这个词的第二义，将其译作“那个斜眼儿姑娘”（萧本）或“斜眼的那一位”（金本）显然不符合原意，好像戈蒂有“斜眼”的毛病似的，其实，她只是在偷觑勃鲁姆而已，勃鲁姆不会不明白这一点。此外，ticklish 的本义是 sensitive to tickling（*SOED*：p3265），而 tickle 意为 apply light touches or strokes to a person or part of a person so as to excite nerves and usu. produce laughter and spasmodic movement。据此，将 makes them feel ticklish 译作“所以才那么烦躁”（萧本）或“特别敏感”（金本）似乎都没有译到点子上。

拙译：
爱斜眼瞅人的那位倒是个雅致的。我估计准是月经要来了，所以一撩拨就痒痒了。（p655）

18. 勃鲁姆从戈蒂快来月经的推测想到女人在这个特殊期中古怪的欲望后有一句：
How many women in Dublin have it today? Martha，she. Something in the air. That’s the moon.（p351/301）

萧译：
如今都柏林有多少修女呢？玛莎，她。能够有所觉察。都是月亮的关系。（p691）

金译：

都柏林今天有多少妇女遇上？玛莎，她。空气中有些特别。是月亮的作用。（p559）

案：这里的上下文都是在琢磨妇女经期的一些特殊表现，尽管也提到了“处女”、“修女”，但句中的 it 说的却不是“修女”，而是“月经”，因此，译作“如今都柏林有多少修女呢”（萧本）就完全不着边际；而译作“都柏林今天有多少妇女遇上”（金本）虽然不十分明白，但却基本到位。勃鲁姆接下来的思路是，他的情人玛莎来潮了，此刻的“她”（戈蒂）也来了，可为什么那么多女人都来了呢？大概是空气中有什么特别的东西吧，或者是月亮的作用。如果这个理解不错的话，将 Something in the air 译作“能够有所觉察”（萧本）就有点匪夷所思；而译作“空气中有些特别”（金本）则大致不差。

拙译：

都柏林今天有多少女人来这个了呢？玛莎、她。空气中有点什么吧。那是月亮的作用。（p655）

19. 勃鲁姆继续琢磨女人之间的关系，有这么几句：

Sister souls showing their teeth at one another. How many have you left? Wouldn’t lend each other a pinch of salt.（p352/302）

萧译：

姊妹般的感情。相互龇着牙齿。你还剩几个孩子呀？彼此连一撮盐也不肯借给对方。（p693）

金译：

亲如姐妹。彼此露出了牙齿。你还剩下多少？彼此借一撮盐也不

干。（p561）

案：女孩子们往往表面上亲热，好得不得了，可私心里却相互嫉妒，相互拆台，甚至很刻薄。勃鲁姆这里设想她们好久不见，一旦重逢之后的场景。How many have you left 并没有明确说剩了什么，译作“你还剩几个孩子呀”（萧本）似无根据。从随后一句“彼此连一撮盐都不肯相借”的语境看，这里指“金钱”的可能为大。无论如何，我们可以完全依原文直译，将猜测留给读者（金本）。此外，Sister souls showing their teeth at one another 初版作一句，而加兰版 Sister souls 后用句号，作两句。两译显然取了加兰版。拙译折衷，仍作一句，用逗号点断。

拙译：

姊妹情分，相互龇龇牙。你还剩多少？连一小撮盐也不肯相借。（p657）

20. 勃鲁姆继续想他和妻子、情人玛莎以及戈蒂等女人的关系，有一句：

See her as she is spoil all.（p353/303）

萧译：

要是看穿了女人的本色，就大失风趣了。（p695）

金译：

看到她的本来样子就坏了。（p562）

案：这句话是一个虚拟句，意思是：要是看到她本来的样子，那就把一切都毁了。这里有两点可讨论，一是 she 指戈蒂，是特指，而不是泛指，因此，译作“女人”（萧本）不妥；二是 as she is 意为“本来的样子”，指她原本是瘸子，只是勃鲁姆先前没有也无由看出；此外，恐怕也有勃鲁姆当时心目中的“她”和现在所想的“她”二者间的差距。三是 spoil all 暗示如果勃鲁姆早就发现她是瘸子的话，就很可能不会那么动情，乃至失控自慰，刚刚过去的那场美好的情欲发泄戏也就不存在了。这样看来，萧本较为自由的意译虽然与上下文并不乖违，却丢失了原句隐含的深意，反不如金本的直译了。

拙译：
要是看到她本来的样子那就全毁了。（p659）

21. 勃鲁姆琢磨女人那种本能的、男人往往不具备的特质时，有这么几句：
Never see them sit on a bench Marked Wet Paint. Eyes all over them. Look under the bed for what's not there. Longing to get the fright of their lives. Sharp as needles they are. When I said to Molly the man at the corner of Cuffe street was goodlooking, thought she might like, twigged at once he had a false arm. Had, too. Where do they get that? Typist going up Roger Greene's stairs two at a time to show her understandings. Handed down from father to mother to daughter, I mean. Bred in the bone.（p355/304）

萧译：
从来没看到过女人坐在标明“油漆未干”字样的长凳上。她们浑身都是眼睛。床底下什么都没有，她们也要探头去瞧一瞧。渴望着在生活中遇上骇人的事。她们敏感得像针似的。当我对摩莉说，卡夫街拐角那儿的男子长得英俊，她想必喜欢这样的，她却马上发现他有一只胳膊是假的。果不其然是那样。她们究竟是打哪儿得到的线索呢？女打字员一步两蹬跨上罗杰·格林的楼梯，以显示她对男人的理解。由父亲传下来，我的意思是说由母亲传给女儿。血统里带

来的。(p698)

金译：

你决不可能看到她们坐到写着油漆未干的长凳上去。全身都长着眼睛。床底下也要望望，要看有没有不在那里的东西。一心想找可以吓一大跳的事情。灵敏得不得了。我对莫莉说卡夫街角上那个男人不难看，以为她会喜欢，她马上发现他有一只胳膊是假的。果然如此。这本领她们是从哪里得来的？罗杰·格林事务所的女打字员上楼时一步跨两磴，为的是显示她的腿脚。父传，我的意思是母传女。生来就有的，骨子里的东西。(p564)

案：Typist going up Roger Greene's stairs two at a time to show her understandings 中的 to show her understandings 译作"以显示她对男人的理解"(萧本)字面上没有问题，但"一步两蹬"怎样"显示"一个女人对男人的理解呢？多少有些费解。仔细琢磨，可以发现 understanding 一字的本义中包含着"脚下"之意，表示这位女打字员不过是在显示一种不弱于男子的脚底功夫，以及由此产生的她的脚力、两腿脚的协调力、相互理解力等等，一种非常的能力，未必一定要针对男子。因此，译作"为的是显示她的腿脚"(金本)似乎更合适些。Handed down from father to mother to daughter，I mean 中加兰版在 father to 后加了逗号，从而使原句的文意更显豁了。

拙译：

从来也没见过她们坐在油漆未干的板凳上。浑身上下全是眼睛，床底下也要查看，找找什么东西没有了。总巴望着找吓人的事儿。尖得跟针似的。我跟莫莉说卡夫街角的那个男人长得不赖，估摸着她可能喜欢那样儿的，可她立刻瞧出，那人的胳膊有一只是假的。也真是那样。这本事她们是打哪儿弄来的？女打字员上罗杰·格林事务所的楼梯，一步跨两台阶，以显示她脚下的功夫。从父辈传下来

的，我的意思是，母亲传给女儿的。骨子里带来的。（p662）

22. 一段文字说到一个在海滩散步折回来的先生，有一句：
After supper walk a mile.（p358/307）

萧译：
晚饭之后再去散步一英里。（p705）

金译：
晚饭后，一哩走。（p569）

案：after supper walk a mile 出自一句谚语：After dinner sit a while，after supper walk a mile。dinner 和 supper 均可作“晚饭”解，二者的区别是，dinner 比较正式，丰盛，supper 比较简便，清淡，但不论是 dinner 的 sit a while，还是 supper 后的 walk a mile 在西方人看来，都有益于健康，因此，这句谚语的后半句就犹如我们常说的“饭后百步走，活到九十九”之类了。这里 a mile 显然并非确指。两译均译为“一哩（英里）”，字面当然很确切，但却不免有点儿拘泥于字面了，何妨稍作变通，译作“百步走”，可立即引发国人对其文外之意的解读。

拙译：
饭后百步走。（p668）

23. 勃鲁姆开始数豪斯灯塔的灯光，有几句：
Howth. Bailey light. Two，four，six，eight，nine. See. Has to change or they might think it a house. Wreckers. Grace Darling. People afraid of the dark. Also glowworms，cyclists：lightingup time. Jewels diamonds flash better. Women. Light is a kind of reassuring. Not going

to hurt you.（p359/308）

萧译：
霍斯。贝利灯塔的光。二，四，六，八，九。瞧啊。非这么旋转不可，不然的话，会以为它是一幢房子。营救船。格蕾斯·达令。人们害怕黑暗。也怕萤火虫。骑自行车的人：点灯时间。宝石、金刚钻更亮一些。女人。光使人心里踏实。不会伤害你。（p705）

金译：
豪斯山。贝利灯塔。二，四，六，八，九。必须变动才行，否则人们会把它当作住家灯光了。毁船的。格雷丝·达林。人们怕黑暗。还有萤火虫、骑自行车的人：点灯时刻到了。宝石、金刚钻的光芒更好看。亮光有一种使人安心的作用。不会伤害你。（p570）

案：wreckers 这里一词两义，都与灯塔相关，既指那些在导航灯光引导下，营救海难的船或人，又指那些故意搞乱导航灯光的海盗船和海盗。萧译只选了前者；金译则选择了后者，其实都不全面。此外，说到“人们怕黑暗”（People afraid of the dark）后面一句 Also glowworms，cyclists 意思是：萤火虫和骑车的人也怕黑暗（所以萤火虫才自己发光、自行车也要自带车灯），译作“（人们）也怕萤火虫”（萧本）显然是失误。还有，Jewels diamonds flash better 之后，加兰版增加了 Women 一句。萧译显然取了加兰版。

拙译：
豪斯。贝利灯塔的光。二、四、六、八、九。看哪。得不断变化，要不人家还以为是一家住户呢。海上抢险者或者制造海难的强盗。格蕾丝·达令。人们怕黑暗。还有萤火虫、骑自行车的人：点灯时间。珠宝钻石闪的光更亮。光亮让人心里觉得安全。不会伤着你。（pp669－70）

24. 勃鲁姆望着远处的豪斯山峰，那里一片岑寂。他又想到与莫莉的初次幽会：

All quiet on Howth now. The distant hills seem. Where we. The rhododendrons. I am a fool perhaps. He gets the plums, and I the plumstones. Where I come in. All that old hill has seen. Names change：that's all. Lovers：yum, yum.（p359/308）

萧译：

眼下，霍斯笼罩在一片寂静中。远山好像。那就是我们……的地方。杜鹃花。也许我是个傻子。他得到的是李子，我得到的是核儿。这就是我扮演的角色。那座古老的小山把一切都看在眼里。演员的名字换了，仅此而已。一对情侣。真好吃。真好吃。（p707）

金译：

豪斯山上，现在万籁无声了。远远看去，山丘似乎。我们那地方，杜鹃花丛。我也许是个傻瓜。他吃李子，我得李核。我在其中的作用。古老的山头，目睹了一切。换了名字，如此而已。恋人们：美啊，美啊。（p571）

案：勃鲁姆在书中曾多次回忆起在豪斯山上杜鹃花丛中与莫莉初次幽会做爱的情景。这里还穿插着鲍伊兰下午去幽会莫莉引发的酸楚：I am a fool perhaps. He gets the plums, and I the plumstones。而Where we, The rhododendrons, Where I come in, All that old hill has seen 则是指他和莫莉当时做爱的情景，Where I come in 含有明显的性意味，译作“我扮演的角色”（萧本）和“我在其中的作用”好像不是很妥当，与前面几句联系似乎说得过去，但与后面一句联系就说不通了。而且这里美好的回忆是主调，现实带来的痛楚只是副歌。最后两句 Names change：that's all. Lovers：yum, yum 说的是所有的两性关系，强调的仍是美好的东西，结尾的 yum, yum，表层的意思来自莫莉将自己嘴里嚼烂的蛋糕喂到他嘴里的感觉，深层则指他与当时的莫莉、现在的戈蒂、玛莎以及鲍伊兰与莫莉等所有情侣之间的关系。

拙译：

此刻，豪斯山一片宁静。远山仿佛。那里是我们。那些杜鹃花丛。也许我是个大傻瓜。他吃了李子，我却只得了李子核。那儿就是我进入的地方。那古老的山峰看见了。只是名字变了，如此而已。还是情侣：好香啊，好香啊。（p671）

25. 与戈蒂的邂逅“吸尽了”勃鲁姆的元气，他疲惫不堪，交替地想着戈蒂和莫莉，这时有一句：

Take the train there tomorrow. No. Returning not the same.（p360/308）

萧译：

明天乘火车到那儿去吧。不，回去就全不一样了。（p707）

金译：

明天搭火车到那儿去吧。不。回去就不一样了。（p571）

案：两译都将句中的 returning 译作“回去”，应该说一点问题都没有。但从前两段的语境仔细琢磨这句话的意思，就觉得还是需要斟酌的。“回去”是回哪儿去？为什么“不一样”？因为这里勃鲁姆要搭车去的地方只能是不时出现在他眼前的“豪斯山”，那里是勃鲁姆与莫莉初恋的地方，因此，这里 returning 译作“回去”就莫如译作“再去”好，这样读者联系上下文就可能看出勃鲁姆琢磨的是旧地重游，重修旧好，但又觉得再次去和第一次的感觉毕竟不会一样了，他和莫莉已经十年没有夫妻生活，即便重修旧好，那感觉也无法同当年的初次相提并论。下面紧接的一句：Like kids your second visit to a house 说的也正是这个意思。

拙译：
明天坐火车去那儿吧。不成。再去就不一样了。(p671)

26. 勃鲁姆的思绪迅速转换着：从蝙蝠到昆虫到鸟儿再到水手们苦难的漂泊生涯……这段文字中有这么一句：
Faugh a ballagh！Out of that，bloody curse to you！(p361/309)

萧译：
前进无阻！滚开，混账！(p709)

金译：
Faugh a ballagh！算了吧，你该死的！(p573)

案：这里的 Faugh a ballagh 是爱尔兰语，或为战场上的呐喊，或为一首歌的歌词，意思是 clear the way(让开路)。按照这里的语境，当指水手们对海上绕船飞的海鸟的吆喝。因此，Out of that，bloody curse to you 译作："算了吧，你该死的"(金本)就不够妥帖，而译作："滚开，混账"(萧本)则要好得多。

拙译：
让路！滚开，你这该死的！(p674)

27. 勃鲁姆接下来的思绪是：
Married too. Sometimes away for years at the ends of the earth somewhere. No ends really because it's round. Wife in every port they say. She has a good job if she minds it till Johnny comes marching home again. If ever he does. Smelling the tail end of ports. (p361/310)

萧译：

他们还是结了婚的。有时候一连几年漂泊在地球尽头。其实也并非尽头，因为地球是圆的。他们说，在每个港口都有个老婆。让做老婆的在家里规规矩矩地一直等到约翰尼阔步返回家园，倒也不容易。一旦回来了，浑身散发着个个港口的里巷气味。（pp709－10）

金译：

还有结了婚的。有时候一离家就是多少年，天涯海角的。实际上没有涯也没有角，因为地球是圆的。每个港口都有一个老婆，人们说。她的话儿不错，只要能守到约尼打仗回来。那也得他回来呀。闻港口的屁股。（p573）

案：这里写妻子在家守望离家多年的水手的凄苦。其中 She has a good job ...中的 good job 既有“好工作”的意思，也有“好运气”（good luck）的意思，译作“她的话儿不错”（金本）似乎有点儿随意；译作“做老婆的在家里规规矩矩地一直等到约翰尼阔步返回家园，倒也不容易”（萧本），这里“规规矩矩”，“倒也不容易” 想象的成分好像多了些。其实，这里的意思是，如果这老婆把她和水手的关系还真当回事(if she minds it)，一直等到他从海上平安回来了，那还真算她有运气(she has a good job)。

拙译：

也有成了家的人。有时候一年又一年地在地球尽头什么地方漂来漂去。当然也并不真是尽头，因为地球是圆的。他们说每个港口都有老婆。要是家里那位老婆真记挂着，等到约翰尼雄赳赳、气昂昂地回了家园，那她就有运气了。可一旦他真回来了，那就得闻各个港口屁端的味儿了。（p674）

28. 勃鲁姆想到了海难之后的景象：

Then you have a beautiful calm without a cloud, smooth sea, placid, crew and cargo in smithereens, Davy Jones' locker. Moon looking down.（p361/310）

萧译：

接着就是美丽的平静，海面光滑明净，万里无云。船员和货物，一片残骸碎片。水手的坟墓。月亮安详地俯瞰着。（p710）

金译：

那以后就是天下太平了，风平浪静万里无云，全船人货全已粉碎，存在戴维·琼斯的库里，月亮静静地俯视着。（p574）

案：beautiful calm 译作“天下太平”（金本）似乎有点儿太大了；Davy Jones 是水手们对神秘的海洋精灵或魔鬼的惯称，因此 Davy Jones' locker 就成了海难之地（海底）的代称，locker（保险柜）这里多少有些调侃之意。译作“水手的坟墓”（萧本）意思不错，不过，原文的意象失去了，也没有了原文的谑谐意味。因此，似仍以直译加注为好。

拙译：

然后是美丽的宁静，没有一丝云，平静、温和的海，船员和货物全都粉碎了，进了戴维·琼斯的保险柜。月儿平静地俯视着。（p674）

29. 勃鲁姆准备回家了。想到大概快 9 点了，如果要去看歌剧，已经晚了，这时有下面几句：

Too late for *Leah*. *Lily of Killarney*. No. Might be still up. Call to the hospital to see. Hope she is over.（p362/311）

萧译：
来不及去看《丽亚》了。《基拉尼的百合》。不，也许还没演完呢。到医院去探望一下吧。但愿她已经完事了。(pp712－3)

金译：
看《李娅》是赶不上了。《基拉尼的百合花》。不，可能还没有睡呢。到医院去看看。希望她已经生了。(p576)

案：这里的 be up 是什么意思？就语境而言，应该只有两种可能，一是和前两句相关，说歌剧仍在高潮状态；二是和后两句相关，说临盆待产的坡伏伊太太还没有上产床。若是和前文相关，则应如萧译；若是和后文相关，则应译成“很可能还没有上产床”。但若译作“可能还没有睡呢”（金本）则离这里的语境有些远。拙译从前者。

拙译：
要看《丽娅》《基拉尼的百合花》已经太晚了。不，兴许还热闹着呢。到医院去瞧瞧吧。但愿她已经完事儿了。(pp676－7)

30. 勃鲁姆又想到了狄格南遗属的困境，有一句：
But Dignam's put the boots on it. Houses of mourning so depressing because you never know. Anyhow she wants the money. (p363/311)

萧译：
然而迪格纳穆那档子事把什么都弄得一团糟。办丧家的事，大家总是愁眉不展的，因为你永远不知道下文。总之，那位寡妇缺钱。(p713)

金译：
但是狄格南来了个万事罢休。有丧事的人家，气氛是那么令人沮

丧，因为你没法知道。不管怎么说，她是需要那笔钱的。（p576）

案：put the boots on it 意为 brought things to a（negative）climax，译作“把什么都弄得一团糟”（萧本），基本意思不错；而译作“来了个万事罢休”（金本）则有点儿不知所本。

拙译：
可狄格南家那事儿弄得糟透了。发丧的人家真是太倒霉，太悲惨了，因为你永远弄不清楚。不管怎么说，她需要这钱。（p677）

31. 勃鲁姆由狄格南的丧事想到寡妇、鳏夫、相貌平庸的女人，有一句：
Love，lie and be handsome for tomorrow we die.（p363/311）

萧译：
恋爱吧，扯谎吧，保持得漂漂亮亮，因为明天我们总将死去。（p714）

金译：
爱吧，躺着吧，大大方方的吧，因为明天我们就死了。（p577）

案：句中的 lie 这里兼有“撒谎”和“躺下”两义，金本取后一义，萧本取前一义，窃以为，前一义恐怕是主要的。此外，tomorrow we die 这里是虚拟语气，即 tomorrow we might die。

拙译：
爱吧，撒谎吧，收拾得人模人样，因为我们明天就可能死去。（p678）

32. 勃鲁姆想着给莫莉买衬裙时有一句：

Petticoats for Molly. She has something to put in them. What's that? Might be money.（p363/312）

萧译：

替摩莉买条衬裙。她倒是有一副好身材。那是什么呀？说不定是钞票哩。（p714）

金译：

给莫莉买衬裙。她是有东西装进去的。那是什么？说不定是钞票。（p577）

案：这里 She has something to put in them 意思是很清楚的，译作“她倒是有一副好身材”（萧本），似乎过度解读了。其实这里只是字面意思（若金译）。前文勃鲁姆提及他们生活拮据时，他曾将莫莉梳下的头发卖钱度日，联想到鲍伊兰和她偷情很可能会付钱给她的猜测，下文说的 money 即上文说的 something 不就顺理成章了吗？

拙译：

得给莫莉买衬裙。她要往里面放点儿什么。什么呢？可能是钱吧。（p678）

33. 勃鲁姆想打会儿盹，琢磨着时间已近 9 点，去利物浦的船已经早走了，思绪又回到莫莉：

And she can do the other. Did too. And Belfast. I won't go. Race there, race back to Ennis. Let him. Just close my eyes a moment. Won't sleep, though. Half dream. It never comes the same. Bat again. No harm in him. Just a few.（p364/312）

萧译：

她也可以搞嘛。已经搞完了。然后前往贝尔法斯特。我不想去。匆匆赶去，再匆匆赶回恩尼斯。随它去吧。闭会儿眼睛。不过，不会入睡的。半睡半醒。往事不会重演了。又是蝙蝠。没有害处。不过几只。（pp715－6）

金译：

她可以去干另外那件事。也已经干了。贝尔法斯特。我不去。匆匆赶去，又匆匆赶回恩尼斯。让他去吧。闭一忽儿眼。可是不入睡。似梦非梦境界。从不相同。蝙蝠又来了。不会伤人的。不过几下子。（p579）

案：勃鲁姆感到疲乏，困得想打盹儿。这段一连串短句表示他的意识已经开始摇晃：其中出现的有已经开往利物浦的船，有将要去贝尔法斯特进行巡回演出的莫莉和鲍伊兰以及又飞过来的蝙蝠。文中的 Let him 和 No harm in him 中的 him 均有特指（鲍伊兰）的意味，表示他接受“绿帽子”甚至产生某种宽恕之情，尽管后者中的 him 兼有双关之意（鲍伊兰+蝙蝠），但漏译甚或译“他”为“它”（萧本）似都不妥。此外，将一些具有双关之意的词句译得太确切，如将 just a few 译作“不过几只”（萧本）或“几下子”（金本）都丧失了这里既指蝙蝠，又指莫莉与鲍伊兰奸情的双关之意。

拙译：

她就可以干那事儿了。已经干了。贝尔法斯特。我不去。急急忙忙赶过去，再急急忙忙赶回恩尼斯。由他去吧。闭一小会儿眼睛吧。可不能睡着。半睡半醒。不再是一样的了。又是蝙蝠。他不会伤人的。也就来几下吧。（p680）

34. 勃鲁姆开始丢盹儿，有一段没有标点的文字写此时的意识流：

O sweety all your little girlwhite up I saw dirty bracegirdle made me do love sticky we two naughty Grace darling she him half pass the bed met him pike hoses frillies for Raoul to perfume your wife black hair heave under embon *señorita* young eyes Mulvey plump years dreams return tail end Agendath swoony lovey showed me her next year in drawers return next in her next her next. (p364/312)

萧译：

哦 心肝儿 你那小小的白皙少女 尽里边我统统瞧见了 肮脏的吊裤带使我做了爱 黏糊糊 我们这两个淘气鬼 格蕾斯 · 达令 她他越过床的一半 遇见了他尖头胶皮管 为了拉乌尔的褶边 香水 你太太 黑头发一起一伏的丰腴魅力 小姐 年轻的眼睛 马尔维 胖小子们 我 面包 · 凡 · 温克尔 红拖鞋 她生锈的睡觉 流浪 多年的岁月 回来 下端 阿根达斯 神魂颠倒 可爱的 给我看她那 第二年 抽屉里 返回 下一个 她的下一个 她的下一个(p716)

金译：

啊甜妞儿抬起你的少女白我看见脏束腰带使我做爱黏的我俩淘气格雷丝心肝她他四点半床转回来世花饰为了拉乌尔香水你的妻子黑发隆起下面丰盈 senorita 年轻的眼睛马尔维丰满乳房我面包车温克尔红拖鞋她睡不安宁流浪年代梦境回来末尾 Agendath 心荡神驰宝贝儿让我看她的明年穿裤衩回来下次穿她的下次她的下次。(p579)

案：这段思绪的特点是逐渐绵延、朦胧、晦暗，但它们都是勃鲁姆思绪中曾出现过的。用空格将这些不成句的碎片隔开是一种译法(萧本)，其好处是在视觉上有利于读者读下去，但不足是切断了勃鲁姆的意识流，且人为的分割容易使原文的意识走样，脱离其本来的面目；而完全模拟原文的形式，不空格不标点则是另一种译法(金本)，其好处是保持了勃鲁姆的意识流形态，不足是需要读者多读几遍，并从前边已经读过的文字中寻绎他这些思绪的来源。这段文字各版本不尽相同，拙译取初版，萧金两译所取为何本不甚清楚，不过，she him half pass the bed 当指四点半这一莫莉与鲍伊兰上床的时刻，而非“她他越过床的一半”（萧本）；drawers 指戈蒂的裤衩，而非“抽屉”（萧本），这些均可在前文中找到说明。再有，这里的 tail end 显然来自前文勃鲁姆想到，水手们在每一个港口都有一个老婆，家里那位原配妻子好不容易盼到他回来了，却不得不闻“各个港口屁端的味儿”（Smelling the tail end of ports），然而，遗憾的是，两译似乎都没有很好地去查前文。金译这里作“末尾”，而前文作“屁股”；萧译这里作“下端”，而前文作“里巷气味”（参见本章第 28 条）。

拙译：
哦宝贝儿你那小小的白嫩的少女的玩意儿我全瞧见了肮脏的吊裤带害得我做了爱黏糊糊的我们两个小冤家呀格蕾丝达令她他半点时上床遇见他尖头皮管褶边为了拉乌尔香水你太太黑发耸起的丰腴小姐年轻的眼睛马尔维丰满的岁月梦幻回来屁端阿根达思让人神魂颠倒的可爱的让我看她下一年在裤衩回来下一次在她下一次她下一次。（p680）

35. 最后报时的布谷鸟自鸣钟，鸣 9 响，报晚 9 时。其鸣声：
Cuckoo（pp364 – 5/313）

萧译前三声：咕咕；中三声：傻话；后三声：王八。（pp716 – 7）

金译：
9 声一律为：咕咕。（pp579 – 80）

案：cuckoo 既是布谷鸟的叫声，也有“傻”的意思，还与“戴绿帽子”（Cuckold）读音与字形接近。这里的一词多义用法是很明显的。萧本对勃鲁姆听到的声音、神父们边吃边聊的声音以及戈蒂敏锐地察觉到的勃鲁姆的神情做了不同的处理，虽不能完全传达乔伊斯这里的多义性，但在无法通过译文精准地转换原意时仍不失为一种更可取的做法。而金本不加辨析的一致处理难免就等而下之了。拙译从萧，按不同语境，将前三声译作“咕咕”、中三声译作“傻话”、后三声译作“乌龟”。（pp680－1）

第十四章

本章内容是勃鲁姆来到产院，探望待产的坡伏伊太太，碰到一群产科学生（包括狄克森、林奇、玛登、科斯泰洛、克罗色斯、斯蒂芬等）正在那里闹饮。他们毫无节制，借着酒力，高谈阔论，且嬉笑叫骂，时出淫言秽语，举止粗鄙，丑态百出。他们污蔑女性，对在临产中痛苦挣扎的妇女毫无同情，对人神毫无敬畏。勃鲁姆拒绝深度参与，始终以冷静清醒的头脑和悲天悯人的情怀思考人生中死生、苦难、救赎等问题，对临盆妇女表示极大同情。此章对应《奥德赛》“太阳神牛”章：尤利西斯的水手们不听其忠告，宰杀了太阳神的神牛，亵渎了象征繁衍化育万物的太阳神，招致神谴，全部葬身海上风暴，唯独尤利西斯因熟睡免遭厄难。此章中那群医学生在产院闹饮，正是对繁殖之神的亵渎；而勃鲁姆拒绝参加闹饮且对将为人母的妇人深怀敬意，对临盆产妇遭受的苦难深表同情，似可看作尤利西斯的化身。

尽管不无争议，但多数乔学家都认为，对文体的高度关注是本章的最大特色。乔伊斯在本章文体的安排上做足了功夫，采用了历代不同的文体，力图勾勒出从史前、盎格鲁-撒克逊时代的古英文历经中古，再从伊丽莎白时代到 17、18、19 直到 20 世纪英语文体混杂多样发展的历史线索，并将这一历史过程与十月怀胎的受孕、分娩过程做大致的平行对照，将英语语言与散文的演化戏拟为婴儿在子宫中逐渐成形、成熟直至分娩的过程，[①] 这一巧妙的构思使人的生殖繁衍与语言的形成发展在微妙的相互暗示中相互印证，同时也使本章的文体呈现出绚烂多彩的面貌。当然，还必须看到，无论是文体的演变，还是胎儿的逐渐成形，这两个过程都不是绝对阶段分明、界限清晰的发展过程，往往呈现出某种你中有我、我中有你的复杂纠缠状态，而乔氏的模拟同样也常常呈现出这种杂然纷呈的情状，不过大致的线索却是存在的。因而，如何在语言转换中呈现这一大体的历史线索，体现这种文体的变化，显然应该是汉译者不应回避的问题，内容的转换固然极其重要，然而文体演变的这种形式因素也不应无视。因此，翻译不考虑文体（如萧译只从“半文半白”的文体逐渐转入白话）的做法似不可取，而在译文中做出一定努力（如金译基本上也是从古文过渡到白话，但却在古文中杂用了五言与四言等）以体现乔氏在文体运用上的良苦用心则值得赞许。然而，有没有可能在译文中更多地体现这种文体上的变化？有没有可能将汉语语言文体的发展变化作为参照尽可能多地折射出英语文体发展的历史轮廓？鉴于中英两种语言文字在形态上、发展演化的历史脉络上存在的巨大差异，这里的答案是没有把握的。我们不妨说，实现这样的可能性难度极大，甚至在一定意义上几乎是不可能的，因此，拙译在本章中所做的努力必然是尝试性的、探索性的，或者说是抛砖引玉的、期于来哲的。

下面结合原文与译文做一些具体讨论，与其余各章在形式上略有不同，这里不再逐条给出原文与萧金两译文，只在必要时出之：①

1. 开始的三小段原文是：

Deshil Holles Eamus. Deshil Holles Eamus. Deshil Holles Eamus.

Send us bright one, light one, Horhorn, quickening and wombfruit. Send us, bright one, light one, Horhorn, quickening and wombfruit.Send us bright one, light one, Horhorn, quickening and

① 著名乔学者吉尔伯特从胚胎学的角度，寻出了乔伊斯在此章中埋伏的胎儿逐渐成熟直至娩出的过程。在描述学生们餐桌上的佳肴时说，大银缸中藏“无头鱼”，浸泡于“油样汁液”中，暗指胎儿在子宫中第一个月的形状；随后斯蒂芬说“人之灵魂当于孕之次月末入胎”，与胚胎学上第二个月胎儿的头开始变大等相关联；接着勃鲁姆“托腮”支吾，暗示第三个月胎儿“腮骨”长出；斯蒂芬随后将“牛津大学”说成“牛尾大学”，暗示胎儿此时仍有尾巴；后文说到似曾陷入恍惚中的勃鲁姆，“其视觉器官”“已现活动迹象”则暗指胎儿已长到第七个月。吉氏认为，熟悉胚胎学的人当在本章中发现更多与胎儿成长的暗示。（参见 Stuart Gilbert，*James Joyce's Ulysses*，Penguin Books，1963，pp266－7。）

wombfruit.

Hoopsa, boyaboy, hoopsa! Hoopsa, boyaboy, hoopsa! Hoopsa, boyaboy hoopsa!（p366/314）

萧译：

朝右走向霍利斯街。朝右走向霍利斯街。朝右走向霍利斯街。

光神啊；日神啊，霍霍恩啊，将那经过胎动期，孕育于子宫之果实赐予我等。光神啊，日神啊，霍霍恩啊，将那经过胎动期，孕育于子宫之果实赐予我等。光神啊，日神啊，霍霍恩啊，将那经过胎动期，孕育于子宫之果实赐予我等。

呼啦，男娃啊男娃，呼啦！呼啦，男娃啊男娃，呼啦！呼啦，男娃啊男娃，呼啦！（p721）

金译：

Deshil Holles Eamus. Deshil Holles Eamus. Deshil Holles Eamus.

灿灿哉，明亮哉，霍霍恩，赐予胎动乎，赐予子宫果实乎。灿灿哉，明亮哉，霍霍恩，赐予胎动乎，赐予子宫果实乎。灿灿哉，明亮哉，霍霍恩，赐予胎动乎，赐予子宫果实乎。

啊唷唷，男的呀男的啊唷唷！啊唷唷，男的呀男的啊唷唷！啊唷唷，男的呀男的啊唷唷！（p581）

案：这三个小段戏仿古罗马阿瓦尔兄弟会祈祷繁殖女神赐予丰年的祷词。无论就内容还是文体而言，都是本章的一个总纲。阿瓦尔兄弟会的祷词形成于公元 3 世纪，是一种颂诗体。这里每小段三句呼喊。第一段中 deshil 是古爱尔兰语，意为“向右转”，“向着太阳转”；eamus 是古拉丁语，意为“让我们走吧”；Holles 是英语的街道名称，是产院的所在地。此字在字形与发音上都十分接近 Helios，Helios 是希腊神话中的太阳神，汉译一般为“赫利俄斯”。此句显示了盎格鲁-撒克逊时期英语诞生之前那种混杂的形态。拙译以汉语上古时期的卜辞体与之对应，以金文、小篆与隶书三种字体模拟古爱尔兰语与古拉丁语的混杂。第二小段模拟向太阳神祈祷的呼喊，这里的 Horhorn 指产院院长安德鲁·赫恩大夫，与太阳神相对应。考虑到这里街道与院长的名字与太阳神的关系，拙译将 Holles 译作“赫利斯”，将 Horhorn 译作“赫恩”。第二段文字为一般古英语、中古英语体，拙译以一般古文体对之。第三小段为现代口语体，写坡伏伊太太的孩子出生后，护士宣布其性别的欢呼声。拙译对之以现代汉语口语体。这三段文字是本章的引子或者说纲领，仿佛下文将要展开的一个英语文体演变的雏形。

拙译：

 赫利斯。右出至赫利斯。右出至赫利斯。

日神邪，光神邪，赫赫恩，赐民胎动邪，赐民子宫之实邪。日神邪，光神邪，赫赫恩，赐民胎动邪，赐民子宫之实邪。日神邪，光神邪，赫赫恩，赐民胎动邪，赐民子宫之实邪。

好哇，男孩儿啊男孩儿，好哇！好哇，男孩儿啊男孩儿，好哇！好哇，男孩儿啊男孩儿，好哇！（p628）

2. 以下三段大体是议论与铺叙文字，第一段总论生殖繁衍对人类以及民族国家至关重要，人们必须对此有清醒认识。第二段讲述爱尔兰人自古就有重视医药和生殖的传统，很早就建立了产院，并为妇女生产精心准备了上好的条件与环境。第三段说产妇进入产院后受到尊重与悉心照顾，已形成全民族共识，由此可见，爱尔兰实乃可钦可敬之民族。这三段文字似乎模拟英语形成之前的文体。这一时期大约在公元 5 世纪盎格鲁-撒克逊人征服不列颠之前，其语言特点是无论词汇还是句法都完全是拉丁式的。词序一般是谓语宾语等在前，主语在后，句式一般是从句在前主句在后。乔伊斯故意将这三段文字（特别是第一段）写得句式含混，语义模糊，以象征胚胎未成形之前的无形、初民性关系的混杂以及早期英语的那种不定形态。

译文参酌书经体与先秦诸子体。这里且录第一段原文来讨论：

Universally that person's acumen is esteemed very little perceptive concerning whatsoever matters are being held as most profitably by mortals with sapience endowed to be studied who is ignorant of that which the most in doctrine erudite and certainly by reason of that in them high mind's ornament deserving of veneration constantly maintain when by general consent they affirm that other circumstances being equal by no exterior splendour is the prosperity of a nation more efficaciously asserted than by the measure of how far forward may have progressed the tribute of its solicitude for that proliferent continuance which of evils the original if it be absent when fortunately present constitutes the certain sign of omnipollent nature's incorrupted benefaction. For who is there who anything of some significance has apprehended but is concious that that exterior splendour may be the surface of a downwardtending lutelent reality or on the contrary anyone so is there inilluminated as not to perceive that as no nature's boon can contend against the bounty of increase so it be behoves every most just citizen to become the exhortator and admonisher of his semblables and to tremble lest what had in the past been by the nation excellently commenced might be in the future not with similar excellence accomplished if an inverecund habit shall have gradually traduced the honourable by ancestors transmitted customs to that thither of profoundity that that one was audacious excessively who would have the hardihood to rise affirming that no more odious offence can for anyone be than to oblivious neglect to consign that evangel simultaneously command and promise which on all mortals with prophecy of abundance or with diminution's menace that exalted of reiteratedly procreating function ever irrevocably enjoined? (pp366－7/314)

萧译：

最精通教义故最能赢得众人尊重，精神崇高且值得骄傲之人士所经常倡导，并得到社会公认之见解乃是：只要其他情况未起变化，一个民族之繁荣兴盛并非取决于其表面之光辉，乃取决于该民族对繁衍子孙所寄予之考虑及改进之程度。缺乎此，即构成罪恶之根源。今幸有此寄予，则能确保获得万能之大自然之纯洁恩泽。倘有人于此主张毫无所知，彼对诸事之认识(即有识之士视为裨益良多之研究)必极为肤浅，绝非贤人也。此乃一般世人之观点。盖凡能认识重要事物者，必知表明之光辉无非掩盖其内在之虚弱而已。且不论何等蠢人亦应省悟：大自然赐予之所有恩惠，均无法与繁殖之恩惠相比拟。故一切正直之市民皆须对同胞劝诫忠告，并为之焦虑，惟恐本民族过去所开创之辉煌业绩，日后不能发扬光大也。倘因风俗之愚昧，对世代相传之光荣习惯加以轻视，否定其深远意义，从而对有关分娩作用之崇高要义等闲视之，岂不令人深恶痛绝哉！盖此要义系天主所做繁殖之预言及对减少繁殖之警告，并命令全人类遵照行事，使之做出承诺。(pp721－2)

金译：

民族如不能传宗接代而逐代增殖则为诸恶之源，幸而有之则为万能之大自然所赐纯福，而全民对此是否日益关注，在其他情况均为一致条件下，则较一切辉煌外表更足以表明民族之兴盛，此实为所有学问最渊博因而其高深思想修养最受尊敬者一致公认而经常阐述之理，而不明此理之人，则普遍被视为缺乏见地，无法理解睿智者认为最有研究价值之任何事物矣。盖因对任何稍有意义之事能有所理解之人无不明白，表面辉煌仅为外相，而内里实际可能昏暗浑浊而日益破落；或自反面言之，大自然之恩赐，无一可与繁衍之福比拟，反复繁殖原为所有凡人之崇高职责，神意对此已为不可更改之部署，既为旨令亦即许诺，既预言昌盛亦复指出衰减之危险，一切正直公民，均以教诲同胞为己任，惟恐自祖先相传之美德，由于丑恶习俗逐渐形成而失去其深邃影响，以致需有超人勇气，方能起而伸张正义，谴责任何将神意置于湮没遗忘境地之企图，将使本民族原已造成良好开端之势态无法取得良好后果，实为十恶不赦之罪，岂有颟顸极端以至不明此理之人？（pp581－2）

案：这段文字乔伊斯的初衷是戏仿罗马历史家萨卢斯特和塔西陀的拉丁文译文。但后来觉得这两位罗马作家的文体本以简明见长，与他要模拟卵子受孕前与胚胎刚刚形成时期的混沌状态并不十分贴合，也不符合现代英语开始形成演化之前那种拉丁化句式中拉丁语、爱尔兰语与其他多种语言混杂的形态，因此在修订清样时又做了不少修改。这样，最终定稿的这段文字中的两句就成了一定程度上不伦不类的样式，既非典型的早期拉丁文体，也非好的英译文体，不仅句子长，中间不点断，而且句式紊乱，很难清晰地解析，特别是第一句（Universally ... benefaction.），语义和结构相当混乱，所以著名乔学家斯图尔特·吉尔伯特说，这是一个“令人惊骇的句子”（appalling sentence）。[①]那么，这段文字怎么译？依照大意，将长句点断，转换成十分清晰、简明的汉语（如目前的两译）显然不符合乔伊斯的本意。窃以为，这里至少要考虑以下两个因素：从历史的线索看，要尽量用汉语史上的早期文字和语言风格；从内容和形式的角度看，不可译成明晰的文体。基于此，拙译参酌汉语史上早期的书经体，杂凑旬、韩诸子的议论文体，基本保留原来的两长句和原结构，不点断，尽量不调整语序，不令语义十分明确：只给出大意，强调其中讲到的“生殖繁衍”、“生殖功能”（procreating function）之类的重要性。

拙译：

通则曰凡人之敏锐不为人重者盖因随俗见以物利为大也天赋聪慧者

① Stuart Gilbert, *James Joyce's Ulysses*, Penquin Books Ltd. 1963. p237.

可立判而凡人不识故渊博者为人尊崇且夫众皆曰一国之盛衰假余项皆同则不决于其外在之光华而决于其生殖繁衍之念何如幸能识兹乃天赐之至福罔兹乃诸恶之源。夫识事之表而不知外在之光华实内在腐朽之兆者有是人哉反之昧于事不知天赐不及人孕造物之予不及繁衍之富者岂无是人哉故正人君子皆须训导黎民同胞惟恐国之丕丕基丧于恶习之染前人之德不传于后惟仡仡勇夫起而疾呼弗听神意者罪不赦且神意信诺人之生殖繁衍之功必崇大而不可改悖兹则有衰灭之危。（p682）

3. 以下六段引入本章故事的主要人物：流浪的犹太人勃鲁姆、待产的坡伏伊太太、产院院长赫恩、护士凯伦和聚众闹饮的医学生们，描述勃鲁姆与凯伦的谈论、医学生们闹饮的现场及情形。其语言文字模拟公元10世纪以降的英语文体，主要是古英语的历史阶段，特点是在中古拉丁文句式、字词中不断融入北欧和中欧各地方言的因素，促使古英语向中古英语发展。

首段具有鲜明的盎格鲁-撒克逊诗歌即今人所谓的古英语诗歌色彩，颇类中国的《诗经》。虽然古英语诗歌还未发展出后来的种种格律与韵式，但它由于主要在民间和口头流传，因此，特别讲究上口与歌唱性。这种情形与《诗经》颇可比拟，所不同的是，《诗经》有大致整齐的四言句式，有比较鲜明的韵律格式，而古英语诗歌不讲究句式整齐和押韵，其音乐性则主要表现在头韵的运用上。译文参酌先秦诸子体和《诗经》，特别是楚辞体。《离骚》句子长短不一，又有鲜明的音乐性，似可模拟原文拉丁句式与古英语杂糅，句式不整齐，但却富有音乐性的特点。

这段文字具体描摹产房的宽敞，预备的如何周详，布置的如何精美，赞美待产母亲坡伏伊太太与即将问世的婴儿是何等有福等等，仿佛人物出场前的一个歌唱性序幕。开始的第一句是：

Before born babe bliss had. Within womb won he worship. (p367/315)

萧译：

婴儿尚未诞生，即蒙祝福。尚在胎中，便受礼赞。（p722）

金译：

婴儿出生之前，即已有福。身居子宫，已受崇拜。（p582）

案：这是典型的古英语诗歌对句。每句七个音节，有如中国古诗中的七言，不同的是其音乐性在头韵（每句均有四个头韵），而不在尾韵。现有两译均将原文每句断开，且未深入考虑原文的音乐性。拙译将其译为七言对句：首句安排三个头韵（婴、已、有）、对句两个头韵（中、祝），同时以尾韵（福、祝）强化其声韵效果：

拙译：

婴出之前已有福，居母腹中受崇祝。（p683）

4. 第二段是一个短小的段落，只有三句：

Some man that wayfaring was stood by housedoor at night's oncoming. Of Israel's folk was that man that on earth wandering far had fared. Stark ruth of man his errand that him lone led till that house.（p368/315）

萧译：

夜幕即将降临之际，流浪男子伫立于产院门口。此人属以色列族，出于恻隐之心，踽踽独行，远途跋涉而至此产院。（p723）

金译：

夜晚已来临，旅人立门畔。汉兮以色列，浪迹天一方。悲悯赤子心，独来访此院。（p583）

案：此段介绍勃鲁姆的身份：Israel's folk/wandering/ruth/lone，有如中国传统戏曲的上场诗，句子相对整齐，每句大约相当于现代英诗中的两个四音步句，且每句都有数个头韵，具有鲜明的旋律感和音乐性。乔学家明确指出这里的文字受到了古英语诗歌《浪游人》（*The Wanderer*）的启发，《浪游人》是公元10世纪的作品，写一个劫后余生的盎格鲁-撒克逊人，满怀孤独与悲悯，开始浪迹天涯，寻找新的家园和救赎。乔伊斯无疑借鉴了这首古英语诗歌的内容和形式，[①] 准确地传达了勃鲁姆作为一个客居他乡的以色列人，流离失所、无所归依、浪迹天涯的处境，强调了他虽然孤寂，却始终不曾失去悲天悯人的赤子情怀。现有的两译，萧译完全不顾及乔氏在形式与文体上的良苦用心，而金译采用古乐府五言体则较好地传达了原文的文体特色和音乐性，颇可点赞。拙译用离骚体，期望其如歌的色彩能更浓烈些；此外，骚体的文辞比较古雅，而乐府体的口语色彩较重（金译中"夜晚"、"门畔"等口语的使用）。因此，用骚体也可更接近原文文辞的古雅（譬如，wayfare，oncome，stark，ruth，errand，lone 都是现代英语中不常用的词）：

拙译：

方夜幕之降临兮有客立于门旁。以色列之子民兮独浪游自远方。哀人生之多难兮故造此以专访。（p684）

5. 第三段至第六段末的"遂相对复无语兮何忧伤而凄然"，写护士凯伦将勃鲁姆让进产院与之接谈的情形：勃鲁姆一家早年曾与凯伦同租过一所房子，是老熟人。勃鲁姆记起一次路遇凯伦，匆忙中未向跟自己致意的凯伦还礼，于是借此机会，对自己曾经失礼的行为表示歉意；凯伦见勃鲁姆臂戴黑纱，惊问变故，勃鲁姆说明情况后凯

---

① 参见：Don Gifford，*Ulysses Annotated*，p410；Weldon Thornton，*Allusions in Ulysses*，p325.

伦释然；勃鲁姆又询及他们共同的熟人奥黑尔大夫，得知其已于三年前患腹癌病故。凯伦细述奥大夫病故时的情形，二人相对无言，深陷悲哀中。这四段文字拙译通用楚骚体；而金译通用乐府体。两种文体的用心皆在尽量模拟乔氏原文所采用的古英语体。其重点是既要传达其音乐性，又须不失其文辞的古雅。两者究竟哪一种更接近乔氏原意，自然当由读者诸君评判。

6. 随后两段拟中古英语。首段模拟中世纪道德剧《人人》（*Everyman*，1485）的开场白。

Therefore, everyman, look to that last end that is thy death and the dust that gripeth on every man that is born of woman for as he came naked forth from his mother's womb so naked shall he wend him at the last for to go as he came.（pp368－9/316）

案：欧洲中古戏剧以强烈的宗教色彩与道德寓意为特色。《人人》正是中古道德剧的经典之作。此剧开场，作为角色之一的“上帝信息传达者”（Messenger）提示剧情，警示世人曰：The story saith：Man in the beginning /Look well, and take good heed to the ending, /Be you never so gay./You think sin in the beginning full of sweet, /Which in the end causeth the soul to weep, /When the body lieth in clay./Here shall you see how fellowship and jollity, /Both strength, pleasure, and beauty, /Will fade from thee as a flower in May./For ye shall hear how our Heaven-King/Calleth Everyman to a general reckoning.（白话大意：本剧要说的是：人啊，来到世上，/你必向善，到头来也要善终，/千万别过度寻欢作乐。/青春年少，你以为罪恶是那般甜蜜，/可到你躺到泥土里，它就叫你的灵魂哭泣。/这里你将看到，友谊、欣喜、/力量、欢乐和美丽，/怎样一个个离你而去，有如五月的鲜花凋落。/你将看到我们天上的主是怎样/将人人召去清理他的罪孽。）这里的首段以类似的口吻警示

世人，模拟的痕迹很明显，此外，乔氏无疑还借鉴了《旧约·约伯记》中的句子：Man that is born of woman is of few days，and full of trouble. Naked came I out of my mother's womb，and naked shall I return thither 等。两译似乎注意到了这里的模拟，但由于用标点较多，原本凝练紧凑的句子变得松散了。拙译参酌秦末汉初尚质趋简的文体：

故人人皆须明察人之终即死也时唯尘覆身而已凡妇所生之人出母胎际赤裸终归之际也必赤裸也。（p685）

7. 以下三段首段写狄克森一伙出场，勃鲁姆曾遭蜂蜇受伤，当时为他治疗的正是狄克森。狄克森认出勃鲁姆，上前请其加入，与他们共饮，勃氏婉谢，但狄克森固请，出于礼貌，勃氏只好应允。随后一段描写聚饮现场的餐桌、餐具和佳肴。最后一段写狄克森邀其同伴为勃鲁姆祝酒，勃氏本不饮酒，遂偷偷将多半杯酒倒入邻座杯中，众人欢饮。这三段文字戏拟 14 世纪传奇式游记特别是《约翰·曼德维尔爵士游记》的笔墨。这部《游记》在中世纪欧洲极负盛名且影响久远，虽然其作者、内容真伪等诸多问题仍是当今学者争论不休的话题，但它怪诞、夸张、极具传奇色彩的文字和巨大的想象力为乔伊斯描写狄克森聚众闹饮的情节提供了文体的范本。这里，狄克森等被说成“骑士”；勃鲁姆的蜂蜇伤成了“被恶龙刺伤”；雕刻为四侏儒的餐桌腿成了“被法术摄定的四侏儒”；刀叉等餐具是恶魔炼制的各种武器；罐头沙丁鱼浸在“大银缸”的油汁中；面包有如“山大”，如此等等。文笔之夸张可谓神奇、怪诞之极。译文参酌魏晋《搜神记》、《搜神后记》类志怪体及后人托为东方朔、班固等所作的神异故事体。

8. 以下四段首述护士凯伦恳请闹饮的年轻人稍加节制，因楼上待产妇人正在分娩前的痛苦中挣扎。此时勃鲁姆听到楼上产房传来叫声，不知是产妇呻吟，还是婴儿的啼哭声，他瞥见餐桌对面的老熟人是乡绅莱纳汉，便对他说，也许坡伏伊太太要生了。此时莱纳汉已酩酊大醉，他们把盏相庆，互祝健康。随后一段指名道姓介绍闹饮者，其中大部分是医学院学生。勃鲁姆看到老友西蒙的儿子斯蒂芬也在座，出于友情和礼节，不忍立即离去，加之自己远游疲乏，也想借机稍事喘息，便留了下来。第三段述及学生们谈论倘若遇到难产，应当保母亲还是保婴儿，玛登等多数人认为应当保母亲，唯林奇坚持保婴舍母的教会规定。两派展开激烈论争，玛登进一步描述先前提到的例子，说那女子的丈夫如何遵从教规，如何听信了游方僧与祷告人的劝告，如何为了遵守自己对护婴圣徒所发誓言，眼睁睁看妻子难产而死，却不出面施救，众人听后，无不悲恸。这时斯蒂芬出来大发宏论，说怨天尤人不过是俗人之见，其实无论婴儿还是母亲都为造物主增添了荣耀。而更值得注意的是，造物主要创造生命，而我们却每夜通过种种手段使创造生命的可能性大大减弱，这岂不是对造物主的亵渎？再说，我们只不过是体内小小生命出生的一个载体，而造物主却有更大的意图。狄克森问科斯泰洛，这更大的意图是什么。科斯泰洛已经醉得一塌糊涂，只能胡乱应答说，他要的只是泄欲，不论老婆、情人还是别的什么女人，只要能满足欲望，都没有关系。于是克罗色斯高声朗诵玛拉基的独角兽颂，众人哄笑，也都纷纷插入淫秽的笑话，谈论逐渐变得淫荡，只有斯蒂芬和勃鲁姆保持着分寸。斯蒂芬又说到种种不通过交媾而可能怀孕的途径；说到灵魂在怀孕第二个月末进入胚胎；说到堕胎的庇护神等等。众人问勃鲁姆，倘若他遇到保婴还是保母的选择时怎么办。勃氏明白回答不能与两方的意见相悖，便不直说，只说如果一生一死，生死两方礼金都得，对教会岂非好事。众人听了都说这个回答甚妙。勃鲁姆见斯蒂芬醉态已经很深，心中不免担忧。第四段写勃鲁姆听到楼上坡伏伊太太阵痛加剧，呼喊不已，心中老大不忍，联想到自己的儿子出生 11 天夭折，妻子和自己痛苦不已的往事，看到友人之子欠缺自爱，交友不择。忧虑、怜悯之情交织胸中，深感痛苦。

据一些乔学者的意见，这四段文字较多地模仿 15 世纪的亚瑟王传奇故事，特别是托马斯 · 马洛礼那本影响至今的《亚瑟王之死》（*Morte d'Arthur*）。从总体看，马洛礼此书仍属中古英语。其材源主要是法、英流传的多种亚瑟王和他的圆桌骑士故事，马氏运用中古英语中多种方言因素并存的词语和长句，以丰富的想象和神奇、怪诞的笔法写出了中古欧洲骑士文学的代表作。译文参酌魏晋志怪体与唐传奇体。

9. 以下两段写斯蒂芬借酒力继续发表高论，科斯泰洛大唱淫曲，护士奎莉怒加阻止，众人围攻科斯泰洛等情节。斯蒂芬将所有的空杯斟满酒，请大家为教皇祈祷，说杯中之酒其实是他自己的灵魂。并出示他的稿酬两英镑十九便士，向众人夸示。随后以布道者的口吻宣讲三位一体的观念：道在子宫中化成肉身，而肉身则会遵从主的精神化成道，肉身是短暂的，道却是永恒的。夏娃作为人类的始祖为一个苹果出卖了世人，而圣母作为第二个夏娃却拯救了人类。假若圣母知道耶稣就是主，那么她就是她儿子的女儿；假若圣母不知道耶稣是主，那就和拒主的彼得没有区别，因为圣父、圣灵、圣子是三位一体的。烂醉的科斯泰洛大唱淫曲。护士奎莉立即制止，宣称赫恩院长将至，必须维持产院的秩序，否则她的声名将被玷污。众人义愤填膺，大声责骂科斯泰洛。勃鲁姆出面再次请众人维护产院的圣洁与安宁。

这两段文字借鉴了伊丽莎白时代的史传体，特别是《贺林希德的编年史》。贺林希德此书为莎士比亚、马娄等大剧作家提供了素材，其叙事状人不仅明晰简要，且有鲜明的文学色彩，富于描摹，想象力丰富。相对而言，中国的史传文体则简明有余，文采不足。因此这两段译文参酌两唐书中的列传体，杂糅汉赋以来的散文体，并尽量贴近原文的文学色彩。试举两例来讨论：

（1）斯蒂芬讲完那套圣三位一体的理论之后，继续扯马利亚因圣灵降临而有孕遂生基督之事：

A pregnancy without joy, he said, a birth without pangs, a body without blemish, a belly without bigness. Let the lewd with faith and fervour worship. With will will we withstand, withsay. (p374/321)

萧译：
受孕无愉悦，彼曰，分娩无阵痛，肉身无疤痕，腹部未鼓起。好色之徒自可虔诚、热烈礼赞之。吾曹断然予以抵制、抗拒。(p731)

金译：
渠仍陈言，妊娠无欢，分娩无痛，躯体无瑕，肚皮无肿。粗鄙之人，无妨礼拜，心诚情热。吾侪意坚，拒之斥之。(p590)

案：原文句子排比整齐，极富韵律，特别是第二、三两句，大致相当于五音步扬抑格，第二句三组头韵，第三句六个字一韵到底，极富音乐性。第一句的四个分句，排比整齐，可大体上看作三个音步的诗行，萧译对之以五言，比金译的四言读来似更贴切，惜乎其将第四个 without 译作“未”，未能与前三个的“无”谐和。拙译对之以六言，仍以三个音顿对其三个音步，同时极注意其排比的整齐性，不知可否？至于第二、三两句，由于原文声韵的丰富与巧妙极难模拟，拙译虽尽了力，但仍不尽如人意。

拙译：
渠续言之：孕无交合之欢，产无分娩之痛，体无出血之痕，腹无隆起之累，鄙夫迷信何妨任其礼赞，吾人志坚势必始终力拒。(p691)

(2) 科斯泰洛大发酒疯，被护士奎莉制止，众人对其大加责骂，这时有段文字写勃鲁姆的态度：

to shut up his drunken drool out of that like a curse of God ape, the good sir Leopold that had for his cognisance the flower quiet, margerain gentle, advising also the time's occasion as most sacred and most worthy to be most sacred. In Horne's house rest should reign. (p374/321)

萧译：

以举止温和镇静为特征之贤明绅士利奥波德亦建议曰："当前乃最神圣之时刻，亦为最不可侵犯之时刻。霍恩产院应为静谧氛围所笼罩。"（p732）

金译：

善良爵士，利奥波德，安静温顺，墨角兰花，是其纹章，睹此醉汉，如猿遭咒，呓语不绝，实需制止，因而指出，神圣时刻，此其为最，因其实质，确属神圣。霍恩院内，安宁为要。（p591）

案：原文是众人责骂科斯泰洛那一长句的最后部分，基本上是散文，只有 as most sacred and most worthy to be most sacred 具有较为鲜明的形式与音韵特征，因此，全部以四言（金译）来处理，就不及基本上以散文（萧译）处理来得自然，其实最贴切的办法却是紧跟原文，作不同处理。此外，to shut up his drunken drool out of that like a curse of God ape 引起的短语，乃是对勃鲁姆规劝行为的一种副词性修饰，表明其规劝的目的意在终止（shut up）众人责骂声中（curse）科斯泰洛继续胡闹，金译（"睹此醉汉，如猿遭咒，呓语不绝，实需制止"）尽管随意添加的成分太多，但大意却不差，惟 God ape 在 out of that like a curse of God ape 中似应指责骂者，而非被责骂的科斯泰洛，且将其译作"如猿"好像也不妥，这一词组究竟怎么来的，乔学家们好像还没有查出来，或者老乔想到了中国（东方）古代神话或传说中有关"神猿"的什么故事也未可知。萧译将其错误地植入前面的责骂中（"闭上汝那为神诅咒之猴嘴，少说酒后之胡言乱语！"），其随意性显而易见，毋庸赘言。

拙译：

向以兰蕙之心质为识见之仁慈爵士利奥波尔德氏欲止其醉狂之闹且息众神猿之咒，遂劝曰：此至圣之时亦至珍至圣之际也。赫恩院内

尤须安详静谧。（p692）

10. 以下三段写狄克森和莱纳汉挑逗斯蒂芬，问他当年在教会学校读书时老师曾劝他加入耶稣会他为何要拒绝以及有关他引诱少女的传言。众人哄笑。斯蒂芬竭力为自己辩白，众人益发不信，并绘声绘色讲述马达加斯加婚礼如何当众让新娘破身的习俗。酒醉中的斯蒂芬随即朗诵与莎士比亚同代戏剧家鲍芒特与弗莱彻《少女怨》中的婚礼小唱，说歌词与马岛婚俗故事十分类似。狄克森暗示这两位戏剧家也有不尴不尬的风流韵事，斯蒂芬立即回应说，两人确曾共有一女，轮流交欢。并说这种情况其实是当时习俗允许的，而且倘能为朋友贡献自己的妻子才是大爱的表现，所以大家应该效仿。斯蒂芬烂醉中胡乱引经据典，言语越来越混乱无节制，由甘愿为朋友戴绿帽子说到爱尔兰受英国挟制以及自己受人欺负；由莫里根引狼入室，鸠占鹊床到其母临终前带灰味的吻，最终说到万物的终始和人的死生，感叹人其实对自己一无所知。酒鬼科斯泰洛再次大吼大唱。这时雷声大作。林奇说，斯蒂芬胡言乱语触动天怒。斯蒂芬吓得缩作一团，众人嘲弄不止。只有玛登、勃鲁姆表示怜悯。勃鲁姆软语解劝说，雷电风暴是自然界正常现象，不必惊恐。

这三段模拟17世纪英国散文文体。17世纪是英语文体变革的时代。16世纪之前英语处于古代及中古代，文学中占主流的文类是诗歌或者诗剧，尽管这一文类到伊丽莎白时代已臻完美，出现了莎士比亚、马娄等大家，但于散文而言，依然处于发轫时期。16世纪末的李黎等人开创了一种学界称之为“攸弗伊斯体”的散文形式，从而标志了英语散文的诞生，但这种最初的散文体由于浮夸艳丽、矫揉造作而受人诟病，因而只存在了很短一个时期，到17世纪变革的呼声日益高涨，许多作家（如本·琼生、培根、霍布士、沃顿等）要求去除专事雕琢夸饰的表述与臃肿累赘的结构，主张一种简洁明快、清峻通脱的文字，以适应时代的要求与文学自身发展的需要。这种情形颇类韩柳等人开创的唐代古文运动，唐代的古文运动在政治内容上主张明道载道，在形式上则反对魏晋南北朝以来盛行不衰的那种空虚浮泛，靡缛冗饰的文字，主张尚质黜文，“惟陈言之务去”，要求运散入骈，去除过分讲究对偶声韵，赘典浮辞的绮靡文风。

然而，无论英语还是汉语，变革都有一个过程。初期的变革者们尽管不乏革故鼎新的决心，然而由于积习的惯性，旧文风一时难以根除，因此在他们颇富新意的形式与内容中，仍旧夹杂不少旧的痕迹。这充分地表现在这三段文字模拟的约翰·弥尔顿、托马斯·布朗、杰莱米·泰勒等作家身上。弥尔顿有简明典雅、崇高宏伟、“近于演说体”（圣茨伯里语[①]）的一面，也有冗繁凝滞、拖沓沉重的一面；布朗有铿锵有力、明晰谨严的一面，也有过分追求古色古韵、语句繁复、华丽空泛的一面；泰勒有通俗自然的一面，也有绮靡冗繁、芜杂笨拙的一面。这种情形颇类初唐文体，譬如王杨卢骆陈子昂辈都写出了愤世嫉俗、直抒胸臆、诤言极谏这类令人耳目一新的文字，但六朝以来过分注重对偶排比声韵事典以至于走向浮泛绮靡的旧文风影响在他们身上依然清晰可辨。

这里的三段文字以斯蒂芬乘着酒兴的高谈阔论为主。他的议论从民族命运到个人遭际，从万物终始到生死莫测，从宗教信仰到婚恋交欢，纵横捭阖，汪洋恣肆；他征引广博，喜用典且善用典；他思想深刻，言谈文雅，用语古奥；他的大段议论，在在显示了他见识的不凡、学殖的深厚和心气的高傲，也吐露了他胸中郁积的不平与怨恨。他的议论在文体风格上颇类弥尔顿、布朗、泰勒诸大家，既有他们宏阔深广、磅礴恣肆、韵味隽永、脉络清晰、张弛有度的一面，又有他们用典过多、过分追求音乐性和形式美而产生的沉滞和负累。这种情形似可以参酌初唐诸家的文体。王勃的《滕王阁序》和骆宾王的《为徐敬业讨武曌檄》是两篇千古传诵的范文。二

① 参阅：George Saintsbury，*A History of English Prose Rhythm*，Chapter 6 中有关文字，Macmillan & Co. Limited. 1912。

者通篇骈四俪六，前者抒情写景无不合时宜，颂主自勉无不恰到好处，构思谋篇无不谨严有致，选词造句无不匠心独运；后者数叛逆罪恶，义正词严，颂英雄业绩，光明正大，文章一气呵成，气势磅礴，豪迈俊逸。其他如陈子昂、员半千、张鷟辈都写成过情词恳切、说理透彻、直言极谏的文字，但无可否认的是，初唐这些具有新意的文章都难免有过分追求辞藻美和形式美的六朝遗风的影响。由此观之，初唐文章风格似有与17世纪英国散文乃至斯蒂芬这里议论文字相互参酌的可能。还有一层，上述知识分子大多是学识渊博而又怀才不遇之士，他们胸中郁积着诸多不平之气，势必发为愤世嫉俗的文字，这一点与斯蒂芬的情形也颇有契合处。基于此，拙译参酌初唐诸家文体。下面做一些具体分析：

狄克森笑问斯蒂芬，为什么他不接受学校老师劝其做耶稣会修士的建议？斯蒂芬的回答是：

obedience in the womb，chastity in the tomb but involuntary poverty all his days.（p374/321）

萧译：

在胎中必顺从，入墓后自贞节。余毕生受穷，实非出自本意也。（p732）

金译：

子宫内之听命、坟墓内之贞节、终身被迫贫穷也。（p591）

案：此句前后两个半句均可讨论。按照教规，成为耶稣会修士必须发愿遵守三条：绝对服从教会、守贞节、守清贫。而这是斯蒂芬做不到也不愿做到的，所以这里的回答虽然较为委婉，但是通过involuntary一字却明确地表达了他主观上不接受这三条的态度，特别点出的poverty还用了involuntary的修饰语。金译“被迫”，似未能突出这里involuntary的意思，萧译则贴切些。此外，两译以“毕生”或“终身”译all his days也不错，但是将其置于陈述句中

（“余毕生受穷”、“终身被迫贫穷也”），就可能产生斯蒂芬受穷已是一生的事实错觉。斯蒂芬毕竟年轻，此刻还雄心勃勃，壮志未酬，虽然怀才不遇，一时窘困，但后半生尚在未来，怎么就可以料定他必然终身（或毕生）受穷呢？不愿终身受穷绝不等于一定终身受穷。事实上，前文有斯蒂芬乘酒兴向众人出示稿酬夸富的文字，说明他不甘清贫的志向是深藏内心的。即便他担心自己将毕生受穷，那也只是一种可能，如要表达这层意思，则须用“即便毕生受穷，也非自愿也”之类的文字。至于前半句的形式因素，两译都有所顾及，但都未考虑其韵脚。拙译为：

顺从在胎中，守贞在坟中，然始终受穷固非己所愿也。（p692）

下文狄克森说到英国剧作家鲍芒特与弗莱彻二人名字中包含的淫邪之义（Beaumount 中的 Beau 即“花花公子”，Fletcher 中的 lecher 即“淫棍”）时，故意强调其中的双关意，建议二人改名，译文理应做出应对。萧译没有反映，致使随后的文字无从理解，而金译做了较好的努力，将其译作：“鸨蒙头与妇来气”，值得赞赏。拙译：鲍氓徒与妇来耻。这里“妇来耻”是否较“妇来气”更近原意些？

接下来，斯蒂芬开始了大段的高谈阔论。现将原文录下，以便讨论：

Young Stephen said indeed to his best remembrance they had but one doxy between them and she of the stews to make shift with in delights amorous for life ran very high in those days and the custom of the country approved with it. Greater love than this, he said, no man hath that a man lay down his wife for his friend. Go thou and do likewise. Thus, or words to that effet, saith Zarathustra, sometime regius professor of French letters to the university of Oxtail nor breathed there ever that man to whom mankind was more beholden. Bring a stranger within thy tower it will go hard but thou wilt have the secondbest bed. *Orate, fraters, pro memetipso.* And all the people shall say, Amen. Remember, Erin, thy generations and thy days of old, how thou settedst little by me and by my word and broughtedst in a stranger to my gates to commit fornication in my sight to wax fat and kick like Jeshurum. Therefore hast thou sinned against my light and hast made me, thy lord, to be the slave of servants. Return, return, Clan Milly: forget me not, O Milesian. Why hast thou done this abomination before me that thou didst spurn me for a merchant of jalaps and didst deny me to the Roman and to the Indian of dark speech with whom thy daughters did lie luxuriously? Look forth now, my people, upon the land of behest, even from Horeb and from Nebo and from Pisgah and from the Horns of Hatten onto a land flowing with milk and money. But thou hast suckled me with a bitter milk: my moon and my sun thou hast quenched for ever. And thou hast left me alone for ever in the dark ways of my bitterness: and with a kiss of ashes hast thou kissed my mouth. This tenebrosity of the interior, he proceeded to say, hath not been illumined by the wit of the Septuagint nor so much as mentioned for the Orient from on high Which brake hell's gates visited a darkness that was foraneous. Assuefaction miorates atrocities(as Tully saith of his darling Stoics) and Hamlet his father showeth the prince no blister of combustion. The adiaphane in the noon of life is an Egypt's plague which in the nights of prenativity and postmortemity is their most proper *ubi* and *quomodo*. And as the ends and ultimates of all things accord in some mean and measure with their inceptions and originals, that same multiplicit concordance which leads forth growth from birth accomplishing by a retrogressive metamorphosis that minishing and ablation towards the final which is agreeable unto nature so it is with our subsolar being. The aged sisters draw us into life: we wail, batten, sport, clip, clasp, sunder, dwindle, die:

over us dead they bend. First, saved from waters of old Nile, among bulrushes, a bed of fasciated wattles: at last the cavity of a mountain, an occulted sepulchre amid the conclamation of the hillcat and the ossifrage. And as no man knows the ubicity of his tumulus nor to what processes we shall thereby be ushered nor whether to Tophet or to Edenville in the like way is all hidden when we would backward see from what region of remoteness the whatness of our whoness hath fetched his whenceness. (pp375 - 6/322 - 3)

萧译:

青年斯蒂芬曰，彼记得一清二楚，彼等二人共享有一名情妇，伊实为娼妇是也。彼时生活中充满了欣喜欢乐，伊周旋于二人之间。家乡风俗对此甚为宽容。“一个人让妻子与友同寝，”彼曰，“人间之爱莫此为甚。‘汝去，照样为之！’此言或其他有类似含意之言语，系出自曾在牛尾大学开‘法国文学’钦定讲座之查拉图斯特拉教授。此人赐予人类之恩惠，无人企及。带陌生人入汝之圆形炮塔，汝必睡次好之床，否则大难必然临头。弟兄们，为吾本人祈祷。众人遂曰：‘阿门。’让爱琳记住历代之年，上古之日。汝何以不尊重吾人及吾言，擅将陌生人引进吾门，于吾眼前行邪淫，如耶书仑，渐渐肥胖，踢踢踹踹。因此，汝背叛光犯下罪行，致使汝主沦为众仆之奴。归来兮，归来兮，米利族，勿忘吾，噫，米列西亚族。汝为何在余眼前作恶，为一名药喇叭商贾踢开余？汝女为何不认余，并与罗马人及不通语言之印度人共寝于豪华床榻？看哪，吾民，自何列布、尼波与比斯迦以及哈顿角峰，俯瞰那流淌奶与钱之地方，然而，汝供余饮者，苦奶也。余之太阴与太阳，则被汝永远消灭之。汝将余永远撇在苦难黑暗之路途上。汝吻吾唇时，有股湿灰气味。此乃内心之黑暗也。”彼续曰：“以《七十子希腊文本圣经》之睿智，亦未能使其豁然开朗，甚至只字未提。来自苍穹之黎明已破地狱之门，并造访极偏远之黑暗。对暴虐习以为常，遂麻木不仁矣

(正如塔尔关于亲爱的斯多葛派所云)。哈姆莱特之父即不曾将燎浆泡之疤痕出示王子。出现于人生白昼之不透明，犹如埃及之灾害，惟有生前与死后之黑暗方为最适当之场所与途径。然而万物之目的与终局多少均与发端及起源相一致：即诞生后逐渐发育成长，随后则依自然法则，朝终局缩小、退步，以后退之变化告终。吾曹在天日下之生存，亦同于上述众多相对关系。三名老姊妹为吾曹接生：吾曹涕哭、长胖、嬉戏、接吻、拥抱、别离、衰老、死亡。伊等则屈身俯视我等遗容。初卧于老尼罗河之畔芦苇丛中用枝条所编之床上，得到拯救。最后伴以山猫与鹨鸟之齐声哀鸣，埋葬于隐蔽之墓中。该墓之所在无人知晓，吾曹将受何判决：赴陀斐特抑或伊甸城，亦全然不知。回顾后方，欲知吾曹存在之意义，起源于何等遥远地域，亦不可得矣。”(pp733－5)

金译：

青年斯蒂汾对曰，此语不谬，就其所忆而言，此二人确共一女，而该女出自青楼，二人轮番与之交欢，盖其时生活火红，为国内风俗所许可也。渠言男子最大之爱，莫过于为朋友放倒其妻。汝也应仿效而行之也。前牛尾大学钦定法国文字讲座教授琐罗亚斯德也曾作此说，或作大同小异之说，对人类贡献之大无出其右者。引路人入楼为难于忍受之事，然汝可占次好之床。Orate，fratres，pro memetipso.而众人皆应答阿门。爱琳乎，请记住汝历代人民与昔日业绩，请记住汝对吾何其轻视，对吾言论何其轻视，而将一外人引至吾门，任其当吾之面横行非礼，发胖而桀骜如耶庶如姆。因此汝之罪孽为触犯光明，而将汝之主人即余降为仆役之奴。归来乎归来，米利族：请勿忘吾，米利希人。汝因何故如此辱吾，舍吾而取贾拉普泻药商人，弃吾而任汝女与罗马人，与语言昏暗之印度人共享华衾？如今吾民且放眼观看神授之土地，登霍瑞勃山，登尼波山，登比斯迦山，登亥屯山角，瞭望此片奶水畅流、金钱丰富之土地。然汝喂吾以苦奶，并已将吾之日月永远浇灭。汝弃吾一身永陷于孤苦黑暗之中，而以灰烬之唇吻吾之嘴。渠继又诉曰：此内部之阴霾，至今未获七十子圣经智慧之照耀，而自天而降击破地狱之门察访其无边昏暗者，甚至未向东方提及此阴霾。残暴行为，见惯便不以为暴（正如塔利谈及其心爱之斯多葛学派所言），而哈姆雷特其父并未向王子展示烧伤之燎泡。生命正午之浑浊，犹如埃及之瘟疫，于诞生前与死亡后长夜之中，方为其最恰当之 ubi 与 quomodo。天下事物，其终极无不与其始发起源具有某种程度之一致性，万物生而后长，无不顺此多方协调之规律而进行，而此同一规律，亦以逆变之势，日益缩小磨蚀而趋于符合自然规律之终局，吾侪存在于天地之间亦不能例外。老媪将吾侪拽入人世：吾侪嚎哭、争食、游戏、奔波、拥抱、分离、萎缩、死亡：老媪复俯身收拾吾侪死身。始也，救自古老尼罗河蒲草丛间枝条编织绑以布带之床：终也，山中洞穴为陵，隐匿于山猫与鸮鸟同鸣之野。因而无人知悉其墓之所在，亦不知吾侪至该地后将有何遭遇，不知将被领往托非特抑或伊甸，同样，吾侪如欲回顾吾人究竟来自何处遥远地域，吾等秉性究竟出自何种根源，亦将一无所见也。（pp592－4）

案：这段议论尽管充塞着挖苦与抱怨，但却丝毫不流于粗俗，即便说到一些平庸甚至情色的话题，也都说得委婉典雅，因此，如何译出这一风格，就成了译者不应回避的问题。就此而言，两译均有可商处。譬如，斯蒂芬说 Greater love than this，he said，no man hath that a man lay down his wife for his friend，此句是对耶稣训徒那句话（Greater love hath no man than this，that a man lay down his life for his friends.）的挖苦，甚至是恶搞。将其译作：“男子最大之爱，莫过于为朋友放倒其妻。”（金译）虽然传达了恶搞的意思，然斯蒂芬故意模拟极其圣洁的风格，因而更突出亵渎神圣的意味，用极其现代化和口语化的“放倒”译“lay down”不仅文体乖谬，而且也割裂了与《圣经》的联系，使斯蒂芬故作庄严高洁的语气也大为减色。至于译作“一个人让妻子与友同寝”（萧译）意思当然不错，但却与原文风格不符，且其蕴含的亵渎之义也荡然无存了。窃以为，这里仍以步一般译法为好，即将耶稣“为友献身”的话稍加改易，变作“为友献妻”，这样既保留了原文崇高圣洁的文体，又暗含了极大的亵渎之义。此外，译 life ran very high 为“生活火红”（金译），译 to wax fat 为“长胖”（金译）或“渐渐肥胖”（萧译），译 merchant 为“商人”（金译）等也都造成了文白夹杂，风格不一的遗憾。

下文斯蒂芬胡乱引用查拉图斯特拉（旧译琐罗亚斯德），将这位古波斯袄教教主说成大学法国语文学教授。原文中的 French letters 俚语也指“避孕套”，因此含有明显的双关及亵渎意味。萧译为“法国文学”，金译为“法国文字”，均未考虑这里的双关含义。窃以为似可将“法国语文学”改作“发情语文学”。

斯蒂芬的宏论及其抱怨末了化作对人生与生死的论断。最后三句从对生死与生命过程的泛议转入宗教的视角，拈出希伯来伟大先知和立法者摩西的生死作具体例证，然后过渡到人生及生死不可知的结论，题旨不可谓不崇高、不神圣。从形式说，首句三个平行短句，层层递进，在一般意义上泛议：生→生命过程→死。生被“拔拽”（draw）而出；死被“收裹”（bend over）而结；生命过程开始后的自主活动连用八个动词（wail，batten，sport，clip，clasp，sunder，dwindle，die），说尽人短暂的一生，可谓形神兼备；而且所有动词大都古雅不俗，为现代英语中不经见，此外，说“死”的尾句刻意倒装，与说“生”的起句形成闭合结构，首尾分句又与说相对漫长的人生旅程的中间分句在此闭合结构中形成抛物线图形，以生命交接繁衍作为抛物线顶点，其遣词设句不可谓无章法。随后的第二句仍是两个对立的短句，但与首句不同，这两个短句都是不完全句，第一个短句省略了主语和谓语的部分；第二个短语省略了主语和谓语的全部。两个短句以 First 和 at last 领起，以表达（摩西）生死的具体地点相对立，尽管长短不齐，却也大体对称。对于熟悉西方文化的读者，这里略掉的主语是谁，一望而知。摩西带有神秘意味的出生与其湮没无闻的终结恰好为最后一个长句过渡到人生不可知的结论做了铺垫。三整句读来，铿锵上口，气韵生动，层次分明，起伏跌宕。

下面将拙译录下，供有心的读者比较研究，需要说明的是，原文长句未用标点处，拙译本中原则上不点断，但这里为方便读者临时加了标点。

斯君对曰，渠忆二子尝共狎青楼一女，伊周旋二子间轮番作乐，相交甚欢，时逢盛世，民风淫逸，颇纵之耳。渠复曰，人之大爱莫过于献妻与友也。汝其效之耶。前牛尾大学钦定发情语文学教授查拉图斯特拉氏之言极类是说，其人造福于世功莫大焉。携路人入汝楼，居必难忍，汝当卧次佳之床。**兄弟诸君，乞为余祷之**。众咸呼“阿门”。爱琳兮，毋忘汝畴昔岁月与历代子民，毋忘汝如何轻予及予言，竟引路人入吾门，当吾面非礼行淫，令其日渐肥硕横蛮，若耶书仑然。故汝罪于吾，乃在触犯光明，降主为仆之奴。归来兮，归来，米利族：毋忘我，米利西人邪。汝缘何侮予，取假药贾而弃予，拒予而任汝女与罗马人及言语无明之印度人共眠锦床邪？吾民且览之，自何列布、尼波、比斯迦诸山及哈顿角至平原，尽皆神赐之地，奶水流淌财货遍野。然汝竟以苦奶饲予：灭予万世之日月。弃予昏暗中，孤苦无诉，永劫不复：且以灰吻覆予唇。渠续言曰，此内心之昏暗，七十子圣经之睿智未能彰显，且自天而降尝破地狱之门并察极远之昏暗者也未向东方提及也。睹暴成习则不以暴为暴（犹图利论其宠爱之斯多葛派然），哈姆雷特之父未能向王子展示其烧伤之疤痕也。人生亭午之昏暗犹如埃及之瘟疫，惟生前死后之漫漫长夜乃其最宜之处境。万物终极莫不与其原始多少相合，生而后长，依序而大，复退而变形，渐缩渐小，必据相同协律，至于终结，此自然大法，吾辈生天地间亦复如是。妪拔吾辈出：吾辈哭、食、戏、抱、交、离、缩、亡：妪复俯而收吾辈骸。始救于古尼罗河苇丛草编布结之床，终埋于荒僻山野猫哭鹗鸣之穴。其墓何在，无人知之，若吾辈将如何被带领，终归何处，陀斐抑伊甸，亦复不明，至若回顾吾辈渺远之始、禀赋之实、气质之源，则更不可

得矣。（pp693－5）

接下来是科斯泰洛唱的谣曲：

— Behold the mansion reared by dedal Jack
See the malt stored in many a refluent sack
In the proud cirque of Jackjohn' bivouac.（p376/323）

萧译：

瞧，巧匠杰克盖起了大房，
看，满溢的麦芽存了多少囊，
在杰克约翰露营的漂亮马戏场。（p735）

金译：

巧匠杰克建大厦
许多麻袋装麦芽
杰克约翰营盘内
巍然圆顶穹庐下。（p594）

案：科斯泰洛所唱此谣曲原本出自一首童谣，后经人改编，用一些文雅的大字替换了童谣中简单的小字，保留了原曲的节奏和旋律，但却改变了原曲质朴的性质。这里所唱基本上是改编后的歌词。萧译虽然保留了原文的三句式，但对改编者追求的高雅风格并未给予足够的关注，一些译法太口语化，如“瞧”、“盖起了大房”、“存了多少囊”、“漂亮马戏场”；金译稍作变通，将原来的三句改作四句，较为注重选词的文雅，值得肯定。拙译也用七言四句式：

巧匠杰克建高堂，
麦芽满溢成袋装，
巍峨穹隆覆四野，
杰克约翰露营场。（p696）

下面开始的一句：
A black crack of noise in the street here，alack，bawled back.（p376/323）

萧译：
呜呼！阴沉沉之器物破碎声响彻街头，发出回音。（p735）

金译：
近处街上或应声而作巨响，呜呼，其猛烈犹如爆炸。（p594）

案：此句用三个头韵与四个同韵字来摹写风云突变，雷声大作的情状，给人以听觉与视觉的冲击，两译似未考虑这里的声韵效果，总让人感到某种缺失。

拙译：
噫！街头忽传乌黑巨响，轰隆声回荡。（p696）
句中，“轰”与“隆”同韵，“响”与“荡”同韵。“街”与“巨”以及“忽”、“黑”、“轰”、“回”分别形成两组“头韵”。

下文一句：
Come now the storm that hist his heart.（p376/323）

萧译：
暴风雨袭来，使科斯特洛之心得以沉静。（p735）

金译：
使之心悸之雷暴到矣。（p594）

案：这句话中的 his 究竟指谁？可以有两种观点，一是指科斯泰洛，一是指斯蒂芬。风暴突然袭来，每个人的心都会受到震颤，自不待言。但震骇之下，突然噤声（这当是句中 hist 一词的确切意思）的只能是正在狂吼的科斯泰洛或在他之前高谈阔论的斯蒂芬。乔伊斯这里并没有明说，而是将这个判断留给了读者。从上文的语境看，指科斯泰洛的可能性大，因为风暴来时，他正在吼唱，但从下文紧接的林奇劝诫（And Master Lynch bade him ...）看，则指斯蒂芬的可能性似乎也不小。林奇告诫说，别太蔑视嘲弄他人（flout），别太玩弄小聪明（witwanton），因为这种过分的瞎扯（hellprate）和异教的言论（paganry）已经亵渎了圣洁。众人看到的情形是：此人原先趾高气扬，气壮如山（chanllenged to be so doughty，pitch was so high uplift），现在一阵惊雷就吓得脸色发白（waxed wan），缩作一团（plucked down）。这些描摹对斯蒂芬也许更合适。当然，这些反应并非斯蒂芬一人所仅有，而在他身上表现得比较突出，这从他前边的议论很容易看出。再说，乔伊斯自己就害怕惊雷，他会顺理成章将这一特点赋予他笔下的主要人物。至于科斯泰洛，则完全是另一类形象，下文说到他常"借着幽暗月夜，干些绑架乡绅后嗣、窃取女佣衣裙、扼杀篱后鸡雏之类勾当"（kidnapping a squire's heir by favour of moonlight or fecking maids'linin or chocking chicken behind a hedge），这样的人似乎不太可能会惊吓到那般程度。按照这样的分析，窃以为，这个 his 多半是指斯蒂芬，而非科斯泰洛。萧译采用了第一种观点，将其明确译作"科斯特洛"，但较为稳妥的译法却是紧跟原文，不明确译出"某某"（如金译用"之"之类），而相信读者自会做出各自的判断。此外，仅将 hist 译作"使沉静"似乎也不到位。

拙译：

令其心悸而噤声之风暴已至矣。（p696）

11. 以下两段分析斯蒂芬的精神和道德状态。虽然勃鲁姆温婉地加以抚慰，斯蒂芬的恐惧并没有因此减弱。因为他心中埋藏着深深的痛苦。他也愿意像勃鲁姆那般镇静，像玛登那般虔诚，但他做不到。幼年时，他曾有过圣洁的信仰，那么，现在他为什么不找回当年的信仰呢？由于圣恩不眷顾，信仰找不回来了。在雷霆霹雳声中，他听到了神语，明白了自己的处境，知道自己也会像芸芸众生一样死去，但他却不愿像众人那样结婚生子，平庸地度过一生，那么他是否会如上帝所示那样，保持虔诚与贞洁，从而通过正道进入无生无死无男女无母子的天堂呢？但遗憾的是，他却因为经不起肉欲的诱惑，终于误入歧途了。其实在产院闹饮的这一群人都是凡夫俗子，既经不起诱惑，又亵渎圣教，致干神怒，遂有滚滚惊雷，以惩戒他们的灵魂。

这两段模拟 17 世纪英国作家班扬的文体，乔伊斯借鉴班扬的手法将大量抽象名词拟人化，可以明显见出《天路历程》的影响。两译对此似未给予充分关注。拙译仍参酌唐古文体加传奇体，同时将文中拟人化的抽象名词以仿宋体字标出。

12. 以下一段记述当日即 6 月 16 日的大事：帕克 · 狄格南死于中风，举行了葬礼；一艘驳船自 50 英里外运来泥炭，船夫说到目下久旱不雨造成的灾难；继而描述了正在发生的暴风雨；正出门要来产院参加闹饮的莫里根巧遇班农，班农要向莫里根提他的女友米莉，即勃鲁姆的女儿（而恰好早上在给父亲的信中，米莉也提及了班农），随后他们一起结伴于雨中去产院。众人嬉笑言谈，而坡伏伊太太临盆已二日，正为即将出生的第九个孩子在剧痛中挣扎不已。

本段模拟 17 世纪英国作家撒缪尔 · 佩皮斯等人的日记体。佩氏的文体记事简洁、生动，常能以寥寥数语状人写物，译文参酌唐宋以来的笔记体。

13. 下面一段写莱纳汉提起报载有关当局因口蹄疫传播欲宰杀牲畜事，

众人加入议论。同时对莱纳汉、科斯泰洛、勃鲁姆等人物做进一步描摹。斯蒂芬说教皇将要派治瘟疫的俄国专家来，请大家不要过虑。于是议论转向英国对爱尔兰的宰制，说爱尔兰妇女都纷纷趋奉外来的公牛，致使爱尔兰男人深感失望，于是扯起风帆，远涉重洋，去发现北美新大陆了。

此段文字模拟18世纪小说家笛福与斯威夫特诙谐幽默且长于讽刺的文笔，特别是下半段有关“爱尔兰公牛”（Bull Irish）的一段文字明显模拟斯威夫特。著名乔学家吉尔伯特指出，乔伊斯这段文字模仿了斯威夫特《桶的故事》第四章。斯威夫特在这部作品中虚拟了Peter，Martin，Jack三兄弟，分别象征老派的罗马天主教（St. Peter）、持中间立场的英国国教（Martin）和新教的不同教派（Jack）。作者对当时英国社会包括宗教、政治、经济、文化各界的种种弊端持鲜明的批判立场，作为一名爱尔兰裔的英国作家，他对英国宰制爱尔兰的做法也是很不满意的。他的文笔犀利透辟，擅长用反讽、双关、正话反说或反话正说等手法和亦庄亦谐的口吻揭示人物心态与事物的本质。作品第四章以bull这一含义复杂的词作为中心话题。Bull（或Bull Irish）的第一义是“公牛”（或“爱尔兰公牛”），其第二义即指“教皇圣谕”（papal edict），此外，在17、18世纪时，它还有“矛盾迭出的说法”之类的含义。此段中Bull也正是斯蒂芬等人的议题。

斯威夫特与斯蒂芬等都说到了公牛的尊贵血统，斯威夫特笔下将“公牛”（教皇圣谕）视为珍宝的圣彼得，正是斯蒂芬等人口中那头“爱尔兰公牛”的老祖宗：罗马名牛中的魁首牛中之牛（descendant of the famous champion bull of the Romans, *Bos Bovum*）。在斯威夫特笔下，圣彼得按照耶稣的旨意创立了罗马天主教，成为教皇魁首，而他珍爱的公牛又是护卫“金羊毛”（神圣皇权象征者）的那些名公牛的后裔（whose race was by great fortune preserved in a lineal descent from those that guarded the golden-fleece），这样，斯蒂芬等人口中的“爱尔兰公牛”就具有了更久远、更权威的神圣血统，然而，有趣的是，圣彼得的公牛变质堕落表现出一些恶劣的品质；斯蒂芬等人的"爱尔兰公牛"其堕落与劣行则更加一等，更有趣的是，斯蒂芬等人模仿斯威夫特的口气对其做了更为无情，更加辛辣的嘲讽：斯蒂芬等的那只"爱尔兰公牛"虽然出自罗马名牛，却并非正宗，而是"庶出"（lefthanded descendant），因此就种族而言，则更加低劣；圣彼得公牛的堕落乃是某些假装的观察者的质疑（some who pretended to observe them curiously doubted），而斯蒂芬等口中公牛的种种恶行则是言之凿凿；圣彼得的公牛堕落（从先祖时代的"铜蹄"［brazen feet］蜕变为当时的"铅蹄"［sunk into common lead］）、爱财（fond of gold, their own liquorish affection to gold）且贪婪（到处敛财［they would roar, and spit, and belch, and snivel out fire, and keep a perpetual coil till you flung them a bit of gold］）、耍流氓（where they could not prevail to get an alms, would make women miscarry and children fall into fits）、无能（除了敛财，就是吓唬孩子［to fright naughty boys and make them quiet］），而到斯蒂芬等人的"爱尔兰公牛"，则在爱尔兰的土地上引诱妇女（... so that the women of our lsland, ... followed after him hanging his bulliness in daisychains. ... so that maid, wife, abbess and widow on this day affirm that they would rather any time of the month whisper in his ear in the dark of a cowhouse or get a lick on the nape from his long holy tongue ...）、贪吃贪占（built stables for him at every turn of the road with a gold manger in each full of the best hay in the market so that he could doss and dung to his heart's content. ... was grown so heavy that he could scarce walk to pasture）、作威作福、专横跋扈（shit on shamrock, ... run amok over half the countryside rooting up with his horns whatever was planted, ...），其堕落、卑劣、淫荡、贪婪已远非它们的祖宗圣彼得时代的公牛可望其项背。斯威夫特和斯蒂芬等采用庄重、美好、神圣的辞藻和口吻（如斯威夫特文中的 rarity, value，chaste feat of art，extraordinary，great importance，noble，gentleman，etc.，斯蒂芬等人口中的 bravest，portlier，a coat of cloth of gold，sweet，daisychains，blessing，holy，gold manger，best，royal pelt，wonderful likeness，famous champion，bos bovum，etc.）极大地增强了反讽的力量。中国散文史上，从中唐韩柳倡导古文运动开始到晚唐已经出现了讽刺类文字。我们在韩愈、柳宗元、皮日休、陆龟蒙、罗隐等人的文笔中不难发现辛辣的嘲讽意味。例如，韩愈在《讳辩》一文中为李贺因必须避讳父名而不得举进士一事大为不平说："父名晋肃，子不得举进士，若父名仁，子不得为人乎？"；在《杂说四》中借伯乐与千里马的关系讽喻那些高高在上的有权有势者不懂得用人反怪天下无人（执策而临之者曰："天下无马。"呜呼！其真无马邪？其真不知马也！）；柳宗元在《捕蛇者说》中借永州老百姓甘愿冒死捕毒蛇以抵交租赋一事讽刺苛政："呜呼！孰知赋敛之毒，有甚是蛇者乎！"；在《三戒》中以"麋、驴、鼠"三种动物讽刺那些没有自知之明、不自量力以及寄生寄食、不知收敛的贪腐之人，如麋的"至死不悟"，驴的"形之庞也类有德，声之宏也类有能"，鼠的"以其饱食无祸为可恒"，都隐含入木三分的嘲讽之力；罗隐在《英雄之言》（《谗书》第二卷）中讽刺那些公认的英雄（譬如刘邦、项羽）无非是以国家和人民的名义的窃国者（"视国家而取者，则曰救彼涂炭"），正是庄子所谓的"窃国者侯"；在《汉武山呼》（《谗书》第四卷）中借汉武帝东封闻山呼万岁声，讽刺这位所谓的"英主"，"劳师弊俗，以至于百姓困穷"，而造成这种状况的根源就在于"东山万岁之声"，进一步说，这所谓的"山呼"其实是"前后左右谀佞者"的人呼，作者最后感叹说"以一山之声犹若是，况千口万舌乎？"这样的文字中蕴含着何等巨大的愤激和反讽力量啊！不难看出中晚唐的这类刺世之文与笛福、斯威夫特等人的讽刺文的某种相通处，故拙译参酌韩柳皮陆罗等人的中晚唐文体。自此以下，原文长句开始点断。

此段最后文森特所引谣曲：

— Pope Peter's but a pissabed.
A man's a man for a' that.（p382/328）

萧译：
教皇彼得虽尿床，
仍不失为男子汉。（p744）

金译：
——教皇彼得是个尿床葫芦，
男人终归是男人，那话就甭提啦。（p602）

案：这两句歌是拼凑出来的。前句出自一首新教徒唱的街巷谣曲，后句化用彭斯的诗 For A 'that A' that。虽然出于拼凑，但其音乐性并未有丝毫减弱，其中的头韵与重复以及大致整齐的句式和韵脚应予以关注，而两译的关怀度显然是不够的。

拙译：
——彼教皇彼得乃尿床神，
可男人终究是男人。（p704）

14. 下面两段写莫里根与班农来到产院。莫里根出示新制的个人名片，讲述他打算购置兰贝岛，建一所全国性的授精中心，由他自己担任授精家，向凡愿前来接受授精的妇女提供服务，不论贫富贵贱，一律免费，一视同仁，通过这样的方式向不孕不育宣战。班农则向众人讲述他和米莉的艳遇。莫里根第一次见到勃鲁姆，与他攀谈，勃鲁姆庄重地表示他是为一位待产的妇人而来。狄克森嘲弄莫里根。众人哄笑。

这两段文字在一定程度上模拟 18 世纪著名散文家特别是斯梯尔和艾迪生的文体。这两位作家合作创办了《闲话报》和《旁观者》等报纸，他们的文笔清新明快，却又不失优雅机警，他们还善于通过讲笑话、寓言故事等手法来表达好恶，讽谏时事，在故作庄严典雅的口吻中暗藏嘲弄与针砭，与艾迪生的稳健整饬相对，斯梯尔更多了一层洒脱豪放。他们的风格为此后数百年英国的报章文学树立了典范。斯梯尔在一篇文章中谈社会风气被一些无行文人恣意放纵的作品带坏时说：

I know No Evil under the Sun is so great as the Abuse of Understanding, and yet there is no one Vice more common. It has diffus'd itself through both Sexes, and all Qualities of Mankind; and there is hard that Person to be found, who is not more concerned for the Reputation of Wit and Sense, than Honesty and Virtue. But this unhappy Affectation of being wise rather than Honest, Witty than Good-natur'd, is the Source of most of the ill Habits of Life. Such false Impressions are owing to the abandon'd Writings of Men of Wit, and the awkward Imitation of the rest of the World.

... He(Sir Roger)was of Opinion that none but Men of fine Parts deserve to be hanged. The Reflections of such Men are so delicate upon all Occurrences which they are concern'd in, that they should be expose'd to more than ordinary Infamy and Punishment, for offending against such quick Admonitions as their Souls give them, and blunting the fine Edge of their Minds in such a Manner, that they are no more shock'd at Vice and Folly, than Men of slower Capacities. There is no greater Monster in Being than a very ill Man of great Parts.

（窃以为，天下之恶莫大于滥用才智，而滥用才智之风无处不在也。此风侵淫男女，渗透人性；今人惟才智是求，致尚德崇信者鲜矣。然道德沦丧，诚信缺失实乃人间万恶之渊薮。而此风之起盖源于才智之士恣意放纵之文与庸众恶劣之模仿也。

彼（罗杰爵士）意非它，惟才智之士俱宜处决也。夫彼辈于与其相关之种种事物莫不狡黠其表，质实难辨，故责骂惩戒之常法不足为也。其天赋之善念久违，心灵之良域失聪，才智低下者皆可辨识

之种种愚劣邪恶，彼辈竟麻木不仁无动于衷，故人世之大恶莫过于才智超常之恶人也。——拙译①)

莫里根谈论不孕不育的原因，其文笔的自由放纵，与斯梯尔氏的洒脱不羁或可互参：

... He had been led into this thought by a consideration of the causes of sterility, both the inhibitory and the prohibitory, whether the inhibition in its turn were due to conjugal vexations or to a parsimony of the balance as well as whether the prohibition proceeded from defects congenital or from proclivities acquired. ... (p383/329)

(……引其生此虑者实乃对不育由来之思，不育既因抑制也因禁绝。而抑制之来或因夫妇乖违或因二情不洽；禁绝之生或因先天缺陷或因后天乖癖也。——拙译)

此外，莫里根宣讲的建立“全国性授精中心”的计划，故作庄重，而意在嘲弄，这段类似笑话或寓言的文字不难在笛福、斯威夫特、艾迪生、斯梯尔等18世纪散文大家的有关文章中寻得某些相似处。这两段文字拙译仍参酌韩柳欧苏等大家的唐宋古文体，并结合宋元以来的话本体。

这两段文字中有几处可提出讨论。一是莫里根宣讲的结尾杜撰的那句西塞罗式的拉丁文：

Talis ac tanta depravatio bujus seculi, O quirites, ut matresfamiliarum nostrae lascivas cujuslibet semiviri libici titillationes testibus ponderosis atque excelsis erectionibus centurionum Romanorum magnopere anteponunt. (pp384/329－30)

乔学家对这句拉丁文的英译在细微处有所不同：

① 斯梯尔此文有高健先生的译文(参见《英国散文精选》，上海译文出版社，2010年8月，第128—131页)，其译笔十分精彩。18世纪英国散文已进入近代，高先生用现代汉语译，自无不可，然与19、20世纪以来的英国作家相较，当时的文体风格仍有不少区别。鉴于本文语境不同，这里仍用更为适宜的古文译出，拙译参酌了高先生的译文，特致谢意。

Don Gifford 的英译：

Of such a kind and so great is the depravity of our generation, O Citizens, that our matrons much prefer the lascivious titillations of Gallic half-men to the weighty testicles and extraordinary erections of the Roman centurion.（*Ulysses Annotated*, p427）

Weldon Thornton 的英译：

Such and so great is the depravity of our age, O Citizens, that our women greatly prefer the lascivious titillations of lustful half-men to the ponderous testes and the grand erection of the Roman centurion.（*Allusions in Ulysses*, pp338－9）

萧金两个汉译本的处理也有不同：

萧译：

噫，诸市民，当代道义之颓废，江河日下。吾辈家中妇女，偏爱被温柔男子以手指作淫荡之搔痒，而弃罗马百人队长之沉重睾丸及异常勃起于不顾。（pp745－6）

金译：

公民们，如今人心不古以至于此，我们的妇女竟宁要下流阉人的淫荡挑逗，而不要罗马百人长的沉重睾丸与巍然勃起。（p604 页下注）

案：上述数译中有两点似可讨论：一是原文中的 bujus，这个字是 1893 年才出现的新字，一般写作 jewbu，jebu 或 buju，这当然不是西塞罗时代使用的字，而是莫里根信口拈来的，其意为 a Jewish Buddhist，指不同宗教信仰的精神境界，因此 depravatio bujus seculi 当指“当今世界道德精神的败坏”。准此，Gifford 译作 *the depravity of our generation* 而 Thornton 译作 *the depravity of our age*；萧译作“当代道义之颓废，江河日下”，而金译作“如今人心不古以至于此”，无论英译抑汉译，似都无不可，唯觉 buju 一字以希伯来与佛教传统为代表，大有包罗人世道德精神之概，仅仅译作 *generation*，*age*，或"道义"、"人心"好像分量轻了些。二是原文中的 cujuslibet semiviri libici titillationes，semiviri 一词两英译均作 half-men 是很确切的，拉丁语的 semivir 首先让人想到的应该是古希腊罗马神话中那些半人半兽的神，但到英语的 half-man 就加入了较多的贬义。*SOED* 的释义是：a：a being who is only half human，or deficient in humanity；b：an effeminate man；a eunuch。就全句的语境看，莫里根用这个字，表面看典雅崇高，但却无疑暗含了人性不健全，特别是性功能退化乃至丧失的贬义，英语的 half-man 显然包蕴了这样的意义，但若汉译作"半人"则很难表达此义。金译为"阉人"应是最佳选择；而萧译作"温柔男子"则殊乖其正，至于其译 titillationes 为"以手指作淫荡之搔痒"当然很生动，也不失准确，然而却太露骨，太下作，有违莫里根明作高雅而暗下针砭的本意。另外两个字 cujuslibet 和 libici 则遍查不得，十分费解且无考，似乎也可以证明此句纯属莫里根杜撰。①前者疑为 cuius+libet 之讹，或有 somebody whoever he is，is pleasing me 之类的意思；后者则可能指"利比亚"或意大利罗马之外的地区，总之，无论何指，这两个地方对前期的罗马都是异邦。大约正是基于这样的理解，Gifford 不确切译 libici 为何地，而将其译作 Gallic，以当时的"高卢"与罗马对照，表达此字在其语境中的意思，也在深层上贴合了莫里根这帮学生此前在关于"公牛"讨论中处处影射英爱关系的宗旨。而 Thornton 氏则似乎跳过了 libici 一词，只用 lustful 敷衍了 cujuslibet 的意思。萧金两译萧规曹随，也照此处理。这是拙译不敢苟同的。拙译赞成 Gifford 的处理，强调了这里包含的"异邦"之意：

---

① Weldon Thornton 也显然没有查到出处，故在其大著 *Allusions in Ulysses: An Annotated List* 中肯定地说：Though this claims to be from the classics，and though the style is Ciceronian，I do not think this alludes to or parodies any specific passage in Cicero。（p338）

世道倾颓人心败坏宁如是耶，呜呼，公民诸君，吾妇人竟舍罗马百人长沉重睾丸与雄伟勃起于不顾而趋异族阉人之淫邪挑逗矣。（p706）

二是第二段开头的一句：

Valuing himself not a little upon his elegance, being indeed a proper man of his person, this talkative now applied himself to his dress with animadversions of some heat upon the sudden whimsy of the atmospherics while the company lavished their encomiums upon the project he had advanced. (384/330)

萧译：

彼饶舌家着实仪表堂堂，并素以风度翩翩自豪。现将话题转至本人服装上，对天气之乍变，愤然予以谴责。众人则大赞此公所提方案。（p746）

金译：

此饶舌家素来看重仪表，而其相貌也确实不凡，这时已忙于整理身上服装，同时对诡谲多变的天气变化加以相当气愤的谴责，而在座各位则对他提出的事业纷纷加以赞扬。（p604）

案：这句话写莫里根吹嘘其宏大计划之后开始抱怨天气，整理被雨打湿的衣衫，众人则起劲儿地吹捧他，这个意思是由从 this talkative 到句末的复合主句来表达的，而句首的两个现在分词短语则作为状语，描述其为人，进一步解释其行动的原因，将其置于句首，显然有强调的含义。莫里根是书中一个重要角色，出现在第一、九、十、十四、十五各章中，据乔学者的意见，其原型是都柏林著名外科医生兼诗人、作家约翰·戈加蒂。戈医术高明，颇有文才，且为人圆通，善于应对，乔伊斯的文才自然在他之上，但因其狷介清高、不擅逢迎，因而在都柏林文坛反而不如戈加蒂受欢迎，更令人沮丧的是，乔与他还有过一段相处的时光，曾一起住在港湾的马泰娄塔楼中，由于做人原则与性格的差异，他们逐渐产生裂隙，终至决裂。斯蒂芬与莫里根的关系在相当程度上反映了他们之间的实际关系。两个分词状语第一个说他“相当看重自己的仪表”，这既解释了他这里不回应众人吹捧急忙整理衣服的理由，也呼应了小说开始第一章第一句对他的描写：Stately，plump Buck Mulligan ...，这里的 elegance 和第一章的 stately 两字直可以互为注脚。而更值得注意的是第二个状语说他 being indeed a proper man of his person，这里的 proper 在中世纪晚期已有 good-looking，handsome，attractive，elegant 等义，person 的辞源是拉丁语的 persona，指“演员的面具”（the mask of an actor），因此自中古英语后就有“面具”（persona）、“伪装”（guise）等意，到 18 世纪晚期还有“地位低下的个人”（an individual of inferior status）的意思（参见 *SOED*），当然，今天这些意思都已经不复存在了，但在 18 世纪，说 a proper man of his person，无疑包含上述意思。因此，仅仅译作“相貌也确实不凡”（金译）或“着实仪表堂堂”（萧译）似乎还缺了“做作、伪饰”，也即时下网络所谓“装酷”的意思。拙译以“装扮伪饰”译“man of his person”，以“风度翩翩”译“proper”，全句为：

饶舌家之图谋既演毕，众皆交口称颂，彼却愤而抱怨气候之怪异且整饰其遭淋之衣衫，盖因其颇重仪表而其人亦确善装扮伪饰，风度翩翩也。（p706）

15. 下面一段写听了班农讲述其艳遇的苏格兰学生克罗色斯向班农表示祝贺，班农展示米莉的玉照，并喋喋不休表述内心感受，陶醉在忘情的欢乐中。议题由雨转向雨具：雨衣和伞，以及裸体、沐浴之类暗示性和生育之类的话题。

此段文字以班农的冗长讲述为主，插入克罗色斯与莫里根的对话，文中有较多的做作与感伤情调，且使用较多的法语，并运用了 *double entendres* 的修辞手段，即一种在字面意义下暗含着俚俗性指向的双关表达法，譬如这里的“斗篷”（capotes）在俚语中就有“避孕套”的含义、“伞”则有“子宫中的避孕帽”的含义等。这种用法借鉴了爱尔兰出生的英国作家斯特恩《感伤的旅行》中的笔调，夸张、诙谐、充满感伤色彩。

译文仍参酌唐宋古文体并结合宋元话本体。

16. 下面一段写前庭响起铃声，打断了学生们的笑闹。护士凯伦来通知外科医生狄克森，坡伏伊太太已经分娩。需要他去病房看视，凯伦离开后，科斯泰洛和林奇等人以淫邪下流污秽不堪的言语嘲弄可能已有身孕的凯伦。狄克森义正词严地加以驳斥，群情激愤，要将科斯泰洛赶出去，科斯泰洛发誓赌咒表示永不再犯，才免于被逐的下场。

此段文字仍模拟 18 世纪英语文体。狄克森谴责科斯泰洛那段文字，庄严正义，充满理性，与爱尔兰出生的英国作家哥尔斯密在其《世界公民》中那种泼辣、凝重、颇具讽喻色彩的笔调颇可比拟。

译文仍参酌唐宋古文体并结合宋元话本体。

17. 下面两段写勃鲁姆听到坡伏伊太太已分娩生子的信息，深感宽慰，对医科学生们过分淫邪的闹饮，一直出于理解与宽容在忍耐，但对科斯泰洛那般肆无忌惮、口出恶言秽语诬蔑女性之举，却不能不感到极大的厌恶。从科斯泰洛的畸形长相与卑劣行为判断，他猜疑此人可能是畸残父母的私生子，他向他们明确地说，听闻妇女难产忍受巨大痛苦而终于分娩的喜讯却不感到欣喜的人必是冷酷无情铁石心肠的人。学生们依然笑闹不止，转而议论坡伏伊太太的丈夫，妄言此子并非与其丈夫所生等等。勃鲁姆觉得自己最能体谅年轻人常有的出格行为，但却很难想象，像这样一群无赖邪恶之徒居然能很快经过高等教育进入高雅的职业队伍，成为受人尊重的医生，他猜想也许他们也受过压抑，而且受过同样的压抑，故其发泄的方式也相同。

这两段文字模拟18、19世纪之交爱尔兰出生的英国作家博克、谢立丹等人的政论性讲演文体。这两位作家的文笔冷静而富于理性，能够很好地传达出勃鲁姆的内心世界。译文仍参酌唐宋古文体并结合宋元话本体。

18. 下面一段写勃鲁姆以道德家自居的面目遭到质疑。人们首先指责他作为一个异乡人被赋予爱尔兰公民权，已经获得了莫大的恩惠，但却不思报效，每遇敌（指英国）我交锋他总是站在敌方的立场上首先为个人打算。对于他这种叛徒行径，大家深表厌恶。人们还责问，是谁赋予了他对本国事物参与指导，总是以道德家自居而教训年轻人的权利，于是对他表里不一，言行不一的伪善面孔大张挞伐：先是闯入一位少校千金的闺房，强施无礼；继而在婚后又不能对妻子尽丈夫的职责，反而非议妻子的不忠，同时又试图与一位女佣调情。对于草场牧地问题，他妄加横议，态度粗暴，以致令一位牧主大为恼火，当其老板的面对他痛加指责。总之，在爱尔兰人心目中，他作为一个外来人，在爱尔兰是不受欢迎的。

此段文笔模拟18世纪以笔名“朱尼厄斯”（Junius）发表的一些抨击乔治三世的政论性书信，这些书信以机警、挖苦的口吻抨击时政，用语嘲讽而又不失典雅。译文参酌晚明李贽与公安三袁等犀利睿智、抨击时弊的文风。

此段翻译中还有一个分寸的把握问题，且看几例：

Or is it that from being a deluder of others he has become at last his own dupe as he is，if report belie him not，his own and his only enjoyer?（p389/334）

萧译：

倘传闻无谬，彼则为只顾个人享乐之利己主义者，诚属欺世盗名。（p752）

金译：

或是他已由欺人转为欺己，正如他的娱己一致，盖如传闻属实，如今他已是自己唯一的欢娱对象矣。（p611）

案：此句中最关键的是：deluder（欺人者）、dupe（骗子）、enjoyer（享乐者）三字。人们责难勃鲁姆忘恩负义，由欺人者变成了自欺者，变成了自我享乐者。相较而言，金译似较忠实；而萧译将enjoyer 译作“享乐主义者”，且将其行为冠之为“欺世盗名”则似乎过分了。勃鲁姆固然精明、狡黠，有时免不了自欺欺人，说他“欺世”，说得过去，但若说他“盗名”，就过了，且原文中也并无此意；说他为自己打算太精明，也算允当（前文说他生怕英国战败自己所持英国债券的四分利可能丧失，可为佐证），但说他是“利己主义者”，就过了。事实上，这里的“enjoyer”暗指他通过“自慰”来自娱的传闻，与“利己主义”毫不相干。

拙译：

或彼已由欺人终变自欺，一如其之自慰，倘传闻不谬，彼已为彼之惟一欢娱者耶？（p713）

再如说到勃鲁姆与他妻子莫莉的事，有句为：

Far be it from candour to violate the bedchamber of a respectable lady, the daughter of a gallant major, or to cast the most distant reflections upon her virtue but if he challenges attention there (as it was indeed highly his interest not to have done) then be it so. (p389/334)

萧译：

闯入贞节妇女（一名勇敢少校之女）之寝室，或对其妇德妄加谴责，此决非君子所为。若彼欲引人注意（其实此举对彼甚为不利），亦无可奈何也。（pp752－3）

金译：
对于一位可敬的女士，一位英勇少校之女，亵渎其卧室决非正道，即使对其贞操加以最含蓄的议论亦在所不容，然而他若决意要引人注意此事（实际上此事不提对他有利多矣），则亦可听便。（p611）

案：这里说的是勃鲁姆的妻子莫莉出轨的事，此事尽人皆知，对此勃鲁姆心中极感痛苦，但也隐忍不发，并没有在公开场合议论这份家丑，责难者要故意挑衅，但却不能太不顾实情，所以只能闪烁其词地说 the most distant reflections，原文的意思简单明了，直译就是：最遥远的想法，译作“妄加谴责”（萧本）显然与原文距离较大，其意既非“谴责”，更非“妄加”；金译为：“最含蓄的议论”应该说是较为接近的。

拙译：
闯一骁勇少校令爱之闺房，非礼此尊贵女士，或以含混之辞议其贞操，皆非坦荡之举，倘彼必欲以此引人注目（反之沉默当更利于彼），则亦其自取也。（p713）

A habit reprehensible at puberty is second nature and an opprobrium in middle life.（p390/334）

萧译：
青春期之恶习，人届中年遂成为第二天性，带来耻辱。（p753）

金译：
青春期之恶习常成第二天性，至中年即为耻辱之源矣。（p611）

案：这里的“恶习”当指“自慰”。在乔伊斯看来，青春期有这点毛病正是“第二天性”，或可原谅，但到了中年还“恶习”不改，就是耻辱了。事实上，勃鲁姆已过中年，由于经常自慰（第十三章中他刚刚自慰过），以致阳痿不举，不能行夫妻之道，此句前一句所谓家中的“种子地”因“缺犁头”而撂荒，正是暗指此事。金译 opprobrium 为“耻辱之源”，加了“之源”两字，说明他充分理解了乔氏此意。不过，窃以为，既然前句已清楚地暗示了勃鲁姆不举的问题，再做增添似乎就没有太大的必要了。反观萧译，则又与原意不符，“第二天性”被无端从“青春期”（puberty）移到“中年”（middle life），一望便知，毋庸饶舌。

拙译：
青春期恶习实乃第二天性，至中年不改即为耻辱矣。（p713）

19. 下面一段写坡伏伊太太产子的消息在产院传播，众人皆大欢喜，额手称庆。欢喜过后，医学生们重新开始喧闹，进行了一场有关妇女怀孕、生产的大讨论，他们口舌如簧，各逞雄辩。论题涉及种种非正常怀孕、种种怪胎、种种分娩、畸形儿到女子被强奸成孕、与雄兽交配成孕，以及与此关联的种种科学、法学、伦理学、文学等问题。

　　此段文笔模拟 18 世纪英国历史家吉朋的风格，将产妇产子信息的传递写成一场隆重庄严的皇家大族典礼，将产科学生们比作观礼的代表。文笔细密而不乏夸饰，庄重而包含谑谐。译文参酌明代议论文及《三国演义》《水浒传》的笔触。

20. 下面一段写莫里根突然以类似魔术师的手段在众人面前作弄出一幅奇异的景象：慢慢张开的墙壁面板后出现了海因斯魔鬼般狰狞可怖的形象。海因斯承认他就是杀死柴尔兹的凶手，说自己背负着沉重的负罪感，始终被一个幽灵追逐，惶惶不可终日，虽想尽办法排遣，但却无时不痛苦欲绝。他呼天抢地，哀号不已。这一幻化的景象令在场者无不惊恐万状，毛骨悚然。

作者模拟英国哥特式小说特别是《奥特朗图堡》的文笔，竭力营造奇幻、怪诞、恐怖的氛围。拙译参酌明代神魔小说的笔意。

试看此小说中曼弗雷德看到他的儿子康拉德被一个巨大的头盔砸成碎片时的一段文字：

Shocked with these lamentable sounds, and dreading he knew not what, he advanced hastily, — but what a sight for a father's eyes! — he beheld his child dashed to pieces, and almost buried under an enormous helmet, an hundred times more large than any casque ever made for human being, and shaded with a proportionable quantity of black feathers. The horror of the spectacle, the ignorance of all around how this misfortune had happened, and above all, the tremendous phenomenon before him, took away the Prince's speech. ...

（人们悲哀的喊叫与莫名的恐惧令他大为震惊，他快步上前，——在一个父亲的眼中，这是何等的景象啊！——他看到在一个比常人使用的头盔大百倍的巨型头盔和同样大小的一片黑色羽毛下，他的孩子被砸成了碎片。恐怖的异象、莫名的灾难，眼前这硕大无比的场景让这位王子惊得目瞪口呆，说不出一句话。……）

窃以为，《封神》《西游》一类神魔小说的笔触似可参照，且看《封神演义》第十六回开篇描写五个妖孽作怪的一段文字：

狂风大作，恶火飞腾。烟绕处，黑雾蒙蒙，火起处，千团红焰。脸分五色，赤白黑色共青黄；巨口獠牙，吐放霞光千万道。风逞火势，忽喇喇走万道金蛇；火绕烟迷，赤律律天黄地黑。山红土赤，煞时间万物齐崩；闪电光辉，一会家千门尽倒。

此外，海因斯以柴尔兹的幽灵出现，其讲述中有一句：

This is the appearance is on me.（p392/336）

萧译：

可惧者幽灵附体也。（p756）

金译：

这就是我落得的下场。（p614）

案：海因斯这里坦白说，他就是柴尔兹案的凶手，并说自己已遭惩罚，在地狱中受尽了苦，然而现在幽灵依然附体，紧追着他，不依不饶。此句在结构上省略了一个 that，其完整结构当为：This is the appearance [that] is on me。其中的 appearance 显然即 ghost 或 apparition 之谓，故萧译无疑是正确的，而金译就跑远了，将其译作“下场”完全丧失了此句言外的宗教意味。

拙译：

附吾体者幽灵也。（p716）

21. 下面三段写勃鲁姆于端坐沉思中仿佛进入一场白日梦。恍惚中显现朝气蓬勃，青春早熟的少年勃鲁姆形象；旋即化作开始为自己的家庭公司做推销员的青年勃鲁姆：一双聪慧的黑眼睛、一张灵巧的嘴巴和满脸讨人喜欢的微笑和一个装满小饰品的箱子，晚上回家时为父亲带回大量订单；青年勃鲁姆旋又化作首次与异性发生关系的勃鲁姆：在新皇家大学附近一家店铺旁的黑暗中与廉价妓女布莱狄·凯丽紧紧纠缠在一起；他的情绪随即从这永难忘怀的初夜兴奋忽然跌落入丧子的悲痛与再无性能力的沮丧中。此后，他的灵魂进一步神游于广袤的宇宙中，过去二十年的各种情景怪诞地交织幻化：现实中丰腴的土地化作荒原，鸺鸮群居；赶往码头的牲畜群突然成倍地增大，变成奇形怪状的各种野兽，从白云之上嘶鸣咆哮而来，涌向死海去狂饮那里的盐水；辉煌的新娘形象出现了，旋即化作他的情人玛莎；玛莎又变成他的女儿米莉；安详的米莉在星辰中仿佛女王般冉冉升起，她的凉鞋金光灿烂，她那饰有宝石的纱巾化作五颜六色的缤纷色彩，在清冷的气流中飘移，变形，最终化作红宝石般的三角形端坐于黎明前的金星座上。

这三段文字中的第一段模拟19世纪初期著名散文家兰姆清新、简明、平易、善于变换与点染，想象力十分丰富的文字。随后两段勃鲁姆的白日梦愈演愈幻，与德·昆西的文体可有一比。德·昆西吸食鸦片，经常处于梦幻状态，其文字也如梦如幻，音韵悠扬，形象奇诡，辞采绚烂，极富诗意，有“诗散文”之称。拙译参酌明清游记、笔记类文体。

兰姆在其《梦中的孩子》(Dream-Children：A Reverie)一文中写一位老人在梦中向其子孙辈讲述往事，此文接近结尾时，老人对小阿丽丝和小约翰讲到自己年轻时曾执着地追求小阿丽丝的妈妈时，有下面一段文字：

when suddenly, turning to Alice, the soul of the first Alice looked out at her eyes with such a reality of re-presentment, that I became in doubt which of them stood there before me, or whose that bright hair was; and while I stood gazing, both the children gradually grew fainter to my view, receding, and still receding till nothing at last but two mournful features were seen in the uttermost distance.

(目光不觉扫了一下阿丽丝，而殊不料蓦然间那位原先爱阿丽丝的芳魂竟透过这小阿丽丝的明眸而形容宛肖地毕现眼前，因而一时简直说不清这伫立在眼前的形体竟是哪位，或者那一头秀发竟是属于谁个；而正当我定睛审视时，那两个儿童已经从我的眼前慢慢逝去，而且愈退愈远，最后朦胧之中，只剩得两张哀愁的面孔而已。①)

这里，勃鲁姆像这位老人一样，也是在做白日梦(reverie)，梦中的勃鲁姆一变再变：从青年学生到年轻的推销员再到父亲：

But, hey, presto, the mirror is breathed on and the young knighterrant recedes, shrivels, to a tiny speck within the mist. Now he is himself

---

① Dream-Children：A Reverie 出自 Charles Lamb, *Essays of Elia*；这里用高健译文(《英国散文精选》上海译文出版社，2010年，p211)。

paternal and these about him might be his sons. Who can say?（p393/337）

（忽又变矣，镜面因呵之气而模糊，青年游侠退缩成雾中小点。渠此刻已为长者，环绕者或其子辈也，人谁知之？——拙译。）

稍加比较，不难看出上述两段文字在风格上的近似。

德·昆西的《英国邮车》（*English Mail-Coach*）和《来自深处的叹息》（*Suspiria de Profundis*）等作均是更加梦幻文字的典范。且看《英国邮车》中的一段：

Out of the darkness, if I happen to call back the image of Fanny, up rises suddenly from a gulf of forty years a rose in June; or, if I think for an instant of the rose in June, up rises the heavenly face of Fanny. One after the other, like the antiphonies in the choral service, rise Fanny and the rose in June, then back again the rose in June and Fanny. Then come both together, as in a chorus — roses and Fannies, Fannies and roses, without end, thick as blossoms in paradise. Then comes a venerable crocodile, in a royal livery of scarlet and gold, with sixteen capes; and the crocodile is driving four-in-hand from the box of the Bath mail. And suddenly we upon the mail are pulled up by a mighty dial, sculptured with the hours, that mingle with the heavens and the heavenly host. Then all at once we are arrived at Marlborough forest, amongst the lovely households of the roe-deer; the deer and their fawns retire into the dewy thickets; the thickets are rich with roses; once again the roses call up the sweet countenance of Fanny; and she, being the granddaughter of a crocodile, awakens a dreadful host of semi-legendary animals — griffins, dragons, basilisks, sphinxes—till at length the whole vision of fighting images crowds into one towering armorial shield, a vast emblazonry of human charities and human loveliness that have perished, but quartered heraldically with unutterable and demoniac natures, whilst over all rises, as a surmounting crest, one fair female hand, with the forefinger pointing, in sweet, sorrowful admonition, upwards to heaven, where is sculptured the eternal writing which proclaims the frailty of earth and her children.

（在黑暗中，倘若我偶尔想起范妮的模样，一枝六月的玫瑰突然在四十年的睽隔后出现了；倘若我瞬间想起六月的玫瑰，范妮可爱的脸庞又出现了。此起彼伏，有如唱诗班中的交互轮唱，先是范妮，然后是六月的玫瑰，接着又是六月的玫瑰，然后是范妮。再后来是范妮和玫瑰同时出现，有如合唱中的情形，众多的玫瑰和众多的范妮，众多的范妮和众多的玫瑰，无休无止，仿佛天堂的花朵，群芳争艳。随后出现的是可敬的“鳄鱼”的形象，他穿着带金饰的红色皇家制服，身披十六件斗篷，驾着驷马邮车正从巴斯的邮亭驶来。突然，我们车上的人被阻隔在一个巨大的日晷前，日晷上雕刻着时间的刻度，那些表示小时的时间立即和天堂以及天堂中众神的形象交混在一起。突然，我们又来到马尔伯勒森林，周边散落着漂亮的农家，里面住着狍子和鹿，鹿和她们的鹿崽旋即隐没在挂满露珠的灌木丛中，灌木丛到处盛开着玫瑰，玫瑰突然又召来了范妮美丽的面容。范妮因是“鳄鱼”的孙女，于是又唤醒一个可怕的幻象：一群半传说的怪兽狮鹫、龙、翼蜥、人狮，相互争斗，直到最终挤缩成一个巨大、高耸的徽盾，作为徽盾的纹饰，标志人类的慈善和可爱已经丧失殆尽，然而四只怪兽仍分居盾面，显出难以言说的恶魔本质，这时，所有幻象全都升起，有如压倒一切的浪峰，一只美女的手，食指指向天庭，发出甜美、哀伤的警告，天上镌刻着永恒的字样，宣告着地球和她的子孙的孱弱。——拙译）

《英国邮车》是将“突然死亡”引发的痛苦、恐惧、绝望、惊悚等种种情感和一些有关民族、国家、政治、社会事件交织、融混在梦幻般的文字中的名篇，作者称其为“梦的赋格”。文中的“她”是叙述者乘坐邮车途中邂逅并热恋的一位名叫范妮的女子；“鳄鱼”则是她的祖父，也是一位车夫，因肢体腿脚僵直，不易转动，叙述者赐予他这个诨名。叙述者因吸食鸦片常常处于迷幻状态中，在这段文字中，形象不断幻化，范妮和祖父“鳄鱼”最终化成了一群相互撕咬的怪兽，这些怪兽又幻化成标志人性沦丧的象征。这时美女的手指指向天空雕塑般的文字，宣示了人类的孱弱。这与勃鲁姆白日梦中那些不断融混幻化的形象有异曲同工之妙：

Onward to the dead sea they tramp to drink, unslaked and with horrible gulping, the salt somnolent inexhaustible flood. And the equine portent grows again, magnified in the deserted heavens, nay to heaven's own magnitude, till it looms, vast over the house of Virgo. And lo, wonder of metempsychosis, it is she, the everlasting bride, harbinger of the daystar, the bride, ever virgin. It is she, Martha, thou lost one, Millicent, the young, the dear, the radiant. How serene does she now arise, a queen among the Pleiades, in the penultimate antelucan hour, shod in sandals of bright gold, coifed with a veil of what do you call it gossamer. It floats, it flows about her starborn flesh and loose it streams, emerald, sapphire, mauve and heliotrope, sustained on currents of the cold interstellar wind, winding, coiling, simply swirling, writhing in the skies a mysterious writing till, after a myriad metamorphoses of symbol, it blazes, Alpha, a ruby and triangle sign upon the forehead of Taurus. (p394/338)

(群兽向死海大步前进，狂饮浩淼无穷令人昏睡之咸水，莫知餍足。此时马之幻象复现于荒寂天空，极速长大，巍然悬于室女座上，竟与天齐矣。看耶，此灵魂转世之奇迹也，此伊也，永世之新娘，晨星之先行官，新娘，永恒处子也。此伊，玛莎，迷失者也，此米莉森特，青春可爱，光艳照人者也。伊何其安详，于黎明前最后时刻冉冉升起，七姐妹星团之女王，足蹬金光灿烂之凉鞋，身披汝不知何名之轻纱。轻纱浮起，绕其星辰所生之肉体周围飞扬飘动，化作缕缕翡翠绿、宝石蓝、木槿紫、缬草红，被星辰间清冷气流托起，旋转、卷曲、盘旋，于空中蜿蜒飘移，写出神秘字样，经万千符号变幻，终显为三角形之阿尔法星，金牛座额上红宝石矣。——拙译。）

22. 以下三段写弗朗西斯和斯蒂芬谈起他们一起在康眉神父任校长时的学校同学的情形，斯蒂芬吹嘘他能召回流逝的岁月和已逝的故人。文森特说，从其现在写成的那些数量有限的小诗看，他还远未成熟，希望他能尽快完成大作，以便成为名副其实的桂冠诗人。莱纳汉随即提到斯蒂芬的母亲，这令他难堪而伤心。莱纳汉又谈到当日赛马事，绘声绘色地描述快到终点时，黑马"扔掉"如何突然超越一直跑在第一，大众期待的"权杖"，因而让他与玛登等许多看好此牝马的人赌输了钱。文森特说到他与女友在林中的幽会以及完事后被康眉神父撞见一事。当莱纳汉欲取贝司啤酒时，勃鲁姆也正盯着酒瓶上的商标沉思，众人以为勃鲁姆已陷入被催眠的梦幻状态，其实他只是沉浸在对往事的回忆中，虽不免恍惚，却始终未完全丧失清醒，因而能帮助将啤酒倒入莱纳汉的酒杯中。

这三段第一段借鉴兰道尔的文体，后两段借鉴麦考莱的文体。兰道尔在其《假想的对话》中虚拟了古代和当代许多名人（譬如古罗马名将马库斯·克劳狄乌斯·马塞卢斯与古迦太基名将汉尼拔、文艺复兴时期意大利著名作家彼特拉克与薄伽丘、斯多葛学派哲学家埃彼克泰德与塞内卡、17世纪法国作家拉封丹与罗歇富科、但丁与比阿特丽丝、英国诗人骚塞和兰道尔本人等等）之间的对话。麦考莱是19世纪英国著名散文家和历史学家，除大量的散文外，他还以四卷本《英国史》称名于世。他的史笔在征实的基础上更重视叙事的生动与具体、布局的周密与层次感。

译文参酌晚清时文与笔记、日记体。且看几个例子：

兰道尔的《假想的对话》中有彼特拉克与薄伽丘的对话，其开始一段是：

Boccaccio. Remaining among us, I doubt not that you would soon receive the same distinctions in your native country as others have conferred upon you: indeed, in confidence I may promise it. For greatly are the Florentines ashamed that the most elegant of their writers and the most independent of their citizens lives in exile, by the injustice he had suffered in the detriment done to his property, through the intemperate administration of their laws.

Petrarca. Let them recall me soon and honourably: then perhaps I may assist them to remove their ignominy, which I carry about with me wherever I go, and which is pointed out by my exotic laurel.

(**薄伽丘：**留在我们中间吧，我毫不怀疑你将很快接受你的故国授予你的殊荣，正如别的国家授予你的一样，对此我充满信心，我可以保证，因为一位最高雅的作家、最独立的市民，由于酷烈的执法被放逐，蒙受不公正待遇，财产遭到损失，对他的祖国佛罗伦萨人来说是极大的耻辱。

彼特拉克：那就让他们尽快地、体面地召回我吧，也许我可以协助他们消除这一耻辱。无论我走到哪里都带着这一耻辱，别国授予我的桂冠也凸显了这一耻辱。——拙译）

彼特拉克是佛罗伦萨人，因父亲遭受政治迫害全家被放逐，后来在流亡生涯中写出了《阿非利加》等著名诗篇而享誉诗坛，获得桂冠诗人的称号。薄伽丘和他交往密切，在这篇假想的对话中，他劝好友尽快结束流亡，返回故国，因为故国也会很快像别国一样授予他桂冠的。乔伊斯这里写斯蒂芬与弗朗西斯、文森特等聊天。斯蒂芬说自己是诗人，戴上藤叶冠对文森特笑，文森特对他说：

That answer and those leaves, Vincent said to him, will adorn you more fitly when something more, and greatly more, than a capful of light odes can call your genius father. All who wish you well hope this for you. All desire to see you bring forth the work you meditate. I heartily wish you may not fail them.（pp394－5/339）

（文对曰，俟汝造就远超一帽小诗之大作以召汝天才之父时，汝此答与此藤冠之饰方与汝更相称耳。与汝友善者无不怀此想，欲睹汝构思之大作问世。吾诚愿汝不负重望耳。——拙译）

对照乔与兰的立意和文笔，我们不难看出二者间类似的痕迹。

麦考莱在《英国史》中对历史事件、人物乃至环境、氛围都有极具文学性的叙述，且看一段有关“咖啡店”（Coffee House）的文字：

Under no roof was a greater variety of figures to be seen. There were Earls in stars and garters, clergymen in cassocks and bands, pert Templars, sheepish lads from the Universities, translators and index makers in ragged coats of frieze. The great press was to get near the chair where John Dryden sate. In winter that hair was always in the warmest nook by the fire; in summer it stood in the balcony. To bow to the Laureate, and to hear his opinion of Racine's last tragedy or of Bossu's treatise on epic poetry, was thought a privilege. A pinch from his snuff box was an honour sufficient to turn the head of a young enthusaist. There were coffee houses where the first medical men might be consulted. Doctor John Radcliffe, who, in the year 1685, rose to the largest practice in London, came daily, at the hour when the Exchange was full, from his house in Bow Street, then a fashionable part of the capital, to Garraway's, and was to be found, surrounded by surgeons and apothecaries, at a particular table.

（这里所能见到的人物五花八门，是其他地方不能比的。肩佩星章、下饰吊袜的伯爵，身披袈裟、衣帽镶边的教士，神态简慢的律师，腼腆稚气的大学生，以及身着粗呢外衣的翻译与索引编纂等等，可谓应有尽有。一般人最好争的便是尽量坐近约翰·德莱顿。冬天他的座位总是设在炉火旺处；夏天则安置在阳台荫凉处。能有机会向这位桂冠诗人鞠躬致敬，甚至亲聆他评论拉辛的近作或巴苏的史论论述一向被认为一种殊荣。而从他的鼻烟盒捏撮鼻烟能使他的青年崇拜者们高兴得得意忘形。在另一些咖啡馆里则能遇上第一流的医生。1685年医学界最红的约翰·拉德克利夫每天总是在交易所人最多的时刻自他弓街[当时首都一处繁华地区]的家中赶到“加了味”咖啡店来，于是他的座位周围马上挤满了外科医生和药剂师们。①)

乔伊斯这里的两段文字大约参酌了麦氏的笔意，且看：

The high hall of Horne's house had never beheld an assembly so representative and so varied nor had the old rafters of that establishment ever listened to a language so encyclopaedic. A gallant scene in truth it made. Crotthers was there at the foot of the table in his striking Highland garb, his face glowing from the briny airs of the Mull of Galloway. There too, opposite to him, was Lynch whose countenance bore already the stigmata of early depravity and premature wisdom. Next the Scotchman was the place assigned to Costello, the eccentric, while at his side was seated in stolid repose the squat form of Madden. The chair of the resident indeed stood vacant before the hearth but on either flank of it the figure of Bannon in explorer's kit of tweed shorts and salted cowhide brogues contrasted sharply with the primrose elegance and townbred manners of Malachi Roland St John Mulligan. Lastly at the head of the board was the young poet who found a refuge from his labours of pedagogy and metaphysical inquisition in the convivial atmosphere of Socratic discussion, ... (pp397/340－1)

(赫恩院此间大堂迄未目睹代表性如此广泛，论者面目如此迥异之集会，堂上老椽木迄未听过如此包罗万象之语言，此景象诚可谓壮观也。克罗色斯坐长桌下方，穿夺目之高原装，满脸加洛韦海角咸

① 高健译文，见《英国散文精选》（上海译文出版社，2010年，pp279－280）。译文中的专名略有改动。

风吹出之光彩。林奇坐其对面，面容流露早年放荡与早慧之气色。傍苏格兰人坐者怪人科斯泰洛也，玛登邻其蹲坐，呆滞不动。壁炉前住院医椅有席无人，而两侧则坐两位衣装派头截然不同人物，一侧为班农，身穿探险服粗花呢短裤，足蹬盐渍斑斑牛皮靴；一侧为玛拉基·罗兰·圣约翰·莫里根，穿优雅淡黄服，城里人气派十足。长桌上方坐者青年诗人也，渠逃离教务与玄思，于苏格拉底式讨论之欢闹氛围中寻得片刻休憩，……——拙译）

23. 以下到本章结束的文字在内容与文体上开始呈现繁纷与多样的形态，这种情形与英国散文从 19 世纪中叶之后开始走向纷乱、无序的趋势相吻合。乔伊斯的模拟从当时著名作家如赫胥黎、狄更斯、佩特、罗斯金、卡莱尔等直到当代各种方言、俗语、俚语、外国人的英语等混杂的形态。译文对以从清末民初到当代汉语的混杂形态。

下面做一些具体分析：

（1）开始的一长段继续写这群年轻人的谈论：人们从伪科学的立场谴责斯蒂芬的“先验论”，提出了一些当时尚不能做出科学解释的问题，譬如勃鲁姆提出的生前性别的决定因素以及婴儿死亡率等。莫里根提出，导致肺部疾患的原因除卫生状况、空气质量糟糕外，尚有街头的种种淫秽招贴广告、临空高挂的牲畜尸体、断臂残肢的水手、疮疤外露的车夫、各宗各派的传教士、偏执狂的单身汉、不育的老处女等社会因素，民族素质的低下要求对产妇进行审美教育。克罗色斯认为，婴儿死亡率高，既因女工的繁重劳动损伤了腹腔，更与弃婴、堕胎、杀婴罪相关。林奇则扯到生死等一切宇宙进化现象均受某种计算法则支配以及适者生存的进化论观点。斯蒂芬则再次提出种种死亡其实由一位“无所不食的神”造成，暗含了对上帝的揶揄。如此等等。

这段文字在文体上参酌了托马斯·赫胥黎《进化论与伦理学》（严复译作《天演论》）简明、清晰的风格。且看此作“导论”第 1 节中议论“适者生存”的一段文字：

And in the living world, one of the most characteristic features of this cosmic process is the struggle for existence, the competition of each with all, the esult of which is the selection, that is to say, the survival of those forms which, on the whole, are best adapted, to the conditions which at any period obtain; and which are, therefore, in that respect, and only in that respect, the fittest.

（天演乃生命界一最著征象，即生存之争，也即每一生命与所有生命之争，结果导致选择，也即惟整体上能最适应任何时代之环境者留存，故留存者必最适者也。——拙译）

乔氏这段文字开始批驳斯蒂芬所谓“先验论”与科学方法对立，有一段讲关于“科学”的文字与赫胥黎上述一段似有异曲同工之妙，试看：

Science, it cannot be too often repeated, deals with tangible phenomena. The man of science like the man in the street has to face hardheaded facts that cannot be blinked and explain them as best he can.（p397/341）

（科学者，处理实存之现象者也，此无论如何反复强调均不为过。治科学者与常人无异，必面对真实存在且无法回避之事实，并尽力对之做出解释。——拙译）

林奇论死生等的另一段文字也可与上引赫氏文字相互参观：

An ingenious suggestion is that thrown out by Mr. V. Lynch (Bacc. Arith.) that both natality and mortality, as well as other phenomena of evolution, tidal movements, lunar phases, blood temperatures, disease in general, everything, in fine, in nature's vast workshop from the extinction of some remote sun to the blossoming of one of the countless flowers which beautify our public parks is subject to a law of numeration as yet unascertained. Still the plain straightforward question why a child of normally healthy parents and seemingly a healthy child and properly looked after succumbs unaccountably in early childhood

(though other children of the same marriage do not) must certainly, in the poet's words, give us pause. Nature, we may rest assured, has her own good and cogent reasons for whatever she does and in all probability such deaths are due to some law of anticipation by which organisms in which morbous germs have taken up their residence (modern science has conclusively shown that only the plastic substance can be said to be immortal) tend to disappear at an increasingly earlier stage of development, an arrangement which, though productive of pain to some of our feelings (notably the maternal), is nevertheless, some of us think, in the long run beneficial to the race in general in securing thereby the survival of the fittest. (pp398–9/342)
(文·林奇先生[算学士]提出独到论点，即出生与死亡以及宇宙进化中一切现象，诸如潮汐运动、月相轮换、血温变化、疾病来去，均须受某种尚未确定之计算法则支配，总之，宇宙广袤作坊中之万物，从某遥远恒星之陨灭至美化吾人公园百花中某朵鲜花之盛开，莫不如此。然一简单明了之问题：何以一对健康夫妇所生看来同样健康且获得良好照料之孩童无由夭折(而同一父母所生之其他孩童却未见如此)，诚如诗人所言，仍令吾等徘徊深思。吾人当须确信，造化无论何为，必有其正当有力之理由，此类死亡极可能受制于某种预示性法则，即病原菌存在之机体愈处于发育早期，消逝愈早(现代科学已确凿证明，惟原生质可称不死)，此种安排虽令吾人之某些感情(尤其是母性感情)痛苦，然也有论者以为，从长远观点看，却有益于种族总体发展，因其可保证适者生存也。——拙译)

此段结尾处有关斯蒂芬的文字中有几处似可提出讨论：

Mr. S Dedalus' (Div. Scep.) remark (or should it be called an interruption?) that an omnivorous being which can masticate, deglute, digest and apparently pass through the ordinary channel with pluterperfect imperturbability such multifarious aliments as cancrenous females emanciated by parturition, corpulent professional gentlemen, not to speak of jaundiced politicians and chlorotic nuns, might possibly find gastric relief in an innocent collation of staggering bob, reveals as naught else could and in a very unsavoury light the tendency above alluded to. For the enlightenment of those who are not so intimately acquainted with the minutiae of the municipal abattoir as this morbidminded esthete and embryo philosopher who for all his overweening bumptiousness in things scientific can scarcely distinguish and acid from an alkali prides himself on being, it should perhaps be stated that staggering bob in the vile parlance of our lowerclass licensed victuallers signifies the cookable and eatable flesh of newly dropped from its mother. In a recent public controversy with Mr. L Bloom (Pubb.Canv.) which took place in the commons'hall of the National Maternity Hospital, 29, 30, and 31 Holles street, of which, as is well known, Dr. A Horne(Lic. in Midw., F.K.Q.C.P.I) is the able and popular master, he is reported by eyewitnesses as having stated that once a woman has let the cat into the bag(an esthete's allusion, presumably, to one of the most complicated and marvelous of all nature's processes, the act of sexual congress) she must let it out again or give it life, as he phrased it, to save her own. ... (pp399/342 - 3)

萧译：

斯·迪达勒斯先生（神学怀疑论者）发表意见（或者应该说是插话）道，患黄疸疸的政治家和害萎黄病的尼姑自不用说，由于分娩而衰弱的女癌症患者和从事专门职业的胖绅士总是咀嚼形形色色的食品，下咽、消化，并以绝对的沉着使其经过通常的导管。当这些杂食动物吃小牛崽肉这样好消化的食品时，大概会减轻肠胃的负担吧。这番话从极其不利的角度无比透彻地揭示了上述倾向。这位有着病态精神的审美学兼胚胎哲学家，尽管连酸与碱都分不清，在科学知识上却摆出一副傲慢自负的架子。为了启发那些对市立屠宰场的细节没他那么熟悉的人们，也许应该在此说明一下：我们那些拥有卖酒执照的低级饮食店的小牛崽肉，指的就是打着趔趄的牛崽子那可供烹调食用的肉。在霍利斯街第二十九、三十、三十一号国立妇产医院的公共食堂里，能干而有名望的院长安·霍恩博士（领有产科医生执照，曾为爱尔兰女王医学院成员）最近与利·布卢姆先生（广告经纪人）之间举行了一场公开辩论。据目击者说，该院长曾指出，一个女人一旦把猫放进口袋里（这大概是对大自然最复杂而奇妙的作用——交媾的雅喻），她就非把它再送出去不可：或赐予它生命（用他的话来说），以便保全自己的命。……（pp767－8）

金译：

斯·代达勒斯先生（Div. Scep.）发表意见（或不如称之为打岔更妥？）道，既为无所不食者，诸如由于分娩而生坏疽以致骨瘦如柴的妇女，或是肥硕可观的从业绅士，以至患有黄疸病的政客或是萎黄病贫血的修女，这种种食物均能加以咀嚼、吞咽、消化，而且显然都能不动声色泰然自若地送入正常的通道，则很可能认为，来一头脚软站不稳的小牛犊是随意小吃，开开胃口而已，这一论调更将上边提及的倾向表现得无比清晰，听来十分令人不快。这位头脑病态的美学家兼尚未成形的哲学家，自以为科学知识甚广而颇为自负，实际上酸碱不分，但对市内屠宰场情况倒是相当清楚，并且引以为荣，然而对于并不如此熟悉屠宰场情况者而言，或许应当说明，所谓脚软站不稳的牛犊，实是下等有照肉商鄙俗用语，指刚出母肚小牛的可煮、可食的嫩肉。据在场目击者报道，他最近在霍利斯街29、30、31号国立产科医院——众所周知，该院院长为能干而深得人心的安·霍恩大夫（Lic. in Midw.，F.K.Q.C.P.I.）与利·布卢姆先生（Pubb. Canv.）进行公开辩论时，曾声言女人一旦容猫入囊（美学比喻，盖指大自然各种过程中最复杂、最奇妙的过程之一——两性相交行为），她就非得放猫出囊不可，按他的说法即她

必须给猫以生命方能保住自己的生命。……(pp624-5)

案：上述文字中有三个问题可提出商榷：一是斯蒂芬提出的“无所不食者”(omnivorous being)究竟指什么？二是他所说的“蹒跚摇晃之牛犊”(staggering bob)是什么意思？三是同勃鲁姆发生公开争论的究竟是谁？从《尤利西斯》前面的章节中，我们不难看出，斯蒂芬对于人生、自然乃至宇宙都有着深沉的思考，他深知造化弄人，造化杀人的道理，因此，他把冥冥中这一决定人的命运的力量（或一般人心中的上帝）称之为“无所不食者”，在他看来，不论什么人，如这里提到的“因分娩患褥疮而形销骨立之妇女、脑满肠肥之职业绅士”、“患黄疸病之政客与患萎黄贫血症之修女”都是其“咀嚼、吞咽、消化”的对象，至于刚刚诞生尚立足不稳的婴儿（这里他比之为“蹒跚摇晃之牛犊”），不过是这位“无所不食者”随意用来“宽胃的小吃”而已。然而，有意思的是，斯蒂芬这个比喻并不确切，叙事者指出，在市井肉商的俚俗用语中，staggering bob 并不指牛犊，而是鲜嫩的牛犊肉。叙事者随即提到他与勃鲁姆最近曾有的公开争辩，以说明他的说法并非无懈可击，从而说明他虽然学识渊博，能言善辩，但也有酸碱不分的失误。对于这段文字，萧译似乎并未真正理解，因此，他将这里的“无所不食者”抛到九霄云外，将他“咀嚼、吞咽、消化”的对象变成了“咀嚼、吞咽、消化”者；将他用来宽胃的小牛犊也一并送给那些原本的被食者。至于与勃鲁姆公开辩论的斯蒂芬也被他无端换成了产院院长赫恩大夫。这些张冠李戴的发生无疑是没有读懂原文造成的。金译的理解则是正确的。

拙译：

斯·德达路斯先生(**神性疑派**)评议(称插话或更妥？)曰，一位无所不食者能够咀嚼、吞咽、消化各色食物，诸如因分娩患褥疮而形销骨立之妇女、脑满肠肥之职业绅士，更不消说患黄疸病之政客与患萎黄贫血症之修女，然后将其以极完满冷静之方式送入通常食道，而一头蹒跚摇晃之牛犊，在其看来，或仅可谓宽胃之随意小吃而已，此论揭示前此所述倾向已臻无以复加地步，且听来甚不入耳。此心灵病态之美学家兼仍为胚胎之哲学家自谓对科学知识无所不知，故自视甚高，尽管其对城市屠宰场详情甚为熟悉，其实却酸碱不分，为启示那些对城市屠宰场详情不似其熟悉者，这里或许应该说明，所谓蹒跚摇晃之牛犊，实乃下层有照经营肉商之粗鄙俚语，指甫离母体可烹可食之牛犊嫩肉。据目击者称，近日在赫利斯街29、30、31号国立妇产医院——众所周知，该院院长乃能干且颇孚众望之安·赫恩大夫(正式产科医生、前爱尔兰女王医学院骑士)——之公共食堂内，彼曾与利·勃鲁姆先生(广销员)公开论辩，声称女子一旦允猫入袋(美学比喻，暗指造化中最复杂最奇妙之过程之一，即性交活动)，就须放猫出袋，或如彼所言，予猫生命以保全己之生命。(pp726－7)

(2) 以下一段写坡伏伊太太孩子出生后沉浸在幸福中的情状。乔伊斯以狄更斯式充满女性美、母爱与温馨的笔调描述了坡伏伊太太渴望触摸自己的婴儿，渴望自己的爱人来一起分享这幸福的时光以及回忆与爱人和孩子们在一起往昔岁月的心态。且看狄更斯在其《大卫·科波菲尔》第53章中的一段文字，在这段文字中，狄更斯用浓得有点化不开的笔触，描写了大卫回忆与稚气十足的妻子朵拉共同度过的一段充满爱与幸福的时光：

Dora lies smiling on us, and is beautiful, and utters no hasty or complaining word. She says hat we are very good to her; that her dear old careful boy is tiring himself out, she knows; that my aunt has no sleep, yet is always wakeful, active, and kind. Sometimes, the little bird-like ladies come to see her; and then we talk about our wedding-day, and all that happy time.

……

That was on the day when you were painting the flowers I had given you, Dora, and when I told you how much in love I was.' 'Ah! but I didn't like to tell you,' says Dora, 'then, how I had cried over them, because I believed you really liked me! When I can run about again as I used to do, Doady, let us go and see those places where we were such a silly couple, shall we? And take some of the old walks? ...

（朵拉躺着，朝我们微笑，她很美，娓娓地诉说，既不急促，也不抱怨。她说我们对她太好了；她明白，她亲爱的大孩子太疲乏了，我的姨妈一直没有睡，可总是警醒着，忙忙碌碌，和和气气。两位小鸟般的夫人有时来看她；我们聊着我们结婚那天的情景和往昔快乐的时光。

……

"那天你在画我给你的那些花，朵拉，我对你说我是多么爱你啊。""哦，我可不想对你说，"朵拉说，"我对着那些花儿大哭起来，因为我相信你真是太爱我了！等我又能像从前那样跑来跑去时，大爹呀，我俩再去看看那些地方，走走那些老路，好不好？那时我们是多么傻乎乎的一对呀，是不是？……"——拙译）

再来看看乔伊斯这里描写坡伏伊太太生产后温柔地抚弄婴儿，念想他的"大爹"的一段文字：

Reverently look at her as she reclines there with the motherlight in her eyes, that longing hunger for baby fingers ..., in the first bloom of her new motherhood, breathing a silent prayer of thanksgiving to One above, the Universal Husband. And as her loving eyes behold her babe she wishes only one blessing more, to have her dear Doady there with her to share her joy, to lay in his arms that mite of God's play, the fruit of their lawful embraces. ... O Doady, loved one of old, faithful lifemate now, it may never be again, that far off time of the roses! (p400/343)

（[大家]虔敬地看她躺在那里，眼中放射出母性的光辉，流露出渴望抚摸婴儿小手的神情……，在新的母性之花初放中，向天上那位**普世的丈夫**默诵着感恩的祈祷。当她温柔的目光落在婴儿身上时，她只期望能再获得一个祝福，那就是希望她亲爱的大爹也能在她身边，和她一起分享她的快乐，能将她俩合法拥抱的果实，这块上帝的小小泥土，送入他的怀抱之中。……哦，大爹呀，我往昔的爱人啊，我忠实的人生伴侣呀，那遥远的玫瑰般的时光，再也不会回来了！——拙译）

两相对照，我们不难看出这里模拟狄更斯风格的情形。这段译文参酌五四之后的白话小说体。

（3）以下一段模拟19世纪英国天主教会重要领导人和著名散文家约翰·亨利·纽曼的文体，乔伊斯十分推崇纽曼的散文风格，曾在对友人的信中说，在英国散文家中，没有人能把无聊、琐屑的东西写得那么好。[①]纽曼的文体清新而富含理性，充满活力，他论事说理，往往率真、平实，很有说服力。这里乔伊斯参用他的文体，写人心中深藏的罪恶感或邪念，平时不被认知，但在许多场合下却往往因一句不经意的话语被唤醒的情形，为下面勃鲁姆在幻觉中的回忆做铺垫。且看纽曼在其《第二春》（*The Second Spring*）中的一段文字：

We have familiar experience of the order, the constancy, the perpetual renovation of the material world which surrounds us. Frail and transitory as is every part of it, restless and migratory as are its elements, never ceasing as are its changes, still it abides. It is bound together by a law of permanence, it is set up in unity; and, though it is ever dying, it is ever coming to life again.

（我们对周围物质世界中的秩序、一致性和永恒的变革都有熟悉的

① 见 Richard Ellmann, *James Joyce*, Oxford University Press, p40。

体验。它的每一个部分无不脆弱，瞬息万变，甚至构成它的所有元素都躁动不安，流徙不居，永无止境地变化着，但这个世界却依然安之若素。它由一个永恒的法则即统一性建构起来；它在不断地死亡，也在不断地新生。——拙译）

纽曼讲述人们对这个世界变动不居与有条不紊的秩序感与乔伊斯讲述深藏人心中的罪恶感被不经意地唤醒的情形颇可比拟：

There are sins or (let us call them as the world calls them) evil memories which are hidden away by man in the darkest places of the heart but they abide there and wait. He may suffer their memory to grow dim, let them be as though they had not been and all but persuade himself that they were not or at least were otherwise. Yet a chance word will call them forth suddenly and they will rise up to confront him in the most various circumstances, a vision or a dream, or while timbrel and harp soothe his senses or amid the cool silver tranquility of the evening or at the feast at midnight, when he is now filled with wine. Not insult over him will the vision come as over one that lies under her wrath, not for vengeance to cut him off from the living but shrouded in the piteous vesture of the past, silent, remote, reproachful. (pp400 - 1)

（有些罪过或者［让我们像世人那般称呼它们为］邪恶的记忆，隐藏在人心中最黑暗的地方，潜伏在那里等待着。人可以让它们在记忆中淡薄下去，好像它们从来就没有发生过，甚至让自己也被说服，仿佛它们并不存在或者至少是另外的样子。然而偶然间一句不经意的话语就会把它们突然召唤回来，呈现一个幻象或者一个梦境，在许多不同的场合浮现在他的面前，或者当铃鼓和竖琴抚慰着他的种种感觉之际，或者在傍晚凉爽的银色静谧中，或者在午夜的宴席上，像现在这样醉意朦胧之际。这幻象之所以来，并非为了羞辱他，向他发泄愤怒，也不是为了向他报复，欲将他弃绝在生者的圈外，而是包裹在令人怜悯的往昔的尸衣中，沉默地传达着遥远的谴

责之意。——拙译）

（4）以下一段以 19 世纪英国著名批评家、散文家沃尔特 · 佩特的文体描述勃鲁姆旁观斯蒂芬的言谈举止时触发的一段回忆：圆镇一个五月之夜勃鲁姆第一次看到莫莉和还是孩提时代的斯蒂芬时的情景。佩特在《老宅中的孩子》（*The Child in the House*）中写 Florian 因偶遇一老人讲述往事时提及了他度过童年的地方，正是由于这一邂逅的触发，而今这个已睽隔三十年之久的地方和那幢法式老宅就不断纠缠在他的记忆与梦境中。佩特以极为精致、优美的笔触和剪裁得十分考究的篇章结构，通过夹叙夹议的方式，写出了外在世界在主人公心灵成长过程中发生的影响，说明了物质与精神相辅相成的复杂关系。且看其两段文字：

The realities and passions, the rumours of the greater world without, steal in upon us, each by its own special little passage-way, through the wall of custom about us; and never afterwards quite detach themselves from this or that accident, or trick, in the mode of their first entrance to us.

（这个更大的外部大世界的种种现实、激情和传闻偷偷溜进我们的头脑，各以自已特定的渠道，穿过包围着我们的习俗的壁垒，从此再不离去，一个或此或彼的偶发事件或小伎俩就能将它们以第一次进入我们的方式唤醒。——拙译）

So the child of whom I am writing lived on there quietly; things without thus ministering to him, as he sat daily at the window with the birdcage hanging below it, and his mother taught him to read, wondering at the ease with which he learned, and at the quickness of his memory. The perfume of the little flowers of the lime-tree fell through the air upon them like rain; while time seemed to move ever more slowly to the murmur of the bees in it, till it almost stood still on June afternoons.

（我写的这个孩子就这样安静地生活在那里，外间的事物就这样簇拥着他，而他白天坐在挂着鸟笼的窗下，他的妈妈教他读书，从容地琢磨着他学了多少，记得快慢。菩提树小花的清香像雨滴般通过空气洒到他们身上，时光在蜜蜂轻轻的嗡嗡声中慢慢地流淌着，直到六月的午后才静静地停住。——拙译）

现将乔伊斯这段原文与萧金两译及拙译录下，略加讨论：

The stranger still regarded on the face before him a slow recession of that false calm there, imposed, as it seemed, by habit or some studied trick, upon words so embittered as to accuse in their speaker an unhealthiness, a flair, for the cruder things of life. A scene disengages itself in the observer's memory, evoked, it would seem, by a word so natural a homeliness as if those days were really present there (as some thought) with their immediate pleasures. A shaven space of lawn one soft May evening, the wellremembered grove of lilacs at Roundtown, purple and white, fragrant slender spectators of the game but with much interest in the pellets as they run slowly forward over the sward or collide and stop, one by its fellow, with a brief alert shock. And yonder about that grey urn where the water moves at times in thoughtful irrigation you saw another as fragrant sisterhood. Fooey, Atty, Tiny and their darker friend with I know not what of arresting in her pose then, Our Lady of the Cherries, a comely brace of them pendent from an ear, bringing out the foreign warmth of the skin so daintly against the cool ardent fruit. A lad of four or five in linseywoolsey (blossomtime but their will be cheer in the kindly hearth when ere long the bowls are gathered and hutched) is standing on the urn secured by that circle of girlish fond hands. He frowns a little just as this young man does now with a perhaps too conscious enjoyment of the danger bu must needs glance at whiles towards where his mother watches from the *piazetta* giving upon the flowerclose with a faint shadow of remoteness or of reproach (*alles Vergaengliche*) in her glad look. (p401/344)

萧译：

异邦人继续望着自己眼前这个人脸上那故意做出的冷静神情慢慢地消失。出于习惯或乖巧心计的这种不自然的冷静似乎也包含在他的辛辣话语之中，好像在谴责说话人对人生粗野方面的不健康的偏爱。听者的记忆里，宛若被一句朴实自然的话所唤醒了一般，浮现出一副光景。仿佛是往昔的岁月伴随着当前的种种喜悦真的存在于现实中似的(就像某些人所想的那样)。平静的五月傍晚那修剪过的草坪。他们对朗德镇或紫或白的丁香花丛记忆犹新。小球缓缓地沿着草地向前滚去，要么就互相碰撞，短暂机警地震颤一下，挨在一起停了下来。香气袭人的苗条淑女们兴致勃勃地观看着。那边，每逢灰色水池里的灌溉用水徐徐流淌，水面便泛起涟漪。水池周围，你可以瞥见同样香气袭人的姐妹们：弗洛伊、阿蒂、蒂尼以及她们那位身姿不知怎地分外引人注目的肤色稍黑的朋友——樱桃王后。她一只耳朵上佩戴着玲珑的樱桃耳坠子：冰凉火红的果实衬着异国情调的温暖肌肤，相得益彰。(正是开花时节。及至将滚球聚拢起来收进箱子，大家就围坐在温暖的炉边，其乐融融。)一名身穿亚麻羊毛混纺衣服的四五岁幼童正站在池边，姑娘们用爱怜的手围成一圈，保护着他。现在男童略微皱起眉来。也许他像这个青年似的过于意识到自身处境危险的快感，但是又只得不时朝他母亲瞥上一眼。她正从面对花坛的游廊守望着，喜悦之中却又含着一抹漠然或嗔怪之色(凡事都是无常的)。(pp770-1)

金译：

生客审视面前的脸容，仍觉那脸上有一种虚假的镇定神色正在缓慢消退，这一神色仿佛是习惯形成，或是一种蓄意培养的姿态，借以掩饰其言词中的怨怒之情，因为他这种怨怒情绪十分严重，可以使人感到此人心胸不甚健康，似对生活中的粗暴面有其特殊的敏感。这位旁观者似乎是由于一句十分家常自然的话语的触动，突然有一个场面从记忆中脱颖而出，宛若当年时日及其音容笑貌又在眼前重现一般。这是一个和煦的五月的傍晚，一片修剪整齐的草地，圆镇那片值得怀念的丁香丛，那些紫色的、白色的苗条而芳香的球赛观众，然而她们是真关心那些球，看它们缓缓地在草地上滚过，或是一球与另一球相撞，在短暂的惊吓之后在其近处停住。同时，在另一边，在一个有时为周全灌溉而运送水流的灰色龙头周围，你见到另一群同样芳香的姐妹，芙洛伊、阿蒂、小不点儿，以及她们那位肤色较深的女友，她那举止中有一种我说不清的动人之处，我们的樱桃童真女，一边耳朵上就垂着一对精致的樱桃，以其凉爽而热情的果实，巧妙地衬出了她那皮肤所散发的异国情调的温暖。水龙头上站着一个穿细绒线衣裤的四五岁小男孩(这是鲜花时节，然而不久木球收柜之后，人们就将从温暖的壁炉获得快感了)，周围扶着他的是那一圈姑娘们的疼爱的手。他微微皱着眉头，正和现在这位年轻人一样，也许是正因为明知危险而内心喜悦，然而又时时情不自禁地拿眼瞟他的母亲，而母亲则在面临花坛的阳台上望着他，仿佛不甚关注，然而神色喜悦而又有谴责之意(alles Vergaengliche)。（pp627－8）

案：首句说的是勃鲁姆眼中的斯蒂芬。在勃鲁姆看来，斯蒂芬脸上的“镇静”是做出来的，“强加”在他言辞上的(imposed upon words)，这是前半句；他的言辞是“怨愤的”(embittered)，而且是“那般激烈”，以致让人感到他是在谴责“讲演者”那种“偏爱生活中粗糙面”的“不健康倾向”似的(so embittered as to accuse ...)，这是后半句。就上述两译而言，前半句当无异议，但后半句却有推敲的必要。关键是，乔氏在words一词前没有用物主代词，这样从字面看就留下了某种不确定性，读者完全可以提出这样的问题，究竟是“谁的言辞”呢？然而，从整句的文意看，这里说的“言辞”必须是斯蒂芬的，因为，斯蒂芬做出的“镇静”神色只能“加在”他自己的言辞上，恐怕无法“加在”他人的言辞上，否则就在逻辑上说不通。如果我们确定这里的“言辞”是斯蒂芬的，那么，接下来出现的“讲演者”(speaker)指的也当是斯蒂芬无疑，因为在speaker之前，乔氏还用了their，这个their关联的必然是前面的words，这就确定了这个“讲演者”必然是斯蒂芬，但问题来了，斯蒂芬会自己“谴责”自己吗？对于一个自视甚高的年轻学子好像可能性也不是太大，于是，金译丢弃了原文“谴责”(accuse)一词，用了“使人感到”这个委婉的说法，然而这一译法却大大弱化了乔氏的本意，乔氏未必在意斯蒂芬会不会自己谴责自己，但在他看来斯蒂芬这种过分的忿激之辞，却不折不扣地暴露出他那种偏爱粗俗的不健康倾向，而这种倾向恰恰是应该谴责的，再者，accuse一词固然是“谴责”，但却也有过“暴露”之意(disclose)，可见乔氏此选，一词兼二义，可谓妙笔。如此看来萧译似更符合原意。

接下来一句中的the observer萧译“听者”似不确切，因为斯蒂芬作为speaker，其“听者”包括了在座的每一个人，而这里所指的却只是勃鲁姆一人，更重要的是，原文所用的observer只能是“观者”，与“听者”可谓风马牛。此外，下文勃鲁姆回忆起圆镇一个五月之夜的那场滚球赛，有一句说the wellremembered grove of lilacs at Roundtown, purple and white, fragrant slender spectators of the game ... 金译为：“圆镇那片值得怀念的丁香丛，那些紫色的、白色的苗条而芳香的球赛观众……”萧译为：“他们对朗德镇或紫或白的丁香花丛记忆犹新，小球……香气袭人的苗条淑女们兴致勃勃地观看着。”仔细想来，这两种译文似乎均有商榷的必要。其中，“紫色的”和“白色的”两字，金译将之派给了人，而萧译将之派给了花。其实，原文中“紫色的和白色的”却是被置于“丁香花丛”(lilacs)和“观众”(spectators)之间的，乔伊斯把它们用前后两个逗号特别摘出来加以强调，与前后的两个名词形成既关联又不关联的关系，以此形成一种模糊的双关，产生一种既指花也指人的效果。因此，两译虽不为错，却不完满。窃以为，译文何妨紧随原文，同样将其置于“花”与“观众”之间？这样同样会产生一种亦此亦彼的双关效果，或许是上策。还有后文说到的 grey urn 其实是一个灰色的壶状建构，上面有水龙头提供随时浇草坪的水。幼童斯蒂芬正是站在这个壶状结构上的（A lad of four or five ... is standing on the urn），然而金译竟把 urn 译作了“水龙头”，且不说 urn 实在不是水龙头，即便是水龙头，一个四五岁的孩子怎么能“站在水龙头上”呢？这太难以想象了；萧译为“水池”似也觉欠妥，且不说 urn 也不是“水池”，即便是水池，那孩子也很难站在水池上，萧译当然明白这一点，因此他把 standing on the urn 改作了“站在池边”。

拙译：

那异乡人依旧盯着眼前这张脸，看到那虚假的镇静神色正在缓缓消退，那神色似乎是习惯性的，也可能是故意做出来的，借以掩饰其言辞中的愤激，这愤激过于强烈，仿佛在指责讲演者流露出的一种特别偏好生活中那些粗野面的不健康倾向。也许是因为一半句家常话的自然触发，一个场景猛然从这位旁观者的记忆中脱出，以往的那些日子伴随着毫无掩饰的种种欢乐仿佛又真的出现在眼前（恰如一些人所想的那样）。那是一个温软的五月傍晚，在圆镇修剪得十分整齐的草坪上，令人怀念的丁香花丛，紫色的、白色的、香气四溢的苗条观众，正在看球赛，她们兴致盎然地注视着球缓缓地在草地上滚过，或相互碰撞，或短暂警惕地震动一下，便挨个儿停了下来。那边不远处，有一个为浇草坪不时之需提供水流而设计周全的灰色壶状物，它的周围，可以看到另一群芳香扑鼻的姐妹们：芙洛伊、艾蒂、小蒂妮和她们那位肤色较深的朋友，她的举止中有一种我说不清道不明的撩人之处，我们的樱桃圣母呀，一串樱桃耳坠从一只耳朵上垂下，那清凉热情的果实优雅地反衬出她肌肤异国色彩的温暖。一个身穿亚麻羊毛绒衣裤的四五岁小男孩（那正是开花时节，等把滚球收进箱子后，人们就将围坐在壁炉边快乐地消遣了）站在壶状物顶上，一圈姑娘们爱怜的手扶持着他。他眉头微皱，正像现在这位年轻人一样，也许因为意识到危险而感到快乐，可又情不自禁地时而朝他母亲瞥一眼，母亲在面临花坛的阳台上观望，欢喜的眼神中流露出一丝淡漠甚或嗔怪之意（一切都烟消云散了）。（pp729－30）

（5）以下一小段写产院前庭突然安静下来，原本喧闹的学生们开始像当年在伯利恒的马槽前守候耶稣诞生时那般专注和警觉。突然一道闪电劈开了乌云，大雨瓢泼而下，随着一道令下，坡伏伊太太的儿子诞生了。这里的一道令下，暗指上帝在创世时，“要有光”等的指令，同时又关联了下文斯蒂芬“到伯克酒店去”的呼声。此段模拟约翰·罗斯金的文体。罗斯金是著名艺术批评家，有极高的艺术造诣和审美情趣，其文笔极注重视觉美与听觉美，如诗如画，请看其在《近代画家》第一卷中描写“阿尔卑斯山日出”的一段文字：

And then wait yet for one hour, until the east again becomes purple, and the heaving mountains, rolling against it in darkness, like waves of a wild sea, are drowned one by one in the glory of its burning: watch the white glaciers blaze in their winding paths about the mountains, like mighty serpents with scales of fire: watch the columnar peaks of solitary snow, kindling downwards, chasm by chasm, each in itself a new morning; their long avalanches cast down in keen streams brighter than the lightning, sending each his tribute of driven snow, like altar-smoke, up to the heaven; the rose-light of their silent domes flushing that heaven about them and above them, piercing with purer light through its purple lines of lifted cloud, casting a new glory on every wreath as it passes by, until the whole heaven, one scarlet canopy, is interwoven with a roof of waving flame, and

tossing, vault beyond vault, as with the drifted wings of many companies of angels: and then, when you can look no more for gladness, and when you are bowed down with fear and love of the Maker and Doer of this, tell me who has best delivered this His message unto men!
(然而，又一个小时之后，东方再次呈现一片紫色，起伏的群山有如大海的狂涛，在黑暗中翻滚着迎上前去，一个接一个地沉没在她燃烧的辉煌中：你看到白色的冰川冒着火焰从山间蜿蜒而下，像一条条披着火甲的巨蟒：你看到一个个圆柱般孤寂地挺立的雪峰烧着火自上而下，于是，峡谷一个接一个地沉浸在新的晨曦里，山峰的雪崩落而下，形成亮于闪电的一条条长河，将飞雪的贡品像祭坛的烟火般送上天空，她们那闪着玫瑰红光的穹顶不断冲刷着上面和更上面的天宇，用更纯的光束刺穿高翔的云层那紫色的边线，将一个个新的光辉戴在每个经过的花冠上，直到整个天空，那片猩红色的华盖，与汪洋般的火焰交相辉映，抛出一个又一个拱顶，仿佛天使成群结伙地展示她们飘举的羽翼：此刻你再也看不到更多的欣喜，只能怀着恐惧与爱匍匐在造物主和这一景象的创造者脚下，请告诉我，有谁曾如此这般将造物主的旨意更好地传给过人类呢！——拙译)

且看乔伊斯这段文字：

But as before the lightning the serried stormclouds, heavy with preponderant excess of moisture, in swollen masses turgidly distended, compass earth and sky in one vast slumber, impending above parched field and drowsy oxen and blighted growth of shrub and verdure till in an instant a flash rives their centres and with the reverberation of the thunder the cloudburst pours its torrent, so and not otherwise was the transformation, violent and instantaneous, upon the utterance of the word. (p401/345)

两相对照，人们不难发现二者间的类似。拙译仍拟五四后散文体。

拙译：

然而，仿佛闪电之前，天地间堆满密集的乌云，厚实的云层中饱含着大团湿气，不断膨胀开来，铺天盖地地压在干裂的土地、昏睡的牛群、枯萎的灌木丛和草地上，直到突然，一道闪电从中劈开，顿时雷声隆隆，瓢泼大雨倾盆而下，此时此刻正是如此，随着一道令下，一切都立刻发生了天翻地覆的变化。（p731）

（6）以下两段写斯蒂芬呼喊众人一起去"伯克酒店"继续痛饮，大家闹闹嚷嚷尾随而去。勃鲁姆请护士凯伦慰问楼上已产下婴儿的坡伏伊太太，且半开玩笑地悄声询问凯伦何时才能做母亲，随即也紧跟出去。众人在街头疾走且狂呼乱喊，坡伏伊先生作为丈夫种子育儿的雄伟行为受到赞扬。这两段文字模拟了托马斯·卡莱尔的风格。卡莱尔是19世纪苏格兰著名历史家和文学家，他深受斯威夫特、斯特恩等前辈以及德国与北欧文化的影响，曾翻译歌德等德国作家的作品，与爱默生保持了长久的友谊。他的《法国大革命》《论历史上的英雄与英雄崇拜》以及哲理小说《旧衣新裁》广为人知。在《论历史上的英雄与英雄崇拜》中他以崇敬的笔调赞颂了穆罕默德、路德、克伦威尔、拿破仑、但丁、莎士比亚、卢梭、约翰逊、彭斯等先知、教士、国王、文人、学士中的伟大人物，表达了一种典型的英雄史观。乔伊斯在这两段中赞颂坡伏伊先生发挥伟丈夫的功能生儿育女的英雄业绩时就参酌了他在《论历史上的英雄与英雄崇拜》中的笔意，同时糅进了斯威夫特式的讽刺风格，譬如：

The air without is impregnated with raindew moisture, life essence celestial, glistening on Dublin stone there under starshiny *coelum*. God's air, the Allfather's air, scintillant circumambient cessile air. Breathe it deep into thee. By heaven, Theodore Purefoy, thou hast done a doughty deed and no botch! Thou art, I vow, the remarkablest progenitor barring none in this chaffering allincluding most farraginous chronicle. Astounding! (p402/345)

萧译：

户外的空气饱含着雨露的湿润，来自天上的生命之精髓，在星光闪烁的苍穹下，在都柏林石上闪闪放光。天主的大气，全能的天父之大气，光芒四射的柔和的大气，深深地吸进去吧。老天在上，西奥多·普里福伊，你漂漂亮亮地做出一桩壮举！我敢起誓，在包罗万象最为庞杂的繁冗记录中，你是无比出众的繁殖者。真令人吃惊啊！（pp772－3）

金译：

外边的空气中，饱含着雨露水份，那自天而降的生命要素，在布满星斗的 coelum 下，在都柏林的石头上闪闪放光。天主的空气，众生之父的空气，亮晶晶的，无所不在、百依百顺的空气。深深地吸入你身体中去吧。天啊，西奥多·皮尤福依，你的英勇行动取得了成就，毫不含糊！我起誓，在这部喋喋不休、扯天扯地、无所不包的纪事中，你是最出色的生殖者，比谁都强。惊人！（p629）

案：不难看出，这些文字是纯然卡莱尔式的。此外，这两段文字中还刻意用了不少与生殖相关的词语和意象，例如开始两句中的 impregnate 和 cessile，分别有“怀孕”与“生产”的意思，而两译并未给予关注，前者均作“饱含”；后者萧作“柔和的”而金作“百依百顺的”，都有不到位之感。

拙译：

外面的空气中包孕着雨露的湿气，那来自天庭的生命原素，在群星辉映的苍穹下在都柏林的石头上闪烁着光辉。天主的空气，众生之父的空气，辉煌的环绕一切的生产的空气。深深地吸进你的身体中去吧。上天呀，西奥多·坡伏伊，你做了件多么勇武的事呀，一点儿都不含糊！我起誓，在这部喋喋不休无所不包杂乱不堪的纪事大作中，你是最杰出的无敌生殖者。惊人哪！（p732）

（7）以下十余段直到本章结束写斯蒂芬等一干人在街头奔走呼号、胡言乱语，路人的反感以及他们到伯克酒店后点酒、闹饮，店家打烊催他们离去，斯蒂芬与林奇赶往红灯区的情形。至于文体则是当代口语中方言俚语以及外来语的混杂。乔伊斯自己说，它是“一团非常可怕的大杂烩”，里面有洋泾浜英语、黑人英语、伦敦东区下层口语、爱尔兰语和种种俚俗语、黑话、隐语、外来语。拙译以当代汉语中各种方言俚语混杂的南腔北调模拟之。下面以萧金两译为参照，做一些具体的讨论：

第一段开始的几句：

All off for a buster, armstrong, hollering down the street. Bonafides. Where you slep las nigh? Timothy of the battered naggin. Like ole Billyo. Any brollies or gumboots in the fambly? (p403/346)

萧译：

为了纵酒豪饮，大家相互挽着臂，沿街大喊大叫地冲去。真正的。昨儿晚你是在哪儿睡的？打扁了的碎嘴子蒂莫西那儿。加油儿，快点儿。家里有雨伞和长筒胶靴吗？（p774）

金译：

闹闹哄哄上了街，胳膊相连一窝蜂，要痛喝一场。正牌儿的。昨儿个你睡哪儿？砸扁酒杯的蒂莫西。好家伙的！家里有雨伞，有橡胶套鞋吗？（p631）

案：这里一共六句，前两句是叙事者的视角；后四句是两人的对话。对话中的 billyo，brollies or gumboots 在俚俗方言中常有强烈的性暗示，billyo 暗示相好的同性关系；brollies or gumboots 字面指“伞或长筒胶靴”，暗示“乳房或屁股”。Like ole Billyo 萧译为“加油儿，快点儿”显然太随意；金译为“好家伙的！”同样缺乏根据。至于按字面译 brollies or gumboots（两译均此），就完全脱离了这里的语境，使原文中的对话无从索解了。

拙译：

这伙人还要大喝一场，扯着拽着，闹着逗着，全街里去了。实打实的。昨儿晚你睡哪儿了？弄扁杯子的蒂莫西那儿。老相好吧。屋里有波波、沟蛋子吗？（p734）

接着他们招呼人，以免落下哪一位：

Where's the Henry Nevil's sawbones and ole clo? Sorra o'me knows. Hurrah there, Dix! Forward the ribbon counter. Where's Punch? All serene. Jay, look at the drunken minister coming out of the maternity hospal! *Benedicat vos omnipotens Deus*, *Pater et Filius*. A make, mister.（p403/346）

萧译：

给亨利·内维尔瞧过病的穿旧衣的外科医生在哪儿？对不起，谁都不知道。喂，迪克斯！往前走到缎带柜台那儿。潘趣在哪儿？百事顺利。天哪，瞧瞧那个从产院走出来的醉醺醺的牧师！伏惟全能至仁天主圣父，及圣子……降福保全我众。一个冤大头，先生。（p774）

金译：

魔道锔骨头的和老估衣哪儿去了？鬼知道。喂，那儿的，狄克斯！上来呀，卖缎带的。拳头呢？平安无事。耶，看产院出来了个喝醉酒的牧师！*Benedicat vos omnipotens Deus*，*Pater et Filius*. 来个半便士吧，先生？（p631）

案：从口吻判断，这里的招呼者可能是莱纳汉。锯骨头的

（sawbones）似乎指外科医生狄克森；卖旧衣的（ole clo）似乎指勃鲁姆；卖缎带的（ribbon counter）则可能指莫里根（其父曾卖过绸布类）；醉鬼牧师（drunken minister）显然说的是斯蒂芬。Henry Nevil似无确指，俚语谣曲中常借指devil。make在俚语中指“半个便士”也可作“轻而易举可获取的目标”或“容易被哄骗或剥削的人”来解释，金译“来个半便士吧，先生？”显然依据了前者，萧译“一个冤大头，先生。”则依据了后者，不过，就整句话而言，A make，mister却多半是乞讨的口吻，因此，无论是莱纳汉模拟乞丐的口吻，还是真碰上了乞丐，乔伊斯都可以将make在俚语中的这两义巧妙地用在这里。如是，则译文也应尽量照应之。

拙译：
锯骨头的、卖旧衣的都他妈哪儿去了？鬼才晓得呢。嗨，那儿。狄克斯！上卖缎带的柜台那儿去。酒鬼呢？全好着呢。天哪，瞧瞧打产院出来的这位醉鬼牧师吧！哦，**愿万能的主，圣父圣子，保佑你**。好哄的主儿，给点儿吧，先生。（p734）

本段结束前的一段文字：

Silentium! Get a spurt on. Tention. Proceed to nearest canteen and there annex liquor stores. March! Tramp, tramp, tramp, the boys are (atitudes!) parching. Beer, beef, business, bibles, bulldogs, battleships, buggery and bishops. Whether on the scaffold high. Beerbeef, trample the bibles. When for Irelandear. Trample the trampellers. Thunderation! Keep the durned millingtary step. We fall. Bishops boosebox. Halt! Heave to. Rugger. Scrum in. No touch kicking. Wow, my toosties! You hurt? Most amazingly sorry! (p403/346)

萧译：
肃静！最后冲刺。立正。向最近的饭馆前进，占领它的酒窖。前进！沙沙、沙沙、沙沙，小伙子们(拉开架子)干渴。啤酒、牛肉、生意、《圣经》、猛犬、战船、鸡奸与主教。哪怕上高高的断头台。啤酒、牛肉，践踏《圣经》。只要是为了亲爱的爱尔兰。践踏那剥夺自由者。晴天霹雳！一个劲儿地往前冲。我们倒下去了。香甜葡萄酒的酒吧。站住！顶风停下来。橄榄球。并列争球。踢球时可不要踢着人。哎呀，我的脚噢！你受伤了吗？实在为你难过！(p775)

金译：
Silentium！冲锋吧。注意。目标最近处餐厅。入内占领酒库。前进！进，进，进，弟兄们！冒渴(求福！)前进。啤酒、牛肉、买卖、圣经、恶狗、战舰、鸡奸、主教。不怕把绞架上。啤酒牛肉、踩倒《圣经》，为了亲爱的爱尔兰，踩倒那些踩倒我们的家伙。去他们的吧！咱们把倒霉窘人的步子踩齐了。把命丧。主教们的酒柜。站住！顶风停航。橄榄球。密集争球。踢球不许碰人。唷！我的脚尖！踩痛了你？大大的抱歉！(p632)

案：此段似乎大部分是斯蒂芬的话，直到有人(当然也可能是斯蒂芬)的脚被踩了，才有最后(他)与别人的对话。斯蒂芬在醉意颇浓的情况下，口齿已不是很清楚，零零碎碎，但基本线索还是明白的。翻译似乎不宜过分离开原文，如将 Trample the trampellers. Thunderation！ Keep the durned millingtary step 译作“践踏那剥夺自由者。晴天霹雳！一个劲儿地往前冲”(萧译)，好像任意性就大了些；而译作“踩倒那些踩倒我们的家伙。去他们的吧！咱们把倒霉窘人的步子踩齐了”(金译)似乎就更贴近原文，而且前后读来也更连贯些。另外，Tramp，tramp，tramp，the boys are(atitudes！) parching 一句括号中的 atitudes 与 Beatitudes 尽管意思不同，但在形音上关联；Bishops boosebox 与前面的 Beer and Bible 在意义上关联，似乎都要求译者给予关注，金译注意到了，而萧译却没有。

拙译：

肃静！加劲儿冲锋。立正。向着最近的馆子，拿下它的酒窖。冲啊！前进，进，进，进，哥儿们(求福架势！)渴死了。啤酒、牛肉、生意、《圣经》、恶狗、战船、鸡奸、主教。哪怕上绞架。啤酒、牛肉，把《圣经》踩脚下。为亲爱的爱尔兰。把踩人的人踩脚下。哎呀！咱把这要命的军步儿踩齐了。咱们倒下。主教们的酒柜。停下！顶风停船。橄榄球。全上抢球。踢球不许碰人。啊唷，俺哩个脚唷！踩你啦？大大地对不住喽！（p735）

到了伯克酒店，有人问今晚谁掏包，众人开始哭穷：

Proud possessor of damnall. Declare misery. Bet to the ropes. Me nantee saltee. Not a red at me this week gone. (p403/346)

萧译：

老子口袋里可空空如也。实在可怜。打赌输了个精光。我没有钱。一星期来一个便士也没进过。(p775)

金译：

鄙人腰缠万贯。我宣布赤贫。区区赌马倒霉。个人断粮缺盐。在下整星期赤骨精光。(p632)

案：Proud possessor of damnall 显然是反话正说，有很强的自嘲意味。译作“腰缠万贯”（金本)似乎太肯定了些，很难传达“穷”的本意，更无从体现这里的自嘲；而译作“空空如也”（萧本)虽然传达了穷得一文不名之意，却同样欠缺了话中的自嘲。此外，大家虽然都在说自家没钱，但表达方式却不同，且大都是方言俗语，可惜两译均关注不够。

拙译：

敝人阔得一个子儿也没了。咱可是穷到家啦。赌了个光蛋蛋。俺连咸盐也木有。上礼拜我连个小钱儿也没得进来。（pp735－6）

狄克森似乎说到了勃鲁姆和他太太莫莉：

Got a pectoral trauma, eh, Dix? Pos fact. Got bet be a boomblebee whenever he wus settin sleepin in hes bit garten. Digs up near the Mater. Buckled he is. know his dona? Yup, sartin I do. Full of a dure. See her in her dishybilly. Peels off a credit. Lovey lovekin. None of your lean kine, not much. Pull down the blind, love. (p404/347)

萧译：

是胸部外伤吗，呃，迪克斯？千真万确。只要睡在他那小院儿里，随时都会挨蜜蜂蜇的。家就住在圣母医院附近。这位仁兄有妻室。认识他太太吗？嗯，当然认识喽。她身材可丰腴哩。瞧瞧她脱掉衣服时的样子吧，那裸体真能饱人眼福。漂亮的母牛可跟你们那瘦母牛不一样。一点儿也不。拉下百叶窗，宝宝。（p776）

金译：

是胸部创伤吗，狄克斯？没有错，在他那小不点儿花园里打盹儿，让蜂子给螫了一下。窝儿在慈母附近。他是拴住了的。认识他女人吗？认识，错不了。肥实着呢。要看她没穿整齐的模样，脱光了准够意思。美美的美人儿。可不是你们那种瘦母牛儿，没那事儿。拉下窗帘吧，心爱的。（p633）

案：狄克森说勃鲁姆被蜇伤的事，句中有 whenever 一字，这是狄克森在肯定有此事后做的推测，意为只要他睡在他那小院里，就得挨蜂儿蜇。金译完全丢弃了 whenever 的意思，似不妥当。萧译则更贴切些。说到勃鲁姆夫人莫莉时的两句 Lovey lovekin. None of your lean kine，not much 金译“美美的美人儿。可不是你们那种瘦母牛儿，没那事儿”头一句的意思传达得不错，第二句中后半句的 not much 译作“没那事儿”就欠妥，这么译，仿佛是对前半句的反驳，事实上这里仍是前半句否定的进一步强化，萧译“一点儿也不”则确切地传达了这里的意思。此外，这里的方言土语如 digs，buckled，yup，dure，dishy 等都要求给予关注，萧译不予理会，金译则较为注意。

拙译：

胸部伤着啦，嗯，狄克斯？没错儿。只要躺他那小不点儿院儿里，准得让蜂儿给蜇了。他那窝儿就在圣母院边上。人是给套住了。认得他那位夫人吧？认得，当然。身子肥得都进不了门喽。看见她美得那样儿了吧。脱光了才来劲儿呢。宝宝宝贝儿。可不是你们家的瘦母牛，绝不是哦。拉上窗帘，宝贝儿。（p736）

有人继续淫邪地调侃勃鲁姆及其夫人：

Got a prime pair of mincepies，no kid. And her take me to rests and her anker of rum. Must be seen to be believed. Your starving eyes and allbeplastered neck you stole my heart，O gluepot.（p404/347）

萧译：

她有着一双顶好看的眼睛，一点不含糊。还有她那奶头和丰满的臀部。只有亲眼看了才能相信。你那双饥饿的眼睛和石膏的脖颈，把我的心偷去了。噢，排精的气味。（p776）

金译：

一双眼睛滴溜溜，一点儿也不假。还有她胸前那一对和后臀那一堆。不是亲眼见，谁也难相信。你的亮晶晶的眼睛和雪白的脖子

呀，你摄走了我的魂，你这胶水罐头呀。（p633）

案：Your starving eyes and allbeplastered neck you stole my heart，O gluepot 模拟勃鲁姆的口吻。有乔学家认为，句中的 starving 当是 starry；allbeplastered 当是 alabaster。萧译“饥饿的”取 starving 意；金译“亮晶晶的”取 starry 意。拙意，乔氏意在双关，因此应尽量兼顾之。gluepot 下层鄙俗语意为“排精的气味”（odor of a seminal emission），这里无疑在嘲弄勃鲁姆为莫莉所迷，禁不住自慰而泄之情状。金译按字面译作“胶水罐头”，无疑很难让读者理解。

拙译：

她有一双亮晶晶的眸子呀，真的。还有前面那对肥奶子、后面两个大沟蛋子。亲眼见了你才能信哩。你那又饿又亮的毛眼眼、雪花膏一样的白脖脖呀，把我的魂儿都勾走了，哦，跑马的气味儿。（p736）

下面有人问狄克森：

Well，doc？Back fro Lapland？Your corporosity sagaciating O K？How's the squaws and papooses？Womanbody after going on the straw？Stand and deliver. Password. There's hair. Ours the white death and the ruddy birth.（p404/347）

萧译：

呃，大夫，刚从拉普兰回来吗？您还是这么富态，贵体安康吧？老婆娃娃都好吗？尊夫人快生养了吧？站住，交出来。口令。瞧那头发。苍白的死亡和殷红的诞生。（p776）

金译：

怎么样，大夫？从裙下国回来啦？贵体可 OK？婆娘和小毛毛们怎

么样？有女的要上草垫吗？站住了交出来。口令。露出毛来了。我们的是白森森的死和红彤彤的生。（p633）

案：Lapland 这里大写，指斯堪的纳维亚半岛的最北端地区，俚语中说某人从这一地方回来，意为从隔绝之地或监狱回来了，暗示狄克森刚才一直在产房忙碌，不得脱身的处境，虽然 lapland 由 lap 与 land 合成，且 lap 有“膝”的意思，但这里显然没有什么“猥亵”的意味，因此译为“裙下国”（金本），巧则巧矣，却难免有些弄巧成拙。萧本直译为“拉普兰”则不得不靠注解去理解，也不免遗憾。Womanbody after going on the straw？一句是有人（很可能是斯蒂芬）问刚从产房出来的狄克森，是否女人又要生产了，这里的 womanbody somebody 不难分辨。不知萧本根据什么将其译作“尊夫人”？go on the straw 俚语为“生孩子”，金本直译作“上草垫”似可商榷。在现代医院问世之前，女人可能在任何地方生产，尤其是在古代条件十分差的情况下，在田间地头草场上生产想必不在少数。问题是英语中“上草垫去”指“生孩子”已经成了一个人所共知的俚语；而汉语中的“上草垫去”似乎还没有成为一个表达同样意思的词语，当然，“上草垫”有着鲜明的意象，但何妨将之译作国人都明白且同样具有鲜明意象的“临盆”，只是“临盆”并非俚语，难免也有遗憾，但一时却想不出更好的译法来。

拙译：

咋样，大夫？从爪哇国牢里回来啦？贵体还 OK 吧？婆姨娃娃咋地个？有婆姨又要临盆了吧？站住，交出来。口令。瞧那头毛啊。我们的是白茫茫的死和红彤彤的生。（pp736－7）

下面的醉话胡话越来越乱，要分辨清晰哪些话是谁说的，十分困难：

Hurroo！Collar the leather，youngun. Roun wi the nappy. Here，Jock braw Hielentman's your barleybree. Lang may your lum reek and your kailpot boil!（p404/347）

萧译：
嗨，小伙子，抓住球！把那啤酒递过来。为了勇敢的苏格兰高地小伙子，干上一杯麦芽酒！祝你的烟囱长久冒烟，你的汤锅长久沸腾。（p776）

金译：
好哇！接皮的，小伙子，传喝的。喏，高原好汉约克，你的大麦酿。愿你的烟囱常冒烟，肥皂锅常开！（p634）

案：这里好像有人在模拟苏格兰方言对班农说话。Collar the leather 即 grab the football，这里转义为“接住酒杯”，下面的 nappy 俚语中指啤酒。Here，Jock braw Hielentman's your barleybree 是从彭斯的《快乐的乞丐们》和《威利酿造了大量麦芽酒》两诗中拼凑出来的词语。Lang may your lum reek and your kailpot boil 是苏格兰人常用的祝辞，其中的 lum 苏格兰方言指“烟囱”，kail 苏格兰方言指“菜汤”。萧译虽然这里对方言未予关注，但大意不差。金译虽然关注了这里的方言土语，但将 Collar the leather 译作“接皮的”却令人费解，至于将 kailpot 译作“肥皂锅”就更是匪夷所思了。

拙译：
好啊！接住，大兄弟。传啤酒。嗨，高地好汉约克，你的那大麦酒。祝你那烟囱常冒烟，菜汤锅常开着啊！（p737）

下面的东拉西扯中有这么几句：
Caraway seed to carry away. Twig? Shrieks of silence. Every cove to his gentry mort. Venus Pandemos. *Les petites femmes*. Bold bad girl

from the town of Mullingar. Tell her I was axing at her. Hauding Sara by the wame. On the road to Malahide. Me? If she who seduced me had left but the name. What do you want for ninepence? Machree, macruiskeen. Smutty Moll for a mattress jig. And a pull all together. *Ex*!（404/347）

萧译：
带上芷茴香籽儿。你明白吗？沉默的喊叫。每个汉子都去找自家的漂亮姑娘。肉欲维纳斯。小妇人们。来自穆林加尔镇的厚脸皮的坏姑娘。告诉她，我打听她来着。搂着萨拉的腰肢，通往马拉海德的路上。我吗？勾引我的那个女人，哪怕留下名字也好。你花九便士要买什么？我的心，我的小坛子。跟放荡的窑姐儿搞一通。一块儿摇桨。退场！（p777）

金译：
黄蒿籽，夜里有好处。明白吗？无声的尖叫。每一条汉子，都找自己的贵妇人。Venus Pandemos，*Les petites femmes.* 马林加市的胆大的坏姑娘。告诉她我想她。搂着赛拉的腰肢，在那去往马拉海德的路上。说我吗？如果引诱我的人，让我知道她的名字就好了。九便士的货，还能要什么？Machree，macruiskeen. 要找淫荡的莫尔跳一场床上快步舞。合着劲儿一起动。干！（p634）

案：有人洒了酒，把别人的新裤子弄脏了；有人要胡椒粉；有人酒气熏天。Caraway seed to carry away 说的似乎就是去酒气的事儿。Caraway seeds 即小茴香籽之类，具有强烈的芳香气味，既有药用价值，也有食用价值，但无论药用，还是食用，似乎都没有壮阳的作用，尽管 carry away 有“令人激动得失控”之类的引申义，或者可以令人产生性的联想，但毕竟查不到可以将其作为壮阳药使用的实据，倒是可以查到其作为 breath fresher 的用途，Don Gifford 也有

"Traditionally used for disguising alcoholic breath" 的注释。Caraway seed to carry away 无疑又是老乔弄的文字游戏，意思是用小茴香籽儿掩饰或去除酒味儿，两译不仅未关注这里的文字游戏，且意思也有可商之处。萧译丢了 to carry away 的意思；金译"夜里有好处"的暗示则没有依据。Every cove to his gentry mort 出自一首俚俗谣曲《流浪汉喜夸姘头》（*The Rogue's Delight in Praise of His Strolling Mort*），此曲第三章已经出现过，句中充满了粗俗的方言土语，不知道为什么要将 mort 译作"漂亮姑娘"（萧本），至于译作"贵妇人"（金本）就更莫名其妙了。下面的话头又引到班农和勃鲁姆的女儿米莉以及林奇和他的女友萨拉那里。Machree，macruiskeen 出自一首爱尔兰民歌 Cruiskeen lawn（满满的小酒瓶），意为 my heart，my little flask，即"俺的心，俺的小酒瓶"。下面的 Smutty Moll for a mattress jig. And a pull all together. *Ex*！三句都来自下层俚语，有极强的性暗示。Moll's jig 在都柏林俚语中意为"交媾"，a pull all together 来自《伊顿船歌》，意思是大家一起摇起桨来。其副歌一般的版本是 All pull togeter，With your backs between your knees，但有的版本对其做了猥亵的改动：We'll all pull togeter with our X between our knees。[①]因此，最后的 Ex 虽然有"出口、退出"之类的意思，恐怕还是首先考虑从其音形（即 X）引发的意象来译为好，这或许也是乔伊斯将其印成斜体的意思吧。金译与拙译在这一点上所见略同。

拙译：

弄点儿去酒籽儿去去酒气。晓得唔啦？无声格尖叫。哥儿们全去找自家的姘头啦。咱大伙儿的维纳斯。小夫人。穆林加尔来的胆大的坏女孩。告儿她我打听她来着。搂着萨拉的腰。在去马拉海德的路

① Weldon Thornton，*Allusions in Ulysses: An Annotated List*. The University of North Carolina Press. 1961，1968，P 352.

上。说俺吗？要是勾引俺的那个她留下名字就好了。就九便士，你还想要什么？俺的心爱，俺的小酒瓶。跟骚妞来一场床垫上劲舞。一块儿摇起来。干！（pp737－8）

下面的一段：

Waiting，guvnor？Most deciduously. Bet your boots on. Stunnned like，seeing as how no shiners is acoming. Underconstumble？He've got the chink *ad lib*. Seed near free poun on un a spell ago a said war hisn. Us come right in on your invite，see？Up to you，matey. Out with the oof. Two bar and a wing. You larn that go off of they there French bilks？Won't wash here for nuts nohow. Lil chile velly solly. Ise de cutest colour coon down our side. Gawds teruth，Chawly. We are nae fou. We are nae tha fou. Au reservoir，mossoo. Tanks you.（p404/347）

萧译：

你在等着吗，头儿？就那么一回，可不是嘛。瞧你那副发愣的神儿，好像亮闪闪的金钱不见了似的。明白了吗？他身上有的是钱。刚才我瞅见他差不多有三镑哩，说是他自己的。我们都是你请来的客人，晓得吧？你掏腰包，老弟。拿出钱来呀。才两先令一便士呀。这手法你是从法国骗子那儿学来的吧？你那一套在这儿可行不通。小伙子对不起。这一带就数我的脑瓜子灵。千真万确。你呀，我们没喝醉，我们一点儿也没醉。再见，先生，谢谢你。（p777）

金译：

等着吗，老板？那还用问吗？你的靴子都可以押上。傻了，看着怎么不见亮晶晶的掏出来。领悟了吧？他有铜钿 ad lib，刚刚的我还瞅见，他身上差不离有三镑，说都是他的。兄弟们就是你请了才来的，明白吗？看你的啦，伙计。掏腰包吧。两先加一便。你要学法国派头的骗子们那套开溜吗？这儿可根本行不通，怎么也不行。小把戏对不起你们。阿拉是这厢头号好人。这话不假，乔利。我们没醉。我们没那么醉。Au reservoir，mossoo.希希你。（pp634－5）

案：这段是人们七嘴八舌催喝醉的斯蒂芬埋单。开头的四句大约是莫里根的话，总体上还算清楚。deciduously 指那些每年落叶的植物，19 世纪之后，常引申为“短暂的，稍纵即逝”等意，因此，Most deciduously 译作“就那么一回”（萧本）符合原意，译作“那还用问吗？”（金本）就有点儿远了，deciduously 与 decided 毕竟读音差距较大，此时的莫里根舌头好像还没有大到混淆这两字的程度。Bet your boots on 隐含了斯蒂芬的靴子被莫里根穿了的细节，既然现在由莫里根口中说出，当然还是直译出来（金本）为好，完全将其扔掉（萧本）似乎就不妥。本段后半部分表明众人醉意已深，舌头绝对大了，因此许多字都说不清了，譬如，Lil chile velly solly 之后的句子就大都如此。翻译若尽量模拟醉鬼口吻（如金译），值得肯定。

拙译：

还等吗，老板？就这么一回。仅有的一双靴，你都押上了。怎么，犯 犯傻了。咋就不见那亮闪闪的锄子儿掏 掏出来呢。明白 白了吧？他身 身上有的是铜子儿。刚还瞅 瞅着 弄出来差不离儿仨 仨镑来呢，说都 都是他 他的。大伙儿来可是侬请格，晓得哇？瞧你的啦，兄弟。掏包 包儿吧。就两仙一下士。你想 想溜号儿，学法法国佬那套把戏？这可木 木门儿 绝对木。小嘿儿狠对勿起。这啊我 我最 最精把。一点儿木错，乔利。我们木啐。我们木 木那啐。再 再现，先星。吸吸你。（p738）

下段出现了此前未见的班特。这段中有一句：

Look at Bantam’s flower. Gemini.（p405/347）

萧译：
瞧瞧班塔姆有多么年轻。哎呀。……（p778）

金译：
看班特姆的花。好家伙。（p635）

案：句中的flower可能指班特手里拿着准备送他老婆的一束花，也可能是说他摔倒后磕破了鼻子或嘴，出的血有如“开了花”，无论如何，这里似以直译（金译）为好，若译为“有多么年轻”（萧本）似乎就想得远了点儿。Gemini既可作叹词，也可作名词，作名词，意为a pair，若仅按叹词译（若两本）就可能有不到位之嫌，若兼顾两义，就可暗指他磕破的嘴鼻与手中的鲜花相映成趣，反倒更可能符合老乔的本意。

拙译：
瞧瞧班特的花吧。哎呀可真是一对儿。（p738）

下文勃鲁姆看到莱纳汉和班特，想到由于误传的一个信息，让他因押错马而输了钱，不禁感慨，以及随后班特好像要走引发的莱纳汉和他的对话：
Mare on form hot order. Guinea to a goosegog. Tell a cram, that. Gospeltrue. Criminal diversion? I think that yes. Sure thing. Land him in chokeechokee if the harman beck copped game. Madden back Madden's a maddening back. O lust our refuge and our strength. Decamping. Must you go? Off to mammy. Stand by. Hide my blushes someone. All in if he spots me. Comeahome, our Bantam. Horryvar, mong vioo. Dinna forget the cowslips for hersel. Cornfide. Wha gev ye thon colt? Pal to pal. Jannock. Of John Thomas, her spouse. No fake, old man Leo. S'elp me, honest injun. Shiver my timbers if I

had. There's a great big holy friar. Vyfor you no me tell? Vel, I ses, if that aint a sheeny nachez, vel, I vil get misha mishinnah. Through yerd our lord, Amen. (p405/348)

萧译：

“母马竞技状态良好。”好比是花金币买醋栗。这是一种骗局。《福音书》中的真理。莫非是恶劣的消遣吗？我想是这样的。没错儿。要是被警察当作猎物逮住了，就得去坐牢。马登把赌注下在马登骑的那匹马上了，发疯地下赌注。啊，肉欲，我们的避难所和力量。开溜啦。你非走不可吗？回到妈妈那儿去。付账。可别让人瞧出我的脸盘儿发红。要是给他发现了，就完蛋啦。回家去吧，班塔姆。再见，老伙计。别忘记给老婆捎立金花去。老老实实告诉我，是谁把小公马的事儿透露给你的？这只是你我之间的悄悄话。不瞒你说，凭着圣托马斯发誓，是她的丈夫。不骗你，是利奥那个老家伙。我发誓，真格的。要是我撒了谎，就让我粉身碎骨。我对着神圣的大托钵修士发誓。你为啥没有告诉我？哼，倘若不是那个犹太人的奸计，就让我暴死。凭着上主阴茎发誓，阿门。(p778)

金译：

牝马状态极佳抢手。必胜。电报电报，瞎说瞎报。福音真理，绝对可靠。犯罪的把戏？我认为就是。没有问题。巡捕探出他的勾当，他就要坐班房。马登押马登，马马虎虎瞎蹬蹬。贪欲啊，我们的庇护所和我们的力量。撤营。你非走不可了吗？回家找妈咪去。在我旁边站一下。谁挡一下我的红脸。他要是瞅见我，那就手脚一起上了。回家吧，我们的班特姆呀。Horryvar, mong vioo.勿要忘记太太的流星花。说说实情吧。谁透露给你那匹小公马的？自家人讲话，实在的。以及她的配偶约翰·托马斯。不作假，利奥老头儿。老天救救我吧，说真格儿的。砸了我的船架也想不到的呀。那才是顶呱呱的大贤人呢。咋的你不给我透个信儿？嘿，我说，这要还不算犹太把戏，嘿，我不得好死。凭着我主基基，阿门。（pp635 - 6）

案：开始的一句 Mare on form hot order 说的大约是电报内容，接下来的三句 Guinea to a goosegog. Tell a cram，that. Gospeltrue，第一句说的是受骗，第二句说的是骗局，第三句加以引申，说到了《福音书》的真谛。其中的反讽意味是明显的；同时在结构上也很讲究，三句都很简短，有如一首短诗。第一、二句都用了头韵，音韵铿锵；cram 暗示了前文说到的电报中内容；第三句将 true 与 Gospel 合为一词，也颇为别致。金译“电报电报，瞎说瞎报。福音真理，绝对可靠”将三句合为两句，反讽意味清晰可见，形式结构也贴近原作，然意义却不甚完整；萧译“好比是花金币买醋栗。这是一种骗局。《福音书》中的真理”，意思可谓完整，然既乏讽刺意味，也没有关照原作结构上的特色。下文 Madden back Madden's a maddening back 是文字游戏，说的是这群人中的青年医生玛登押了那匹失败的马“权杖”，而这匹马的骑手名字叫奥·马登，这个名字又与“发疯”的动词形式同形同音，于是就产生了这个文字游戏，押马的人疯押，骑马的人疯骑。金译“马登押马登，马马虎虎瞎蹬蹬。”在形式上很好地转换了原句，但内容却只能说是差强人意，因为“马马虎虎瞎蹬蹬”与 maddening back 意思上相差较远。至于萧译“马登把赌注下在马登骑的那匹马上了，发疯地下赌注”意思上自然没问题，但形式上却毫不相干。下面可能插入了班特与莱纳汉之间的对话。班特要走，叫人挡着他点，以免让勃鲁姆发现他（因为他以为勃鲁姆有意其实是不经意传给他的信息让他赢了赛马，而有人却因为押错马而输了钱，倘被发现可能引发麻烦），因此，这儿的 Stand by 似乎直译（金本）比译作“付账”（萧本）更合适。下面的 Of John Thomas，her spouse 和 Through yerd our lord，Amen 两句承接上文的 O lust our refuge and our strength 继续对祈祷文恶搞，正如前句中用 lust 置换了 God；第二句用 John Thomas 置换了 Saint Joseph；最后一句用 yerd 置换了 Christ。John Thomas 和 yerd 俚语中都指男性性器官。金译将第二句译作“以及她的配偶约翰·托马斯”意思当然没错，但却大可商榷，因为其中猥亵的意味，醉鬼的口吻一点儿都没有了。此外，萧译对这段文字中俚俗语产生的亵渎意味及醉鬼的口吻关注则更欠缺。还有 Shiver my timbers if I had 句中的 Shiver my timbers 是水手赌咒时的常用语，译作“砸了我的船架”（金本）自然不错，不过，这个咒一般具有反讽意味，是那种所谓的 mock oath（*SOED*，p2808），对 native speakers 来讲，其中的 mock 意味，毋庸分辨，然译成这样的汉语，要让国人听出其中的反讽意味，恐怕就难上加难了，因此，这里大可不必拘泥于“船架”；if I had 实即 if I had cheated you，乃是班特接着上句 honest injun 在继续打保票，将其译作“也想不到的呀”（金本）想象的成分似乎多了，尽管这种想象不无道理（即想不到这匹马居然会赢），但却无法从原句获得语言上的印证，由此言之，译作“要是我撒了谎，就让我粉身碎骨”（萧本）可能更清晰，也似乎更贴合原意。

拙译：

母马状态极好。珍珠换鱼目。电报骗报。福音错不了。犯罪当消遣？我看就这么回事。绝没错儿。要是便衣探出这勾当，准叫他进局子。玛登押马登，疯押又疯蹬。哦，肉欲啊，我们的避难所，我们的力量。拔寨。你一定要走吗？回家找妈咪。站边儿上，挡挡我的红脸。要是给他逮着就全砸了。回家吧，班特。**再现，老伙 伙家。**憋 憋忘了给老 老婆只樱樱 草草花儿。透点儿真 真格儿的。啡啡把那小公马捅 捅给你地啊？咱伙家对 对伙家，来句实 世地啊。约翰·托马斯基鸡，她老头儿。一点儿不带假的，利奥老头儿。老天救救我吧，真格的。我要是瞎说就叫我的骨架子全散喽。那才是大大的好人呢。咋不 不跟哦吭 吭一声？嗨，哦呋，那要不 不是犹太佬的猫 猫 猫儿腻，好，就叫哦抹 抹脖 脖只上吊。凭着咱主基基鸡，阿门。（p739）

下段开始的几句：

You move a motion? Steve boy, you're going it some. More bluggy drunkables? Will immensely splendiferous stander permit one stooder of most extreme poverty and one largesize grandacious thirst to terminate one expensive inaugurated libation? (p405/348)

萧译：

你要提议吗？斯蒂夫老弟，你再破费点儿也成吧？他妈的，还喝得下去吧？你这个出手无比大方的东道主，肯让这开始得如此豪华的酒宴散席吗？要知道，你请来的客人个个都是极度贫困，渴得厉害的啊。（pp778－9）

金译：

你要提个提案？斯蒂老弟，你是真上劲儿了。还要那醉人的玩意儿吗？无限慷慨之至的施惠人，是否可以容许一名极其贫穷而又奇渴无当的受惠者首先结束已经开端的一杯贵重饮料呢？（p636）

案：有人（可能是莫里根吧？）问斯蒂芬是否要收场了。Will immensely splendiferous stander permit one stooder of most extreme poverty and one largesize grandacious thirst to terminate one expensive inaugurated libation? 萧本将这个长句一分为二："你这个出手无比大方的东道主，肯让这开始得如此豪华的酒宴散席吗？要知道，你请来的客人个个都是极度贫困，渴得厉害的啊。"这样译，加上第二句"斯蒂夫老弟，你再破费点儿也成吧？"使人清晰地感到，问话者是不赞成他马上结束的。问题是 you're going it some 是"你再破费点儿也成吧"的意思吗？恐怕很值得怀疑，这与下面的 More bluggy drunkables?（还要再喝那醉人的东西吗？）意思相左，无法关联起来。事实上，从这些句子看，问话者的立场是不明确的，也是难于判断的，因此，尽量贴近原句的翻译（若金本）可能是更好的选择。再者，这几句话中大都是文绉绉的大词，用的是那种故作斯文，不乏调侃的调子，还有语言游戏（如 move a motion，stander / stooder），尽量转换这些特色也是译者不能不考虑的。金译显然做了较好的努力，如“提 提案、施惠人、受惠者”等的选择，而萧译不仅在意义上有较多商榷处，也没有注意这里口吻、语调的转变以及字词游戏。

拙译：
你要提个提议吗？斯蒂夫老弟，你是有点儿大了，还要再来点儿这倒霉的醉汤儿吗？无比慷慨的阔主人能让极度贫穷，焦渴万分的穷客人结束这已经开幕的颂圣豪饮吗？（p739）

众人要了苦艾酒，有人叫给勃鲁姆上杯普通酒，班农发现原来米莉的老爹勃鲁姆也在这儿，十分惊讶，立即打算溜走：
I hear you say onions? Bloo? Cadges ads. Photo's papli, by all that's gorgeous. Play low, pardner. Slide.（p405/348）

萧译：
我听你说过葱头？布卢？那个兜揽广告的？那个照相姑娘的爹，这可让我吃了一惊。小声点儿，伙计。悄悄地溜掉吧。（p779）

金译：
我听你说什么来着？布卢？兜揽广告的。照相她老爹，啊唷唷。别张扬，伙计。溜。（p636）

案：I hear you say onions 中的 onions 不太好发音，故警察常用来测试醉鬼。这里的意思显然是“你说的没错吧、我没听错吧”之类。直译“葱头”（萧本），突兀而难理解，而译作“我听你说什么来着？”（金本）则顺畅明白得多。

拙译：

我听你说啥来着？勃鲁？揽广告的。照相她老爹，嚯，这可了不得了。悄点儿声，伙计。溜吧。（pp739－40）

莫里根与班农溜走后，有人问他们哪儿去了？

Where's the buck and Namby Amby？Skunked？Leg bail？Aweel，ye maun e'en gang yer gates.（p405/348）

萧译：

那个花花公子和女模女样的家伙哪儿去啦？上当了吧？逃走了。啊，好的，你们爱到哪儿就到哪儿去吧。（p779）

金译：

壮鹿和那婆婆妈妈的呢？臭鼬了？开跑了。算了吧，你走你的阳关道。（p636）

案：这里的 skunked 俚语意为 betrayed，left in the lurch 等，直译作“臭鼬了？”（金译）突兀而不易理解，萧译“上当了吧？”就好得多。紧接着的一句 Aweel，ye maun e'en gang yer gates 是苏格兰方言，意为 Ah，well，you must even go your own ways。这群人中只有林奇是苏格兰人，因此，这是林奇在对上面问话的人说：嗨，管他呢，你也要走你的路嘛。金译“算了吧，你走你的阳关道”，萧译“啊，好的，你们爱到哪儿就到哪儿去吧”，意思都不错，只是没有方言的味儿。拙译拟关中和晋南方言。

拙译：

那个雄鹿和嗲里嗲气的哪儿去了？叛逃了？溜号了。嗨，管他呢嘛，爱臭哪儿臭哪儿嘛。（p740）

酒店老板两次宣布：关门的时间到了。莫里根和班农也走了，这时大家又看到了那个穿雨衣的神秘人物，于是议论纷纷，之后话题转到葬礼和车赛以及日俄战事等：

Golly, whatten tunket's yon guy in the mackintosh? Dusty Rhodes. Peep at his wearables. By mighty! What's he got? Jubilee mutton. Bovril, by James. Wants it real bad. D'ye ken bare socks? Seedy cuss in the Richmond? Rawthere! Thought he had a deposit of lead in his penis. Trumpery insanity. Bartle the bread we calls him. That, sir, was once a prosperous cit. Man all tattered and torn that married a maiden all forlorn. Slung her hook, she did. Here see lost love. Walking Mackintosh of lonely canyon. Tuck and turn in. Schedule time. Nix for the hornies, Pardon? Seen him today at a runefal? Chum o' yourn passed in his checks? Ludamassy! Pore piccaninies! Thou'll no be telling me thot, Pold veg! Did ums blubble bigsplash crytears cos fren Padney was took off in black bag? Of all de darkies Massa Pat was verra best. I never see the like since I was born. *Tiens*, *tiens*, but it is well sad, that my faith, yes. O, get, rev on a gradient one in nine. Live axle drives are souped. Lay you two to one Jenatzy licks him ruddy well hollow. Jappies? High angle fire, inyah! Sunk by war specials. Be worse for him, says he, nor any Rooshian. Time all. There's eleven of them. Get ye gone. Forward, woozy wobblers! Night. Night. May Allah the excellent One, your soul this night ever tremendously conserve. (pp406/348－9)

萧译：

天哪！那边穿胶布雨衣的家伙究竟是谁呀？达斯蒂·罗兹，瞧他那身打扮。可真神气。他在吃啥？六十周年纪念羊肉。对着詹姆斯发誓，像是喝牛肉汁。真想吃上点儿。你认识那个穿旧短袜的吗？里奇蒙那个下流讨厌的怪家伙吗？痛苦得很哪！他认定自己的阴茎里有颗子弹。胡言乱语的疯子。我们称他作“面包巴特尔”。先生，他曾经是个家道兴旺的市民。穿破衣服的男人娶了个孤女。可是姑娘逃之夭夭。瞧，就是那个被遗弃的男人。穿着件胶布雨衣在寂寞的峡谷里徜徉。喝完酒就去睡吧，规定的时间到了，盯着点儿警察。对不起，你今天在葬礼上瞧见他了吗？是你那个翘了辫子的伙伴吗？天主啊，对他发发慈悲吧！可怜的孩子们！波德老兄，千万别说下去啦！莫非因为朋友帕德尼被装在黑口袋里运走了，你们就泪如雨下吗？在所有的黑人当中，帕特是最好的一个，我平生没见过这么好的一个人。别说了，别说了，然而这是个非常可悲的故事。千真万确。哎呀，滚！在九分之一坡度的地方翻了车。活动车轴碎得一塌糊涂。杰纳齐准定会打败他的。日本佬吗？朝高角度开炮，是吗？据战时号外，给击沉了。他说，形势对俄国有利，而不是日本。到时间了，十一点啦，走吧。前进，醉得脚步蹒跚的人们！晚安，晚安。但愿至尊的真主今晚大力保护你的灵魂。（pp779－80）

金译：

嘿，那边那个穿雨褂的是什么鬼家伙呀？灰尘仆仆的罗兹。瞧他穿的，天老爷呀！他身上还有肉吗？大庆羊肉。得要浓缩牛肉汁，詹姆斯哪。非得有那个才行呢，看见那双破袜子了吗？是里奇蒙德疯人院那个褴褛怪物吗？可不是吗！认为他的阴茎中有铅沉积。短暂性神经失常。我们管他叫巴特尔面包。先生，他原来还是一个富足户哩。破衣烂衫穿一身，娶个姑娘苦伶仃。跑了，女的。这就成了眼前这样失魂落魄了。身披雨褂走孤峡。灌足了睡大觉吧。规定时间到了，小心警察。对不起，你说什么？今天在一个葬礼上见到他啦？你的一个老朋友交账了？主发慈悲吧！可怜的小鬼头们！真是你说的那样吗，波尔德吃素的！大人朋友派德尼让人装进黑袋子拖走，也哇啦哇啦哭鼻子吗？黑人满天下，就数派特先生顶顶好。我从哇哇落地，从没有见过这么好的人。Tiens，tiens，但是真是伤心，那事，实在的，真是。嘿，去你的吧，在九分之一的坡度上加速。活轴驱动没戏了。敢赌你个二比一，杰纳齐能打他个落花流水。日本佬吗？高角度火力，是吗？击沉了，战事特讯说的。他要倒霉的，他说，跟俄国佬一样。时间到了。大伙儿。十一下了。都走吧。走吧，晕晕乎乎跌跌撞撞的！晚安了，晚安了。愿杰出者安拉今晚保护你的灵魂无限美好。（pp637－8）

案：这里的 Jubilee mutton 是一个典故，说的是 1897 年的女王庆典，曾在都柏林施舍给穷人一点儿羊肉的事，由于这施舍太少，后来就被爱尔兰人讥讽地引申为“少得可怜的一丁点儿”的意思了。有人说这位神秘人物是个流浪汉，活像 1900 年前后美国卡通中的 Dusty Rhodes，接着说，瞅瞅他穿戴的那身行头（Peep at his wearables），之后的 What's he got？Jubilee mutton 金译作“他身上还有肉吗？大庆羊肉”，以“他身上还有肉吗？”译“What's he got？”是不是想象得离谱了点儿。我想这样译的前提是想象他骨瘦如柴，不过，即便他身上瘦得一点儿肉也没有了，也很难与女王分给穷人吃的一点儿肉联系起来吧？当然，译者也许可以辩解说，二者都少得可怜，但女王分的肉毕竟是给人吃的呀。萧译“他在吃啥？六十周年纪念羊肉”也发挥了想象力，当然，吃羊肉，似乎可以和下文的 Bovril（牛肉汁）关联起来，好像依据坚实了些，但“What's he got？”既然没有明确说“吃”，何必一定要译得那般明确？留给读者去想象不好吗？说这位神秘人物的这部分内容读讹的字似乎很少，看来是这段中较为清醒的口吻。因此，Rawthere！就未必是 So there！的读讹，Trumpery 也未必是 temporary 的读讹。如果这个判断是对的，那么，金译 Rawthere！为“可不是吗！”就不似萧译“痛苦得很哪！”更贴原意；金译 Trumpery insanity 为“短暂性神经失常”也就不似萧译“胡言乱语的疯子”更合适。下文说这个神秘人物是“面包巴特尔”，曾经发达过，现在潦倒了，接下来那句 Man all tattered and torn that married a maiden all forlorn 仍拟前文所引《杰克造馆舍》中的句子，很注重头韵和脚韵的安排，读来有相当美的声韵效果，翻译恐怕不能不考虑这里的形式因素。金译“破衣烂衫穿一身，娶个姑娘苦伶仃”无疑做了努力；而萧译“穿破衣服的男人娶了个孤女”就丝毫未加考虑。下面店家催众人离开时说的There's eleven of them好像指他们共有十一人，不指时间(若两译)，他们原本十人，加上刚刚出现过的班特，当是十一人。下面转到的几个话题，醉鬼的大舌音、秃舌音夹杂方言俚语的词句越来越多，两译均关注不够，萧译尤是。

拙译：

天呀，那边穿雨衣的那货到底是哪儿的么？灰头土脸的罗兹。瞧他那身穿戴。我的个天！他还有嘛呀？就那丁点儿庆典羊肉啦。哎呀，在喝牛肉汁呢。太需要来点那个了。你认得那双赤裸的短袜子吗？里奇蒙的那个肮脏下流的家伙吗？难过着呢！以为他那阴茎里沉积了铅什么的。没用的神经病。我们都叫他面包巴特尔。先生，那人有一阵儿可兴旺过呢。破衣烂衫不成样，娶个孤女真恓惶。脚底抹油，她溜了。喏，这不成这样儿了，魂都没了。身披雨衣走荒峡。灌饱了去睡大觉吧。到时间了。盯着点儿雷子。说什么来着？今儿在脏礼上瞅着他了？你一哥儿们过去啦？天祖发发瓷悲吧！可褴的黑孩儿们哪！别再跟我说扎些啦，波尔德老蔫儿啊！本友帕德尼给人装进黑袋子里拖走啦，就因为扎就扎么鼻涕眼泪的哇哇大哭吗？世上那么多黑人，帕德老伙计是醉好的啦。自打我生出来还没见过那么好的人哪。哎，行了，可真伤心哪，唉，真是的。嗨，别扯了，在九分之一的坡度上加速，活轴驱动是不灵的。我赌你二对一，杰纳奇铁定打他个屁滚尿流。日本佬吗？高角度开炮，嘚吧！打沉了，战时专号说的。其实对他更不利，他说，而不是疤果佬。时间到了伙计们。他们十一个啊。抬腿走人吧。走吧，迷迷糊糊飘飘忽忽的啦！晚，晚安啦。愿至高无上的安拉保佑你们的灵魂今儿晚睡得安稳。(pp740－1)

下一段中

The Leith police dismisseth us. The least tholice.（p406/349）

萧译：

是利斯的警察把我们撵走的。一点儿也不宽容。（p780）

金译：

利斯警士试了试。利希鸡希。（p638）

案：此句是警察要醉汉不断重复的话语，以便测试他们醉没醉，原句的意义无关紧要，不宜拘泥，而应尽力在形式上模拟。金译努力了；萧译没有。

拙译：

莱思警士试我啐木啐。我啐木啐。（p741）

第十五章

此章写斯蒂芬与林奇从伯克酒店出来后游荡都柏林红灯区，即乔伊斯所谓的“夜城”（night-town）的情景。勃鲁姆不放心，一直尾随着他们。乔伊斯在此章中采用了戏剧的形式，力图展示勃鲁姆和斯蒂芬等紊乱、无序的心理以及如梦如幻的精神状态。鉴于此章独特的形式结构，译文在忠实的前提下，似可有一定的灵活度。

此刻已经是子夜。红灯区呈现出肮脏、破败、昏暗、淫荡的景象。醉意朦胧的斯蒂芬与林奇在这里的街道上晃来晃去。最后，勃鲁姆将烂醉后被大兵打晕的斯蒂芬救出。下面就一些具体句段加以讨论：

1. 斯蒂芬对林奇说，“能成为世界通用语言的是手势，而不是音乐，也不是气味”，林奇将这个理论称之为“娼门哲理神学”（pornosophical philotheology），暗示其与性压抑的某种关联，斯蒂芬随即举出了莎士比亚、苏格拉底和亚里士多德等曾经受过悍妇等欺凌的大师级人物。林奇问斯蒂芬到哪儿去时，斯蒂芬回答说：

   Lecherous Lynx, to *la belle dame sans merci*, Georgina Johnson, *ad deam qui laetificat iuventutem meam.*（p412/353）

   萧译：

   好色的山猫，咱们找无情的美女乔治娜·约翰逊去，走向年少时曾赐予我欢乐的女神。（p792）

金译：

淫荡的林中奇兽，去找 la belle dame sans merci，乔治娜·约翰逊，ad deam qui laetificat iuventutem meam.（p645）

案：Lecherous 意为“淫荡的”，Lynx 意为“山猫”，且其发音与林奇的名字 Lynch 发音相近，与 lecherous 连用，又形成头韵。这里用来称呼林奇，产生了谑谐意味，性挑逗的意思是十分明显的。金译较好地关照了这里的联系，萧译却没有。

拙译：

淫邪的林中奇猫，去找无情的美女，乔治娜·约翰逊，去找我少年时代的欢乐女神。（p749）

2. 勃鲁姆出现之后，路过一家美发店，橱窗里有些照片，门边放着凹凸镜。乔伊斯描写了他看到凹凸镜中自己的形象：

A concave mirror at the side presents to him lovelorn longlost lugubru Booloohoom. Grave Gladstone sees him level, Bloom for Bloom. He passes, struck by the stare of truculent Wellington, but in the convex mirror grin unstruck the Bonham eyes and fatchuck cheekchops of jollypoldy the rixdix doldy.（pp412－3/354）

萧译：

映在旁边那凹面镜里的是害着相思病、憔悴不堪、阴郁忧伤的布—卢—姆。严峻的格拉顿从正面逼视着他——身为布卢姆的布卢姆。剽悍的威灵顿瞪着双目，吓得他赶紧走过去，然而映在凸面镜里那小猪眼睛肥下巴胖脸蛋儿，快快活活的波尔迪，逗乐的笨蛋，笑嘻嘻的，却丝毫也没让他受惊。（p793）

金译：

旁边的一面凹镜中供他观赏的，是失宠失欢、失魂落魄的布—卢—

姆。在庄严的格莱斯顿的目光中，他并无异样，布卢姆就是布卢姆。好斗的惠灵顿狠狠地瞪着他，把他吓得赶紧走过去，但是凸镜里的傻笑模样，又叫大大咧咧瓜里瓜气的波尔迪的小猪崽子眼睛亮了，肥腮帮子脸颊子都放开了。（p646）

案：这里的 lovelorn longlost lugubru Booloohoom 和 the Bonham eyes and fatchuck cheekchops of jollypoldy the rixdix doldy，试图用变形的字词和极富韵律感和节奏感的诵读来显示内外均发生了形变的勃鲁姆形象，翻译似应尽可能关照这一点。金译“失宠失欢、失魂落魄的布—卢—姆/大大咧咧瓜里瓜气的波尔迪”显然做了努力；而萧译“害着相思病、憔悴不堪、阴郁忧伤的布—卢—姆/快快活活的波尔迪，逗乐的笨蛋，笑嘻嘻的”却关注不够。

拙译：

旁边的一面凹镜向他显示出丧欢失爱丧魂失魄伤心迷惘的勃—鲁—某。庄严的格莱斯通平视着他，勃鲁姆还是勃鲁姆。接着，凶狠好斗的威灵顿瞪着他的目光把他吓得赶紧走了过去，但出现在凸镜中他那笑着的傻样儿，却让没心没肺笨头笨脑的波尔迪的那对小猪崽眼睛肥下巴子和脸膛子舒展开来了。（p750）

3. 勃鲁姆的幻觉中先后出现了与其父、母、妻子等的场景，在与妻子莫莉相对的幻境中，勃鲁姆嗫嚅着说：
I can give you ... I mean as your business menagerer ... Mrs Marion ... if you ... （p418/359）

萧译：

我可以给你……我的意思是说：作为你的经纪人……玛丽恩太太……假若你……（p801）

金译：

我可以给你……我的意思是作为你的经理兽栏人……玛丽恩太太……如果你……(p653)

案：此句中 menagerer 显然是 manager 的变体。在勃鲁姆内心深处始终存在着作为莫莉的情人鲍伊兰的形象，而鲍伊兰又是她演唱事务的 manager。显然，这里的 menagerer 是 manager(经纪人)、menagerie(兽群)、menage(法语：家务)三个字的混合。勃鲁姆自知无法取代妻子的情人兼“经纪人”鲍伊兰之类的“兽类”，只能小心翼翼地表示愿意在管理她的“家务”之外，再对其“兽群”加以管理。这样看来，仅仅将其译作“经纪人”(萧本)显然不能传达这里包含的深意；而译作“经理兽栏人”(金译)则较好地传达了这里包含的意思，然仍未能表达出 menage 的意思。

拙译：

我可以给你……我的意思是做你的家务兽群管理人……玛丽恩太太……如果你……(p758)

4. 下文“散发着光和香气”的香皂出现后有一句说药店老板斯威尼的脸：

(*The freckled face of Sweny*, *the druggist*, *appears in the disc of the soapsun.*)(p419/360)

萧译：

(药剂师斯威尼那张满是雀斑的脸出现在太阳牌肥皂的圆盘上。)(p801)

金译：

(在香皂太阳的圆盘中，出现了药房老板斯威尼的满是雀斑的

脸。)(p653)

案：此句模拟《圣安东尼的诱惑》结尾 in the disc of the sun itself, shines the face of Jesus Christ。不知为什么萧本要将这个幻化作香皂圆盘的太阳译作“太阳牌肥皂”?

拙译：
在香皂太阳的圆盘中，药店老板斯威尼布满雀斑的脸出现了。(p759)

5. 老鸨儿试图将勃鲁姆拉进她的窑子中。勃鲁姆的脑子里再次出现幻境，首先出现的是他曾经邂逅的第一个妓女布莱狄 · 凯丽，这时有一句：
Hatch street. Any good in your mind?(p420/361)

萧译：
哈奇街。你心目中有好的吗?(p803)

金译：
哈奇街。你的脑筋还管用吗?(p654)

案：在这组幻境中，随着布莱狄 · 凯丽之后，依次出现的戈蒂、布林太太都曾与勃鲁姆有过某种瓜葛，这句话应是勃鲁姆在看到凯莉的幻象后，对自己的一种设问。any good 不乏自嘲的意味，其意似应为，你心里还有什么别的好事儿吗? 不知为什么金本将其译作“你的脑筋还管用吗”? 萧译庶几接近。

拙译：
哈奇街。你脑子里还有什么别的好事儿吗?(p760)

6. 勃鲁姆与布林太太当年在乔治娜·辛普森庆祝新屋落成的场合玩耍的幻境中有一段对话：

Bloom：(meaningfully dropping his voice) I confess I'm teapot with curiosity to find out whether some person's something is a little teapot at present. Mrs Breen：(gushingly) Tremendously teapot! London's teapot and I'm simply teapot all over me! (she rubs sides with him) After the parlour mystery games and the crackers from the tree we sat on the staircase ottoman. Under the mistletoe. Two is company. (p423/363)

萧译：

布卢姆：(有意把嗓门放低)说实在的我怀着强烈的好奇心想知道，某一位的某物眼下是不是有点儿热热的。

布林太太：(亲昵地)热得厉害！伦敦热的，我简直浑身热热的！(同他的侧腹相蹭蹬)咱们在客厅里玩猜谜游戏，再从圣诞树上取下摔炮玩它一阵然后就坐在楼梯口的长凳上，槲寄生枝的阴影里。光是咱俩在一起。(p807)

金译：

布卢姆：(意味深长地降低了声音)我承认，我的好奇心已经茶壶，想知道某一个人的某物目前是不是有一点儿茶壶。

布林太太：(大动感情)茶壶得非常猛烈！伦敦茶壶了，我简直全身都茶壶了！(她和他侧面紧挨着身子)完了客厅解谜游戏，又从树上摘下了彩包爆竹之后，咱们坐在楼梯下软座上。在槲寄生枝下。两人成伴。(pp658－9)

案：这里的teapot指一种猜字游戏，出谜者说这个字，而实际所指却是自己心中想的另一个字，换言之，teapot可以代替任何字，但要猜出这个字，一要有一比较清晰的语境，二须出谜者与猜谜者之间有较为亲密的关系，庶几可以做到心照不宣。从这段对话不难看出，勃鲁姆与布林太太年轻时确实关系非同一般，故能做到心有灵犀。勃鲁姆说 teapot，布林太太马上明白他心中想的必是 burning（着火，燃烧），于是用 London's teapot 给出了答案，读者也有可能借由坊间传唱的童谣 London Bridge is falling down 想到 1663 年和 1666 年伦敦的那两场大火，从而联想到谜底。事实上，布林太太对他俩当时亲昵场景（这里是幻境）的动情回忆，也为读者理解这一字谜提供了明白的语境。因此，将此字直译为“茶壶”（金译、拙译），加上页下的注释，可以让读者明白这里的字谜游戏，应该是较好的选择，而意译（萧本）为“强烈”、“热”之类则不可取，因为这种译法将这里的字谜游戏完全丢弃了。

拙译：

勃鲁姆：（意味深长地降低了声音）我坦白，我的好奇心茶壶了，想知道某人的什么物儿现在是不是也茶壶了。

布林太太：（动情地）茶壶得太猛了！伦敦茶壶了，我浑身上下都茶壶了！（她用侧腹部蹭他）客厅猜字游戏完了，树上的彩包爆竹摘下后，咱俩就坐在楼梯下的矮凳上。在槲寄生树枝下。俩人成伴侣。（p764）

7. 跟在勃鲁姆身后的狗化作了“公民”的那只名叫“加里欧文”的狗，勃鲁姆招呼它，那狗的回应是：

（*The wolfdog sprawls on his back, wriggling obscenely with begging paws, his long black tongue lolling out.*）（p430/370）

萧译：

（那只狼狗摊开四肢爬在他的背上，伸出长长的黑舌头，用乞讨的前爪作猥亵状，扭动着。）（p816）

金译：
（狼犬翻身仰天卧倒，伸出长长的黑舌头，怪模怪样地扭动着脚掌表示乞求。）（p667）

案：这里的 on his back 究竟应该作何理解？是勃鲁姆的背上，还是狗自己的背上？倘若是前者，萧译自然不错，倘若是后者，萧译就似乎不妥了。试想，这狗倘若"爬在他（勃鲁姆）的背上"，它的前爪怎么可以"扭动着""乞讨"？看来，金译"狼犬翻身仰天卧倒"当更接近原意。

拙译：
（狼狗仰天躺下，令人厌恶地摇着爪子，吐出长长的黑舌乞食。）（p772）

8. 巡警甲要带勃鲁姆到警局，勃鲁姆害了怕，这里有一句：
lifting his right forearm on the square, he gives the sign and dueguard of fellowcraft.（p433/372）

萧译：
将右臂伸成直角形，做共济会会员的手势和正当防卫的架势。（p820）

金译：
将右臂平举胸前，做共济会二级工匠记号并行礼。（p670）

案：句中的 dueguard 一字由 due 与 guard 两个字合成，意思是"正当防卫"，对于共济会会员来说，这种姿势表明自己的共济会会员身份，也有牢记誓言，注意言行，在遇到危难时作正当防护之意。金译没有译出"正当防卫"之意，似不如萧译那般形完意足。

拙译：

将右小臂弯曲平举至胸前，行共济会二级工匠手势和正当防卫姿态。（p776）

9. 下文说到柴尔兹杀兄案有一句

By striking him dead with a hatchet.（p433/372）

萧译：

控告我用小斧子把他砍死了。（p820）

金译：

用短柄小斧砍死的。（p670）

案：这个句子简短明了，仍然是在举那些被错判的案例，意在提示巡警，不要搞错，说明现在要带他去警局是错误的。萧译显然是将下面的I am wrongfully accused，和这个案子扯到了一起，其实，勃鲁姆与这个案子并没有关系。不过应该说明的是，初版在两句间使用了逗号，在一定程度上容易造成混淆，但即便按初版将其作一句看待，仔细辨析仍不难看出，下半句用的是现在时（am），无疑说的是当下他勃鲁姆的冤情。故直译（如金本）是最佳选择。

拙译：

用短柄小斧把他砍死的。（p776）

10. 下文勃鲁姆的陈述中说到自己的身世，有一句：

（*... A sevenmonths' child*，*he had been carefully brought up and nurtured by an aged bedridden parent ...*）（p437/377）

萧译：

(……他曾经是七个月就出生的早产儿，由多病并断了弦的老父精心抚养大。……)(p826)

金译：

(……他是娘胎七月出生的，堂上细心将他养育带大，但已年迈而缠绵病榻。……)(p676)

案：此句中的bedridden是缠绵病榻，卧床不起的意思，萧译加上“断了弦的”，似乎有点儿任性；而译作“缠绵病榻”(金译)则较妥帖。

拙译：

他七个月就出生了，然后由年迈且卧病不起的单亲悉心照料，养育成人。(p782)

11. 下文勃鲁姆在道德法庭充当大法官时，大鼻子弗林问，能不能用火险作抵押贷款，勃鲁姆的回答是：

Sirs, take notice that by the law of torts you are bound over in yourown recognisances for six months in the sum of five pounds. (p460/398)

萧译：

各位先生，请注意，由于你们的侵权行为，应交保释金五英镑，限期六个月。(p858)

金译：

诸位请注意，按照侵权行为法，由各位本人具结负责，金额五镑，为期六个月。(p704)

案：这话的意思是清楚的，即根据民事侵权法，你们可以贷六个月期限的五镑款子，由本人具结担保就可以了。这是非常宽松的贷款条件，金译大致不差；而萧译“交保释金”云云，则有点离题太远了。

拙译：

请各位注意，按照民事侵权法，由本人具结担保，金额五镑，期限六个月。（p813）

12. 勃鲁姆在阐述他的社会变革理想时有一段文字：

I stand for the reform of municipal morals and the plain ten commandments. New worlds for old . Union of all, jew, moslem and gentile. Three acres and a cow for all children of nature. Saloon motor hearses. Compulsory manual labour for all. All parks open to the public day and night. Electric dishscrubbers. Tuberculosis, lunacy, war and mendicancy must now cease. General amnesty, weekly carnival with masked licece, bonuses for all, esperanto the universal language with universal brotherhood. No more patriotism of barspongers and dropsical imposters. Free money, free rent, free love and a free lay church in a free lay state. (p462/399)

萧译：

我主张整顿本市的风纪，推行简明浅显的《十诫》。让新的世界取代旧的。犹太教徒、伊斯兰教徒与异教徒都联合起来。每一个大自然之子都将领到三英亩土地和一头母牛。豪华的殡仪汽车。强制万民从事体力劳动。所有的公园统统昼夜向公众开放。电动洗盘机。一切肺病、精神病、战争和行乞必须立即绝迹。普遍大赦。每周举行一次准许戴假面具的狂欢会。一律发奖金。推行世界语以促进普天下的博爱。再也不要酒吧间食客和以治水肿病为幌子来行骗的家

伙们的那种爱国主义了。自由货币，豁免房地租，自由恋爱以及自由世俗国家中的一所自由世俗教会。(pp859－60)

金译：
我主张改革全市公共道德，推行明白实在的十诫。旧世界要改为新世界。团结一切人，犹太人、穆斯林、非犹太人。凡是大自然的子女，都有三英亩地和一头牛。沙笼式机动灵车。人人都有参加体力劳动的义务。一切公园都昼夜对公众开放。电动洗碟机。结核病、疯狂愚蠢、战争、行乞都必须从此绝迹。普遍实行大赦，每周一次戴上假面具纵情狂欢，人人都有奖金，世界通用世界语，世界大同。再也不许那些在酒店里混酒喝的人水肿的骗子满口爱国。金钱要无限，房租要免交，恋爱要自由，宗教要自由开放，国家要自由无宗教。(p706)

案：此段文字清晰地表达了勃鲁姆(乔伊斯)通过改革实现理想的大同社会的白日梦。其最后一句一连用了五个 free 表达他心目中对"自由"的向往。free 这个字具有相当大的内涵，《简明牛津词典》(*SOED*)给出其形容词的解释达 29 条(倘加上一些条目下的 a、b、c，当不止此数)之多，说明它可以同许多词搭配，用在许多不同的地方。那么，当它与"金钱"(money)连用时，指什么呢？是"自由货币"(若萧译)或者说"货币的自由流通、兑换等"吗？恐怕不大对；是"金钱要无限"(若金译)或者说"金钱的极大丰富"吗？应该说有这个意思，但仍不够确切。愚意以为，这里的 free money 似指在物质和金钱极大丰富的社会状况下，钱容易获得，就是说，可以通过较少的付出，赚取较多的金钱，甚至极少乃至不付出也可获得金钱(譬如，各种社会福利金的获得)。故，拙译为"金钱容易得"，不知这样译是否更接近勃鲁姆的原意些？free rent 译"房租要免交"(金本)或"豁免房地租"(萧本)应该说没有什么大问题，但仍觉不够确切，rent 一词的首义固然指"房地租"，但又不限于房地租，租一台机器，租一辆汽车等似乎也是 rent，因此，译“房地租”就不如译“租金”来得确切。free love 译作自由恋爱（两译均此）自然不错，但依然不到位，因 free love 一般指“婚外性关系的自由”，而不仅仅指婚前的恋爱自由，故译这里的 love 为“性爱”显然要优于“恋爱”。free 和 church 连用时，指“完全不受政体控制的”的教会；lay church 指完全由非职业的主教主持的教会，因此，这里的 free lay church 指那种脱离政体控制，完全由世俗民间人士主办的教会，由于西方数千年来政教合一的传统，勃鲁姆心目中完全摆脱政治控制的宗教观念尚未形成，因此这里仅仅提出在一个世俗的自由国度中建一家政教分离的教会的观念，如此看来，萧译是确切的，而金译“宗教要自由开放，国家要自由无宗教”不仅离开了原意，而且上下两句也相互抵牾。此外，此句整齐的排比和“自由”一词的多次重复产生了形式美与音韵美。金译关注了这里的形式因素，萧译没有。

拙译：

我主张革新我市的公共道德，推行简明务实的十诫。变旧世界为新世界。团结所有的人，犹太人、伊斯兰人和非犹太人。凡自然之子都应有三英亩地加一头牛。轿式机动灵车。人人都要参加体力劳动。所有公园昼夜对公众开放。电动洗碗机。结核病、精神病、战争、乞讨必须从此绝迹。实行大赦，每周举行假面狂欢活动，人人拿奖金，世界语成为通用语言，四海之内皆兄弟。再没有在酒店骗酒的混混和患水肿的骗子唱爱国高调。金钱容易得，租金从此免，性爱要自由，教堂自由建，官家无权管，自由之国现。（p815）

13. 下文一群孩子围着勃鲁姆奚落他，“狱门会”的女孩们唱：

If you see Kay
Tell him he may
See you in tea

Tell him from me.（p468/405）

萧译：
你若遇凯伊，
告诉他可以
喝茶时见你
替我捎此语。（p868）

金译：
你若见她
角边有虫
请你告她
尸下穴中。（p714）

案：这里的小曲，第一句 If you see Kay 连读即 FUCK（性交的鄙俗说法）；第三句 See you in tea 连读即 CUNT（女子性器官的鄙俗称谓），其淫邪的性意味跃然纸上，而其字面意义则退居毫不重要的位置，因此，如何通过翻译，暗示这种淫荡意味应是译者努力的方向。金译将一三句转为二四句，以“角边有虫”暗示“触”字；以“尸下穴中”暗示“屄”字，基本上传达了原文隐含的意义，值得肯定。而萧译直译原文，字面意思是出来了，但隐含的意义却不见了，故不足取。

拙译：
若见凯爷
入肉可也
请即告他
穴在尸下。（p825）

14. 勃鲁姆惹恼了佐怡，意识到自己“太不随和”后有一句：

I am very disagreeable. You are a necessary evil. Where are you from? London?（p471/408）

萧译：

我知道自己着实叫人厌烦。你固然邪恶，可我没你还真不行。你是从哪儿来的？伦敦吗？（p871）

金译：

我确是很不随和。你是一种无法避免的邪恶。你是从哪儿来的？伦敦吗？（p717）

案：You are a necessary evil 是对佐怡上文 Give a bleeding whore a chance 的回应。因此句中的 you 似应理解为娼妓这个行当，而不宜理解为妓女个人，necessary 理解为“无法避免”（金译：你是一种无法避免的邪恶。）好像也不十分确切；而理解为“需要”（社会之必需）之类似更恰当，不过平添上“我”这个特指（萧译）就走样了。

拙译：

我的确是太不随和了。你们虽然邪恶，可没你们还不行。你是从什么地方来的？伦敦吗？（p828）

15. 以以利亚面目出现的道维在长篇说教中有一句：

You once nobble that, congregation, and a buck joyride to heaven becomes a back number.（p478/414）

萧译：

各位会众，你们一旦有所领悟，前往天堂的起劲愉快的兜风，就不

赶趟儿了。(p881)

金译:
教友们，你们只要抓住这一点，一块钱上天堂的舒心包车就坐定了。(p727)

案：这句话的意思是，你们只要领悟了这个(即上文所谓的内心那个更高的自我)，花一块钱上天堂的快乐旅行就完全可以实现了。back number 一般指旧的期刊，这里的意思是“过去的”，“已经实现的”等，萧译误解了这个短语这里的意思，其译(就不赶趟儿了)与道维的意思全拧了。

拙译:
教友们，你们只要抓住这个，花一块钱上天堂的快乐包车就算坐定了。(pp838－9)

16. 道维在说教的末尾号召大家唱《圣城》，歌颂耶路撒冷:“耶路……(Jeru ...)”，刚开口就被留声机的吱嘎声遮盖了，留声机的声音是:
Whorusalaminyourhighhohhhh ... (p478/414)

萧译:
和路撒拉米牛亥和……(p882)

金译:
呼耶路撒冷在你高高高高高高……(p727)

案：这个长字拆开就是 Whorusalam in your high ho hhhh，这里既有对留声机摩擦的吱嘎声的拟音，又通过字头的变形，用 Whorusalam

取代了 Jerusalam，将 whore（妓女）的意义巧妙地嵌入圣歌的歌词中，其嘲讽意味不言而喻。萧金两译均未考虑乔氏这里的良苦用心，不免令人遗憾。

拙译：
妓路撒冷在您高高咯咯咯喀……（p839）

17. 勃鲁姆的祖父在评论第二个妓女吉蒂时说她的穿着刻意想显出丰满，但仍掩饰不住瘦骨嶙峋的身材，提醒勃鲁姆要仔细观察。说到他脑中的响声时有几句：
Parallax！（*with a nerves twitch of his head*）Did you hear my brain go snap？ Pollysyllabax！（p482/418）

萧译：
视差！（神经质地扭动一下脑袋）你听见我的头咔嗒一声响了吗？多音节的绕嘴词。（p887）

金译：
视差！（脑袋作一神经性抽搐）我的脑子开裂了，你听见了吗？鹦哥儿学舌差！（p732）

案：Pollysyllabax 这个字由 poll（人头）、polly（鹦鹉）+ syllabax 合成，而 syllabax 显然模拟他刚刚说过的 Parallax（视差）一字。Syllabax 的字根 syllable 意为语音中的“音节”等，可以引申为“讲义”、“大纲”（syllabus，syllabi）等。萧译“多音节的绕嘴词”似不甚确切，也未能贴近原文中与“视差”的关联；金译“鹦哥儿学舌差”传达了与“视差”的关联，但也似乎缺失了与前一句 Did you hear my brain go snap？（你听到我脑子里的噼啪声了吗？）的关联，也就是缺失了此字中 poll 的意思。

拙译：

视差！（头部神经性地抽动）你听见我脑子里的噼啪声了吗？人头视听差！（p845）

18. 接下来，维拉格警告勃鲁姆：

Hoax！Beware of the flapper and bogus mournful. Lily of the alley. All possess bachelor's button discovered by Rualdus Columbus. Tumble her. Columble her. Chameleon.（p482/418）

萧译：

骗子！当心这轻佻丫头和她假装出的悲伤。巷子里的百合。人人都有鲁亚尔杜斯·科隆博所发现的矢车菊。压翻她。让她变得像只鸽子。水性杨花的女人。（p887）

金译：

骗局！你要提防轻佻的和假悲伤的。胡同里的百合花。都有鲁阿德斯·哥伦布发现的矢车菊。和她打滚吧。哥伦布她吧。变色龙。（p732）

案：这里第二句中的 flapper 指他评论的第一个妓女佐怡，bogus mournful 则指第二个妓女吉蒂。萧译“当心这轻佻丫头和她假装出的悲伤”把两个人当作了一个人。金译“你要提防轻佻的和假悲伤的”就确切了。第四句中的 bachelor's button 字面意思是“矢车菊”，实际却借指意大利解剖学家 Rualdus Columbus 自称发现的“阴蒂”，button 的意象可谓一语双关。萧金两译均直译其字面意思，当然不错，但隐含的意思就只能靠注释来说明了。这里的描写颇类《金瓶梅》第二十七回中西门庆戏耍潘金莲的情形，且用了“花心”的这一引申义，拙译借来关联这里的两义，不知可否为一个较好的选择？Columble her 中的 Columble 借用了这位解剖学家的姓，模拟上一句中的 tumble，加以变形，其淫邪的意思不辨自明，金译“哥伦布她吧”意思就不甚显豁。Chameleon 直译作“变色龙”（金本），也不及译作“水性杨花的女人”（萧本）好。

拙译：

骗局！小心轻佻的和假悲伤的。胡同里的百合花。都有鲁阿德斯·哥伦布斯发现的花心。在她身上打滚吧。把她滚得服服帖帖吧。水性杨花的女人。（p845）

19. 勃鲁姆回应其祖父维拉格曾教他用“小麦面粉加蜂蜜和肉豆蔻”（Wheatenmeal with honey and nutmeg）对付麦粒肿和肉赘的方法时说：

Wheatenmeal with lycopodium and syllabax. This searching ordeal.（p483/419）

萧译：

小麦面粉掺上石松粉和希拉巴克斯。这可是个严峻的考验啊。（p889）

金译：

小麦面粉加石松粉加学舌差。这场寻找受的罪啊。（p734）

案：这里的 lycopodium 和 syllabax 已是前文出现过的，因此，应仍用与前文一致的译法，萧译将 syllabax 前文译作“多音节的绕嘴词”，这里译作“希拉巴克斯”，不知何故。这么译使得语义模糊，因而不得不再次做出注释。下面一句中的 searching 一字显然有双关的含义：表面上指从这几个妓女中做出选择不易，也指跟踪寻找斯蒂芬不易，因此不宜漏掉，萧译“这可是个严峻的考验啊”漏掉这一关键意义，显然不妥；金译“这场寻找受的罪啊”就明确多了。

拙译：

小麦面粉加石松粉和人头视听差。这回找人可够受的了。（p847）

20. 维拉格向勃鲁姆推荐可以壮阳的食物牡蛎与一种块菌时说：

Redbank oysters will shortlybe upon us. I'm the best o'cook. Those succulent bivalves may help us and the truffles of Perigord, tubers dislodged through mister omnivorous porker, were unsurpassed in cases of nervous debility or viragitis.（p485/420）

萧译：

咱们很快就能吃上红沙洲的牡蛎了。我是手艺最高的厨师。这种有滋味的双壳贝对身体有好处，让无所不吃的猪先生去挖掘佩里戈尔的块茎，那对神经衰弱和悍妇炎患者有着奇效。（p891）

金译：

红岸牡蛎快上市了。我是最佳厨师。这些鲜美的双壳海味可以给我们添劲，佩里戈尔的块茎也是，由无所不吃的肥猪先生帮我们挖出来的地下块茎，对于神经衰弱或是泼妇症都有奇效。（p736）

案：这里的 nervous debility 显然是指一种神经性（心理性）勃起障碍，viragitis 则指具有男子气，较为凶悍的妇人。萧金两译均将前者译作“神经衰弱”，从字面看似无不可，然究其实质，则嫌不够确切。

拙译：

红岸牡蛎马上就上市了。我是最好的厨师。这些多汁多肉的双壳海鲜会给我们增力长劲，佩里戈尔的块菌也有神功，由什么都吃的肥

猪先生从地下拱出的这种块茎，对于心理性勃起障碍和悍妇症有无可超越的奇特疗效。（pp849－50）

21. 连体孪生兄弟醒菲利普和醉菲利普是斯蒂芬内心相反相成的两个自我。醉菲利普说：

Have a notion I was here before. When was it not Atkinson his card I have somewhere. Mac Somebody. Unmack I have it. He told me about, hold on, Swinburne, was it, no?（p487/423）

萧译：

我觉得先前到这儿来过。是什么时候来着？他不姓阿特金森，我有他的名片，不知放在哪儿啦。叫作麦克什么的。想起来了，叫昂马克。他跟我谈起过——且慢，是斯温伯恩吧，对吗？（p895）

金译：

我仿佛来过这地方。是什么时候不是阿特金森我有他的名片放在哪里了。麦克什么人。非麦克我倒是有的。他跟我谈，等一下，斯温伯恩，对吧，不对吗？（pp739－40）

案：这段话表明斯蒂芬在醉意朦胧的状态中试图弄清楚，他先前和谁在这儿来的。这几句醉汉的话本来就不太清晰，也没有明确点断，译清楚了（萧译），就不像了。基本上保持原来形式（金译）显然要更妥帖些。

拙译：

觉得我先前来过这儿。是什么时候不是阿特金森我把他名片放什么地方了。麦克什么人。非麦克我有。他跟我谈起过，等等，斯温伯恩，对吧，不对吗？（p853）

22. 下文有一句：

(*Kitty unpins her hat and sets it down calmly*, *patting her henna hair. And a prettier*, *a daintier head of winsome curls was never seen on a whore's shoulders. Lynch puts on her hat. She wipes it off.*)(p489/425)

萧译：

(基蒂摘下帽子上的饰针，安详地把帽子撂下，拍了拍她那用散沫花染过的头发。从没见过一个娼妓肩上披散着这么一头秀美漂亮、光艳动人的鬈发呢。林奇把她的帽子戴在自己头上。她把它扒拉下去。)(pp897－8)

金译：

(基蒂解开帽子，镇静地放下，轻拍自己的染了指甲红的头发。在哪一个妓女的肩头上，也没有见过比这更漂亮、更娇美可爱的一头鬈发。林奇为她戴上帽子。她一把抓掉。)(p742)

案：这里的Lynch puts on her hat究竟是林奇把帽子戴在了自己的头上，还是吉蒂的头上，似可作两解。吉蒂摘下帽子，有意展示自己的一头秀发，林奇与其余在场的人不会不明白，再把帽子给她戴回去(金译)是什么意思呢？会增加她的美丽吗？还是表示不满意呢？二者均说不通，而林奇将帽子戴在自己的头上(萧译)则有嬉戏和玩闹的意思，与下面她将帽子扒掉，也可顺理成章地联系起来。

拙译：

吉蒂解开帽上的别针，平静地把帽子放下来，拍散染了指甲红的头发。在哪一个妓女的肩上都没有见过比这更迷人、更秀丽的一头卷发了。林奇戴上她的帽子，她把帽子扒掉。(p856)

23. 林奇与斯蒂芬的对话：

Lynch：He is. A cardinal's son.

Stephen：Cardinal sin. Monks of the screw.（pp491－2/427）

萧译：

林奇：可不是嘛。一位红衣主教的儿子。

斯蒂芬：犯了大罪。不守清规的修士们。（p900）

金译：

林奇：不错。他是枢机主教的儿子。

斯蒂汾：输急了的罪孽主角。拧螺丝修士会。（p745）

案：弗罗丽说斯蒂芬是一个“被宠坏了的神父”（spoiled priest），林奇接着说斯蒂芬是A cardinal's son（红衣主教的儿子），斯蒂芬自嘲说是Cardinal sin（红衣主教的罪，即基督教的七大罪：傲慢、愤怒、嫉妒、淫欲、饕餮、贪财、懒惰），意思是说这七大罪在父亲西蒙和自己身上都有体现。这两个句子在形式与读音上十分接近，cardinal用一个词的双关意思（红衣主教/基本的、重大的），son与sin在字形与发音上也接近。金译“枢机主教的儿子/输急了的罪孽主角”显然做了形式上的努力，值得肯定；萧译则毫无形式转换的考虑。拙译以“红衣主教/大罪主教”译cardinal的两义，以“儿子”译son，以“种子”译sin，在总体上兼及斯蒂芬（乔伊斯）的文字游戏。

Monks of the screw是18世纪爱尔兰一批律师、政治家、知识分子的一个俱乐部性质的组织，其成员模仿神父、修士们的穿着和作为，常在女修道院聚会，故自称此组织为“圣派特里克会”，但因他们行为放荡，贪婪酒色，故也有“开塞钻儿修士会”（the Monks of the screw）的谑称。原文中的screw是“螺丝”的总称，但也泛指一切螺丝形旋钮，譬如“开酒瓶塞儿的旋钮”（corkscrew）等，此处指的正是“开塞钻儿”，这从下文斯蒂芬的父亲，红衣主教西蒙脖子上软木念珠下端挂着的一个“开塞钻儿十字架”(corkscrew cross)可以获得旁证。screw 俚语中也作“交媾”和“性伴侣”等用，故原文仍是一语双关。译作“拧螺丝修士会”(金本)可引发“性”的联想，而且通过“开瓶塞儿”也在一定程度上关联了“酒”，对这帮自称“修士”的风流荡子沉迷酒色的行为可产生较多联想。译作“不守清规的修士们”(萧本)虽然译出了意思，但却不见形式。

拙译：

林奇：一点不错。他是红衣主教的儿子。

斯蒂芬：大罪主教的种子。开塞钻儿会修士。(p859)

24. 妓院老板娘贝拉(她的扇子)与勃鲁姆的对话：

The Fan：(...) Have you forgotten me?

Bloom：Nes. Yo.

The Fan：(...) Is me her was you dreamed before? Was then she him you us since knew? Am all them and the same now me?

(...)

Bloom：(...) Powerful being. In my eyes read that slumber which women love. (p495/430)

萧译：

扇子：(……)你忘记我了吗?

布卢姆：没。哦。

扇子：(……)你原先梦想过的她，就是我吗？那么，她和他是在你跟咱们相识之后吗？我现在是所有女人，又是同一个女人吗?

(……)

布卢姆：(……)好厉害的人儿，她看到了我眼中那种睡意，那正是使女人们着迷的。(pp905－6)

金译：

扇子：(……)你忘了我吗？

布卢姆：忘不忘的。

扇子：(……)我她是你以前梦中的情人吗？你是那时认识她他我们的吗？我是她他们都现在还是我吗？

(……)

布卢姆：强大的存在。在我的眼中，可以见到女人们喜爱的睡意。(pp749－50)

案：勃鲁姆回答的Nes. Yo是Yes和No二字交换辅音而成的变体。勃鲁姆这里实际上要表达的是一种亦是亦非(yes and no)，模棱两可的态度。钱锺书先生在《管锥编》中讨论太史公答壶遂的"唯唯，否否，不然"时曾拈出勃鲁姆这一回答，作为正反并用，"奥伏赫变"的一个例证。金本很好地传达了这种含混状态，而译得比较确定(若萧本)，就等而下之了。下句中的me当为贝拉自指；her则指莫莉。再下面一句中的she指莫莉；him指"披雨衣的神秘人"(鲍伊兰？)；you指勃鲁姆；us指这里提到的所有人。这两个句子实际上提出了勃鲁姆、勃鲁姆夫人莫莉、鲍伊兰和贝拉四个人之间的关系。贝拉刚刚送走了令勃鲁姆心神不宁而疑为鲍伊兰的那个披雨衣的神秘人，对于勃鲁姆夫妇之间的关系、勃鲁姆夫人与鲍伊兰之间的关系，她不会毫不知情，勃鲁姆也应该见过她，甚至有过某些交道，只不过此刻处于恍惚中，不能确定罢了，故有"忘没忘的"之答。上面的句子采用问句以及一种不十分明确的措辞，恰恰说明了这一点，译文太明确(若萧译)，好像就不那么符合乔氏的本意了，而紧随原句形式(若金译)，则要好得多。

拙译：

扇子：(……)你把我忘了吗？

勃鲁姆：忘没忘的。

扇子：(……)我她是你那时梦中的人吗？从那时起她他你我们就认识吗？我是他们全体和现在同一个我吗？

(……)

勃鲁姆：(……)强大的存在。在我的眼睛中可以读出女人们喜爱的睡意。(p864)

25. 勃鲁姆在贝拉的淫威下，变成了一个十足的女性，连如厕小解都如女人般取坐姿，贝拉有两句说：

Do it standing, sir! I'll teach you to behave like a jinkleman! (p503/438)

萧译：

站着干，老兄！我要教你像个骗子那样干！(p916)

金译：

要站着来，先生！我得教教你，怎么样才像个有水分的人！(p759)

案：这里的 jinkleman 中的 jink 有躲避某人、耍弄、玩把戏之类的意思，但显然也是对 gentleman 的戏仿，会让人产生正反两方面的联想，因此，仅仅译其反面的意思(萧译)就不够全面；而译作“有水分的人”(金译)就好得多，“有水分的人”包含的贬义在这里可与“有水平的人”(gentleman)包含的褒义关联起来，较好地传达了 jinkleman 的意思。拙译：“屄人君子”包含正反两义，且“屄人”正是贝拉要勃鲁姆成为的那种人。

拙译：

叫你站着来，先生！我得教教你屄人君子是怎么行事的。(p875)

26. 贝拉拍卖勃鲁姆，有一句说：

Touch and examine shis points. Handle hrim. (p505/440)

萧译：
摸一摸，检查一下她的部位。尽管用手摆弄。(p920)

金译：
摸一摸，检查一下她他的尖端部位。试她他一试。(p762)

案：这里的 shis 和 hrim 无疑是 she(her)和 he(his/him)的结合，强调勃鲁姆目下的两性，译作“她他”(金译)显然是妥当的；译作“她”(萧译)则不能完全传达原文的意味。

拙译：
摸一摸，查查她/他的尖端部位。试她/他一下。(p879)

27. 勃鲁姆说自己少年时夜里偷看女孩临睡前在洗手间的活动时：
Lotty Clarke, flexenhaired, I saw at her night toilette through illclosed curtains with poor papa's operaglasses: The wanton ate grass wildly. (p513/448)

萧译：
我用可怜的爸爸那架小望远镜，从没拉严的窗帘缝儿偷看了亚麻色头发的洛蒂·克拉克在化晚妆。那个轻浮丫头吃起草来可野啦。(p931)

金译：
洛蒂·克拉克，亚麻色头发的，我用可怜的爸爸的观剧望远镜，透过没有拉严的窗帘看见了她上厕所：心野就乱吃草。(p772)

案：这里有两处可商榷：一是 night toilette，固然可译作“化晚妆”(萧译)或“上厕所”(金译)，但好像不拟译得那般确定。因为勃鲁姆看到的显然是洛蒂临睡前在洗手间洗漱、解手、宽衣解带等种种活动，应该是一个过程，因此译作这个过程中任何一种活动似乎都不完全符合这里的语境；二是第二句译作“那个轻浮丫头吃起草来可野啦”(萧译)似乎不如“心野就乱吃草”(金译)来得确切。因为这里主要是说勃鲁姆偷看女孩儿上床前的种种活动，意马心猿，不免想入非非，而不仅指洛蒂，当然洛蒂可能同样“心野”，但却居于次要地位。再说 wanton 这里说的不仅是“吃草”的状态，更主要的是少男少女春心荡漾的心态。故以译“心态”并不确指“谁”为好。

拙译：

亚麻色头发的洛蒂·克拉克，我用老爸那架破旧的歌剧望远镜，透过没有拉严的窗帘看她在洗手间那样子：心野了，要乱吃草。(p890)

28. 勃鲁姆从受虐狂转回本相时，痛斥贝拉，有两句对话是：

Bloom：Clean your nailless middle finger first，the cold spunk o your bullyis dripping from your cockscomb. Take a handful of hay and wipe yourself.

Bella：I know you，canvasser！Dead cod！

Bloom：I saw him，kipkeeper！Pox and gleet vendor！(p517/452)

萧译：

布卢姆：先把你那没有指甲的中指擦干净吧。你那情人的冰凉精液正在从你的鸡冠上滴嗒着哪。抓把干草自己擦擦吧。

贝拉：我晓得你是个拉广告的！阳痿！

布卢姆：我瞧见你的情人啦：窑子老板！贩卖梅毒和后淋症的！(p937)

金译：

布卢姆：先把你的无指甲中指弄弄干净吧。你那打手的冰凉精液还在你的鸡冠上滴着呢。拿一把干草自己擦一擦吧。

贝拉：我知道你，兜销员！死鳕鱼一条！

布卢姆：我看见他了，窑子掌柜的！梅毒、淋病贩子！（pp777－8）

案：这里的 bully 和 him 当指勃鲁姆看到刚才从贝拉处出去之人，他觉得此人很可能是鲍伊兰。勃鲁姆对鲍伊兰的憎恨集中表现在他使用的 bully 一字中。Bully 是多义词，有恃强凌弱的人、暴徒、恶霸、凶手、流氓、皮条客、情人等义，其所表达的集合意义正是勃鲁姆心中给他戴绿帽子的鲍伊兰的标准相。仅仅译作“你那情人”（萧译）或“你那打手”（金译），只不过是勃鲁姆心中这一形象很小且不主要的一面，然而要以一个词的对等方式译出其全部含义又是不可能的，也许唯一可选的无选之选则是不惮辞费，用几个词叠加的合成方式来处理。

拙译：

勃鲁姆：先把你没指甲的中指弄干净吧，你那流氓恶霸皮条客情人的冰冷精液还在你的鸡冠上滴答着呢。拿把干草自己擦擦吧。

贝拉：我认得你，卖广告的！死鳕鱼！

勃鲁姆：我看见他了，窑子老板！梅毒、淋病贩子！（p896）

29. 佐怡给勃鲁姆看手相，说他是“怕老婆汉”，然后有一句提示词：

(*Black Liz, a huge rooster hatching in a chalked circle, rises, stretches her wings and clucks.*)(p524/459)

萧译：

（大母鸡黑丽泽在粉笔画的圈儿里孵着蛋。这时站了起来，扑扇着翅膀鸣叫。）(p945)

金译：

（巨大的公鸡黑丽兹伏在一个粉笔圈内孵蛋，然后站起来伸展翅膀咯咯叫。）（p786）

案：rooster 意为“公鸡”（cock），但萧译为“母鸡”，何故？Black Liz 曾出现在前文（第十二章）中，且明确地说是“母鸡”（hen），再说这里下面所用的物主代词也明确地用了“她的”（her），可见，萧译有一定道理，然而，金译“公鸡”紧随了 rooster 的本义，有什么错？孰是孰非？窃以为，两译都不错，但又不完满，因为他们都按照汉语的文法漏译了此句后面那个不起眼的 her，正是在这里乔伊斯强调了勃鲁姆作为男人内在的那种根深蒂固的女性成分。勃鲁姆怕老婆的心理特征不仅表现在和妻子莫莉的关系上，也在本章妓院老板贝拉的淫威下表现得淋漓尽致，入木三分。下文莎士比亚的幻影出现后，有一句提示词：*he crows with a black capon's laugh*，其中的 capon 指的正是被阉割后的公鸡，意思是：他发出黑色阉鸡啼鸣般的笑声，这里的形象正可谓勃鲁姆的写照。由此观之，紧随原文，将该译男性的译男性，该译女性的译女性，大约是较好的选择。

拙译：

硕大的公鸡黑利兹卧在一个粉笔圈内孵蛋，站起来，展开她的翅膀，咯咯叫着。（p906）

30. 勃鲁姆在引领鲍伊兰进入自己的家后，说他的妻子莫莉在洗澡，莫莉光着身子出浴后要鲍伊兰去给她擦干。鲍伊兰兴致勃勃地喊：Topping！（p527/461）

萧译：

再好不过啦！（p948）

金译：
交配！（p788）

案：Topping 一字含义甚多，但作为分词形容词，这里似仍以萧译为好，而金译则显得操之过急！鲍伊兰来固然要干那事，莫莉也准备好，俩人也确乎有点儿急不可耐，但一见面就说这事儿，未免太唐突了点儿，即便要表达这样的意思，也以用口语为好，用“交配”这样的字眼显然太正式、太专门了，不知读者以为然否？

拙译：
好极了！（p909）

31. 佐怡等妓女们请斯蒂芬用“巴黎调调儿”讲讲巴黎的情景，斯蒂芬果然用法语的句式讲了一段由不点断的几个长句构成的蹩脚英语：
Thousand places of entertainment to expense your evenings with lovely ladies saling gloves and other things perhaps her heart beerchops perfect house very eccentric where lots cocottes beautiful dressed much about princesses like are dancing cancan and walking there Parisian clowneries extra foolish for bachelors foreigns the same if talking a poor english how much smart they are on things love and sensations voluptuous. Misters very selects for is pleasure must to visit heaven and hell show with mortuary candles and they tears silver which occur every night. Perfectly shocking terrific of religion's things mockery seen in universal world. All chic womans which arrive full of modesty then disrobe and squeal loud to see vampire man debauch nun very fresh young with *dessous troublants*.（he clacks his tongue loudly）*Ho*，*là là*！*Ce pif qu'il a*！（p530/465）

萧译：

有千百家娱乐场所供你和可爱的仕女们消磨夜晚。她们把手套和其它东西，也许甚至连心都卖给你。在应有尽有的时髦而又新奇的啤酒厅里，许多穿得漂漂亮亮的公主般的高等妓女跳着康康舞，给外国单身汉表演特别荒唐的巴黎式滑稽舞蹈。尽管英国话讲得蹩脚，然而风骚淫荡起来，她们可真是驾轻就熟。凡是对冶游格外挑剔的老爷们，可务必去观赏一下她们在流银色泪水的葬仪蜡烛下的天堂地狱表演。那是每天晚上都举行的。普天之下再也没有比这更加阴森可怕、触目惊心的对宗教的嘲弄了。所有那些时髦潇洒的妇道人家，端庄淑静地走来，随即脱光衣服，尖声大叫起来，观看那个扮成吸血鬼的男人奸污衬衣凌乱的非常年轻鲜嫩的尼姑。（大声砸舌）哎呀呀！瞧他那大鼻子！（pp952－3）

金译：

上千个娱乐场所晚上随便去玩找可心美女出售手套等等也许她的心啤酒排骨特别高级堂子非常古怪好多姑娘花枝招展谈天说地公主派头大跳其康康舞走来走去巴黎式小丑模样加倍蠢相招待单身汉外国佬也是一样说的英国话尽管蹩脚她们谈情说爱多么拿手放荡痛快感。先生们非常精英因为享乐非要不可看点着殡仪蜡烛表演天堂地狱他们眼泪银子每天晚上如此。宗教事情完全骇人听闻全宇宙世界看笑话。所有的时髦妇女到时端庄稳重然后脱衣然后大喊大叫看吸血鬼男人诱奸修女非常年轻娇嫩穿的 dessous troublants。（大声弹着舌头说）嘀！là là！Ce pif qu'il a！（p793）

案：这段英文意思是清楚的，但却夹带着法语句式结构，类似那种洋泾浜英语，译文似应尽量再现这种“洋泾浜性”，译得清晰流畅（如萧译），就失去了佐怡等妓女想听的、斯蒂芬也想卖弄的异域情调了。相反，在形式上尽量模拟斯蒂芬的口吻（如金译），也许更符合原文的意思。不过，贴得太紧，也可能让原本较为清晰的意思变得含混，如金译中的“先生们非常精英因为享乐非要不可看点着殡仪蜡烛表演天堂地狱他们眼泪银子每天晚上如此”（Misters very selects for is pleasure must to visit heaven and hell show with mortuary candles and they tears silver which occur every night），究竟在什么地方读断，读者们就得费点心思了。可否适当加以折衷？且看

拙译：

上千个娱乐场所可消磨你的夜晚有漂亮女人出卖手套和其他什么的也许还有她的心啤酒排骨十分时髦的房子极端怪气的地方好多姑娘穿戴得花枝招展像公主般大跳踢腿舞走来走去巴黎式小丑样子极蠢勾引单身汉外国佬也一样说蹩脚英国话可她们谈情说爱打情骂俏却再精明不过。先生们都是精选英俊要玩得痛快就必看点殡仪蜡烛表演天堂地狱节目眼泪银子一起花每晚都这样。宗教事务最骇人听闻全宇宙世界都看笑话。所有时髦女人来时端庄娴静然后宽衣解带然后尖声大叫看吸血鬼男人诱奸修女非常娇嫩年轻穿乱七八糟的内衣。（大声弹着舌头说）嚯，瞧瞧！他做的怪模样！（pp913－4）

32. 平头党小伙子被绞死，就在咽气的瞬间，唱的那句歌词：
Horhot ho hray horhother’s hest.（p551/485）

萧译：

忘、记、为、母、祈、冥福。（p981）

金译：

忘奥为喔因呃安咿而咦坳。（p820）

案：这句话实际上是：Forgot to pray for mother’s rest。 由于绞索在喉间勒紧，受刑者的舌头吐出，于是所有的辅音都发不出，变成了哑音，有如法语中的 h，故乔氏这里将所有辅音都改成 h。显而易

见，译文模拟这种声音无疑是重要的。而其意义必须通过注释来说明。萧译尽管采用了顿号来分割，但仍执着于语义，与乔氏要表现的语境相去甚远；金译就好些。不过其中“忘”、“为”等字仍含有辅音，在这种特殊情形下显然是发不出的，且仅此两字也无法表达原句的语义。

拙译：

昂哦欸喔啊咿哦唏噢。（p943）

33. 斯蒂芬脑海中出现的都柏林着火后的混乱场景中有一句：

Quakerlyster plasters blisters.（p555/488）

萧译：

公谊会教徒利斯特在水疮上贴了膏药。（p986）

金译：

贵格会友利斯特图书馆长管涂药膏。（p826）

案：此句说的是国立图书馆馆长莱斯特，乔氏用 lyster，plaster 和 blister 三个字叶韵以及 p 与 b 两个唇辅音的特点，造出了这个颇含游戏意味的句子。如何兼顾意思与形式特征显然应该是译家努力的方向。萧译放弃了努力；金译做了一定的努力，“馆长管涂药膏”形成了头韵。窃以为，要在语义与音韵两方面完全贴合原文几乎是不可能的，因此，何如直截了当译作“贴药膏治水疱”，这样，既译出了语义，又多少顾及了原文在音韵上的特色？

拙译：

贵格会友莱斯特贴药膏治水疱。（p950）

34. 斯蒂芬脑海中随后出现了黑弥撒(Black Mass)的景象后，受咒者与受福者的祷词分别是：

The Voice of All the Damned：Htengier Tnetopinmo Dog Drol eht rof，Aiulella！

……

The Voice of All the Blessed：Alleluia，for the Lord God Omnipotent reigneth！（pp556－7/489）

萧译：

全体被咒诅者之声：王了做主天的能全—主的们我为因，亚路利哈！

……

全体受祝福者之声：哈利路亚，因为我们的主—全能的天主做了王！（p988）

金译：

全体被打入地狱者的声音：切一着治统猪天的能全为因，亚路利哈！

……

全体升入天堂者的声音：哈利路亚，因为全能的天主统治着一切！（pp827－8）

案："黑弥撒"是对弥撒的彻底颠覆。受诅咒者与受祝福者，一个要下地狱，一个要上天堂，他们的反应是完全对立的，因此，这里的两句是完全颠倒的，清楚地再现了一方对天主的诅咒，一方对天主颂扬的心态。因此，译文也以完全遵从原文反写的形式为好，两译都做了这样的处理，自无异议，但问题是句中的Lord God怎么译？一般汉译都将God译"上帝"，指称从古犹太教开始的最高崇拜与尊奉对象；Lord译"天主"，指基督徒和天主教徒对圣子耶稣基督的称谓，在天主教教义中，“天主”是最高的崇拜与尊奉对象，与上帝具有同等地位。乔氏在这里将二者并列，意在强调西方宗教从古犹太教到基督教、天主教的总体性和普遍性，同时又强调基督教、天主教的特殊性。因此将二者合一，仅译作“天主”（萧金两译均如此）似都不够全面，而以将二者均译出（天主上帝）为好。此外，God 反写后变成了 Dog，其亵渎意味极端强烈，而这正是乔氏追求的效果，如何译？萧译未予考虑（将其译作“天主”，反写作“主天”）；金译做了很好的尝试，将“天主”反写作“猪天”，一字之改，精彩地传达了乔氏追求的亵渎之意。拙译从之，但同时将“上帝”译出，且也做一字之改，反写作“地上”，这样就将上帝从天上请到了“地上”，也产生了较强的贬损之意。

拙译：

所有被咒下地狱者的声音：切一领统地上猪天的能万为因，亚路利哈！

……

所有受福升入天堂者的声音：哈利路亚，因为万能的天主上帝统领一切！（pp951－2）

第十六章

本章所述已经是午夜之后一点钟的光景。勃鲁姆将斯蒂芬从夜城被打昏后的尴尬处境中救出，斯蒂芬想喝点什么，两人来到巴特桥附近一个被人称作“车夫小棚”的小店。本章采用传统的叙事手法，类似第一章，但不同的是，第一章是关乎青年人的叙事，因此显得生动活泼，充满朝气，却不乏稚嫩；而此章主要是关乎中老年的叙事，显得疲乏、拖沓、迟重，却不失老成。

1. 斯蒂芬想喝点什么，但附近根本找不到水，勃鲁姆建议去附近的“车夫小棚”，在那儿兴许能找到点喝的，但怎么去那儿呢？斯蒂芬的状态极差，勃鲁姆也筋疲力尽，况现在已经是夜半人静之际，勃鲁姆一时间不知如何是好。有两句说：

   For the nonce he was rather nonplussed but inasmuch as the duty plainly devolved upon him to take some measures on the subject he pondered suitable ways and means during which Stephen repeatedly yawned. So far as he could see he was rather pale in the face so that it occurred to him as highly advisable to get a conveyance of some description which would answer in their then condition, both of them being e.d. ed, particularly Stephen, always assuming that there was such a thing to be found. (p569/501)

   萧译：

   眼下他不知该怎么办才好，然而这又是个义不容辞、刻不容缓的问题。正当他在千方百计琢磨着办法的时候，斯蒂芬连连打着哈欠。他看得出，斯蒂芬的脸色有些苍白。他们两人（尤其是斯蒂芬）都已精疲力竭，在这种情况下，要是能找到什么代步的话，就再好不过了。（p1003）

金译：

一时之间他颇为作难，但是此事既然责无旁贷需由他采取措施，他唯有搜索枯肠，琢磨各种可行办法，其间斯蒂汾只是哈欠连连。据他看来，他的脸色相当苍白，因此最好能找到某种形式的车具，方适合他们此时此刻的情况，两人都已精疲力尽，尤其是斯蒂汾，这一切当然是以有车具出现为前提。（p841）

案：不难看出，这里的 nonce/nonplussed 和 e.d. ed 都是乔氏玩的文字游戏，前者产生了头韵；后者均为俚语，词形相近，发音完全相同，暗含了“精疲力竭”（exhausted）和“勃起障碍”（ed 即 erectile dysfunction）两义。尽管要在汉语中找到形式与内容完全贴合的表述极端困难，但尽力去贴合仍是应该的，然而遗憾的是，萧金两译均未做出反应。萧译前者为“眼下他不知该怎么办才好”，金译为“一时之间他颇为作难”；而于后者，两译均作“精疲力竭/尽”。拙译做了某种努力：以“一时间/一筹莫展”对 nonce/nonplussed；以“疲塌垮塌”对 e.d. ed.

拙译：

这使他颇费踌躇，一时间竟一筹莫展了，然而，既然此事已舍他其谁，责无旁贷，他唯有冥思苦想，寻出某种可行之法，而这时斯蒂芬已是哈欠连声。眼见斯蒂芬脸色惨白，此刻若能有某种代步工具，当为上佳之策，因他二人已疲塌垮塌，特别是斯蒂芬，因此总觉得一定会找到这样的车具的。（p965）

2. 斯蒂芬想到了易卜生，勃鲁姆闻到了鲁尔克面包房烤面包的香味，随后的两句是：

Bread, the staff of life, earn your bread. O tell me where is fancy bread? At Rourke's the baker's it is said.（p570/502）

萧译：

面包，生命的必需品，挣你的面包，哦，告诉我花式面包在何方？据说就在这家鲁尔克面包房里。（p1005）

金译：

面包呀，生命的支柱，干活才能吃面包，要知面包哪里妙，请来鲁尔克瞧一瞧。（p843）

案：O tell me where is fancy bread，将莎剧《威尼斯商人》第三幕第二场中鲍西娅的歌词 O tell me where is fancy bred 中的 bred 改作与之同音的 bread，和后面添上的半句中的 said 协韵，产生谐谑的效果。译文不可不注意这里的音乐美。金译注意了，萧译没有。

拙译：

面包呀，生命的必需，去挣你的面包吧。要知面包哪里美？请来鲁尔克走一回。（p967）

3. 斯蒂芬周济了没钱过夜吃饭的考利"勋爵"，勃鲁姆问他自己打算到哪儿过夜，和他提及了他的父亲、莫里根和海因斯。勃鲁姆看出莫里根有意欺负他，排斥他，指出了莫里根的邪恶，同时又客观地评价了他的才干和行为。这里，一个长句子构成了整段文字：

He understood however from all he heard that Dr Mulligan was a versatile allround man, by no means confined to medicine only, who was rapidly coming to the fore in his line and, if the report was verified, bade fair to enjoy a flourishing practice in the not too distant future as a tony medical practitioner drawing a handsome fee for his services in addition to which professional status his rescue of that man from certain drowning by artificial respiration and what they call first aid at Skerries, or Malahide was it? , was, he was bound to admit, an exceedingly plucky deed which he could not too highly praise, so that frankly he was utterly at a loss to fathom what earthly reason could be at the back of it except he put it down to sheer cussedness or jealousy, pure and simple. (p576/507)

萧译：

根据他过去所听说的一切，他晓得穆利根大夫是个全能的多面手，绝不仅仅局限在医学方面。他在本行中迅速地出人头地。倘使所传属实的话，在不久的将来他就会成为一位走红的医生，诊疗费滚滚而来。除了职业上的这一身份，他还在斯凯利或马拉海德用人工呼吸和所谓急救措施使一个差点儿溺死的人起死回生。必须承认这是一种怎样称赞也不过分的无比勇敢的行为。他对穆利根所感到的厌恶倘若不是纯粹出于恶意或嫉妒，骨子里究竟又有什么理由，就实在难以捉摸了。(pp1013-4)

金译：

可是他也理解，从他听到的各种情况判断，马利根大夫是一位多才多艺的全面人物，决不限于医药一个方面，现在已经在迅速地出人头地，如果传言属实，势必在不久的将来成为一位业务兴隆、收入丰厚的名医，除了他在业务方面的地位以外，他在小群岛上，要不然是马拉海德吧？救了那个本来准定要淹死无疑的人，人工呼吸，用了他们所谓的急救手段，他不能不承认是异常勇敢的行动，怎么赞扬也不算过分，所以坦白地说，他简直难以想象这事有可能出于什么样的动机，除非归之于单纯的捣乱，或是忌妒，直接了当就是忌妒。(p850)

案：这段文字中大部分没有异议，关键是 so that frankly 之后的部分。勃鲁姆说自己弄不清这背后的理由，无疑是对莫里根之所以如此对待斯蒂芬的质疑，at the back of it 中的 it，即“这”所指，说得具体点，是莫里根早上拿走了他们合住的海边塔楼的钥匙以及后来他与斯蒂芬的争吵，说得笼统点，是莫里根对斯蒂芬看似友好实则反感甚或要弄的态度。照此看来，金译显然是较为妥当的；而萧译就离得远了。将这个 it 译作“他对穆利根所感到的厌恶”，也真令人“难以捉摸”，因为这里的“他”无论是指斯蒂芬或勃鲁姆自己都不合情理。他们俩人固然对莫里根都有“厌恶”的一面，但说是因为“忌妒”或“乖僻”则实在扯不上。再说，将一个长句拆分成若干句(萧译)在有些情况下自然无可非议，但在这里就显得生硬，牵强，因为生硬的拆分往往使人忽略整体的有机关联，从而产生随意的偏差。萧本的问题或许与这种勉强的拆分不能没有一点儿关系吧?

拙译：

然而，他也明白，就他听到的所有议论看，莫里根大夫是一个全面的、具有多种才能的人，绝不仅仅局限于医道，在医学的领域里，他正在迅速崭露头角，倘若传言不虚的话，必然在不久的将来成为当红的医生，事业兴旺，收入丰厚，除了职业上的地位之外，他在斯凯利或马拉海德吧，用人工呼吸或他们所谓的急救法，拯救了那个本来要淹死的人，他不能不承认，这是一种非同寻常的英勇之举，无论怎么赞扬都不过分，因此，坦率地说，他简直无法判断这事的背后究竟存在着什么样的动机，除非把这动机说成是单纯的乖僻，或者忌妒，纯粹的忌妒。(pp975－6)

4. 勃鲁姆与斯蒂芬进“车夫小棚”，有一句话：

Mr Bloom and Stephen entered the cabman’s shelter, an unpretentious wooden structure, where, prior to then, he had rarely, if ever, been before, the former having previously whisper to the latter, a few hints anent the keeper of it, said to be the once famous Skin-the-goat, Fitzharris, the invincible, though he wouldn't vouch for the actual facts which quite possibly there was not one vestige of truth in.(p577/508)

萧译:

布卢姆先生和斯蒂芬走进了马车夫棚，那是一座简陋的木结构房屋，以前他轻易不曾进去过。关于那里的老板——那位一度以“剥山羊皮”闻名的，也就是说，“常胜军”菲茨哈里斯——他事先悄悄地对斯蒂芬讲了几句。当然，老板本人并不承认确有其事，而且很可能全然是无稽之谈。(p1015)

金译:

布卢姆先生和斯蒂汾走进了车夫茶棚。这是一间不起眼的木房子，过去他还很少来过，也许从来没有来过，进去以前前者先向后者耳语几句，告诉他开这茶棚的就是一度大名鼎鼎的剥羊皮，无敌会的菲茨哈里斯，不过他可不敢担保事实究竟如何，也许完全是谣传。(pp851－2)

案：此句前边大部分无异议，问题是，though he wouldn't(加兰版作 could not) vouch for the actual facts 中的 he 指谁？从这个整句的内在逻辑看，这里的 he 意思很明确，无疑是指勃鲁姆自己(the former)，他对斯蒂芬耳语了有关这个诨名“剥羊皮的”无敌会员的传闻，却不担保这一定是事实。将这个 he 译作“老板”，说其“不承认确有其事”(萧本)既不符合原文的句子结构，也不符合这里的语境，事实上，小说中这个传闻曾不止一次被提及，但从未有过老板本人承认不承认的说法。

拙译:

勃鲁姆先生和斯蒂芬进了车夫小棚，那是一个颇不像样的木结构屋子，以前他极少来，甚至就根本没来过，进去前，他已在斯蒂芬耳边叨咕了几句，说它的老板就是那曾经以“剥羊皮的”闻名的无敌会员菲茨海里斯，但是，他不保证这是事实，说不定里面一句真的都没有。(pp976－7)

5. 下文勃鲁姆想到应该组织一个以他自己的夫人莫莉为主唱的大歌剧团，到威尔士海边去巡回演出，想到英爱之间开辟新的旅游线路的商机，以及旅游对人的重要。有一句原文是：

It was a subject of regret and absurd as well on the face of it and no small blame to our vaunted society that the man in the street, when the system really needed toning up, for a matter of a couple of paltry pounds, was debarred from seeing more of the world they lived in instead of being always cooped up since my old stick-in-the-mud took me for a wife. (p583/513)

萧译：

正当普通市民需要加强体质的时候，由于舍不得区区两三英镑，就不去看看自己所生活在其中的大千世界。这位老古板自从娶了老婆，就一直关在家里。真是令人遗憾，一望可知是很荒唐的事，这在相当程度上要归罪于我们这个自负的社会。(p1024)

金译：

这是一件憾事，看起来也是一件荒谬的事，在很大程度上得归罪于我们这个自命不凡的社会，一个普通人在深感身心需要休整的时候，因为缺少那么不值一提的两镑钱，就没有机会多看一两眼自己生活在其中的世界，只能永远没完没了地扣在笼子里，嫁了没出息的老汉，永无出头日子。(p860)

案：这句话说人们往往因为舍不得几个小钱，把自己禁锢在笼子里

(being always cooped up)，不能走出去看看自己生活在其中的大千世界，真是件“遗憾而又荒唐的事”(a subject of regret and absurd)，这里本来是对“普通人”(the man in the street)的泛泛议论，但到句尾却笔锋陡然一转，说到了个人，since my old stick-in-the-mud took me for a wife，且由第三人称突然转向第一人称，从泛指的“man”转向特指的“my/me”，这个突转产生了问题：“my/me”究竟指的是什么人？这个句尾有点绕口的话应该怎样来解？since my old stick-in-the-mud took me for a wife是一个由since引出的小句，前半部分的old stick-in-the-mud现在一般都做“保守”、“顽固”、“古板”之类的意思解，但这些意思都是引申出来的，其原意是“陷在泥淖中的手杖，很难拔出来”，形象地形容一种“难于自拔，无可奈何的可怜处境”。后半部分的took me for a wife同样包含了多层意思，既可以理解为“把我弄(娶)成了一个老婆”，也可以理解为“给我娶了一个老婆”，还可以理解为“让我为老婆(而奔忙)”。这里故意不把话说得清清楚楚，大概正是要让它暗含多种意义。

萧金两译都略去了这里的特指my/me，仍然保留了某种泛指的口吻，但不同的是，萧译说的是男人；而金译说的是女人，不过，两译在泛指中却又暗含了某种特指：萧译指向勃鲁姆；金译指向勃鲁姆夫人莫莉。萧译old stick-in-the-mud为“老古板”，取这个短语的现代意义之一，自然不错，但从具体语境看，却又与实情不符。勃鲁姆尽管在许多事情上恪守传统，顽冥不化，但在旅游上却一点也不“古板”，前文提到他自己是一个天生的冒险家，一直有一个出游的宏大计划(he was at heart a born adventurer/a longcherished plan ... of travelling to London)；金译从女性视角出发，将took me for a wife倒过来译作“嫁”自然也无不可，但若将old stick-in-the-mud译作“没出息”则实在离原意远了点，当然，说勃鲁姆“没出息”也的确符合莫莉内心的抱怨，但综观这里的语境，说勃鲁姆的感慨从“一般人”推及女人并暗指莫莉则说不通。

小说中的莫莉是一个无拘无束、耽于感官享乐的女人，她不在乎给丈夫戴绿帽子，她活得比丈夫潇洒得多，反观勃鲁姆，自从娶了莫莉，就颠倒了丈夫的角色，在家里尽心尽力伺候老婆，在外则为维持家计辛苦奔走，而且还要隐忍被戴绿帽子的羞辱和痛苦，他何尝不想去旅游，而且一直有宏大的计划，但却始终未能实现，可以说他正是一根“陷入泥淖而无法自拔的手杖”（old stick-in-the-mud），他之所以陷入困境完全是出于对老婆的爱，可以说绝对是为了老婆，因为老婆，二者互为因果。这样看来，since my old stick-in-the-mud took me for a wife 说的正是勃鲁姆自己。他由对一般人的议论与感慨突然转向夫子自道，将自己拎出来做例证，正是内心长期压抑的委屈之情不由自主的流露。

拙译：

一个普通人，当他的身心系统确实需要增强的时候，却因为考虑区区几镑小钱，而被阻隔不能外出去看看自己生活于其中的大千世界，就像我这样，为老婆陷入泥淖的老可怜，只能被永远关在小笼里，这真是一件遗憾的事，也是一件看来很荒唐的事，很大程度上要归咎于我们这个自吹自擂的社会。（p986）

6. 下文水手说到自己的儿子：

I hate roaming about. There's my son now, Danny, run off to sea and his mother got him took in a draper's in Cork where he could be drawing easy money.（p586/515）

萧译：

俺厌恶到处漂泊。眼下就拿俺儿子达尼来说吧。有一回他逃到海上去啦，他妈把他找回来，送他到科克的一家布庄去混口饭吃，不费力气就能挣上钱。（p1029）

金译：

咱恨到处流浪。瞧咱的儿子丹尼自己跑出去航海，他妈可给他在科克一家布店找了个可以挣省心钱的饭碗。（p865）

案：这句话意思是很清楚的：儿子他妈本来给他在布店里找了份容易挣钱的差事，可他现在却丢了这份工作，出海去当水手了。这里的时态和语态以及逻辑关联，表明他妈给他找工作在前，而他出海在后，但萧译却把这里的先后顺序搞反了。金译却通过“可给他”、“可以”之类的说法大体上表明了原文的逻辑顺序。

拙译：

我恨死到处流浪了。可我儿子丹尼呢，现在倒出海了，他妈先前给他在科克的一家布店弄了份活儿，本来可以不费劲儿挣钱的。（p992）

7. 当人们饶有兴味地围观水手墨菲胸脯上的文身时，勃鲁姆认识的一个妓女在车棚门边探头探脑地张望，勃鲁姆生怕被认出，十分紧张，幸好老板把她轰走了。老板随口说了一句：

— The gunboat, the keeper said.（p588/517）

萧译：

“叫花子妓女。”老板说。（p1032）

金译：

——炮艇，掌柜的说。（p868）

案：gunboat 俚语作“贼”、“乞丐”、“妓女” 等解，这里指那些没有固定场所，在街头招客的最下层妓女。翻译大约只能考虑这个意思，萧译作“叫花子妓女”是恰当的，然而金译却取其字面意义译作“炮艇”，也不做注释，这就突兀而费解了。拙译取时下坊间流行用语，即称那些去色情场所嫖妓的行为为“打炮”或“约炮”，此语正好双关了原文字面与俚俗的用法。

拙译：
——找打炮的，老板说。（p994）

8. 下文有一句：
However, reverting to friend Sinbad and his horrifying adventures (who reminded him a bit of Ludwig, *alias* Ledwidge, when he occupied the boards of the Gaiety when Michael Gunn was identified with the management in the *Flying Dutchman*, a stupendous success, and his host of admirers came in large numbers, everyone simply flocking to hear him though ships of any sort, phantom or the reverse, on the stage usually fell a bit flat as also did trains), there was nothing intrinsically in compatible about it, he conceded. (p591/520)

萧译：
然而布卢姆先生又把话题扯回到朋友辛伯达那可怕的历险上去。(辛伯达使他多少联想到路德维希——别名莱德维希。当迈克尔·冈恩经营欢乐剧场时，路德维希主演《漂泊的荷兰人》获得巨大成功，爱慕他的观众蜂拥而至，个个都只是为了听听他的声音。尽管不论是不是幽灵船，一旦搬上舞台，就跟火车一样，通常会变得有点儿单调了。)他承认那位水手所讲的本质上没有什么相互矛盾的地方。（p1038）

金译：
不论如何，再回过头去谈辛巴德老兄和他那些吓死人的经历吧(这有一点使他想起路德维希，alias 莱德威奇在迈克尔·冈恩主持欢乐厅期间占领舞台，唱《飘泊的荷兰人》大红特红，他的大批戏迷成群结队来听他唱，不过不论是什么船，不管是幽灵船还是相反的，搬到台上总是有一点差劲的，火车也是如此），其实倒也没有什么内在的不合情理处，他承认。（p873）

案：勃鲁姆这里乃是用辛巴德指代前文一直在讲自己海上经历的那位水手，并非要真谈什么《天方夜谭》的故事。萧译不能说有什么错，但因他加上了的"话题"之类的字眼，又把原文的一句分作了两句（不算括号中拆分的两句），使全句的内在联系变得松散，加上括号中第一句明确说是"辛伯达"使他联想到如何如何，而前面两段文字的主要内容又是勃鲁姆对该水手所述真实性的怀疑，并未紧接该水手的讲述，在这样一个多少有点游离的语境下，就很可能误导读者以为勃鲁姆在说辛巴德的故事。金译没有添加词语，也没有随意拆分原文的整句，全句前后两部分紧密相关，这样就不至于发生误解了。

拙译：

话说回来，辛巴德伙计和他那些叫人吓破胆的经历（这使他多少联想到路德维希真名莱德维奇的那个演员，当迈克尔·冈恩经理欢乐剧院时，曾主宰舞台，在《漂泊的荷兰人》中出演角色，获得极大成功，崇拜他的大批观众蜂拥而来，听他的演唱，虽然在舞台上，任何船，不管是幽灵般的还是相反的，看起来都像火车似的，难免有点单调乏味），其实倒也没有什么内在的相互抵牾，他承认。（p1000）

9. 勃鲁姆看《电讯晚报》粉红版上的分类广告，读到哈因斯写有关狄格南葬礼的报道，发现一些可笑的错误（出席葬礼的名单误排了他的名字，将根本未到场的斯蒂芬等两人也排入其中等），指给斯蒂芬看，斯蒂芬问他校长托他带的信登出没有，他说登出了，这里有几句：

— It is. Really，Mr Bloom said（though first he fancied he alluded to the archbishop till he added about foot and mouth with which there could be no possible connection）overjoyed to set his mind at rest and a bit flabbergasted at Myles Crawford's after all managing the thing，there.（p602/529）

萧译：

“可不是登出来了吗。”布卢姆先生说。（不过，起初他以为青年指的是大主教，可接着又提到脚和口，这就与大主教不可能有任何关联了。）他总算使青年的心安定下来，因而欣喜万分；迈耶斯·克劳福德终于处理这档子事的方式，又使他感到有点愕然。瞧！（p1056）

金译：

——登了。真的，布卢姆先生说（虽然起初他以为他问的是大主教，但他又加上了蹄子和口就不可能有联系了）。他非常高兴能使他放心，同时对于迈尔斯·克劳福德，有些惊讶他居然仍在那儿呢。（p889）

案：这里第二句的意思（不算括号中的）是，勃鲁姆终于让斯蒂芬从躁动不安的状态安定下来，因此感到十分高兴，同时又对主编克劳福德最终登载此信感到有点惊异。第三句“there”初版是通过逗号并入第二句的，也就是说，加兰版是“... managing to. There；”，而初版是“... managing the thing，there.”。不难看出，两个版本虽然有差异，但意思并没有太大的不同，there 独立成句，意在强调，无非是提醒斯蒂芬看该信在报上的位置。故萧译显然是恰当的；而金译却将其译成“他居然仍在那呢”，不知是何道理。

拙译：

——登了。勃鲁姆先生说（虽然一开始他以为斯蒂芬说的是大主教，听见他说口和蹄什么的，才晓得这里是不可能有什么关联的），他总算让他安定了下来，因此真觉得格外高兴，同时对迈尔斯·克劳福德终于还是刊登了此信多少有些讶异，瞧那儿。（p1018）

10. 勃鲁姆听车棚中人们议论帕内尔，边听边琢磨。这里有一句是：
Naturally then it would prey on his mind as a born leader of men, which undoubtedly he was, and a commanding figure, a sixfooter or at any rate five feet ten or eleven in his stockinged feet, whereas Messrs So and So who, though they weren't even a patch on the former man, ruled the roost after their redeeming features were very few and far between.（p604/530）

萧译：

毫无疑问，他天生是位领袖人物，回国的念头自自然然地会折磨着他。他仪表堂堂，身高六英尺，脱了鞋起码还有五英尺十或十一英寸。而某人以及某某人等不但跟这位前任比起来有云泥之差，而在旁的方面又无可弥补，却飞扬跋扈。（p1059）

金译：

那样的话，他心中自然会感到一种来自天生领袖人物的压力，因为他无疑是这样的人物，而且体格魁伟，身高六英尺或至少五英尺十英寸或十一英寸，穿袜子不穿鞋子量，而那些在他之后当家的主儿某某先生们，跟他比起来连一块补丁都算不上，绝少值得称道之处。（p891）

案：这句中的"it"该如何理解？萧译这个"it"作"回国的念

头”；金译作“那样的话”，两译似都可商榷。此句上面一句中说到人们实际并不知晓帕内尔自从被党内政敌阴谋构陷，造谣中伤，最终赶下台后多年来的行踪，而且他后来又使用过一些化名，所以，此句上面一句说，车夫的那些议论还是有点儿可能的（so the remark which emanated from friend cabby might be within the bounds of possibility），紧扣这句，这个 it 当指此句中的 remark，也即前文车夫说帕内尔有一天会从国外回来的话，这样看，萧译似乎顺理成章，但如果关联稍远一点的上文以及下文，这个 it 就似乎又不仅仅是“回国的念头”了。车夫的话在勃鲁姆的脑海中引发的回应是：帕内尔的下台和生死已是二十多年前的旧事，当时由于政敌的煽动和攻击，这位曾经的民族英雄顿时成了人人喊打的众矢之的，关于他的生死当时有各种传言，尽管勃鲁姆对这位英雄充满了崇敬，但他仍理性地认为，帕内尔会生还的说法几乎是不可能的，不过他也对这一久已湮没的历史事件居然仍在民众中有着如此的记忆和期盼甚感惊讶，因此也许才有此句所谓车夫的言辞还是有些可能（请注意这里的虚拟语态 might be）的想法。而此句的下文还说到把帕内尔搞下去的那些继任者政绩平平，与他相比有天壤之别等。从这里的上下文看，这个 it 在勃鲁姆心中绝非仅仅是车夫的话，而应该是那些政敌们对帕内尔的攻击构陷以及那些关于他私生活、生死等的流言蜚语。正是这些传闻咬啮着他的心灵，使他备感折磨（prey on his mind）。按照这样的理解，萧译“回国的念头”就与勃鲁姆心中的 it 有了较大的差距。再说金译，“那样的话”如果理解作“如果是那样”，接下来的问题便是，究竟是什么样啊？似乎太虚了；如果将其理解作“车夫的话”，那就与萧译接近，但不似萧译说得那般确定。比较而言，说得虚一点显然更不符合这里的上文，但就总体而言，“车夫的话”在我看来，依然不是勃鲁姆心目中这个 it 的全部。更成问题的是，他将 prey on his mind 译作“感到一种压力”，这样整句读来就有点不知所云了。

综上所述，我以为这里的 it 既不必译作“车夫的话”，更不必译作“回国的念头”甚或“那样的话”之类，译作“那事件”就好，“那事件”即指二十年前关于帕内尔的那桩历史公案以及围绕着它的种种阴谋诡计和流言蜚语。那事件虽然早已湮没无闻，但它却曾轰动一时，并在勃鲁姆（乔伊斯）以及车夫等崇敬、同情、怀念这位英雄的大众心中留下了深刻久长的记忆。这一事件在小说中曾被多次提及。

拙译：

自然，作为一个天生的领袖，那事件不能不使他心灵备受折磨，他无疑是一位帅材，仪表堂堂，身高六英尺，穿长袜不穿靴子也要五英尺十或十一英寸，而那些在他之后的某某先生们跟他们的前任比起来简直连块补丁都不如，他们主政政坛，却无政绩可言。（p1021）

11. 说到帕内尔的拥护者们纷纷背叛了他，有一句：

A magnificent specimen of manhood he was truly, augmented obviously by gifts of a high Order as compared with the other military supernumerary, that is (who was just the usual everyday *farewell*, *my gallant captain* kind of an individual in the light dragoons, the 18th hussars to be accurate), and inflammable doubtless (the fallen leader, that is not the other) in his own peculiar way, which she of course, woman, quickly perceived as highly likely to carve his way to fame, which he almost bid fair to do till the priests and ministers of the gospel as a whole, his erstwhile staunch adherents, and his beloved evicted tenants for whom he had done yeoman service in the rural parts of the country by taking up the cudgels on their behalf in a way that exceeded their most sanguine expectations, very effectually cooked his matrimonial goose, thereby heaping coals of fire on his head much in the same way as the fabled ass's kick. (pp605 - 6/532)

萧译：

与另外那个预备役陆军军官（即轻骑兵，说的确切些，第十八骑兵队的一员；是“再见吧，我的豪侠的上尉”那样一种极其平庸的类型）相形之下，他确实是位男子大丈夫中的杰出楷模，加以禀赋极高，更是相得益彰。毫无疑问，他（这里指的是已垮台的领袖，而不是另外那个人）有着独特的火暴性子，而她作为一个女人，当然一眼就看得出，并认为惟其如此，他才名扬天下。正当大功即将告成之际，全体司铎、牧师，往昔那些坚定可靠的拥护者，以及他所爱护过的被剥夺了土地的佃户们——他曾在本国乡村以超过其任何乐观期望的劲头替这些佃户辩护，勇往直前为之效劳，而这些人却为了婚姻问题一举把他搞垮，犹如把炭火堆在他的头上，简直就像寓言中那头被踢上一脚的驴。（pp1061－2）

金译：

他确实是一个仪表非凡的大丈夫，又加上明显的才能出众，这是说和另外那位编外军人相比（那一位仅仅是那种日常可见的别了，我的英勇的队长型角色，轻骑兵，准确说是第十八轻骑兵团），而且性情无疑是特别奔放的（这是说遭难的领袖，而不是另外那位），也是与众不同的，她当然，女人，很快就观察到他是大有作为的，很可能要成为赫赫有名的人物，他也果然差不多已经做到，直到原来的坚定追随者们都因他的婚姻问题拆了他的台，这些追随者既包括教士们和福音布道者们群起而攻之，也包括亲爱的佃农们，过去他们在农村的田地被夺时他仗义执言出了大力，使他们获得了原来梦想不到的大好处，现在他们竟将炭火堆在他头上，很像寓言中的驴子反踢一脚。（pp893－4）

案：这句的结尾处有两个典故，“将炭火堆在某人头上”出自《圣经》中的《罗马书》；“驴子踢（狼）”出自著名的《伊索寓言》：狼想吃驴，驴提出先帮他拔出蹄子上的刺，狼帮他拔出刺，驴反踢狼一脚逃走。故事说的是驴踢狼，但萧本竟译作："被踢上一脚的驴"。我们当然不愿意认为译者竟然连这么著名的寓言故事都不知道，但这样的差错实在是不该出现的吧。

拙译：

他确实是仪表非凡的标准男子汉，再加上一望可知的聪明才智，无疑比那个编外军官（他只是那种"别了，我英勇的上尉"型的一般角色，轻骑兵，确切地说是第十八轻骑兵团的一员）更有风采，也脾气暴烈（这里说的是那位倒下的领袖，而不是另外那一位），且与众不同，她作为女人当然很快就看出，他极可能很快成就一番事业而名扬天下，而他也差不多要成功了，就在这当儿，那些过去坚定的追随者抛弃了他。这些追随者有牧师和福音布道师，还有那些亲爱的佃农，他曾在乡村为他们失去土地而大声疾呼，以大大超出他们期待的热诚和努力为他们效劳，然而这些人却因为他的婚恋而毁他，他们把炭火堆在他的头上，简直像寓言中那头驴反踢一脚一样。（pp1024－5）

12. 勃鲁姆让斯蒂芬看他夫人莫莉的照片时有一句：
Her（the lady's） eyes，dark，large，looked at Stephen，about to smile about something to be admired，Lafayette of Westmoreland street，Dublin's premier photographic artist，being responsible for the esthetic execution.（p606/533）

萧译：

她（那位夫人）一双又黑又大的眼睛望着斯蒂芬，而他呢，面对着这么个值得赞美的尤物，快要笑逐颜开了。这幅供审美家欣赏的杰作是出自都柏林首屈一指的摄影艺术家、西莫兰街的拉斐特之手。（p1063）

金译：

她的(这位夫人的)深色的大眼睛望着斯蒂汾，似乎正要微笑，仿佛看到了什么可以赞赏的东西，这美术摄影是都柏林首屈一指的摄影艺术家，威斯特摩兰街的拉斐特的手法。(pp895－6)

案：这句话上半部分无疑是从斯蒂芬的视角来看莫莉的，萧译中突然冒出个“他”，这里既没有原文的支持，也没有上下文语境的支持，臆断的成分十分显著。about to smile about something to be admired 也是(斯蒂芬眼中)莫莉的行为，而萧译同样凭空派给了斯蒂芬。金译是妥帖的。

拙译：

她的(那夫人的)眼睛又黑又大，望着斯蒂芬，正要对什么值得赞赏的东西微笑，这幅审美艺术照是都柏林最著名的摄影艺术家威斯特摩兰街的拉斐特的作品。(p1026)

13. 勃鲁姆琢磨带斯蒂芬回家，有一句：

His initial impression was that he was a bit standoffish or not over effusive but it grew on him someway. (p611/537)

萧译：

斯蒂芬给他的最初印象是对他有点儿冷淡，不大吐露心迹，但是不知怎地，他越来越被对方吸引了。(p1070)

金译：

他的初步印象是，他有一点儿冷淡，或者说不十分热情，可是不知怎么的他越来越觉得这主意不错。(p902)

案：it grew on him someway 中的 grow on 按 *SOED* 的解释，指某人

或事对他人的吸引(become more appealing to or acquire gradually more influence over[a person]),但 it 究竟指什么,才是翻译此句的关键。萧译直接将 it 转换成 he(斯蒂芬);金译将其译作“这主意”(即带斯蒂芬回他家),从语境看,两译似各有各的道理。但仔细琢磨,窃以为这个 it 当指斯蒂芬那种显得冷淡不够热情的做派。斯蒂芬对勃鲁姆那种不即不离,有些冷淡的态度,不仅不使他感到疏离,反而越来越吸引了勃鲁姆,使他对他产生了爱怜,原句中 but 的转折准确地表达了这层含义,也正是在这里暗示了勃鲁姆对他这种异乎寻常近似父爱的感情,前文也有类似的意思(“他不知什么时候突然说出的那些怪话吸引着这个比他大的人,比他年长若干岁,或者说像他的父亲的人”)。

拙译:
他的最初印象是,他有点儿冷淡,或者说不太热情,但不知怎么的却越来越被他这一做派吸引了。(p1033)

14. 勃鲁姆与斯蒂芬聊音乐,说到偶然听到他父亲西蒙唱《玛莎》中的《我面前出现》,大加赞赏,随即有一句:
Stephen, in reply to a politely put query, said he didn't(sing it) but launched out into praises of Shakespeare's songs, at least of in or about that period, ... (p615/540)

萧译:
对于这非常文雅的提问,斯蒂芬回答说“他并没有”,却开始赞美起莎士比亚的——至少也是那个时代及其先后时期的歌谣来了。(p1077)

金译:
斯蒂汾回答他客客气气提出来的一个问题说,他是不唱的,却随即

纵情赞美起莎士比亚的歌曲来，至少是那个时期之内或附近的吧，……(p908)

案：括号中 sing it 1922 年初版和 1933 年奥德赛版中都没有，显然是加兰版后加的，但这里版本的差异对文意并没有什么影响，加上 sing it 这不过使文意更加显豁而已，因此，这里的关键是 didn't 怎么译。此句的前一句，勃鲁姆理所当然地认为，斯蒂芬熟悉刚刚提及的那些经典作品，特别拈出了他昨天听到其父演唱的名段《我面前出现》，而斯蒂芬的回答针对的正是勃鲁姆委婉地提及(taking it for granted)的这个作品。金译“他是不唱的”显然与这里的意思不甚相符，因为问题并不是明确地提出来的，读者很可能会误解为他压根儿就不唱歌，事实上他并非不唱，而且很会唱，他下面就开口唱了，还受到勃鲁姆高度赞赏(“非常漂亮的男高音，像他这样的音色，真是太罕见了”)。其实这里 didn't 只不过是“没有唱过(这一段)”的意思，因此，萧译“他并没有”无疑与原文是接近的。

拙译：

斯蒂芬回答了他非常客气地提出的问题，说他没有唱过这一段，同时却对莎士比亚的歌曲，至少是那个时期或者关于那个时期的歌曲大加赞扬，……(p1040)

第十七章

此章以问答的形式概述了勃鲁姆带领斯蒂芬回家的路线、一路上所谈的内容以及到家后的情形。斯蒂芬睿智、深厚的文化底蕴、高雅的艺术趣味与勃鲁姆注重物质利益、对文化与艺术一知半解、对人生既抱有理想又存满怀疑的态度，在交流与对话中既相反相成又相辅相成。在一问一答中，作者运用形式逻辑、经院演绎、科学分析等手段，展示了20世纪精英与大众、儒雅与平庸的碰撞与交融。

下面就本章中一些具体点做如下讨论：

1. 在进一步说明“随着个人发展与阅历范围的不断扩展，而人际之间的交往和对话的范围则在逐渐缩小”这一人生体验时，有一句高度抽象的话：

   From inexistence to existence he came to many and was as one received：existence with existence he was with any as any with any：from existence to nonexistence gone he would be by all as none perceived.（p621/545）

   萧译：

   从不存在到存在。他出现在很多人面前，作为一个存在被接受下来。就存在与存在的关系而言，他就像任何存在对任何存在在那样对待任何存在。他即将从存在而消失到不存在中去，从而被所有的人看作是不存在的。（p1090）

金译：

自不存在至存在，他来到多人前而作为个人被接受；作为存在与存在，他和任何人的关系均如任何人与任何人；自存在至不存在，他将离此而去，将被所有人视为无人。（p917）

案：原文以高度哲理性的言辞表明了人生的一般轨迹以及人的个人性（individuality）随出生、成长到死亡而逐渐形成乃至逐渐消失的过程。句中的三个关键字眼：existence，inexistence 和 nonexistence 都指向了人的生命，也即 human being 中的 being，但后两个字应如何理解？*SOED* 对 inexistence 的解释有二：1. The fact or condition of not existing，non-existence. 2. The fact or condition of existing in something；inherence。第一个解释与 non-existence 完全同义；第二个解释则完全不同，指"存在于某种事物中的事实或状况"，甚或指某种"传承"来的状况。乔伊斯不会不明白这两个字的区别，因此将它们都一律译作"不存在"（如萧金两译）恐怕就很值得商榷了。事实上，生命在来到这个世界之前，恐怕不能说是不存在，而是经过若干代传承的某种存在。具体到人的生命，在成为明确的存在，也即个体生命之前，至少可以追溯到父精母血的孕育甚至前此若干代的传承。因此，愚以为 inexistence 当译作"传承的存在"，而 nonexistence 则可译作"不存在"，这样也许要更恰当些。再者，原文中的 many，one，any，all 指代或修饰的显然是 existence，译作"很多人"、"个人"、"任何人"、"所有人"固无不可，甚至更通俗易懂，但考虑原句高度的哲理性，似仍译"存在"为好，是故

拙译：

从传承的存在到存在，他出现在许多存在面前，作为一个存在被接受；就存在与存在而言，他与任何存在的关系恰如任何存在对任何存在；从存在到不存在，他将消失，被所有存在看作无。（p1050）

2. 勃鲁姆向斯蒂芬招手，斯蒂芬听从了吗？对此问题的回答是：
Yes, entering softly, he helped to close and chain the door and followed softly along the hallway the man's back and listed feet and lighted candle past a lighted crevice of doorway on the left and carefully down a turning of staircase of more than five steps into the kitchen of Bloom's house.（p622/547）

萧译：
是的，他静悄悄地走了进去，帮助把门关严，挂上链子，静悄悄地跟在那个男子背后，脚上趿拉着用布边做的拖鞋，手持点燃的蜡烛，打左边那扇从缝儿里露出灯光来的门前经过，小心翼翼地走下不只五个阶磴的螺旋梯，来到布卢姆家的厨房。（p1092）

金译：
是。他轻手轻脚进入门内，帮助关门上链，轻手轻脚跟随那人的背影、倾侧的脚和点亮的蜡烛而向门厅内走去，路过左边一处露出亮光的门道缝隙，小心翼翼地走下一道有五个以上阶梯的转向楼梯，进入布卢姆家的厨房。（p919）

案：这里至少有两处可以提出讨论，其一：据原文，listed feet and lighted candle 与 the man's back 一起都是斯蒂芬 follow 的宾语，换言之，三者都是斯蒂芬跟随的对象，而据上文，listed feet and lighted candle 的行动者，应该是勃鲁姆而非斯蒂芬，而萧译"静悄悄地跟在那个男子背后，脚上趿拉着用布边做的拖鞋，手持点燃的蜡烛"，却将"趿拉"、"手持"两个动作统统判给了斯蒂芬，显为张冠李戴。其二，list 这里用其过去分词做定语修饰 feet，是将"脚"比作"船"，而其意义可指船的"侧倾"（inclined to one side），也可指"前倾"，即船头下沉的倾覆，故 *SOED* 在解释 list 作为动词的此义时，用了 capsize，heel，lean over 等动词。虽然 list

作为动词也有“给……加布边”一义，但 listed feet 中恐怕找不到“趿拉”“拖鞋”等义，译作“脚上趿拉着用布边做的拖鞋”想象色彩太重。相对而言，金译就要严谨得多，不过愚以为，将 listed feet 译作“倾侧的脚”仍不如译“踮起的脚”好，因为，前者给人的感觉是勃鲁姆的脚有毛病，而后者则说明勃鲁姆在有意踮着脚走路，生怕惊醒莫莉。踮起的脚有如船头下沉的船，与侧翻的船一样都在 list 作为“倾覆”的词义中。故：

拙译：

是的，他轻轻地走了进去，帮助关了门，插上门链，悄然跟在那人背后，随着他踮起的脚，点着的蜡，沿着门廊，走过左侧一处透出光亮的缝隙，小心地走下一个有五阶以上的转角阶梯，进入勃鲁姆家的厨房。（p1052）

3. 下面一段说到男人刮脸清晨不如晚上睡觉前好时有一句：

A softer beard：a softer brush if intentionally allowed to remain from shave to shave in its agglutinated lather：a softer skin if unexpectedly encountering female acquaintances in remote places at incustomary hours：quiet reflections upon the coarse of the day：a cleaner sensation when awaking after a fresher sleep since matutinal noises, premonitions and perturbations, a clattered milkcan, a postman's double knock, a paper read, reread while lathering, relathering the same spot, a shock, a shoot, with thought of aught he sought though fraught with nought might cause a faster rate of shaving and a nick on which incision plaster with precision cut and humected and applied adhered which was to be done.（p627/551）

萧译：

胡子柔软一些。如果剃完胡子后，故意把刷子浸泡在浓肥皂液里，下次用的时候，刷子就会柔软一些了。万一于意外的时刻在远处同相识的女人邂逅，皮肤还是光滑的好。一边剃胡子，一边还安详地回顾当天的事情。能够睡得更清爽一些，一觉醒来，感到更干净利落。因为一到早晨就有种种噪音，心里又悬念不安，牛奶罐咣当咣当响，邮递员连敲了两遍门。读了份报纸，一边重读一边涂肥皂液，在同一个地方又涂上肥皂液；把一些微不足道的事想成了不起，于是受一次冲击，挨一个打击，就加快了剃刀的速度，割了个口子，这时就铰下一块不大不小的橡皮膏，润湿后贴上去。只好这么样。（p1099）

金译：

胡子较柔软；刷子如在两次刮脸之间有意浸在胶状皂水中则较柔软；皮肤较柔软，如在不寻常时辰，在远处地方邂逅女性熟人；安静反思当日的过程；睡时较清爽，醒来感觉较干净，而早晨有嘈杂声音，有预感，有心绪不宁，有奶壶磕碰，有邮差的双声叩门，有报纸看，涂皂沫时又看，涂过的地方又涂，一个惊吓，一下疼痛，碰上他想到什么要找什么虽然并非忧虑什么，都可能造成刮快一点刮破个口子，贴上创口贴，剪好润好贴好，只能如此。（p925）

案：这句采用了大量同韵（头韵和尾韵）的词，如：read，reread，lathering，relathering，same，spot，shock，shoot，thought，aught，sought，fraught，nought，incision，precision，等等，形成了奇妙的声韵效果，特别是从 paper read 以下部分，仿佛打油诗或绕口令，令人叫绝。怎么译？萧译显然没有下功夫。金译虽然做了不小努力，但整体上仍觉韵味不是太足。拙译用打油诗的形式，通过换韵模拟原句 paper read 以下部分的声韵效果，虽然离原句句型远些，但韵味是否要好些？

拙译：

胡子比较柔软；假如在两次刮脸之间，有意把刷子浸在胶状肥皂水中，刷子也会比较柔软；皮肤比较柔软；假如在不经意时刻，在一些远的地方邂逅熟悉的女人；可以静静地回顾一天发生的事情；可以睡得比较清爽，醒来后感觉也比较洁净，因为清晨会有各种各样的噪音，有预感，有种种骚扰，奶罐的碰撞声，邮差的双击敲门声，涂肥皂时要看报，看报时又涂肥皂，看看涂涂涂涂看，一惊一急有点乱，漫不经心思绪飞，剃刀一快割破嘴，赶紧涂上创伤膏，也就只能这么着。(pp1058－9)

4. 勃鲁姆回顾自己年轻时的文学创作，有一个将他自己的名字拆开重新排列组合的文字游戏，英文称作 anagram，其原文是：
Leopold Bloom
Ellpodbomool
Molldopeloob
Bollopedoom
Old Ollebe，M.P.（p631/554）

萧译：

利奥波德·布卢姆	Leopold Bloom
艾尔波德勃姆尔	Ellpodbomool
莫尔德皮卢布	Molldopeloob
勃罗皮杜姆	Bollopedoom
下议院议员老奥列勃	Old Ollebe，M.P.（p1105）

金译：
利奥波尔德·布卢姆
奥尔波卢利布德姆
卢波布德姆尔奥利
布德尔波利奥卢姆
了布德的波利奥卢姆(p929)

案：所谓anagram，就是将一个词或短语的字母打乱重新排列组合，形成一个意义不同的新词或新短语，其关键是组成的新词或短语要有新的意义且基本上不能改变原文的字母和字母数。例如，William Shakespeare 拆分重组为 I am a weakish speller，原来的英国大文豪威廉·莎士比亚组成一个新句：我是一个拼写能力很弱的人，原文的字母及字母数保持不变；再如 incest（乱伦），稍加变化，即成为 insect（昆虫），原字的字母和字母数均保持不变。汉语中也可找到类似的游戏，如“客上座”可以重组为“座上客”；“客上天然居”可以重组为“居然天上客”；“岩为山石”可以重组为“山石为岩”之类。这里勃鲁姆拿自己的名字做游戏。他的名字 Leopold Bloom 共 12 个字母，将它们拆散重排后可形成

ell pod bo mool

moll dope lo ob

Boll ope doom

old ollebe M.P.

等不同含义的新字。但是由于英汉两种语言在形音义方面差距甚大，如果将这些新字按新意译成汉语，则文字游戏的意味将荡然无存，因此，在严格的意义上，这种文字游戏是几乎无法移译的。也许正因为此，萧金两译基本上放弃了努力，采用音译，丝毫看不出文字游戏的意思。那么，究竟能不能找到一些办法，在译文中多少显示出其游戏的味道呢？琢磨再三，做了如下尝试，即将此前基本上音译的专名 Leopold Bloom 改作音译+意译，并稍作调整，即保留 Leopold 的音译，同时将原译的“利奥波尔德”改作声音接近的“利奥豹奥儿地”；将原来音译的 Bloom“勃鲁姆”改作意译的“花开”，然后将这些字打乱，重组为新字，这样拙译就成了：

利奥豹奥儿地·花开（利奥波尔德·勃鲁姆）

奥地利奥豹花儿开

开花儿奥地利奥豹

奥利花豹儿开奥地（迪）（p1064）

经过重排后的新字有：奥地利、奥地、奥利（均为地名或车名）、花儿开、开花儿、花豹儿、开、奥豹（奥地利的豹子）等。毫无疑问，这实在是技穷之改，不免显得牵强，但或可传达乔氏文字游戏之一斑，不知读者诸君以为可否？

5. 勃鲁姆当年用藏头诗的形式藏匿自己的名字写给莫莉的情诗是：

Poets oft have sung in rhyme
Of music sweet their praise devine,
Let them hymn it nine times nine,
Dearer far than song and wine.
You are mine. The world is mine. (p631/555)

萧译：

诗人频用韵文写，
神妙赞歌圣音乐，
九九八十一重叠，
胜似诗酒情切切，
咸属我卿与世界。（p1105）

金译：

利用格律加韵脚
奥妙诗歌无尽了
波涛翻滚今胜昔
尔后唯有我诗好
得你就是独占鳌。（p930）

案：金译在基本保持原诗诗意的前提下，贴合了“藏头”的形式，值得肯定，但令人稍感不足的是有两句离原诗意思较远，如“波涛翻滚今胜昔”句与 **L**et them hymn it nine times nine 差距就很大。萧译完全放弃藏头诗的形式，且最后“咸属我卿与世界”也与原句 You are mine. The world is mine 意思差距甚大。

拙译：

利用韵脚且啸吟
奥妙美乐赞神明，
波动柔肠诗无限，
尔容胜酒胜歌音，
得卿如得人间情。（p1064）

6. 说到勃鲁姆年轻时在运动方面的长项，有一句：

Though ringweight lifting had been beyond his strength and the full circle gyration beyond his courage yet as a High school scholar he had excelled in his stable and protracted execution of the half lever movement on the parallel bars in consequence of his abnormally developed abdominal muscles.（p614/557）

萧译：

尽管在举重比赛方面他的体力不够，对于空中旋转，勇气又不足，然而念高中时，多亏腹部肌肉异常发达，他有本领在双杠上两臂垂直，双腿向前抬起，与身子成直角，长时间稳定地保持平衡。（pp1110－1）

金译：

虽然杠铃举重不在他的能力范围之内，三百六十度旋转不在他的胆量范围之内，然而他在高中学生时期，由于腹肌异常发达，他在双杠上作稳定而持久的双腿平举动作，能胜人一筹。（p934）

案：in consequence 是一个既可以表结果，也可以表原因的状语短语，因为在许多情况下，“结果”与“原因”可以相反相生，但究竟应着重结果还是原因，则要根据上下文。从这里的具体情况看，强调的显然是果，而不是因。腹肌发达固然是做好双杆上直角支撑这类竞技性体操运动的有利条件，但并不是必要条件，再说，也不是每一个腹肌发达的人直角支撑都一定能做得好，而反过来，直角支撑做得好做得多的人，则腹肌一定比常人发达。所以将这个短语作原因状语来译(两本均此)，就未免有点儿反果为因了。

拙译：

尽管杠铃举重他膂力不够，空中全旋转他又勇气不足，但作为一个高中生，他的双杠直角支撑做得特平稳、特持久，超乎寻常，因此，他的腹肌十分发达。(p1069)

7. 勃鲁姆以“李树牌鸡勾肉罐头”作为最差广告的例子，最后有“谨防冒牌货”的话：

Beware of imitations. Peatmot. Trumplee. Moutpat. Plamtroo. (p636/560)

萧译：

谨防冒牌货：皮特莫特、特拉姆普利、莫特帕特、普拉姆特鲁。(p1114)

金译：

谨防假冒。头罐肉。树李。头子肉。木中李。(p937)

案：最后四个“冒牌货”是将正牌 Plumtree meatpot 两个字重新组合而成的，但这些冒牌货必须要包含有某些正牌的因素，从而产生以假乱真的效果，譬如这里的 peatmot 与正牌中的 meatpot，Trumplee 与正牌中的 Plumtree，很可能让不太仔细的顾客上当，国内餐饮业早年的“九头鸟”与“九头鹰”之类官司正是类似的例子。问题是要让读者一眼就能看出这些冒牌货何以是冒牌货，仅仅音译原文(如萧译)是无济于事的；相反，考虑到冒牌与正牌间某些因素上的类似关系(如金译)则较好地传达出这些冒牌之所以是冒牌的情形。拙译原正牌 Plumtree meatpot 为“李树牌鸡勾肉罐头”(本书第四章有关于此译名的讨论，可参见)，故以“肉勾鸡”和“肉鸡勾”仿“鸡勾肉”；以“树李”和“李子树”仿“李树牌”，令其仿冒的痕迹清晰可见。

拙译：

谨防冒牌货。肉勾鸡。树李。肉鸡勾。李子树。(p1073)

8. 关于希腊神学家们描述的基督形象的那个问题：

What were Stephen's and Bloom's quasisimultaneous volitional quasisensations of concealed identities?

Visually, Stephen's: The traditional figure of hypostasis, depicted by Johannes Damascenus, Lentulus Romanus and Epiphanius Monachus as leucodermic, sesquipedalian with winedark hair.

Auditively, Bloom's: The Traditional accent of the ecstasy of catastrophe. (p642/565)

萧译：

斯蒂芬和布卢姆的隐蔽的本体那大致同时的、出于本人意志的大体感觉是怎样的?

斯蒂芬是从视觉方面：有着传统的神人合一的基督那种身姿。就像大马士革的约翰、罗马的伦图罗斯和隐修士伊皮凡尼乌斯所描述的那样，患了白癜风般的皮肤，一英尺半高的个儿，葡萄紫的头发。

布卢姆是从听觉方面：令人销魂的浩劫那传统的声调。(pp1123－4)

金译：

斯蒂汾与布卢姆有何准同时的意愿性的准感受，感到隐蔽在后的人物形象？

视觉上，斯蒂汾的：传统的三位一体神格实体，如约翰尼斯·达马西努斯、伦托鲁斯·罗马努斯、埃比凡尼乌斯·莫纳库斯均曾描绘，白肤，极高，葡萄酒般的深色头发。

听觉上，布卢姆的：传统的遭难时极度悲痛之音。（p945）

案：文中的 sesquipedalian 有两个意思：1. 冗长的、多音节的（词）；2. 一英尺半高或长的人或物。萧译取了第二义。但传说中的基督是高个子，有六英尺（近 2 米）高，与此字的第二义差距甚大，说基督只有 0.6 米多（一英尺半）高实在有点难于理喻。但斯蒂芬不可能不知此字的本义，或许他有意讽喻？又或许他采用此字的第一义，以一个冗长的字来比喻基督的身高？鄙人不敢妄言。金译大约参酌传说，结合了该字的第一义，这一处理愚以为更合情理。

拙译：

关于隐含的身份，斯蒂芬和勃鲁姆差不多同时出现的差不多的意向性感受是什么？

斯蒂芬的感受是视觉的：传统的神人合一的基督人格，由大马士革的圣约翰、罗马的伦图卢斯和塞浦路斯的埃皮菲尼乌斯描述过的那种肤色白皙、身材高大、头发葡萄酒色的形象。

勃鲁姆的感受是听觉的：大难将至的那种迷乱的传统之音。（p1082）

9. 斯蒂芬吟唱童谣的第二部分，讲一个英国小男孩被一个犹太姑娘杀害的事，并对此事做了简要评论，原文的首句是：

One of all，the least of all，is the victim predestined.（p645/567）

萧译：

大家当中的一个，大家当中最渺小的一个，命中注定成为牺牲者。(p1127)

金译：

各点之一，最小一点，是受害者系命中注定。(p949)

案：从上下文看，这里的“one”，“the least”似应被理解为斯蒂芬评论中的一点，金译即据此；但若将其理解为童谣中那个被杀的小男孩，似乎也说得通，萧译即据此。然此句作为回答的首句，紧跟在本章问答形式的“问题”(Condense Stephen's commentary)之后，从思维逻辑上说，似乎理解为斯蒂芬论点之一更合情理。

拙译：

所有论点中的一点，即最不重要的一点是，牺牲者是命中注定。(p1086)

10. 勃鲁姆回忆女儿米莉小时的一些事有句云：

A child renamed Padney Socks she shook with shocks her moneybox：(p646/568)

萧译：

这娃娃的外号叫“帕德尼 · 软鞋”，她咣当咣当地摇着攒钱罐，(p1128)

金译：

易名派德尼短袜头的小孩，抓住她的钱罐头，摇了又摇，摇了又摇：(p950)

案：这是一个类乎汉语绕口令的童谣式句子，其中的... Socks she

shook with shocks her moneybox 读来韵味铿锵，极富音乐性。如何传达？萧译用了“咣当咣当地摇着攒钱罐”，金译用了“短袜头……钱罐头，摇了又摇，摇了又摇”，虽然都产生了一定的音韵效果，但总体上童谣的味道仍感不足，拙译用“短袜子”、“小妮子”、“钱盒子”、“多少下子”在声韵上一气贯通，不知可多少模拟童谣的味道否？读者诸君试读之：

拙译：
一个小名为派德妮短袜子的小妮子，抓住她的钱盒子，摇了不知多少下子。（p1087）

11. 在说到“化圆为方”的计算时，勃鲁姆举出的例子是：
Because some years previously in 1886 when occupied with the problem of the quadrature of the circle, he had learned of the existence of a number computed to a relative degree of accuracy to be of such magnitude and of so many places, e.g., the 9th power of the 9th power of 9,（p652/574）

萧译：
因为几年前在一八八六年，当他埋头于探讨面积等于一个圆的正方形的问题时，他发现了一个数值的存在：倘若精确地计算到某种程度，就能达到比方说九九乘九乘这样庞大的量值和位数。（p1138）

金译：
因为若干年前，在一八八六年，他在解圆积求方问题过程中，了解到曾有人演算一个数字，例如九的九次方的九次方，在计算到比较精确的程度时竟是这样的长，竟要占这么多的地方，（p958）

案：原文中 the 9th power of the 9th power of 9 是一个简明的数学表达

式，即："九的九次方的九次方"（若金译），计算出来是一个极大的数，故勃鲁姆说可以达到巨大的值和位数，但萧译却作"九九乘九乘"，不知何所本？况且这个说法也有点语义含混，究竟是什么意思，是九九乘九再乘九吗？若是，得数只有 8 019；是"九九乘九"得到的结果再自乘吗？那也只有 891 × 891 = 793 881，而这两个数值离这个数学式的结果差得还很遥远。

拙译：

因为一些年前，在 1886 年当他专注地求解面积等于圆的正方形面积时，他了解到，一个数字计算到相当精确的程度，就会达到极端的长度，占据极大的篇幅，例如，计算 9 的 9 次方的 9 次方，……（p1096）

12. 在勃鲁姆与斯蒂芬谈论过程中，二楼卧室里灯亮了，有一句是：

In the second storey (rare) of his (Bloom's) house the light of a paraffin oil lamp with oblique shade projected on a screen of roller blind supplied by Frank O'Hara, window blind, curtain pole and revolving shutter manufacturer, 16 Aungier street. (p655/576)

萧译：

在他（布卢姆）家的二楼（后身），点起了一盏煤油灯，一个倾斜的人影投到卷式的百叶帘上；那是在安吉尔街十六号开业的百叶窗、帘杆、卷式帘制造商弗兰克 · 奥哈拉供应的。（p1142）

金译：

在他的（布卢姆的）房子二楼（后部）一盏斜扣灯罩的煤油灯的映影，投射在滚轴窗帘的屏幕上，昂吉尔街 16 号弗兰克 · 奥哈拉窗帘、帘轴、滚动门板厂产品。（p962）

案：原文只是说一盏带斜罩的煤油灯点亮的光影映在百叶窗上，并没有说有人影，下面的问句 How did he elucidate the mystery of an invisible person，his wife Marion（Molly）Bloom，denoted by a visible splendid sign，a lamp？明确地说，可见的只是灯，人是不可见的，但萧译却凭空杜撰出一个“可见的”人影来，这显然想象得过了。

拙译：

在他的（勃鲁姆的）房子二楼（后部），一盏带倾斜灯罩的煤油灯的光亮投射在昂吉尔16号弗兰克·奥哈拉窗帘厂生产的滚轴百叶窗的窗帘上。（p1101）

13. 勃鲁姆送走斯蒂芬返回房内后发现家具的摆放发生了变动，他特别注意到两把椅子位置的变化，在说到那把安乐椅时有这样的句子：One：a squat stuffed easychair with stout arms extended and back slanted to the rere，which，repelled in recoil，had then upturned an irregular fringe of a rectangular rug and now displayed on its amply upholstered seat a centralised diffusing and diminishing discolouration.（p658/580）

萧译：

一把低矮，是填了稻草的安乐椅。结实的扶手伸向前，靠背朝后边倾斜着。方才把它往后推的时候，长方形地毯那不整齐的边儿给掀了起来。罩着宽大面子的座位，中间的颜色褪得厉害，越靠近边沿，越没怎么变色。（p1148）

金译：

其一：一把低矮而填塞软料的沙发椅，扶手坚固而前伸，靠背向后倾斜，在回弹而被推后时曾将一长方形地毯的不规则形状的缘饰翻起，椅上座处丰厚的面料已开始褪色，中心最显著，而向四周逐渐

扩散，逐渐减轻。（p967）

案：原文 had then upturned an irregular fringe of a rectangular rug 中的 then 是一个表示过去不确定时间的副词，一般译作“那时”、“当时”之类，在有些语境下自然也可译作“刚才”、“方才”等，然而，这里的语境是，细心的勃鲁姆发现房中的家具摆设发生了变化，两把椅子的位置和状态与原来完全不同，这些改变提示勃鲁姆妻子莫莉与鲍伊兰幽会的细节。这件事发生在已经过去的下午或晚上，而此刻已经是黎明即将到来的时刻，至少已经过去若干小时了，因此，萧译“方才”是很不恰当的。事实上，译者并非不知这一点，他在注释中明确地说：“这里，布卢姆从两把椅子联想到几个小时前他的妻子与博伊兰在此幽会的情景。”然而却将其漫不经心地译作了“方才”。金译用一“曾”字较好地表示了这个已经过去的时间。这里讨论的尽管是一个小小的时间副词，但它在原句中的“提示”作用实不可小觑，因为勃鲁姆妻子的奸情是他心中始终纠缠不去的心结，这是全书中的一个大背景。

拙译：

一把：填充软料的安乐椅，低矮，扶手坚固向前伸出，靠背向后斜倚，填料丰厚的座位中心的颜色已经褪去，这一消褪从中心向边缘扩散并减弱，当时在回弹中向后推时，卷起了那张长方形地毯不规则的边缘。（p1107）

14. 下文罗列勃鲁姆书架上的书时提到《天文学手册》一书的字体字号：

A Handbook of Astronomy（cover，brown leather，detached，5 plates，antique letterpress long primer，author’s footnotes nonpareil，marginal clues brevier，captions small pica.）（p661/582）

萧译：

《天文学指南》（褐色封面已脱落，附有五幅另纸印的插图，正文用老五号黑体字，作者脚注用六点活字，旁注用八点活字，标题用十二点活字）。（p1152）

金译：

《天文学手册》（棕色皮面，封面已脱落，整版插图五页，正文仿古式十点活字，作者注文六点活字，页边索引八点活字，小标题十一点活字）。（p971）

案：句中的 nonpareil 是 6 点活字，brevier 是 8 点活字，long primer 是 10 点活字，small pica 是 11 点活字。其大小，点数小的字小，点数大的字大，这种情形与我们汉字印刷的体系恰恰相反，汉字印刷中，字号小的字大而字号大的字小，对于中西两种体制及其不同，今天用电脑的人可能有所了解，但未必人人尽知。翻译（若金译）保留西文系统，自无可厚非，但若将其转换成汉文系统，或可给那些熟悉汉语字号的读者一个清楚的概念，问题是，要转换，那就要将四种文字通通转过来，如果仅仅转换其中一种（若萧译），那就有点儿不伦不类了，而且这种部分转换，也无助于读者弄清这些文字究竟什么样。再说，两种体制间也并没有绝对的对应关系，譬如，这里表示正文的 10 点活字，其大小介于汉字的小五号到五号之间，其余三种也复如此，可见，萧译“老五号黑体字”并不确切，不仅大小不对，原文也没有说用“黑体”，事实上，一般情况下正文用黑体十分鲜见。由此看来，若要转换不仅不准确，也不好表达。故拙译仍保留西文体制，同时通过加注来说明这种活点文字的大小。

拙译：

《天文学手册》（褐色皮面，封面脱落，插图五幅，正文用仿古 10 点活字，作者注用 6 点活字，页边注用 8 点活字，小标题用 11 点活

字)。(p1112)

15. 勃鲁姆提到一系列与莫莉有染者之后的两个问答是:

What were his reflections concerning the last member of this series and late occupant of the bed?

Reflections on his vigour (a bounder), corporal proportion (a billsticker), commercial ability (a bester), impressionability (a boaster).

Why for the observer impressionability in addition to vigour, corporal proportion and commercial ability?

Because he had observed with augmenting frequency in the preceding members of the same series the same concupiscence, inflammably transmitted first with alarm, then with understanding, then with desire, finally with fatigue, with alternating symptoms of epicene comprehension and apprehension. (pp683 - 4/602)

萧译:

关于这一连串的最后一名,新近占有此床者,他有何想法?

他想到那个人精力旺盛(莽汉),身材匀称(贴广告的),生财有道(骗子),印象强烈(牛皮大王)。

除了精力旺盛,身材匀称,生财有道之外,那个人何以给观察者强烈的印象呢?

因为他曾愈益频繁地目击到,上述那一连串先行者曾沉浸于同一淫荡之情,将越来越旺的欲火延烧过去,先伴随着不安,继而有了默契,春心大动,最后带来了疲劳,交替显示出相互理解与惊恐的征兆。(p1187)

金译:

他对这一系列的末一名即最近上床者,有何思绪?

思及他的旺盛精力(闯客)、肉体大小(贴招贴的)、商业能力(招摇撞骗的)、敏感性(自吹自擂的)。

观察者为何在旺盛精力、肉体大小、商业能力之外又加上敏感性?

因为他以越来越高的频率观察到，这同一系列的前列成员中，都有相同的声色之欲，一触即发而传向对方，先是惊愕，继而领悟，继而有欲，终于疲惫，两性之间既有理解又有猜疑，两种迹象交替呈现。(p1001)

案：impressionability 是 impressionable 的名词，*SOED* 解释为 susceptible to impressions，easily influenced 等，即“容易给人以强烈印象(impression)的能力”，汉译一般作“易感性”、“敏感性”之类，往往给人以容易接受影响，容易感染他人的暗示。这里的“易感性”既然已经从“印象”上升到抽象的层面，又没有任何修饰语，如何理解就成了问题。这里的“易感性”在具体语境中，首先指鲍伊兰这种爱吹嘘的品格给勃鲁姆这个“观察者”留下的印象；但在更核心的层面上则指其对勃鲁姆的妻子莫莉产生的感染。当然，这种“易感性”也或包含莫莉对鲍伊兰产生的吸引，这一点从全书的大语境以及关于两性互动的关系似可得以理解。按照这样的分析，译作“印象强烈”(萧译)就将这个抽象语的丰富蕴涵高度缩减了。“印象”(impression)具体而鲜明，但只是 impressionability 中的表层，而它的后缀 ability 却可能隐指多层含义。然而问题还不止于此，由于对乔伊斯这个词的理解不到位，萧译竟然在下面的设问中将其译作“那个人何以给观察者强烈的印象呢?”，这就将鲍伊兰这个“吹牛大王”(a boaster)的所谓“感染力”进一步指向了勃鲁姆这一个具体对象。这样译的失误在于它完全排除了其余指向，与勃鲁姆心中所想相去甚远。实际上鲍伊兰给勃鲁姆等观察者留下的印象只在浅表层次，而它对莫莉产生的强烈诱惑却常留萦回在勃鲁姆心底，可以说无时不在，挥之不去。恰恰是鲍伊兰的这一“感染力”或者说诱惑力导致了莫莉对丈夫勃鲁姆的背叛，也是对勃鲁姆造成极大身心伤害的根源。勃鲁姆痛苦万分，而又难以启齿，却只能将之深埋在这类高度抽象和曲折的表述之中。萧译这里的具体指向不仅与勃鲁姆这里的真实想法南辕北辙，而且更进一步压缩了读者读解与想象的空间，明白了这一层，也就明白了萧译何以不可取。金译 impressionability 作“敏感性”保留了其言外之意，自然胜于萧译，但也有不足之处，因为“敏感性”不仅丢掉了其中“容易”（easily/susceptible to）被感染、被影响这层意思，也没有传达出其中包含的某种“能力”（able/ability）之意。据此，拙译不取“易感性”或“敏感性”之类通译名，而采用“易感染力”一语。不知读者诸君以为妥否？

拙译：

对于这个名单中的最后一个也即最近上床的一个他有什么想法？

此人精力旺盛（暴发户），肉体高大（贴广告的），善于经商（骗术高明），易感染力（吹牛大王）。

观察者为什么在精力旺盛、肉体高大、善于经商之外又加上了易感染力呢？

因为他以越来越高的频率感觉到，这一系列中前此那些成员都有同样的淫欲，干柴烈火，一触即发，先是惊讶，继而会意，继而纵欲，终于疲乏，两性间既有领悟又有疑虑，两种征象交互出现。（pp1145－6）

16. 回答勃鲁姆何以“忌妒”鲍伊兰，原文是：

Because a nature full and volatile in its free state, was alternately the agent and reagent of attraction. Because attraction between agent(s) and reagent(s) at all instants varied, with inverse proportion of increase and decrease, with incessant circular extension and radial reentrance. Because the controlled contemplation of the fluctuation of attraction produced, if desired, a fluctuation of pleasure. (p684/602)

萧译：

因为丰满的肉体摆脱了束缚，就会发挥出快活的特性，交替地起着吸引与被吸引的作用。因为起作用者与被起作用者之间的吸引力无时无刻不在发生着变化，而这又与持续不断的环状扩张和放射再突入的增减形成反比例。由于对吸引力的增减有节制的冥想，也能够调节快感的消长。（p1188）

金译：

因为一个成熟而其挥发性不受约束的个体，在吸引作用中是交替起主动与被动作用的。因为主动者与被动者之间的吸引作用，随着连续不停的环形扩张和经向回返动作，是不断地以反比例增长或降低的。因为对于吸引作用的起伏变化作有控制的沉思默想，如果愿意的话，是可以产生起伏变化的快感的。（p1002）

案：the agent and reagent 是化学名词，勃鲁姆这里用化学元素在一定条件下交互吸引的那种“亲和性”（elective affinity）作隐喻（歌德的小说《亲和力》也使用了这一隐喻），表明莫莉与鲍伊兰之间的相互吸引会随着通奸频率、力度等因素的变化而呈“反比例”的改变。萧金两译均未理会这一化学隐喻。

拙译：

因为自然丰满且不受限制地自由挥洒的机体，有如化学剂与试剂之间的亲和性，呈现一种交互吸引。这种交互吸引在所有时刻都会不断变化，会随连续不断的圆形扩张和放射再进入而呈反比例的增强与减弱。对这种吸引的起伏变化进行有控制的冥想，如果愿意的话，也会带来起伏变化的快感。（p1146）

17. 回答“何以克制多于忌妒，羡慕少于镇静”的原文是：

From outrage (matrimony) to outrage (adultery) there arose nought but outrage(copulation) yet the matrimonial violator of the matrimonially violated had not been outraged by the adulterous violator of the adulterously violated. (p685/603)

萧译：
从暴行(婚姻)到暴行(通奸)，除了暴行(交媾)，什么也没发生；然而婚姻受到凌辱的那位凭着婚姻施暴行者并没有遭到那个施通奸这一暴行者凭着通奸进行凌辱者的暴行。(p1189)

金译：
自粗暴(婚姻)至粗暴(通奸)，其间唯有粗暴(性交)，然而以婚姻向受暴者施暴者，并未感受以通奸向受暴者施暴者的粗暴。(p1003)

案：这个句子无论原文还是译文均十分拗口，要读懂不太容易。这里的关键是如何理解 outrage 与 violate 这两个核心词。这两个词在意义上有类似也有差别，二者都可作“施暴”、“强暴”、“强奸”解，但 outrage 还有“凌辱”、“伤害”、“激怒”以及“激情的狂乱与放纵”(tumult of passion)或“激情的狂乱展示”(mad display, a violent expression of passion)、“行为的过激”(extravagant in behavior; run riot)等义，而 violate 却没有，相反，violate 有的“破坏”、“侵犯”、“攻击”等义，outrage 也没有。乔伊斯当然明白这两个字的同异，而他在此句的前半部分用 outrage 一字而在后半部分主要用 violate 一字，为什么？妻子与人通奸，丈夫理所当然会感到羞辱和愤怒，甚至采取某种报复性行动，然而勃鲁姆却选择了克制与忍让，主要原因已如前述：他与奸夫是旧相识，奸夫年轻易冲动，作为非犹太人，他与作为犹太人的勃鲁姆之间有着复杂种族与心理关系，牵涉到通奸双方即将来临的音乐会将是一个双赢的机会，对他来说有重大的利益关切，再说这种奸情并非犯罪，也不会造成巨大伤害，而且也无可挽回。这里的回答乃进一步从自己这方面来解释，其实并没有假定进行报复的理由。这样看来，此句的前半部分所用的 outrage 一词就很难理解为"施暴"更无从理解为"强奸"：在勃鲁姆与莫莉的婚姻关系中自然没有什么暴力，当然无所谓"施暴"，更谈不上"强奸"；在莫莉与他人的通奸中，既然是"通"当然无所谓用"强"，自然也谈不上"施暴"，剩下的也就只有具体性行为中"激情的狂乱展示"了，所以，此句的前半句中的 outrage 译作"粗暴"尚能揣摩(金译)，译作"暴行"(萧译)就难于理解了。后半句中理解的关键是弄清楚两个 violator 与两个 violated 所指的具体对象。显而易见，matrimonial violator 指假定要报复，以捍卫自己婚姻关系的勃鲁姆；matrimonially violated 指一旦报复得以实现，婚姻关系遭到破坏的勃鲁姆夫妇；adulterous violator 指因为通奸而破坏了他人婚姻的鲍伊兰；adulterously violated 指由于通奸婚姻关系遭到侵犯的勃鲁姆夫妇。弄清了这一点，这里的 outraged 就有"冒犯"、"公然伤害"(deeply offend, violate or infringe flagrantly)之类的意思了，意思是说，(假定要通过过激行为报复的)施暴者勃鲁姆，其实并没有遭到(通过通奸破坏其婚姻的)鲍伊兰的"冒犯"。原文中由于介词 of 的存在，人物关系相对清楚，而金译由于死扣原句形式，不仅使句子更加拗口，而且也使人物关系相当含混，相对而言，跳脱出原句形式的萧译，人物关系却要清楚多了。按照这样的分析，拙译在尽量忠实于原句形式的前提下，对 outrage 与 violate 做了不同的处理。

拙译：

从放纵激情(婚姻)到放纵激情(通奸)，除了放纵激情(性交)外，什么也没有发生，然而，因婚姻被侵犯而在婚姻上过激行为的报复者并没有遭受因通奸(婚姻)被侵犯的通奸侵犯者的公然冒犯。(p1147)

18. 在谈到勃鲁姆对妻子及其情夫有可能实行的报复行动的最后一点，

原文为：

If any，positively，connivance，introduction of emulation（material，a prosperous rival agency of publicity：moral，a successful rival agent of intimacy），depreciation，alienation，humiliation，separation protecting the one separated from the other，protecting the separator from both.（p685/603）

萧译：

倘若可能，断然予以默许，并准备与之抗争（物质上，对手是兴隆的广告代理商；精神上，对手是成功的私通代理商）轻视，疏远，屈辱以致分居（一方面保护仳离者，同时又从双方手下保护那个仳离仲裁者）。（p1190）

金译：

如要积极对策，默许，引入竞争（物质方面，找一个业务发达可以匹敌的公关人；精神方面，找一个善于接近可以匹敌的私交人）、贬低、疏远、羞辱、分割，而在分割过程中既保护被分割的一方不受其他一方之伤害，又保护分割者不受被分割两方之伤害。（p1003）

案：勃鲁姆这句讲的已经不是一般意义上的惩罚性报复，而是正面应对。“引入竞争”（introduction of emulation）正是其中的一项，原文括号中的意思，无非是要使自己在物质与精神两方面都成为强大到足以和鲍伊兰抗衡的对手。萧译用“对手是……”的句式暗指勃鲁姆本人自无不可；金译用“找一个……”的句式就有点儿含糊不清。再者，publicity 萧译作“广告”、金译作“公关”似乎都有些随意。separation 有分开、分离、分割、分居等义。如译“分居”，则一般指夫妻间的离异，如译“仳离”（萧译）则更暗示了“休妻”之意，然细察原意，勃鲁姆的意思似乎并非要同莫莉分手甚至休掉她，而是要设法将莫莉与鲍伊兰分开。

拙译：

如果正面应对，则给予默许、引入竞争（物质上：成为一个人所共知的、生意兴隆的对手；道德上，成为一个成功的、关系亲密的对手）、轻视、疏远、羞辱、分开，保护被分开一方不受另一方伤害，保护分开者不受被分开双方伤害。（p1148）

19. 本章最后回答勃鲁姆和什么人旅行过的原文是：

Sinbad the Sailer and Tinbad the Tailer and Jinbad the Jailer and Whinbad the Whaler and Ninbad the Nailer and Finbad the Failer and Binbad the Bailer and Pinbad the Pailer and Minbad the Mailer and Hinbad the Hailer and Rinbad the Railer and Dinbad the Kailer and Vinbad the Quailer and Linbad the Yailer and Xinbad the Phthailer.（p689/607）

萧译：

水手辛伯达、裁缝廷伯达、狱卒金伯达、捕鲸者珲伯达、制订工人宁伯达、失败者芬伯达、掏船肚水者宾伯达、桶匠频伯达、邮寄者明伯达、欢呼者欣伯达、咒骂者林伯达、菜食主义者丁伯达、畏惧者温伯达、赛马赌徒凌伯达、水手兴伯达。（p1195）

金译：

水手辛巴德、裁缝欣巴德、监守人简巴德、会捕鲸鱼的惠巴德、拧螺丝的宁巴德、废物蛋费巴德、秉公保释的宾巴德、拼合木桶的品巴德、天明送信的明巴德、哼唱颂歌的亨巴德、领头嘲笑的林巴德、光吃蔬菜的丁巴德、胆怯退缩的温巴德、啤酒灌饱的蔺巴德、邻苯二甲酸的柯辛巴德。（p1008）

案：这里有两点可提出讨论；一是这里提到的15个名字及其职业，都是乔伊斯杜撰的。文字游戏的意味十分明显。本章前文曾提到都柏林曾上演名为《水手辛巴德》(*Sinbad the Sailer*)的圣诞童话剧，该剧主人公Sinbad一名即取自阿拉伯故事《天方夜谭》中的同名人物，剧中另有两个角色的名字Tinbad和Whinbad则模仿Sinbad而来，勃鲁姆(乔伊斯)显然受此剧的启发，于是模仿Sinbad the Sailer，杜撰出了其余名字与职业，用以表示过去一天中他遭遇的形形色色的人物。其名都称bad，而其姓则大都与其职业名称有同样的辅音。那么怎么译这些名字？先说名(bad)，萧译"伯达"；金译"巴德"，二者均是学界前辈译《天方夜谭》或《一千零一夜》中用过的译名，为人们熟知，因此均无不可，但这里既属杜撰，且Sinbad与《天方夜谭》英译的一般拼法(Sindbad)又略有不同，更重要的是如拆开来，bad有"坏"、"不好"等义、sin有"原罪"等义，也许恰可暗示人性中那些负面因素，故拙译拟兼顾其音义，译作"败德"；至于其姓与职业名同辅音的形式特点，萧译未考虑，只用了音译，金译做了一定努力；拙译则尽可能遵循了原句的形式，且15个汉字基本上都是汉语中实有的姓氏。

二是这里的15个人名及其职业中的最后两名Linbad the Yailer and Xinbad the Phthailer，遍查辞书，均不得其解，那么他们究竟何所指？我们知道，当天勃鲁姆遭遇过的人中既有他熟悉的，也有他不甚熟悉的，甚至还有他不认识的(如那位在不同场合出现的"披雨衣的"、被人误听成"于伊"的神秘人物)，由此看来，这里列出的人名及其职业就未必尽可确指，甚至未必尽有，如果这一理解不错的话，最后出现的两个人物究竟何所指就无足轻重了，萧译"赛马赌徒凌伯达、水手兴伯达"，而金译"啤酒灌饱的蔺巴德、邻苯二甲酸的柯辛巴德"，虽然二者差距甚大，若从这个视角看似乎都无不可。不过，话又说回来，尽管不必太较真，但怎么译更合适的问题依然存在。萧译Linbad the Yailer为"赛马赌徒凌伯达"，不知所本，无所猜测；而金译为"啤酒灌饱的蔺巴德"，或因yailer

与 ale(啤酒)+er 发音相近，还有，就实际情况看，勃鲁姆与斯蒂芬在一起前正是跟随他们这伙喝得烂醉的人去伯克酒店的，这样看来，金译似更合适些。至于 Xinbad the Phthailer，萧译为“水手兴伯达”，或因 phthailer 与 sailer 发音相近；而金译为“邻苯二甲酸的柯辛巴德”则或因 phthailer 与 phthailic acid(邻苯二甲酸)中的限定词同一词根，两译大约都指向了勃鲁姆与斯蒂芬刚刚在车夫小棚遇到的那个自称水手的人，不过就 phthailer 一字而言，我总觉得从发音的角度译(萧译)比从其拉丁学名译要更合适些。至于 Xinbad 金译为“柯辛巴德”，大约取了 x[ks]的发音，“柯”似乎较多用于化学物理之类的译名中，与“邻苯二甲酸”的化学名可产生联想，而后面的“辛巴德”则是水手的原名，以“柯辛”标其姓，既表明了这位“水手”与真水手的联系，又暗示了他身份可能存在的虚假成分；萧译为“兴伯达”，可能取 x 在中国等东方国家文字中发“希”的音(见 *SOED* 注释)，译其姓为“兴”以区别于真水手的“辛”姓，同样可以暗示此水手身份中可能存在的问题。由此看来，最后这一名字及其职业，两译都有可肯定处。然而，两译之外，还有没有别的译法？窃以为，yailer 一字，可否从发音近似的角度，将其译作 yell+er(喊叫者)？linbad 如拆成 lin+bad，则 lin 有 cease to be 之类的意思(见 *SOED*)，从这个角度正可以用来指称勃鲁姆尾随的那一群喝得醉醺醺的年轻人，他们的职业各异，秉性不同，如今在烂醉的情况下，理性基本丧失(cease to be)，成了一群名副其实的乌合之众，因此，我将 Linbad the Yailer 译作：“大呼小叫者众败德”，“众”是汉姓，暗示了芸芸众生，也在本质上体现了其职业身份无法确指的性质。Phthailer 一字，我从萧译，但略有不同的是，我觉得应该将此字字头 ph 的含义译出来，因此仅译“水手”(若萧译)是不够的，此字与 sailer 发音近似的只是 thailer 部分，加上 ph[f]的字头不仅使其在发音上与 sailer 差距加大，而且也使其接近了“邻苯二甲酸”的化学名称，正是在这里勃鲁姆暗示了那位在车夫小棚侃侃而谈，身份颇令人生疑的假水手很可能是一个各部分都是由物理化学元件拼凑、化合而成的"人物"。在克隆人、机器人越来越多的现代与后现代，这样的"人"还有名姓吗？故拙译 Xinbad the Phthailer 为"仿生水手莫名败德"。

拙译：

水手水败德、缝衣匠缝败德、监狱看守监败德、捕鲸手捕败德、制钉工制败德、落败者落败德、船舱岸水工船败德、制桶匠制败德、邮差邮败德、招呼者招败德、叱骂者叱败德、菜食主义者菜败德、畏惧者畏败德、大呼小叫者众败德、仿生水手莫名败德。(p1153)

20. 回答了"和哪些人一起旅行过"的问题之后，最后的两个问题是"什么时候"和"去哪儿"？对前者的回答是：

Going to dark bed there was a square round Sinbad the Sailer roc's auk'egg in the night of the bed of all the auks of the rocs of Darkinbad the Brightdayler. (p689/607)

Where?

●(p689/607)

萧译：

到黑暗的床上去的时候，有一颗水手辛伯达那神鹰的方圆形海雀蛋。那是亮昼男暗伯达的所有那些神鹰的海雀们的夜晚之床。(p1195)

金译：

正去幽暗床上有一枚方圆水手辛巴德大鹏鸟的海雀蛋，晚上床上所有大鹏海雀鸟，白昼亮亮的黑床巴德。(p1008)

案：回答此问的勃鲁姆此刻已经躺在床上，此句暗示他的意识已经处在浅睡前的自由流动中，呈现一种似清醒非清醒的蒙眬状态，所以没用标点断句。此句中出现的意象依次为：黑暗的床、方圆形、水手水败德、大鹏鸟、海雀蛋、煌煌的白昼男儿黑暗败德、所有的大鹏鸟、海雀、床、暗夜。这些意象叠加在一起，产生一种类似庄周梦蝴蝶中究竟庄周是蝴蝶，还是蝴蝶是庄周之类的混淆。这表明勃鲁姆即将进入昏暗的梦境中(最后一个回答的大黑圆点，其高度象征意味正可谓勃鲁姆意识状态的一个注脚)。萧金两译不仅用了标点，切断了原句的意识流，而且对原句文字以及意象顺序做了变动，窃以为不妥。

拙译：

正要上黑暗的床那里有一颗方圆形水手水败德大鹏鸟海雀蛋在煌煌白昼男黑暗败德所有大鹏鸟海雀床上的暗夜中。（p1153）

第十八章

本章是小说的最后一章。写勃鲁姆的妻子莫莉上床后，从清醒到完全入睡，头脑中自由流动的意识状态。在结构上对应了《奥德赛》中奥德修斯（尤利西斯）回到家中与妻子珀涅罗珀团聚的情形。本章40多页除最后的句号外无标点，原文通过分段的方式断开为8个部分，每个部分或可作为一个长句看待，从形式上再现了莫莉从清醒到逐渐懵懂的意识流。乔伊斯以灵动的笔触，生动、直白的口语毕肖地勾画出一个教育与文化程度不高、充满生活情趣，但却耽于肉欲与感官享乐的中年妇人形象。

本章总体上首先有如何处理无标点的问题，萧译用空格代替标点，起到了断句的作用；金译则完全贴原作的形式，不用标点，不断句。愚以为，乔伊斯之所以不用标点，除了要模仿意识流的绵延不断、自由流淌外，也还有相信读者稍加用心是完全能够读下去、读进去的一面，对于英语读者，这样的形式阅读自无困难，即便是汉译的读者，倘译得顺当，也同样可以不太困难地读懂。萧译的做法，虽然有方便读者理解的优点，却也有未能很好地展示莫莉这一大段独白的意识流效果的不足。其次，本章没有文雅古奥抽象的大字，没有修饰性的、思辨的文字，没有拗口的句式，完全由生活中的口语、俚语、俗语、小字、具象字、短句组成，很少形容词，很少复合句。对此，萧金两译虽然都给予了高度重视，但似仍有可商之处。

下面做一些具体讨论：

1. 莫莉想起那晚与鲍伊兰、勃鲁姆三人在托尔卡河边散步，鲍伊兰与她通过手语传情，她觉得勃鲁姆有所察觉时有这样的文字：

... because he has an idea about him and me hes not such a fool he said Im dining out and going to the Gaiety though Im not going to give him the satisfaction in any case God knows hes a change in a way not to be always and ever wearing the same old hat unless I paid some nicelooking boy to do it since I cant do it myself ...（p692/610）

萧译：

……因为他对他和我的关系有看法 他才不是那么个傻瓜呢 他说什么在外面吃饭啦 到欢乐剧场去啦 反正我不让他得到满足 不管怎样与其什么时候都老是戴同一顶旧帽子 他确实使我换了换口味 除非我花钱雇个小伙子来搞 我自己搞不了嘛……（p1203）

金译：

……因为他心里对他和我有一点数他并不傻他说了我要在外边吃晚饭还要去欢乐厅不过我是反正不会和他去争辩的天主知道他也算换换口味省得一顶旧帽子戴到老除非我花钱找个好看的小伙子来干这事我自己是办不了的……（p1012）

案：句中的 satisfaction 一字以及随后说要换口味，萧金两译不同，究竟哪家更合适？莫莉与勃鲁姆的关系是其意识流中的主流，莫莉的思路从勃鲁姆与她家从前的用人玛丽的暧昧关系转到鲍伊兰与她的关系，她明白勃鲁姆对他们之间的偷情已有所察觉，接下来的 I am not going to give him the satisfaction in any case 萧译“反正我不让他得到满足”；而金译却作“我是反正不会和他去争辩的”。他既然有所发觉，而我则不与争辩，思维上很合逻辑，但却完全离开了 satisfaction 的原意。如果我们认可萧译，那么这里的“满足”究竟是什么意思？窃以为这里的“满足”至少有如下几层意思：他虽然有所察觉，但我却不能让他拿到我偷情的证据；他虽然在外面肯定有女人，但我也不能让他那么称心如意，在我的鼻子底下公然瞎搞（譬如和那用人玛丽)；在性生活方面，他既然不能满足我，我也再不会让他得到满足。这几层意思完全可以从这里语境和莫莉的心性推论出来。下面的 God knows hes a change in a way not to be always and ever wearing the same old hat 中的 hes(he is)金译显然将这个“他”认作了勃鲁姆，所以有“他也算换换口味”的让步；而萧译则明确地将这个“他”看作鲍伊兰，这从下面的 unless I paid some nicelooking boy to do it since I cant do it myself ...可以明显见出，既然现有的婚姻已不能使我满足，那么，我换换口味有何不可，不想让我跟“他”(鲍伊兰)，“除非”我再找个更年轻漂亮的小伙子来(这儿显然在暗示斯蒂芬)代替他。按照这样的分析，萧译显然更符合愿意，也顺当得多。

拙译：

……因为他对他和我心里是有想法的他可不是傻瓜他说要出去吃晚饭啦上欢乐剧院啦反正我是不能让他满意的老天知道弄上他我也算是换换口味不必一顶老帽子戴到底除非我花钱雇个漂亮小伙子来弄因为我自个儿弄不了呀……(p1157)

2. 莫莉的思路从犹太教堂花园的那位主教什么的回到与勃鲁姆的最后一次房事时，原文是：

... because I told him about some dean or bishop was sitting beside me in the Jews Temples gardens when I was knitting that woolen thing a stranger to Dublin ... who is in your mind now tell me who are you thinking of ... he ought to give it up now at this age of his life simply ruination for any woman and no satisfaction in it pretending to like it till he comes and then finish it off myself anyway and it makes your lips pale anyhow its done now and once for all ... (p692/610)

萧译：

……我告诉他当我在犹太教堂的院子里正编织毛衣的时候 一位教

长要么是个主教就坐在我身边 ……眼下你心上有谁呀　你想着谁哪 是谁呀 ……　如今他都到这把年纪了　应该收摊儿啦　他给任何女人带来的只能是毁灭　一点儿也得不到满足　还得装出喜欢的样子　直到他丢了精　我也只好自己了结　弄得连嘴唇都苍白了　不管怎样如今一了百了……(pp1203－4)

金译:

……因为我告诉过他我在犹太庙堂花园里织那件毛活儿的时候有一个教长或是主教坐在我旁边……你心里有个什么人呀你告诉我你心里在想谁呀……他现在已经活到这年纪就应该放弃了简直是叫任何女人都受不了的而且一点痛快劲儿也没有的假装喜欢直到他来过我才好歹自己对付过去弄得你嘴唇都发白了现在反正是干下了干了也就完了……(p1012)

案:这段是莫莉回忆与勃鲁姆最后一次房事的细节。莫莉告诉了勃鲁姆这个教士的不良图谋,勃鲁姆来了劲儿问她心上都在想谁,如果是德国皇帝,那就把正和她做爱的勃鲁姆当成德国皇帝吧之类,结果勃鲁姆完事了,莫莉还没有满足,只好自己对付着草草收场,这一次不圆满的房事引发了她的牢骚和不满,也使这一次成为他们十年来的最后一次,也就是这里所说的 anyhow its done now and once for all ...据此,萧译“不管怎样如今一了百了”大意是不错的,而金译“现在反正是干下了干了也就完了……”显然就有些走偏了,这个说法好像指的是她与鲍伊兰的关系,而不是与丈夫勃鲁姆的关系。

拙译:

……因为我告诉他在犹太教堂花园正编织那件毛活儿的时候一位教长或者主教就坐我旁边……你现在心上有什么人吧告诉我你想的是谁呢……像他那把年纪早该收心啦什么女人不得叫他给毁了一点儿

快感都没有还得假装来劲儿直到他冒了我才好歹糊弄着对付过去弄得你嘴唇都煞白了不管怎么说那一回干了也就结了……(p1157)

3. 莫莉的思绪从考利根神父的忏悔室回到下午刚刚与她通奸的鲍伊兰那里，这里的原文是：
... I wonder was he satisfied with me ... he had all he could do to keep himself from falling asleep after the last time after we took the port and the potted meat ...（pp693/610 - 1)

萧译：
……我倒想知道他对我满不满足 ……最后干的那回　他使劲儿挣扎着才没有睡着 我们刚喝完葡萄酒　吃罢肉罐头 ……(p1025)

金译：
……我纳闷他和我之后是不是感到满足……他在最后一次之后是困得连眼睛也睁不开了我们喝了波尔图葡萄酒吃了罐头肉……(p1013)

案：原文中的 after the last time 既可作"最后一次之后"解，也可作"最近一次之后"解。这里显然说的是莫莉回忆数小时前与鲍伊兰刚刚在一起的事儿(他们一起喝了酒、吃了鸡勾肉罐头，弄了好几个回合，完事之后，都困得不得了，最后一个回合后鲍伊兰好不容易忍着没有睡去，临走还在莫莉的屁股上拍一巴掌，莫莉不喜欢他这种粗鲁，心里琢磨不知他现在醒着想她呢，还是在梦中梦她呢，想起他扣眼里别的花儿、他身上的酒味，最后她自己挺不住也睡着了，结果被一阵惊雷震醒。那阵惊雷正是斯蒂芬、勃鲁姆等人在产院听到的惊雷)，这里既指刚过去的事儿，也指其中的最后一个回合，不宜仅仅译作"最后一次"或"最后那回"(如萧金两译)，因为这是一个十分重要的时间点，确指了昨晚 10 点前发生在勃鲁姆家的那场奸情，如果仅译“最后一次”则有引发混淆的可能性。译作“刚刚这次最后一个回合弄完”可能更明确些。

拙译：

……我倒想知道他跟我完事后是不是感到满足……刚刚这次最后一个回合弄完他困得不得了好不容易才忍着没有睡过去我们喝了葡萄酒吃了鸡勾肉罐头……(pp1158－9)

4. 莫莉估摸着勃鲁姆可能又去找裘西·鲍威尔(后来的布林太太)了，思绪回到她和勃鲁姆恋爱之初，他们三人之间的三角关系上，原文有：

... I could quite easily get him to make it up anytime I know how ...(p695/612)

萧译：

……我知道怎样就能轻而易举地让他去恢复旧好……(p1208)

金译：

……我要叫他跟我和好很容易办到什么时候都行我有办法……(p1015)

案：这里的 make it up 中的 it 究竟指什么，萧译的“旧好”似乎说的是勃鲁姆与裘西·鲍威尔的关系；金译“跟我和好”明白地说是勃鲁姆与莫莉(我)的关系。但我以为仅仅这么理解都不全面，这里的 it 应该是指勃鲁姆、莫莉、裘西三人的三角关系，其切入点不是她(莫莉)与勃鲁姆，而是她(裘西)与我们(莫莉与勃鲁姆)，当然这一三角关系中重心仍在“我们”这一面。莫莉跟勃鲁姆开始相识的时候，裘西已经对勃鲁姆有意思，当时的那场三角关系以莫莉的胜利结束，此刻的莫莉猜想今天勃鲁姆很可能又见到了裘西这位旧情人，不免生出些许醋意，她明白她和勃鲁姆这十年来关系逐渐冷淡，因此这里的“重修旧好”（make it up）主要说的是与勃鲁姆的关系，但也包含着再次击败裘西，将丈夫重新夺回的意思，这些意思在上下文中表达得很清楚。事实上，对莫莉来说，要与丈夫“重修旧好”的愿望也只有在裘西这类老情敌复出的时候才会变得强烈起来，在目下与鲍伊兰如胶似漆的背景下，她的基本愿望充其量是维持现状而已。也许从这里不难看出莫莉作为一个重视感官与物质享受的一般女性（everywoman），其心理的某一侧影。

拙译：
……不过我可以把他和我们的那档子关系再重新弄回来什么时候都行好办得很我知道怎么办……（p1161）

5. 在假想的重新开始的这场三角关系中有这么一句：
... she of course would be too delighted to pretend shes mad in love with him ...（p695/612）

萧译：
……她当然高兴极了，假装爱他都爱疯啦 ……（p1208）

金译：
……她当然是求之不得正好假装爱他爱得发疯……（p1016）

案：这里的 too delighted to pretend 是英文中最基本的那种 too ... to ...结构，意为“高兴得都不再假装了”，两译显然都疏忽了，因而弄反了。从情理上说，莫莉如果认定裘西只是“假装”爱他，那么当年她与勃鲁姆初恋时，有什么必要大发醋意呢？而今再重新假想他们三人的这个三角关系还有什么意义？事实上，当初她和勃鲁姆初恋时，裘西与勃鲁姆就有暧昧关系，她心里是十分清楚的；现今她虽然有了情夫鲍伊兰，嘴上也可以说不在乎丈夫去找旧相好或别的女人，但心里的醋意还是有的，这也正是她现在假想她们三人又回到从前三角关系的前提。她假想，如果她放任丈夫去追求这个旧日相好，而她又明确地告诉他俩她不在乎，那她（裘西）自然会高兴得不得了，于是就不必再像从前那般扭扭捏捏，干脆公开这份感情，明确地表示"她爱他爱得发疯"了，紧接着的那句"我才不在乎呢"才能顺理成章，如果她明知对方在"假装"，那还说得上"在乎不在乎"吗？

拙译：
……她当然高兴得不得了连假装都不要了干脆表示她爱他爱得发疯……（p1161）

6. 莫莉想到下周的今天她要和鲍伊兰去贝尔法斯特开始巡回音乐会的演出，原文是：
... then this day week were to go to Belfast just as well he has to go to Ennis his fathers anniversary the 27th it wouldnt be pleasant if he did suppose our rooms at the hotel were beside each other and ... （pp699/615－6）

萧译：
……而且下礼拜的这一天就该到贝尔法斯特去啦　他也一样　得去恩尼斯　二十七日是他爹的忌辰嘛　要是他那样的话可就不会愉快了 假定我们旅馆的房间是紧挨着的　……（p1216）

金译：
……那么下星期今天我们就该去贝尔法斯特了他得去恩尼斯倒也不错他父亲的忌日二十七号要不然可能会不愉快的假定我们在旅馆的房间是连在一起的……（pp1021－2）

案：莫莉想到下周的今天她和鲍伊兰就要去贝尔法斯特开始巡回演出了，可碰巧那时是勃鲁姆父亲的忌日，所以他得去恩尼斯，如果没有这个碰巧，勃鲁姆就会与他们同去，就会出现尴尬，造成不愉快。原文中的 just as well 以及虚拟语气（it wouldnt be pleasant）正是这个意思。金译"倒也不错"+"要不然"较好地传达了这个意思；而萧译"他也一样"+"要是他那样的话"似乎就不那么清楚了。

拙译：

……下星期今天我们就要去贝尔法斯特了可他得去恩尼斯二十七号是他父亲的忌日那倒正好如果不是这样可就不愉快了假如他也去了我们在旅馆的房间紧挨着……（p1168）

7. 莫莉回忆她与勃鲁姆坐都柏林到考克的火车参加音乐会路上发生的事，原文是：

... besides something always happens with him the time going to the Mallow concert at Maryborough ordering boiling soup for the two of us then the bell rang out he walks down the platform with the soup splashing about taking spoonfuls of it hadnt he the nerve and the waiter after him making a holy show of us screeching and confusion for the engine to start but he wouldnt pay till he finished it the two gentlemen in the 3rd class carriage said he was quite right so he was too hes so pigheaded sometimes when he gets a thing into his head ...（p699/616）

萧译：

……再说 他总会惹出什么事儿来的 上次我们到马里伯勒去参加马洛音乐会 他为自己和我叫了两份滚烫的汤 这当儿铃响了 他就沿着月台走去 边走边一勺一勺地喝着汤 一路上四下里洒着 脸皮也够厚的了吧 伙计尖声喊叫着追在他后面 天哪 可让我们丢尽了丑 还有火

车头开动前的那场混乱 但是他一定等喝完了才肯付账 坐在三等车厢里的两位先生还说他做得很对呢 倒也是 当他脑子里一旦有了什么念头 有时候就梗得要命……(pp1216－7)

金译：

……再说他总是出事儿那回我们去参加马洛的音乐会在马里伯勒我们两个人都要了热汤然后铃响了他端着汤就上了月台一边用勺喝着一边到处洒他就做得出这样的事儿那侍者追着他来了弄得我们大出洋相尖声叫喊火车要开一片忙乱可是他不喝完就是不付钱三等车厢里那两位先生还说他做得很对这也有理他有时候想定了一个主意真是拧得要命……(p1022)

案：screeching and confusion for the engine to start 是说铃响了，火车要开，但因为勃鲁姆坚持不喝完汤不付账，弄得现场一片乱哄哄，尖叫声，致使火车不能准时开，而萧译“还有火车头开动前的那场混乱”、金译“火车要开一片忙乱”似乎未将这个意思充分译出来。再有，the Mallow concert at Maryborough 中的 Mallow 和 Maryborough 均是从都柏林到考克(Cork)的大西南铁路线上的两个城市，Mallow 接近考克，Maryborough 接近都柏林。从下文(要不是勃鲁姆用小刀撬开了包厢门，火车就把他们拉到考克去了)看，勃鲁姆夫妇似乎是坐火车去马洛，途中在 Maryborough(今 Port Laoise)下车去看在那里举办的音乐会的，只不过这里莫莉说的不是太清楚，但音乐会在 Maryborough 举办的这一点应是清楚的。金译“参加马洛的音乐会在马里伯勒”、萧译“到马里伯勒去参加马洛音乐会”都比较含混，且容易让人误将马洛认作音乐家的大名，因为西方专场音乐会往往以音乐家的名字命名，且奥地利著名作曲家 Mahler 一般汉译为“马勒”，也在发音上与这里的“马洛”(Mallow)接近，在上述含混不清的译法下，很可能产生这样的误解。

拙译：

……再说他总要弄出点事儿来的上回我们在去马洛的途中参加在马里伯勒举行的音乐会我们要了两份滚烫的汤这时铃响了他就沿着月台边走边一勺一勺地喝汤洒了一路他就有脸干这种事儿小堂倌在他后面直追让我们出尽了洋相弄得一片尖叫声乱哄哄火车也开不了可他硬是不喝完汤不付账三等车厢里那两位先生还说他做得对呢倒也是他这人有时忒拧巴脑子里一旦有了什么主意你就甭想让他变过来……（p1168）

8. 第二个“长句”结尾的时候，莫莉说到为勃鲁姆丢了差事第二次去找卡夫的时候，他的态度就与第一次大不同了，原文是：

... but he changed second time he looked Poldy pigheaded as usual like the soup but I could see him looking very hard at my chest when he stood up to open the door for me it was nice of him to show me out in any case Im extremely sorry Mrs Bloom believe me ...（pp704/619－20）

萧译：

……可第二回他就不一样了 他又成了平素那个像汤一样梗得要命的波尔迪 可是当他起身为我打开门的时候 我看得出他死命地盯着我的胸脯 不管怎样 他把我送出去 礼数总是周到的 实在抱歉 布卢姆太太　请相信我 ……（pp1225－6）

金译：

……但是第二次他就变了他对波尔迪仍是照样蛮不讲理的样子但是他站起来为我开门的时候我看见他的眼睛使劲儿盯住了我的胸脯反正他送我出来挺殷勤的我非常遗憾布卢姆太太请相信我吧……（p1029）

案：he looked Poldy pigheaded as usual like the soup 这里的 he 以及

前面的he都是指卡夫，勃鲁姆原本在他手下工作，但因为太固执得罪了顾客，被卡夫解雇了。勃鲁姆求妻子莫莉去为他说情，莫莉第一次登门遭到了冷遇，第二次再去时，卡夫态度发生了变化。这里说的正是这件事，不知为什么萧译将这个卡夫(he)以及这里原文中所有的he都弄成了鲍伊兰(见其1226—1227注146)，因此，将he looked Poldy pigheaded as usual like the soup译作“他又成了平素那个像汤一样梗得要命的波尔迪”，而且将“死命地盯着”她的“胸脯”看的卡夫也看作了鲍伊兰。金译将此句译作“他对波尔迪仍是照样蛮不讲理的样子”，主语指卡夫没错儿，但将pigheaded as usual like the soup说成是卡夫的态度却似可商榷。Soup本义是“汤”，由此可引申出“浓雾”、“厚云层”、“浓汤般的化学试剂”、“显影液”、“构成原始海洋和细胞生命的原始有机复合液体”等等；pigheaded意为stubborn or perverse，因此，pigheaded as usual like the soup可直译为“像平日那样顽固得跟什么似的”。在莫莉心目中，勃鲁姆无疑是“顽冥不化”的，前文中她已经用过这个词说她的丈夫，勃鲁姆之所以被老板卡夫解雇，原因就在于他太自以为是，太顽固，太认死理，不会转圜，莫莉这么看，大约卡夫也是这么看，而卡夫自然比他圆滑周到得多，因此，这里以pigheaded as usual like the soup指称卡夫的态度是说不通的，金译大概意识到这一点，但却要硬将这种态度安在卡夫头上，只好变通地将pigheaded译作“蛮不讲理”。事实上，且不说勃鲁姆未必在现场，就是在现场，卡夫恐怕也不能“蛮不讲理”，再说他也没有必要“蛮不讲理”，因为他解雇勃鲁姆是有理有据的(关于勃鲁姆被解雇的细节，可参看第12章、14章有关部分)，由此看来，这里的he looked Poldy pigheaded as usual like the soup意思应当是说卡夫仍认为勃鲁姆还是依然故态，顽冥不化。

拙译：

……不过第二次他就变了他觉得波尔迪还是那么死心眼儿拧巴得跟

什么似的可他站起来给我开门的时候我看见他死命地盯着我的胸脯不管怎么说他送我出来的时候就客气多了太抱歉了勃鲁姆太太请相信我……(p1175)

9. 第三个“长句”结尾时，莫莉的思绪又回到下午同鲍伊兰的偷情上：

... theyre not all like him thank God some of them want you to be so nice about it I noticed contrast he does it and doesnt talk I gave my eyes that look with my hair a bit loose from the tumbling and my tongue between my lips up to him the savage brute ... (p706/621)

萧译：

……谢天谢地 男人们并不都像他这样 有的人喜欢女人在搞的时候斯斯文文的 我注意到了他们的差别他搞的时候一声不吭 我抬起眼睛那样看着他 颠鸾倒凤 头发有点儿乱啦 我从嘴唇里吐出舌头朝这个野蛮畜生伸了过去 ……(p1229)

金译：

……他们并不是人人都像他一样的谢谢天主他们有的人要你在这中间斯斯文文的我注意到了多么不同他就是只干不说话我让我的眼睛放出了那种神情我的头发已经翻滚得有些散乱我的舌头含在两唇中间向他伸过去这匹野蛮的野兽……(p1031)

案：莫莉的口吻始终是直白的、浅显的、俚俗的，这里并没有任何高雅的、文绉绉的、委婉的字词，可两译均在极其粗俗的言语中夹杂了高雅斯文的字词，造成了极不协调的声口，譬如“斯斯文文的”，想必来自 so nice、“颠鸾倒凤”（萧译），想必来自 the tumbling，如果这类言辞能从莫莉嘴里出来，莫莉还是莫莉吗？

拙译：

……他们可不是人人都像他那样儿的感谢天主他们有些人要你在干的时候好好儿的我可看见他那特别的样儿了他就是一股劲儿地干一声不响我用眼那样儿地睃他我的头发翻滚得有点儿松开了我张着嘴把舌头向他伸过去可这头野蛮的畜生……(p1178)

10. 莫莉想到在床上给鲍伊兰写短的回信，让他想象她的情状，于是联想到阿蒂·狄龙总是给情人写那种从女用尺牍上抄来的长信，结果还是被人家甩了。原文是：

... I could write the answer in bed to let him imagine me short just a few words not those long crossed letters Atty Dillon used to write to the fellow that was something in the four courts that jilted her after out of the ladies letterwriter when I told her to say a few simple words he could twist how he liked not acting with precipit precip itancy with equal condour the greatest earthly happiness answer to a gentlemans proposal affirmatively my goodness theres nothing else its all very fine for them but as for being a woman as soon as youre old they might as well throw you out in the bottom of the ashpit ... (pp709 - 10/624)

萧译：

……我可以躺在床上写回信 好让他想象着我 回信短短的 只写上几个字儿 不像阿蒂狄龙常常给都柏林法院的一个家伙写的那种长信上面加了×××的记号 那是从淑女尺牍大全上抄下来的 最后他还是把她一脚踹开啦 当时我就跟她说过 信里只写上几句简单的话就成啦 随他琢磨去 其实就是提醒她 做事不要太轻率 对男方的求婚 要以同样的坦率答应下来 这样就可以得到世上最大的幸福 天哪 没有旁的办法 对他们来说 什么都蛮好 可女人呢 刚一上了岁数就会被他们丢到灰坑底儿上去啦……(p1236)

金译：

……我可以躺在床上写回信让他去想象我的模样短短的几个字就行不要阿蒂·狄龙常给四法院大楼里那个有点名堂的家伙写的那种带上叉叉的长信都是从女用尺牍范本上抄来的结果他还是把她甩掉了我就告诉她只要简简单单写几个字就行随便他愿怎么解释就怎么解释去不要轻什么的轻率仿佛听到男人求婚一样毫无保留天大喜欢的就答应了我的天哪别的什么办法都没有对于他们怎么都行可是你生而为一个女人只要年纪一老他们简直就可以把你扔到灰坑里去了(pp1037－8)

案：这里的 not acting with precipit precip itancy with equal condour the greatest earthly happiness answer to a gentlemans proposal affirmatively 两个 with 短语都是 not acting 的状语，因此都是否定的意思，但萧译作“做事不要太轻率 对男方的求婚 要以同样的坦率答应下来 这样就可以得到世上最大的幸福”却将前一个 with 短语和后一个 with 短语做了截然相反的处理，不知何故。相反金译的处理就比较好。再者 precipit precip itancy 实即 precipitancy 不太会的拼写，生动地表现了莫莉文化程度低，勉强使用抽象大字眼时的困难。金译“不要轻什么的轻率”试图传达这一意图，值得肯定。而萧译则未做此努力。

拙译：

……我可以躺在床上给他回信让他想象着想我短短几个字就行了不要像阿蒂狄龙总是给四法院的那个有点来头的家伙写的长信上面还打了××都是从女用尺牍范本上抄来的结果还是被人家给踹了我对她说就简简单单写几个字就成随他爱怎么想就怎么想吧不要一听男人明说求婚就马上轻什么地轻率地就痛快地天大欢喜似的答应了我的天呀对他们那是怎么着都成的没什么两样儿可是你是女人呀只要上了点儿年纪他们就把你扔灰坑底儿上去了……(pp1184－5)

11. 莫莉回忆起她的第一个追求者马尔维，有这样一段文字描写马尔维的部队离开直布罗陀那天他们最后一次在一起的情形：

... how did we finish it off yes O yes I pulled him off into my handkerchief pretending not to be excited but I opened my legs I wouldnt let me touch me inside my petticoat because I had a skirt opening up the side I tortured life out of him first tickling him I loved rousing that dog in the hotel rrrsssstt awokwokawok his eyes shut and a bird flying below us he was shy all the same I liked him like that morning I made him blush a little when I got over him that way when I unbuttoned him and took his out drew back the skin it had a kind of eye in it theyre all buttons men down the middle on the wrong side of them Molly darling he called me what was his name Jack Joe Harry Mulvey was it yes I think a lieutenant he was rather fair he had a laughing kind of voice so I went round to the whatyoucallit everything was whatyoucallit moustache had he ...（p711/626）

萧译：

……我们是怎么完事儿的来着 对啦 哦 对啦 我把他那个拽到我的手绢里 假装作不那么兴奋的样儿 可我还是把两条腿叉开啦 我不许他摸我的衬裙里面 因为我哪条裙子是侧面开衩儿的 我可把他折腾得没了魂儿 先挑动他 我就爱挑逗饭店里的那条狗 噜斯特啊喔克喔克啊喔克 他闭着眼睛 一只鸟儿在我们下面飞着 他羞答答的 可我就是喜欢那天早上他那副样子 当我像那样伏在他身上 解开他的纽扣儿掏出他那个并且把皮向后拽了拽的时候 我弄得他稍微涨红了脸 那物儿像是长着眼睛 男人们下半身统统都是纽扣儿 他管我叫莫莉我的乖 他叫什么名字来着 杰克 乔 是哈里马尔维吧 对啦 我估计他是个中尉 白白净净的 他的嗓音总像是在发笑似的 于是我就把那物儿整个儿抚摸了一遍 那物儿就是一切的一切 他还留着口髭哩……（pp1239－40）

金译：

……我们那回最后是怎么结束的呢是啊真的啊我让他弄在我的手帕里头了我装作自己并不激动可是两条腿都叉开了我不让他碰我衬裙里头因为我外边穿的裙子是侧边开口的我先逗引了他最后把他折磨得死去活来我喜欢逗饭店里那条狗勒勒勒嘶特汪汪啊汪汪他的眼睛闭上了有一只鸟在我们下边飞过然后他究竟还是不好意思的我喜欢他发出呻吟的那种模样在我那么折腾他的时候他的脸有一些红了我解开他的纽扣把他那个拉到外面把那层皮推开里面有一个眼儿似的东西他们那中间一溜儿都是纽扣就是方向不对他喊我莫莉我的心肝儿他叫什么名字来着杰克……约……哈里·马尔维对不对我想是对的一名中尉他的肤色挺白说话总像带着笑音似的所以我就到那个叫什么的地方去了一切都是那个叫什么的小胡子他是蓄了吧……（p1041）

案：这里是对性经验的细节描写，一对情窦初开的男女首次接触，对这种事既十分好奇又难免羞涩，然而，显而易见，莫莉是更主动的，也是更清醒的，她没有让马尔维进入她的身体，她让他丢在她的手绢里了，I pulled him off into my handkerchief 就是这个意思，这里金译十分明确，萧译也没有问题。莫莉控制了自己的激动，但却更恣意地挑逗他，她爬在他身上，解开他的裤子，拽出他的性器官，尽情地玩弄，so I went round to the whatyoucallit everything was whatyoucallit moustache had he 大约说的就是她玩弄他的情形。金译“所以我就到那个叫什么的地方去了一切都是那个叫什么的小胡子他是蓄了吧”从字面看似无问题，但从理解的角度看就不太容易，而萧译“于是我就把那物儿整个儿抚摸了一遍 那物儿就是一切的一切 他还留着口髭哩”则要明白得多，但有部分准确性仍值得商榷，特别是把 whatyoucallit moustache had he 直译作“他还留着口髭哩”似乎太直了，因此与前面的部分离得太远。我意这里的 moustache 其实指的是“阴毛”，与前面的 it had a kind of eye in it 正相承续，moustache 像 eye 一样，是一种诙谐委婉的说法，也恰当地表现了莫莉首次遭遇性问题时的“无知”或者“羞涩”或者“狡黠”或者 whatyoucallit，也与原文中莫莉嘴里的 whatyoucallit 相协调。本段文字有两处两个版本不同：初版用 torture，加兰版用 torment；初版用 morning，加兰版用 moaning。前者意思相差不太远；后者则不然。两译根据不同版本做了不同处理。拙译从初版。

拙译：

……我们是怎么完事儿的呢对啦哦对啦我把他那玩意儿拽到我的手帕里假装不那么激动的样子可我的两条腿都叉开了我不许他碰我衬裙里头因为我外边的裙子是开衩的我先撩逗他然后把他弄得魂儿都丢了我就爱逗饭店那条狗勒勒勒嘶嘶嘶嘶特特啊汪汪啊汪他闭着眼一只鸟在我们下面飞他究竟有点不好意思我就喜欢他那天早上那样儿我就那么着爬在他身上解开他的扣子掏出他那玩意儿来把皮往后拽了拽弄得他脸都有点儿红了那玩意儿上面有一个眼儿男人们那中间全是反着向下的扣子他叫我莫莉我的乖乖他叫什么来着杰克约哈里马尔维吧大概是的我想是的中尉吧他挺白净嗓音挺好听老带着笑所以我就把那不管你叫它什么的玩意儿不管你叫什么的地儿和他那儿的毛胡子统统玩了一遍……(p1188)

12. 下文莫莉说到她的名字时有这么一段：

... I never thought that would be my name Bloom when I used to write it in print to see how it looked on a visiting card or practicing for the butcher and oblige M Bloom youre looking blooming Josie used to say after I married him well its better than Breen or Briggs does brig or those awful names with bottom in them Mrs Ramsbottom or some other kind of a bottom ... (p712/626)

萧译：

……我再也没有想到布卢姆会成为我的姓 我曾一遍遍地把它写成印刷字体 看看要是印成名片是什么样子 或是向肉铺订货的时候练练笔摩布卢姆敬具 我跟他结婚后 乔西常说 你好像一朵正在盛开的花儿 哦总比布林或偷东西的布里格斯强 要么就是那些带着屁股这个词儿的讨厌的姓 拉姆斯巴托姆太太或其他一种巴托姆……（p1241）

金译：

……我决没有想到我也会成了姓布卢姆的人我那时反复试用印刷体写出来看看它印在名片上是什么样子还练习给肉铺写条子请供应莫布卢姆宙斯在我结婚之后常说你现在可真是鲜花盛开了嘿总比叫布林强些要不然叫布林格斯不理狗屎要不然那些带屁股墩儿的姓氏拉姆斯皮顿或是什么皮顿的……（p1042）

案：莫莉婚后从了丈夫的姓勃鲁姆，“勃鲁姆”意味着鲜花盛开，所以乔西恭维她，说她是盛开的鲜花，她觉得这个姓总比那些没有什么意思甚至不好听的姓要强：well its better than Breen or Briggs does brig or those awful names with bottom in them Mrs Ramsbottom or some other kind of a bottom，这里提出比较的几个姓 Briggs 与 brig 发音近似，brig 俚语中有偷窃的意思；还有那些带 bottom 的姓，bottom 口语里指屁股。翻译似应尽量兼顾这些姓氏的发音与意义，否则，读者就不容易读懂这儿的意思，譬如萧译“……要么就是那些带着屁股这个词儿的讨厌的姓 拉姆斯巴托姆太太或其他一种巴托姆……”；金译做了一定的努力，“……要不然叫布林格斯不理狗屎要不然那些带屁股墩儿的姓氏拉姆斯皮顿或是什么皮顿的……”值得肯定。

拙译：

……我可从没有想到勃鲁姆会成了我的姓我一遍又一遍把它写成印

刷体看看印在名片上是什么样儿我还练习着写向肉铺订货的条子请送莫勃鲁姆我跟他结婚后乔西常说你现在可就像一朵花儿似的盛开啦那怎么着总比布林什么的布里格斯铺里偷窃什么的好吧还有那些里面总有屁墩儿什么的名字更够呛像什么拉姆斯屁墩儿太太啦或者什么别的屁墩儿啦……(p1189)

13. 第六个“长句”中，莫莉想到女儿米莉，有这样的话：

... instead of sending her to Skerrys academy where shed have to learn not like me getting all at school ... (p716/630)

萧译：

……可没把她送到斯克利学院去念书 她不像我 她在国立学校的时候 可门门都考头一名哩 ……(p1250)

金译：

……不让她上斯凯利职业学校学本领不像我在学校里尽得一分……(pp1048－9)

案：句中的 getting all 1s at school 中的 1s 初版中没有，金译从加兰版译作“尽得一分”；而萧译从初版译作“门门都考头一名”，译文不同，乃因版本不同，固可不论，问题是，不论“得一分”还是“得头名”，说的是女儿还是母亲？从原句结构看，getting all (1s) at school 紧跟在 not like me 后面，当是莫莉自指，而不是指米莉。倘若指米莉，则句子结构须作稍许变动，即改作 where not like me shed have to learn and get all at school 之类，按照这样的理解，萧译就有问题；不过，金译“尽得一分”似乎也不对，all 1s 应该是 all first's，也即全 A(all A's)，况且，西方似乎也未见实行我们这边的五分或百分之类的计成绩法。

拙译：

……本来应该让闺女上斯克利职校的在那儿她必须得学不像我在中学可就全学了……(p1196)

14. 莫莉想到在欢乐剧院看《特丽尔比》时，有一个赖小子总往她们这边蹭，有一句：

... a lot of that touching must go on in theatres in the crush in the dark theyre always trying to wiggle up to you that fellow in the pit at the Gaiety for Beerbohm Tree in Trilby the last time Ill ever go there to be squashed like that for any Trilby or her barebum ...（p717/631）

萧译：

……在剧院里黑咕隆咚的 趁着拥挤可没少碰碰撞撞的 那帮家伙总是想方设法扭到你跟前儿来 上回我们在欢乐剧院后座站着看比尔博姆特里公演软毡帽的时候 就有那么一个该下地狱的家伙 不管是为软毡帽也罢 或者为她的屁股也罢 反正我再也不到那儿去给人挤来挤去啦……(pp1251－2)

金译：

……戏院里黑咕隆咚人挤人的地方磕磕碰碰是少不了的那些人总是想方设法挤到你身边来那回在欢乐厅买池座后边站票看比尔博姆特里演《特丽尔贝》那个家伙老挤过来我可再也不去那儿挨挤了管它是特丽尔贝也好特里尔屁儿也好……(p1050)

案：Trilby 是一出戏的名字，这个字固然有“软毡帽”（萧译）的意思，但也是戏中女主角的名字，这里似以音译为好，此外，莫莉表示今后再也不想去挨挤时说的 for any Trilby or her barebum 中的 barebum(光屁股)，显然是俏皮话，以粗俗的 barebum 与上文扮演此剧中男主人公的著名英国男演员 Beerbohm 的名字谐音，产生了谐谑的效果。金译以“特里尔屁儿”与女主人公的名字“特丽尔贝”相谐，模拟了这一俏皮说法，值得肯定。

拙译：
……剧院里黑得什么也看不见人挤人磕磕碰碰是没法儿避免的有些人总是变着法儿往你身边挤那回在欢乐剧院池座后面站着看比尔博姆特里的特丽尔比有个小子就愣往这边挤可说什么我也再不去那儿挨挤了管它特丽尔比呢还是她的特裸儿屁呢……（p1198）

15. 莫莉的思路又回到米莉，这里有一句：
... then we had Martin Harvey for breakfast dinner and supper ... （p718/631）

萧译：
……接着 马丁哈维就每天三顿饭都到我们家来吃啦 ……（p1252）

金译：
……然后我们就是早中晚餐都是马丁 · 哈维了……（p1050）

案：马丁 · 哈维是英国著名演员，在前文提到的在都柏林首演的《唯一道路》中因扮演男主角轰动一时，此句中的 had 虽然不甚分明，但联系前面的语境当可判断，莫莉和米莉母女二人显然都对这位名角儿发生了兴趣，所以这里的 had 只能是“谈论”的意思，萧译说这位名角儿竟然“每天三顿饭”都到她们家去吃，真是有点儿匪夷所思；金译的直译却是聪明的做法，虽然意思不是很清楚，但却无可非议。

拙译：
……然后我们就早午晚三顿饭都谈论马丁哈维了……（p1199）

16. 第七个“长句”中，莫莉从蜷缩在床角仿佛婴儿般的勃鲁姆联想到他曾给她看过的所谓亚里士多德的《杰作》中的插图，有一句：

... then tucked up in bed like those babies in the Aristocrats Masterpiece he brought me another time as if we hadnt enough of that in real life without some old Aristocrat or whatever his name is disgusting you more with those rotten pictures children with two heads and no legs ...（p722/635）

萧译：

……然后就蜷起身子往床上一倒 活像是有一回他给我捎来的贵族那本杰作里的娃娃 直好像我们在现实生活里见到的例子还不够似的 管他叫老贵族还是叫什么名字呢 何苦拿那些长着两个脑袋的缺腿娃娃的破相片来恶心你……（pp1261－2）

金译：

……然后就蜷起身子睡在床上好像他那回带来的那本鸭梨士多德性《杰作》里的那些婴儿似的仿佛他嫌我们的生活里头见的还不够多还要加上个老多德性还是少德性的弄出那么些糟糕图片来恶心人什么两个脑袋没有腿的娃娃啦……（p1058）

案：勃鲁姆曾向莫莉谈及所谓的亚里士多德的《杰作》，指给她看其中的一些有关怪胎的插图。Aristotle 这个名字与 Aristocrat（贵族）的读音有多半是相近的，莫莉记不清，作为一个西班牙裔的爱尔兰人，她记得 Aristocrat 这个发音相近的字，于是便拿来搪塞，但她心里清楚，这位作者肯定不是“贵族”，因此这里就有管他是什么名字呢之类（some old Aristocrat or whatever his name is）的话。译作“贵族”（萧译）当然不错，但似乎太确定了；译作“鸭梨士多德性”（金译），大致音译，自然也是一种可以考虑的处理方式，但又似乎完全脱离了 aristocrat 这个意义十分明确的字，那么，有没有兼顾两者的办法呢？

拙译：

……然后就蜷缩着身子倒在床上就像有一回他给我看的阿拉是贵族的杰作中的婴儿那样好像我们真实生活中看见的还不够多似的管他叫老阿拉是贵族还是什么别的破名字呢还弄那些个破烂图片更是叫人恶心两个头的娃儿啦没腿的娃儿啦……（p1206）

17. 最后一个长句从对比鲍伊兰的没教养、粗鄙和斯蒂芬的年轻、有教养开始，莫莉的思绪流转到勃鲁姆，想到女人渴望拥抱、爱抚，而勃鲁姆对她从不拥抱，只有奇特的亲吻方式后有一句：

... still of course a woman wants to be embraced 20 times a day almost to make her look young no matter by who so long as to be in love or loved by somebody if the fellow you want isnt there sometimes by the Lord God I was thinking would I go around the quays there some dark evening where nobodyd know me and pick up a sailor off the sea thatd be hot on for it and not care a pin whose I was only do it off up in a gate somewhere or one of those wildlooking gipsies in Rathfarnham had their camp pitched near the Bloomfield laundry to try and steal our things if they could I only sent mine there a few times for the name model laundry sending me back over and over some old ones odd stockings that blackguardlooking fellow with the fine eyes peeling a switch attack me in the dark and ride me up against the wall without a word or a murderer anybody what they do themselves the fine gentlemen in their silk hats that K C lives up somewhere this way coming out of Hardwicke lane the night he gave us the fish supper on account of winning over the boxing match of course it was for me he gave it I knew him by his gaiters and the walk and when I turned round a minute after just to see there was a woman after coming out of it too some filthy prostitute then he goes home to his wife after that ... (p727/639)

萧译：

……当然喽 一个女人巴不得每天都给抱个二十来遍 这样才能显得年轻 不论对方是谁都行 只要自个儿爱上了那个人 或者被啥人爱上了就成 要是你想望的那个主儿不在 老天爷 我就想挑个黑咕隆咚的晚上 到谁都不认识我的码头上去转悠 随便找个刚上岸的急煎煎的水手 他才一点儿也不管我是啥人呢 反正随便找个地方 闪进一扇门去干上一通就成 要么就找个有着一张野性面孔的拉斯法纳姆的吉卜赛人 他们在布卢姆菲尔德洗衣坊附近扎帐篷 变着法儿偷我们的东西 我冲着模范洗衣坊这个招牌 就送去了几样我的衣物 可回回退给我的是旧玩意儿 一样一只长袜子唔的 那个眼睛挺水灵却长着一副流氓相的家伙把那嫩枝剥得光光的 黑咕隆咚地朝着我猛扑过来一声不响地跨在我身上 把我往墙上顶 要么就是个杀人犯 随便啥人也不管他们自个儿是干啥的 哪怕是头戴大礼帽的体面绅士 要么就是住在附近的那位英国王室法律顾问 有一回我瞧见他从哈德威克巷走了出来 那是他请我们吃鱼宴的晚上 他说是因为在拳击赛中赢了 可他当然是为了我才请的客喽 我是凭着他那鞋罩和走路那个劲儿认出他来的 过了一分钟 我刚一回头 就瞧见一个女人也跟在后面从那条巷子里溜出来啦 是哪个臭婊子啊他干完那档子事儿以后就回家到他老婆那儿去啦 ……(pp1270－1)

金译：

……可是当然啰一个女人每天差不多需要人拥抱她二十次才能保持青春容貌不论是谁的拥抱只要是你爱的人或是他爱你就行如果你想要的人不在有时候我的天主呀我都想是不是哪个晚上趁着天黑绕到码头上那儿碰不到认识我的人我可以找个刚从海上回来的水手那种

人迫不及待根本不管我是谁的人只要有门可入就进去发泄掉完事要不然在拉思梵汉那些野性模样的吉卜赛人中找一个他们把帐篷扎在布卢姆菲尔德洗衣房附近为的是找机会设法偷我们的东西我看它名字叫模范洗衣房就送去过几回老是送回来一些旧衣服单只的袜子那个模样像恶棍似的眼睛倒不难看正在剥一根嫩枝的树皮在黑地里向我扑过来一句话也不说就把我按在墙上干要不然来个杀人犯什么人都行他们自己干的又是什么勾当呢那些神气活现戴着丝质大礼帽的绅士们那名住在这一带什么地方的王室法律顾问那天晚上就从哈德威克巷出来了正好他为庆祝拳击赛胜利请我们吃鱼当然是为了我才请的我是从他的鞋罩和走路姿势认出他来的过了一分钟我回头看一眼就发现有一个女人也从巷子里出来了是一个脏婊子他是完事之后才回家去找他老婆的……(p1065)

案：莫莉寻思女人们(包括她自己)总是渴望拥抱爱抚的，倘若不能满足，急了就随便找男人，她说了三个选择：刚上岸的水手、野性十足的吉卜赛人、杀人犯，三者都是通过 or(萧译：要么；金译：要不然)关联起来的；但从 what they do themselves 之后的后半部分则转而说到其实男人也是如此，急了也一样，也是饥不择食的。萧译“也不管他们自个儿是干啥的 哪怕是头戴大礼帽的体面绅士 要么就是住在附近的那位英国王室法律顾问 ……”显然将这里列举的那些急不可耐的上层男人也列入莫莉自己的选项中了，这从逻辑上讲自然是通的，既然是饥不择食，那当然不限于水手、吉卜赛人和杀人犯这些普通人，当然也包括那些体面的上层人物，事实上，莫莉曾经经历过的那二十几个男人就包含了各种各样的身份，但这里的视角却是对比的、游离的，在句式上也没有前面出现的具有选择含义的 or 这一关联词，由此观之，金译则相对更贴切些。

拙译：

可是话又说回来一个女人一天总得让人抱个二十来遍才能显得年轻

不管谁抱都成只要是爱或被人爱就成要是你想要的那个人不在有时候天主啊我耐不住我就想跑到码头上去转悠在那些漆黑的夜晚没有人认识我我就挑一个刚从船上下来的急得不得了的水手他也不会管我是谁的人只要找个犄角旮旯干完就拉倒要不就到拉斯法汉找那些看起来野性十足的吉卜赛人他们的帐篷就扎在勃鲁姆菲尔德洗衣店边儿上目的是想方设法偷我们的东西我冲着它那模范洗衣店的牌子也送过几回衣服去洗可送回来的都是旧衣服不配对的袜子那个模样凶狠眼睛倒不难看的家伙正在剥树枝的枝条乘着黑夜向我扑过来一句话不说就把我顶在墙上要不就找个杀人犯算了管他什么人呢可他们干过什么呢那些戴着丝绸大礼帽人模狗样的绅士那个住在附近的王室法律顾问我就看见他从哈德维克巷出来过那天晚上他因为赢了拳击赛请我们吃鱼当然是为了我他才肯掏腰包的我从他穿的那个鞋罩和他走路的那个样子认出他来了才过了一分钟我一回头就看见一个女人也跟着溜了出来是个臭婊子那事儿完了他也就回家去看他老婆了……(pp1213－4)

后 记

书做完了，意犹未尽，想到前些年阅读《吴兴华诗文集》搜集有关资料时的一些发现，最近又看到网上流传有关方志彤信息的热潮，觉得这里不妨说说这两个人，也说说钱锺书，因为他们三人都与乔伊斯有某种程度的关联，相互间也有某种关联。

钱锺书博极群书，学贯中西，可谓人所尽知。对于乔伊斯和他的《尤利西斯》，他自然十分熟悉。在《管锥编》中讨论司马迁答壶遂的“唯唯，否否，不然”时，他赞同晋灼的解释，认为太史公这里要表达的意思主要是否定的，但为了不使问话者感到太峻急，太生硬，所以先以“唯唯”来表示某种谦逊的回应，然后再明确说出“不”。他还不指名地批评了《逻辑指要》中对“唯唯否否”的随意阐发。《逻辑指要》中说，“唯唯否否”见于昭明太子的《文选》，并说这种“正反并用”的文字“唯吾文有之”。钱先生指出，作者完全是向壁虚构，“唯唯否否”并不见于《文选》，而是出于《史记》，而且外文中也有类似的文字，随即拈出《尤利西斯》第 15 章幻化成扇子的妓院老板娘贝拉与勃鲁姆的对话(The Fan：Have you forgotten me？/Bloom：Nes. Yo.)中的“Nes，Yo”作为佐证。钱先生说，“Nes，Yo”才“真是”正反并用，也是黑格尔所谓“奥伏赫变(Aufheben)”的一个例证，而“吾文”中最初并没有这样的文字，更遑论“唯吾文有之”了(钱锺书，1979：1—2；393—394；395)。然而，有意思的是，20 世纪 90 年代初，当译林出版社的李景端先生因叶君健举荐，请钱锺书先生翻译此书时，他却在回信中婉拒了，并且说了这样一段话：“承叶君健同志抬举，我惶恐万分，*Ulysses* 是不能用通常所谓的‘翻译’来译的。假如我三四十岁，也许还可能(不很可能)不自量力，做些尝试，现在八十衰翁，再来自寻烦恼讨苦吃，那就仿佛别开生面的自杀了。”(李景端，2006：104—105)钱先生说“惶恐”“不自量力”毫无疑问是自谦，但说此书不能用通常的“翻译”观念和方法来译、自己年事已高不愿再自讨苦吃之类应该说却不乏客观的成分。其实，最有资格和能力翻译此书的学者当然非钱先生莫属，然而他却婉辞了，这真是一个莫大的遗憾，否则，翻译文学中必然会出现一部光彩夺目的巨著。

吴兴华是埋没已久、近年来突然出现在学界的一颗耀眼的明星，他的大名现在已逐渐为人所知。我知道这个名字是在1978年开始读研之后，当时买到了人民文学出版社新出版的《莎士比亚全集》，集中的大部分作品仍是朱生豪的旧译，但其中包含了吴兴华的校订，还补收了他译的《亨利四世》。当时的读后感是，吴兴华对莎剧的读解与译笔绝不在朱生豪之下，心中的敬仰之情不禁油然而生。遗憾的是，由于当时检索资料不易，对他所知甚少，只知他曾在燕大和北大外文系教过书，已不在人世了。近10年开始集中修订拙译时才发现，原来他是最早向国人绍介乔伊斯及其大作的学者中最有真知灼见的学者。1939年，《芬尼根守灵夜》刚刚出版不久，对于这部比《尤利西斯》不知要难读多少倍的天书，西方学界除极少数乔氏身边的人多少有些了解外，绝大多数人尚处于懵懂状态，而他竟然在短短不足一年的时间内，就在《西洋文学》上撰文《菲尼根的醒来》向国人介绍这部天书了。令人更为讶异的是，在此文中他并不满足于一般性绍介，而是从作品中拈出三个具体例子来解说乔伊斯是如何“溶化”不同民族的语言，如何在语言文字和形式上加以创新的(参见吴兴华，1940a：268—271)。①1941年，他又在《西洋文学》上发表了从《尤》书第2、14、18三章中选译的片断《友律色斯插话三节》(参见吴兴华，1941：14—21)，其译笔之精准，即以今人的眼光看，可挑剔处也颇寥寥。也是在这段时期内，他的《诗文

① 他还同时发表了介绍(James Gorman)的第一部乔伊斯评传的短文《乔易士研究》(吴兴华，1940b：271—272)。

集》(2005)、全集(2017)先后问世，他的生平事迹不断公之于世，于是对他有了更多的了解。从全集与现有的资料看，他在西方语言文化与国学两方面的积学直追甚至不亚于钱锺书，钱先生曾有自己不及的话，可谓半是谦逊，半是真言。夏志清曾说，他是继陈寅恪、钱锺书之后更年轻一代中博大精深，中西兼通的学者，信哉，斯言！！然而令人扼腕叹息的是，这样几百年不遇的学术巨星竟在四十多岁的中年陨落了，真是天妒英才啊！

方志彤(Achilles Fang)的名字知道的人恐怕不多，对于这位海外学人，我是20世纪80年代初为撰写《比较文学概论》中的“媒介学”一节搜集资料，阅读布劳尔(Reuben A. Brower)的文集《论翻译》(*On Translation*)时第一次见到的。该书选了他的论文《论译事之难》(“Some Reflections on the Difficulty of Translation”)，此文的大意主要是从汉语的视角讨论汉译英中那些意蕴微妙而难于转换的层面，作者拈出中文古代典籍中一些具体例子，从文本、语境、版本、修辞、句法、断句、用典、隐喻、辞书等多个层面，讨论了古汉语英译中的困难，强调译者透彻理解源文本的极端重要性(Fang，1959：111—133)。但限于时间和学力，当时未能细读，只留下了一个粗疏的印象。从文章不难看出，作者在中英两种语言文化领域都有深厚的学养，其语言文字功夫之深，足以令人心折，但更多的认识就无从获得了。后来在搜集阅读庞德的资料，翻阅钱兆明的《庞德与中国》时似乎又看到过他的名字，再后来在《东方早报》看到高峰枫的《钱锺书致方志彤英文信两通》和张佩芬的《偶然欲作最能工》时，才对他有了更多更深刻的了解。原来，上世纪他曾就读于清华哲学系，是钱锺书当年就读清华外文系时的老友，1932年毕业后曾编辑过《华裔学志》《中德学志》等刊物，1947年应哈佛燕京学社之邀去该校编辑中文字典，并就读于该校比较文学系，后来以研究庞德与中国的论文获得博士学位，随即在哈佛东亚系执教。他谙熟希腊、拉丁、英、德、法、意等多种语言文字，被美国现代著名女诗人玛丽·摩尔(Marianne Moore)称作“语言奇才”(Word Wizard)；他的博士论文获得汉学界的高度认可，是研究庞德必不可少的案头资料；

在海外数十年的教学生涯中，他培养了许多从事中西文学研究的学人，哈佛东亚系不少名教授都曾师从他学习汉语言文化。值得提及的是，他也对乔伊斯有相当研究，在哈佛攻读硕博期间，曾撰写过有关乔伊斯的学期论文，被当时执掌哈佛比较文学系的著名批评家哈利·莱文(Harry Levin)批为A等的“优秀”作业。钱锺书于1979年随中国社会科学院10人代表团访美在哈佛停留4天期间，与这位阔别40余年的老友得以重逢，再续旧谊，钱郑重建议出版这位老友因“卷帙繁重”尚未问世的博士论文；方则高度赞誉钱先生的《管锥编》和《谈艺录》等著作，并在给友人的信中说，钱先生在哈佛的讲演“两个小时滔滔不绝”，是一场“语言的盛宴”，令包括东亚系的名教授海陶玮(James R. Hightower)、韩南(Patrick D. Hanan)和比较文学系的名教授莱文和纪延(Claudio Guillen)等在场之人无不佩服(高峰枫，2010)。[①]此话传回国内，当即引发学界热议，成了不久之后到来的“钱锺书热”中人们津津乐道的话题之一。上世纪七八十年代之交，我正在中国社会科学院外文所读研，当时的情景至今仍留存在我的脑海中。

乔伊斯是文坛巨擘，钱、吴、方三人则是渊博的学者，他们天赋之卓异，谙熟语言之多，治学之勤、之严，在学术上取得的成就之大，均堪与乔翁相伯仲，他们也必将因此留名青史。漫笔至此，在缅怀他们的学术人品，对他们深表景仰、叹服之余，也不禁对未来一代又一代年轻的学人产生强烈的期许。夫子当年高度评价年轻学子，曾发出过“后生可畏”的感叹，我们不妨借用清代学者赵翼的“江山代有才人出”的诗句，期待未来更具创造性的人物与作品出世。

刘象愚

丁酉岁尾于海南澄迈丽水湾一得庐

---

① 关于钱锺书在哈佛的详情，请参阅高峰枫的《钱锺书致方志彤英文信两通》(东方早报·上海书评，2010年12月19日)。

参考文献

[1] 高峰枫. 钱锺书致方志彤英文信两通[N]. 东方早报，2010-12-19(03).

[2] 李景端. 如沐清风[M]. 天津：百花文艺出版社，2006.

[3] 钱锺书. 管锥编(第一册)[M]. 北京：中华书局，1979.

[4] 吴兴华. 菲尼根的醒来[J]. 西洋文学，1940a(2)：268-271.

[5] 吴兴华. 乔易士研究[J]. 西洋文学，1940b(2)：271-272.

[6] 吴兴华. 友律色斯插话三节[J]. 西洋文学，1941(7)：14-21.

[7] ELLMANN R. James Joyce[M]. Oxford：Oxford University Press，1983.

[8] FANG A. Some Reflections on the Difficulty of Translation [M] // Reuben A B. On Translation. Harvard University Press，1959：111-133.